我们一起解决问题

弗布克流程设计与工作标准丛书

全过程质量管理
流程设计与工作标准

流程设计 · 执行程序 · 工作标准 · 考核指标 · 执行规范

孙宗虎　编著

人 民 邮 电 出 版 社
北　京

图书在版编目（CIP）数据

全过程质量管理流程设计与工作标准 ：流程设计·执行程序·工作标准·考核指标·执行规范 / 孙宗虎编著. -- 北京 ：人民邮电出版社，2020.7
（弗布克流程设计与工作标准丛书）
ISBN 978-7-115-53954-0

Ⅰ. ①全… Ⅱ. ①孙… Ⅲ. ①质量管理 Ⅳ. ①F273.2

中国版本图书馆CIP数据核字(2020)第074632号

内容提要

这是一本关于质量管理工作者如何干好工作的图书，它始于流程，细说过程，关注全程，附带规程，成于章程，体现了很强的操作性和实务性。

本书在介绍流程与流程图绘制的基础上，详细设计了质量管理部组织结构、职责划分与内外沟通，质量方针、目标、计划与质量体系，产品设计与工艺设计过程质量管控，原料采购与外协供应过程质量管控，产品生产制作过程质量管控，产品检验过程质量管控，产品售后服务过程质量管控，生产设备与检测仪器质量管控，质量信息处理与反馈过程管控，质量改进改善过程管控，质量控制小组与质量管控等11大工作事项。

本书适合企业中高层管理人员、质量管理人员、高等院校管理专业师生、培训和管理咨询人员阅读与使用。

◆编　　著　孙宗虎
责任编辑　程珍珍
责任印制　彭志环
◆人民邮电出版社出版发行　　北京市丰台区成寿寺路11号
邮编 100164　　电子邮件 315@ptpress.com.cn
网址 https://www.ptpress.com.cn
北京天宇星印刷厂印刷
◆开本：787×1092　1/16
印张：21　　2020年7月第1版
字数：380千字　　2025年7月北京第25次印刷

定　价：89.80元

读者服务热线：（010）81055656　印装质量热线：（010）81055316
反盗版热线：（010）81055315

“弗布克流程设计与工作标准丛书”序

“弗布克流程设计与工作标准丛书”自2007年上市以来受到了广大读者的认可，其间，结合广大读者提出的许多宝贵意见和管理发展现状，我们对这套书进行了改版。在此我们向通过邮件、电话给我们提出意见、指出错误的热心读者深表谢意！

为了满足广大读者细化内容、增强标准的实用性、添加考核指标、提供执行规范、更新业务流程的诉求，我们对本丛书中的15本图书再次进行了修订。

在借鉴前两版的基础上，我们对本丛书进行了全新的设计，务求根据读者的新诉求、管理的新变化、业务的新形态、技术的新发展，以流程化、标准化、绩效化和规范化为中心，直面企业的管理和业务两大类工作，提供工作流程，设计范本，细化包括执行程序、工作标准、考核指标、执行规范在内的整体工作解决方案，以实现向工作要效率、向管理要效能、向结果要价值的目标。

本丛书通过流程、程序、标准、指标和规范，把完成一项工作的所有过程要素“逐一细化，一网打尽”，从而让管理者、业务执行者能够更系统、更规范、更有效地完成工作任务，实现工作目标，倍增工作价值。

工作流程：让执行有导图可看，有路径可鉴。

工作程序：让执行有步骤可依，有重点可抓。

工作标准：让执行有依据可参，有尺度可量。

工作指标：让执行有结果可考，有效益可算。

工作规范：让执行有制度可循，有方案可用。

本丛书的写作始于流程，细说过程，关注全程，附带规程，成于章程。通过流程、过程、全程、规程，最终形成关于各项工作的章程。

始于流程：对每一项工作都绘制了工作流程图，将工作显性化、程序化、阶段化。

细说过程：对每个程序步骤都给出了重点提示，将工作关键化、细节化、重点化。

关注全程：对工作的进展和目标达成全程关注，将工作阶段化、进程化、成果化。

附带规程：对每项工作都附带了相关制度规范，将工作制度化、规范化、方案化。

成于章程：通过对工作的360度解析，最终形成一系列关于工作规则的规范性文书。

在修订图书的过程中，我们也考虑了技术变化对工作的影响，并将新技术对工作方式、工作方法、工作流程的改变，尽力体现在相关的流程、程序、标准、指标和规范的设计中。

本丛书试图通过完美的设计，并兼顾技术发展对工作的影响，为读者提供贴合工作实际的管理内容，以达到**“人与事的完美结合”**，实现从**“如何做”**向**“如何有效地做”**的转变，最终为读者提供一套关于**“干工作、干好工作、追求卓越工作”**的有效解决方案。

我们希望本丛书能够为您的管理工作减少一些流程设计方面的麻烦，为您提供流程设计方面的帮助，并为您和您的企业在工作规范化方面提供完备的章程。

您的意见对我们下次改版非常重要！再次期待您的宝贵建议！

2020 年 6 月

前言

《全过程质量管理流程设计与工作标准：流程设计·执行程序·工作标准·考核指标·执行规范》是“弗布克流程设计与工作标准丛书”中的一本，这本书围绕质量管理工作流程设计，辅以相应的工作标准，将质量管理 11 大事项的执行工作落实到具体的流程上，既解决了“由谁做”“做什么”的问题，也解决了“如何有效地做、按照什么标准做”的问题。本书提供了一套关于质量管理工作者如何干工作、干好工作、追求卓越工作的有效解决方案。

为符合当前企业发展的大趋势以及精细化管理的需求，本书在之前版本的基础上做了大量修订，具体如下。

一、重构了流程体系，使逻辑关系更清晰

首先，从整体内容结构上，本书重新梳理了质量管理流程的顺序，按质量管理部组织结构、职责划分与内外沟通，质量方针、目标、计划与质量体系，产品设计与工艺设计过程质量管控，原料采购与外协供应过程质量管控，产品生产制作过程质量管控，产品检验过程质量管控，产品售后服务过程质量管控，生产设备与检测仪器质量管控，质量信息处理与反馈过程管控，质量改进改善过程管控，质量控制小组与质量管控等 11 大工作事项，理顺了质量管理的工作内容，使原有的流程更加符合企业的实际情况。

其次，根据梳理后的质量管理流程体系，本书结合企业更务实地推行流程管理的需要，进一步细化了质量管理的具体工作事项，使质量管理流程更加全面、详细，以便企业将流程管理应用到质量管理的每一个具体事项上。

最后，为方便企业推行流程管理或应用本书推行流程再造，本书的每一章都在进行流程设计之前，先对流程设计的目的或流程在企业中发挥的作用进行说明，并给出本章流程之间的内在逻辑关系，为企业选用本书流程时提供决策依据。

二、细化了管理过程，使内容更翔实

（1）对于某一个具体的流程，本书按企业运行实际重新梳理或更新流程的步骤，进一步细化、补充了流程中节点事项的工作标准，使质量管理流程、工作标准更符合质量管理的实际工作需要，方便企业相应部门的员工“拿来即用”。

（2）本书还针对质量管理流程中关键事项的落实与执行，设计了相应的考核指标与操作说明，为流程中关键事项的执行效果提供考核依据，从而确保流程与工作标准的高效执行，最终为企业推行流程管理提供有力的保障。

三、根据管理现状编写，使企业能据实而作

本书提供的是一本“**参照式**”流程设计范本。随着企业管理水平的不断提高，企业的流程也在不断地发生变化，因此读者在应用本书时可参考以下建议。

（1）对于书中提供的质量管理流程与工作标准，读者可根据所在企业的实际情况加以适当修改或重新设计，使之更加适合本企业的情况。

（2）读者可参照书中的流程，将所在企业每个部门内每个岗位的工作流程适当压缩，力求达到流程再造的目的，以提高企业的运营效率。

（3）读者要在实践中不断改进已经形成的工作流程，真正做到因需而变、高效管理、高效工作，最终达到“赢在执行”的目标。

最后，衷心希望本书能为企业在质量管理方面推行流程管理提供业务运用层面的借鉴和实务性的解决方案。

再次感谢数以万计的读者对本书的支持与厚爱，没有你们这些意见，就不会有对本书的这些改进和修订！

第1章 流程与流程管理

第6章 产品生产制作过程质量管控

第7章 产品检验过程质量管控

第1章

流程与流程管理

管理的核心目标是用制度管人，按流程做事。不论是制度设计，还是流程设计，都是每一个企业要开展的工作，而且是每年都要循环开展的工作。

企业在进行流程设计之前，应先对流程的概念有一个清晰的认识，并在此基础上掌握流程图绘制的方法，选好绘制工具，然后着手设计。同时，企业要根据自身的运营情况，及时对流程进行修改、调整和再造。

1.1 流程

1.1.1 流程的定义

关于流程，不同的人有不同的看法。有人认为，流程就是程序，其实，“流程”和“程序”是两个互相关联但绝不等同的概念。“程序”体现出一件工作中若干作业项目哪个在前、哪个在后，即先做什么、后做什么。而在“流程”中，除了体现出先做什么、后做什么之外，还体现出每一项具体任务是由谁来做，即甲项工作由谁负责，乙项工作由谁负责等，从而反映出他们之间的工作关系。

只有通过流程，才能把一件工作的若干作业项目或工作环节，以及责任人之间的相互工作关系清晰地表示出来。

一般情况下，企业流程有以下五大特征：

（1）流程是为达成某一结果所必需的一系列活动；

（2）流程活动是可以被准确重复的过程；

（3）流程活动集合了所需的人员、设备、物料等；

（4）流程活动的投入、产出、品质和成本可以被衡量；

（5）流程活动的目标是为服务对象创造更多的价值。

我们不妨给流程下一个定义：“**流程就是为特定的服务对象或特定的市场提供特定的产品或服务所精心设计的一系列活动。**”

流程包括六大要素，即输入的资源、活动、活动的相互作用（结构）、输出的结果、服务对象和价值。流程的基本模式如图 1-1 所示。

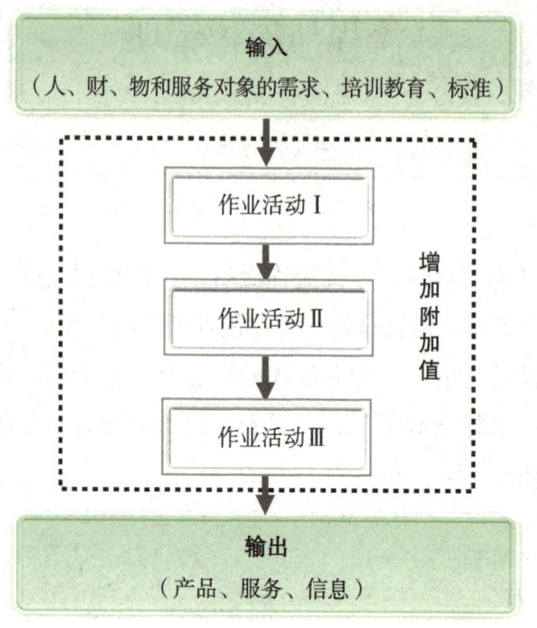

图 1-1 流程的基本模式

1.1.2 流程的分类

企业流程可分为决策流程、管理流程和业务流程三大类，具体内容如表 1-1 所示。

表 1-1 企业流程的分类

序号	类别	定义	特点 / 构成
1	决策流程	◎能确保企业达到战略目标的流程 ◎确定企业的发展方向和战略目标，整合、发展和分配企业资源的过程	◎股东、董事、监事会等组建流程 ◎战略、重大问题及投资流程 ◎企业决策流程的构成如图 1-2 所示
2	管理流程	◎企业开展各种管理活动的相关流程 ◎通过管理活动对企业业务的开展进行监督、控制、协调、服务，间接为企业创造价值	◎上级组织对下级组织的管控流程 ◎资源配置流程（人、财、物以及信息） ◎企业管理流程的构成如图 1-3 所示
3	业务流程	◎直接参与企业经营运作的相关流程 ◎安排完成某项工作的先后顺序，对每一步工作的标准、作业方式等内容做出明确规定，主要解决“如何完成工作”这一问题	◎涉及企业“产、供、销”环节 ◎包括核心流程和支持流程 ◎企业业务流程的构成如图 1-4 所示
备注	从企业经营活动角度来说，企业流程又可分为战略流程、经营流程和支持流程		

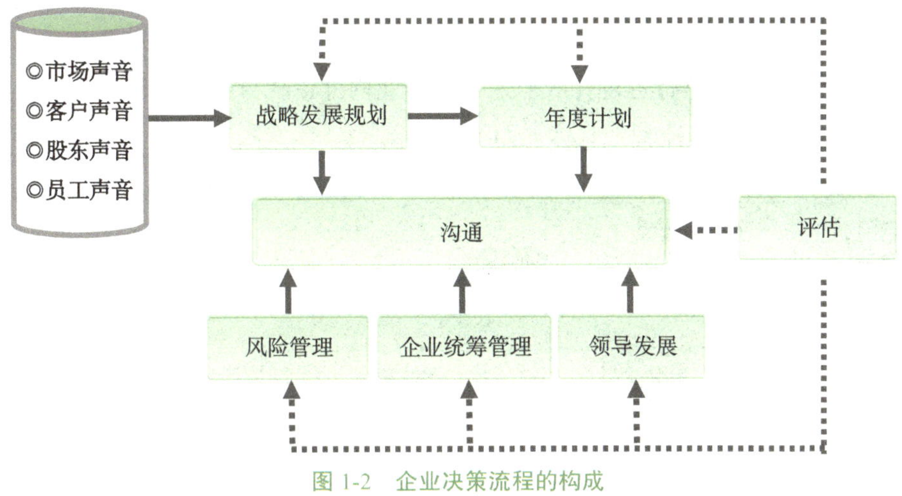

图 1-2　企业决策流程的构成

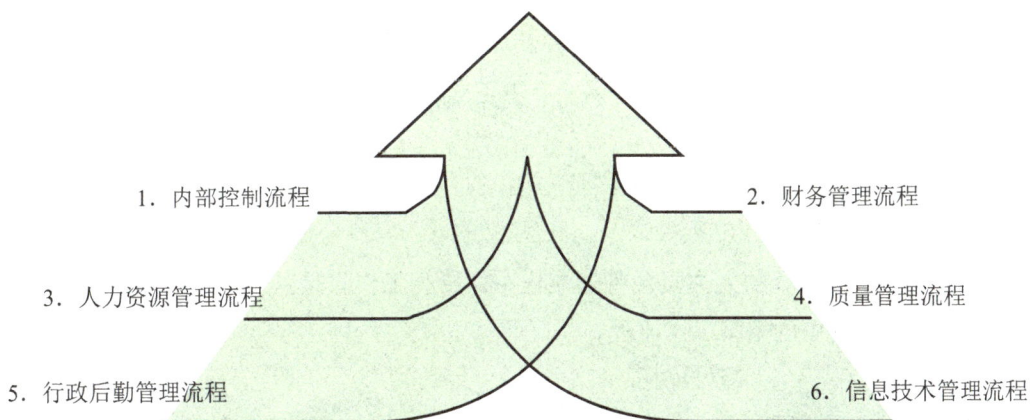

1．内部控制流程
2．财务管理流程
3．人力资源管理流程
4．质量管理流程
5．行政后勤管理流程
6．信息技术管理流程

图 1-3　企业管理流程的构成

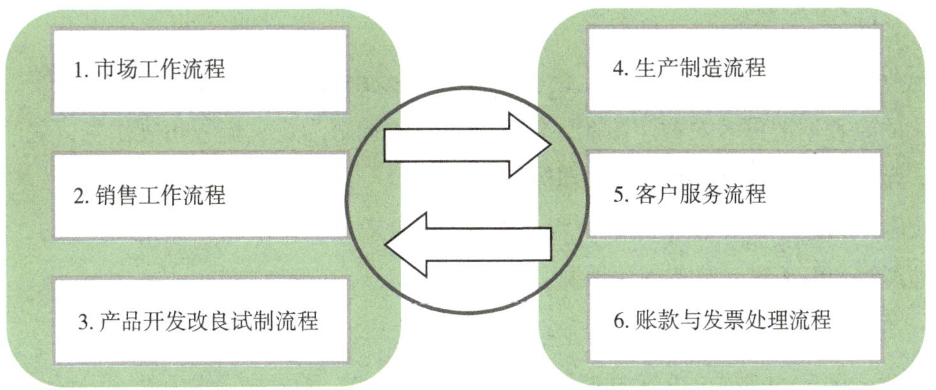

图 1-4　企业业务流程的构成

1.1.3 流程的层级

为便于对各类流程进行管理，我们通常将企业内部流程分为三个层级，即企业级流程、部门级流程和岗位级流程，具体如图 1-5 所示。

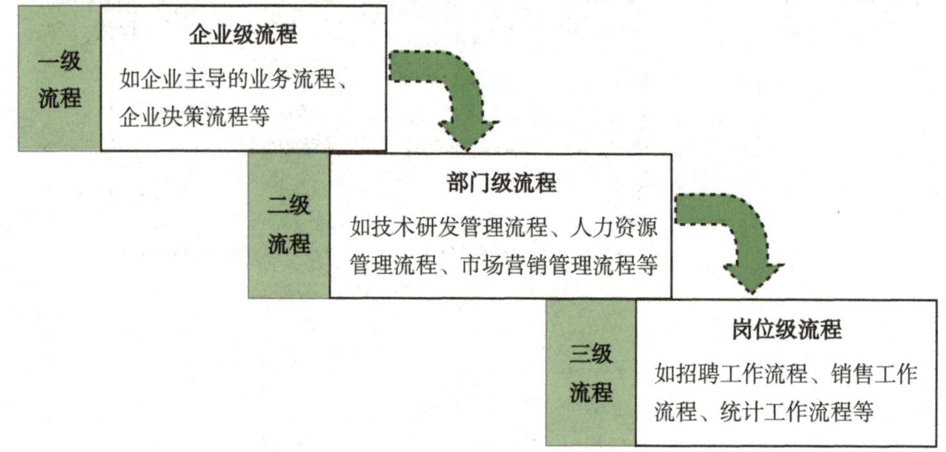

图 1-5 企业内部流程的层级

企业内部各级流程之间的关系是环环相扣的，上一级别流程中的某个节点在下一级别可能就会演化成另一个流程。

例如，在二级流程的人力资源管理流程中，招聘工作只是其中的一个节点，而它又会演化成三级流程中的招聘工作流程。

1.2 流程管理

1.2.1 流程管理的含义分析

企业进行流程管理是为了优化企业内部的各级流程，帮助企业提高管理水平，并通过优化的流程创造更多效益。因此，流程管理可被理解为是从流程角度出发，关注流程能否**“为企业实现增值”**的一套管理体系。

从客户角度来说，客户愿意付费 / 购买就能带来增值。但从企业角度来说，“增值”可以被理解为但不限于以下六种情况：

（1）效益提升，投资回报率上升；

（2）工作效率提高，业绩提升；

（3）工作质量、产品 / 服务质量提升；

（4）各种浪费减少，经营成本降低；

（5）沟通顺畅，办公氛围和谐、向上；

（6）品牌价值提升、知名度提升。

企业流程管理主要是对企业内部进行革新，解决职能重叠、中间层次多、流程堵塞等问题，使每个流程从头至尾责任界定清晰，职能不重叠、业务不重复，达到缩短流程周期、节约运作成本的目的。

1.2.2 流程管理的目标分析

流程管理是按业务流程标准，在职能管理系统授权下进行的一种横向例行管理，是一种以目标和服务对象为导向的责任人推动式管理。

流程管理的目标分析说明如表 1-2 所示。

表 1-2 流程管理的目标分析说明

项次	分析项	具体描述
1	流程管理的最终目的	◎提升客户满意度，提高企业的市场竞争能力 ◎提升企业绩效
2	流程管理的宗旨	◎通过精细化管理提高管控程度 ◎通过流程优化提高工作效率 ◎通过流程管理提高资源的合理配置程度 ◎快速实现管理复制
3	流程管理的总体目标	管理者依据企业的发展状况制定流程改善的总体目标
4	总体目标分解	在总体目标的指导下，制定每类业务或单位流程的改善目标
5	流程管理的工作标准与要求	◎保证业务流程面向客户，管理流程面向企业目标 ◎流程中的活动都是增值的活动 ◎员工的每一项活动都是实现企业目标的一部分 ◎流程持续改进
6	流程管理在企业发展各阶段的具体目的	企业需要根据自身发展阶段和遇到的具体问题对流程管理有所侧重 ◎梳理：工作顺畅，信息畅通 ◎显化：建立工作准则，便于查阅、了解流程，便于沟通并发现问题，便于复制流程以及对流程进行管理 ◎监控：找到监测点，监控流程绩效 ◎监督：便于上级对工作进行监督 ◎优化：不断改善工作，提升工作效率

1.2.3 流程管理工作的三个层级

总体来说，企业流程管理工作包括三个层级，即流程规范、流程优化和流程再造。各个层级的主要内容及适用情况如表 1-3 所示。

表 1-3　流程管理工作三个层级的主要内容及适用情况

层级划分	主要内容	关键输出	适用时机 / 阶段
第一层级 流程规范	整理企业流程，界定流程各环节的工作内容及相互之间的关系，形成业务的无缝衔接	流程清单 流程体系框架图 各流程图	适合所有企业的正常运营时期
第二层级 流程优化	流程的持续优化过程，持续审视企业的流程，不断完善和强化企业的流程体系	流程诊断表 流程清单（新） 流程体系框架图（新） 各流程图（新）	适合企业任何时期
第三层级 流程再造	重新审视企业的流程和再设计	流程再造分析报告 流程清单（新） 流程体系框架图（新） 各流程图（新）	适合企业变革时期，以适应企业变革阶段治理结构的变化、战略改变、商业模式变化，以及出现的新技术、新工艺、新产品、新市场等情况

需要注意的是，在流程建设管理工作中，企业应遵循“点面结合”的原则，在加强流程管理体系整体建设（面）的同时持续改进具体流程内容（点）。

1.3　流程管理工作的开展

1.3.1　项目启动

为确保流程能够满足企业战略发展的要求，企业需要从全局视角开展流程管理工作，构建企业流程体系框架，找到关键流程，设计出符合企业实际和发展需求的流程与流程体系。

企业可组建流程建设项目小组，启动流程建设项目的工作指引，具体如表 1-4 所示。

表 1-4　启动流程建设项目的工作指引

步骤	步骤细分	具体说明	责任主体	输出
启动流程建设项目	成立项目小组	具体参见表 1-5	流程管理部门	◎项目小组成员名单及职责说明 ◎项目工作计划
	选择规划工具或方法	包括基于岗位职责的建设方法（从下到上）、基于业务模型的建设方法（从下到上）和借助第三方（咨询公司）的流程建设方法等	流程管理部门	◎规划项目操作指引 ◎会议记录 / 纪要
	制订工作计划	明确项目里程碑，确定各项具体工作清单与步骤及其责任主体，可使用甘特图	流程规划项目组	

（续表）

步骤	步骤细分	具体说明	责任主体	输出
启动流程建设项目	发布项目操作指引	包括项目简介、工作计划、成员名单及职责、建设步骤方法、各步骤的详细操作说明、流程图模板、案例、已有流程清单、项目组激励方案等	流程管理部门	◎规划项目操作指引 ◎会议记录 / 纪要
	召开项目启动会	会议重点是项目整体介绍、背景及理念、角色与职责定位、总体计划、项目最终成果及意义等	流程管理部门	
备注	本阶段常用的工具或方法有甘特图、项目管理法等			

流程建设工作需要得到企业领导层的重视与支持，项目小组的组建及成员构成如表 1-5 所示。

表 1-5　流程建设项目小组的组建及成员构成

角色定位	成员构成	主要职责
企业流程管理委员会	由企业高层领导组成，如总经理、各主管副总等，成员人数控制在 3~5 人	◎提供资源支持 ◎任命建设项目经理 ◎审核建设项目计划 ◎参与关键问题决策 ◎参与关键环节的建设及决策
流程建设项目经理	可由流程管理部门经理担任，也可考虑增设项目副总，由相关部门经理担任	◎编制项目计划 ◎监督项目成员完成目标 ◎评估项目成员工作表现
项目助理	可由流程管理部门人员担任	协助项目经理管理项目日常工作，如整理文档等
成员（各部门负责人）	项目成员应具有丰富的工作经验，多为各部门负责人，由其参与部门流程建设工作；也可指派部门人员参与项目小组的工作。各业务部门的流程应统一建设	◎根据项目计划，组织本部门完成相应的流程建设工作 ◎参与本部门流程图和企业全景流程图的绘制，宣贯和应用流程建设成果
成员（流程管理部门的人员）	流程管理部门的工作人员均应参与到项目中来	负责流程建设方法、工具的开发及各部门的相关培训与指导工作

1.3.2　识别流程

在识别流程阶段，企业需要做的是识别本企业有哪些流程，编制流程清单，界定流程之间的界限及为流程命名，帮助企业从流程的视角弄清企业管理现状，为后续的流程建设、每个流程的具体描述提供良好的基础。

由于各部门流程识别、流程清单的梳理对之后的工作至关重要，因此这项工作一般应由各部门领导牵头组织，先整理出部门业务流程主线，明确本部门的关键环节和核心业务，进而确定主要业务流程及流程之间的关系。识别流程阶段的工作指引如表 1-6 所示。

表 1-6　识别流程阶段的工作指引

<table>
<tr><th>步骤</th><th>步骤细分</th><th>具体说明</th><th>责任主体</th><th>输出</th></tr>
<tr><td rowspan="3">识别流程</td><td>流程建设培训</td><td>流程管理部门对各部门进行流程建设方面的培训，培训的重点是如何使用各种表格等，具体内容包括项目简介、涉及的概念、目的和产出、职责划分、建设步骤、表格编制、工作计划、答疑等</td><td>流程管理部门</td><td rowspan="3">◎培训课程
◎培训计划
◎部门流程清单
◎企业流程清单（参见表 1-7）</td></tr>
<tr><td>各部门流程识别</td><td>进行部门内岗位分析、业务线分析；将职责分解，细化到岗位、业务活动，并按活动的先后顺序排列，提炼出流程；界定流程的上下接口、输入 / 输出及责任主体；汇总部门内流程，编制部门流程清单</td><td>各部门，包括岗位代表人员、部门负责人</td></tr>
<tr><td>编制企业流程清单</td><td>流程管理部门汇总各部门流程清单，与各部门充分沟通，删除重复流程，查漏补缺，形成企业流程清单</td><td>流程管理部门</td></tr>
<tr><td>备注</td><td colspan="4">本阶段常用的工具及方法有战略地图、业务单元分析法、部门职能分析法、岗位工作分析法等</td></tr>
</table>

1.3.3　构建流程清单

流程建设项目小组在本阶段的主要任务是与各部门进行沟通、讨论，对企业流程进行分类和分级，构建企业流程框架，输出企业流程清单，具体如表 1-7 所示。

表 1-7　企业流程清单

<table>
<tr><th>序号</th><th>一级流程</th><th>二级流程</th><th>三级流程</th><th>归口管理部门</th><th>流程状态</th></tr>
<tr><td></td><td></td><td></td><td></td><td></td><td></td></tr>
<tr><td></td><td></td><td></td><td></td><td></td><td></td></tr>
<tr><td>备注</td><td colspan="5">流程状态的填写说明：1——流程已有且有效；2——流程已有，待梳理；3——无文件，待设计梳理</td></tr>
</table>

1.3.4　评估流程重要程度

本阶段的工作任务是评估企业流程的重要程度，识别出关键流程、核心流程等，将其作为流程设计、运行管理、优化再造工作的重点，以提高企业流程建设工作的效率和效益。

企业的所有活动都是为了提高客户的满意度，实现价值，企业流程重要程度的衡量标准是流程的增值性。一般情况下，直接与客户产生业务关系的流程（如售后服务流程）、与企业核心竞争力相关的流程（如产品质量管理流程）等为企业的重要流程。

表 1-8 为某公司流程建设项目的流程重要程度评估分析表，供读者参考。

表 1-8　某公司流程建设项目的流程重要程度评估分析表

流程名称	与客户相关度（30%）	与整体绩效相关度（30%）	与战略相关度（25%）	流程横向跨度（15%）	评估得分	重要程度等级
×××× 流程	60	60	60	60	60	
用表说明	1. 以“×××× 流程”的评估为基准，其他各流程与之对比 2. 各评估项单项总分为 100 分，各单项评分乘以权重后的“和”为总分 3. 重要程度评估根据最终评分结果，采取强制百分比法，排名前 5% 的为 A 级流程，排名前 5% ~ 20%（包含）的为 B 级流程，排名前 20% ~ 30%（包含）的为 C 级流程，排名前 30% ~ 50%（包含）的为 D 级流程，其他为 E 级流程 4. 评级结果为 A、B、C 级的流程要重点管理					

1.3.5　完善体系框架

完成流程重要程度评估分析后，企业需要在流程清单的基础上进一步完善流程体系框架，标注流程的重要程度等级，具体如表 1-9 所示。

表 1-9　企业流程的重要程度等级

一级流程	二级流程	三级流程	归口管理部门	流程状态
×××× 流程（B 级）	×××× 流程（B 级）	×××× 流程（A 级）		
		×××× 流程（B 级）		
	×××× 流程（C 级）	×××× 流程（C 级）		
		×××× 流程（D 级）		

1.3.6　进行流程设计

企业在进行流程设计时，可遵循以下七个步骤。

第 1 步：界定流程范围

流程设计的第 1 步是界定流程范围，即确定信息的输入和输出。

在这一环节，企业需要回答以下几个问题。

- 有哪些流程业务活动？
- 流程从何处开始、何处终止？
- 流程的输入和输出是什么？
- 输出的成果交给谁（客户）？
- 客户有何要求？

在此，我们以设计“外部招聘管理流程”为例，来说明流程范围界定，具体内容如表 1-10 所示。

表 1-10　外部招聘管理流程范围界定

流程名称	外部招聘管理流程	流程编号	
流程责任部门 / 责任人	人力资源部 / 招聘主管	流程对应客户	各用人部门
本流程业务活动	人力资源部招聘、面试、录用管理工作		
流程开始	招聘需求	流程结束	录用决策、签订劳动合同
流程输入	已批准的招聘计划、临时招聘需求	流程输出	面试评估报告、劳动合同
流程客户要求（目标）	1. 期限内完成招聘任务 2. 人岗匹配		

第 2 步：确定流程活动的主要步骤

流程设计人员在界定完流程范围后，接下来需要进行调查分析，确定本流程活动的主要步骤，操作方法如图 1-6 所示。

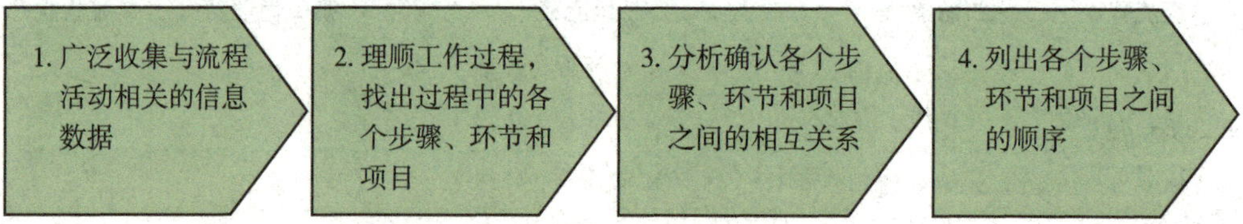

1. 广泛收集与流程活动相关的信息数据 → 2. 理顺工作过程，找出过程中的各个步骤、环节和项目 → 3. 分析确认各个步骤、环节和项目之间的相互关系 → 4. 列出各个步骤、环节和项目之间的顺序

图 1-6　确定流程活动的主要步骤

我们以设计“外部招聘管理流程”为例，其主要步骤（参见表 1-11）包括招聘需求汇总、招聘岗位分析与条件确定、发布招聘信息、简历收取与筛选、面试与评估、做出录用决策、签订劳动合同及试用期管理等。

第 3 步：步骤详细说明

本阶段应针对已确定的流程活动的主要步骤进行分析和描述，需要完成的工作如下：

- 分析每一个步骤的输入、输出（成果）；

- 明确后续步骤的客户要求；
- 确定每一步骤工作 / 活动的检查、考核、评估指标；
- 确定每一步骤涉及的部门 / 人员，明确其责任、权限和资源需求；
- 确定本流程的层次及与上下层级之间的关系。

我们仍以设计“外部招聘管理流程”为例，本阶段流程活动的主要步骤及具体描述如表 1-11 所示。

表 1-11　外部招聘管理流程活动的主要步骤及具体描述

流程名称	外部招聘管理流程	**流程编号**	
流程责任部门 / 责任人	人力资源部 / 招聘主管	**流程对应客户**	各用人部门
本流程业务活动	人力资源部招聘、面试、录用管理工作		
流程开始	招聘需求	**流程结束**	录用决策、签订劳动合同
流程输入	已批准的招聘计划、临时招聘需求	**流程输出**	面试评估报告、劳动合同
流程客户要求（目标）	1. 期限内完成招聘任务 2. 人岗匹配		
流程步骤	**步骤描述**	**重要输入**	**重要输出**
招聘需求汇总	人力资源部在经过批准的年度招聘计划指导下，按时进行计划内的人员招聘工作	招聘计划	—
	计划外招聘需由部门提出招聘申请并拟定上岗要求和资格条件，报总经理或相关副总经理审核	岗位说明书	招聘岗位清单
招聘岗位分析与条件确定	人力资源部根据当时的市场薪资行情和企业薪资架构体系，初步拟定待招聘的职位等级及基本薪资范围	—	—
	根据待招聘职位的高低，呈交相应的决策层核准，之后正式启动招聘工作 ◎部门经理及以上管理职位由总裁核准 ◎部门主管及主管以下职位由分管人力资源副总经理核准	—	—
发布招聘信息	通过内外部多种渠道发布招聘信息，同时收集人才资料，可经由下列方式进行 ◎刊登内部职位空缺公告 ◎刊登报纸广告 ◎接洽人才中介机构 ◎请高校推荐 ◎参加人才交流会等	岗位说明书	招聘广告

（续表）

简历收取与筛选	人力资源部收到应聘者的各项资料后，先进行初步审核，审阅其学历、经验是否符合企业要求，再将审核通过的应聘者的资料转交用人部门进一步审核，通过书面资料审核淘汰一部分不符合岗位要求的应聘者	应聘简历	面试人员清单
面试与评估	由人力资源部主导，对通过审核的应聘者进行笔试及面试，从人员的基本素质方面进行评估，筛选出符合要求的应聘者	面试清单	面试记录 面试评估表
	在人力资源部的协助下，由相关业务部门的人员对应聘者进行专业技能考核	—	面试评估表
	◎主管级别及以下职位由副总经理进行最终面试 ◎部门经理及以上管理职位由总经理进行最终面试	—	面试评估表
做出录用决策	根据企业高层领导及用人部门的意见，人力资源部告知被录用者其最终职位和薪资金额	—	—
	将其他优秀但未被录用的应聘者的资料存入人才库	—	人才库
	通过面试的应聘者必须参加体检，体检未通过者不予录用	—	体检报告
签订劳动合同	人力资源部发出录用通知单，与被录用者签订劳动合同，并根据招聘 / 录用管理制度为被录用者办理相关的入职手续	—	劳动合同
试用期管理	执行试用期管理流程	—	—
考核评估方法	招聘任务是否按期完成、招聘人数完成率、招聘计划出错次数、招聘广告出错次数等		

第 4 步：选择流程形式

根据流程的分类、层级、复杂程度，以及流程活动的内部关联性等因素，企业流程主要有四种展现形式，即箭头式流程图、业务流程图、矩阵式流程图和泳道式流程图。

☆ 箭头式流程图

箭头式流程图的特点是直观、一目了然，适用于企业员工都熟悉流程中各项作业概况的情况或流程中各项作业任务较简单的情况。箭头式流程图的示例如图 1-7 所示。

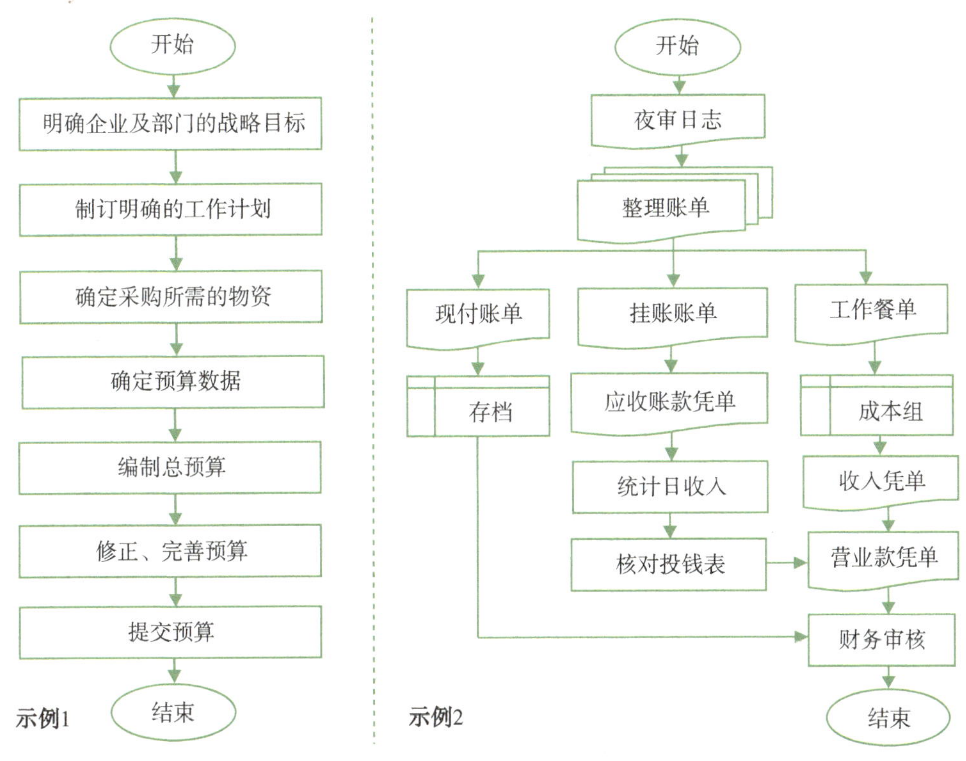

图 1-7　箭头式流程图的示例

企业在设计箭头式流程图时，需要注意以下两个问题。

- 在图中明确执行主体，如果是单一的执行主体，可将执行主体省略。
- 用简洁的语言对流程图中的主要活动进行解释说明，以进一步明确活动要求和指令。

☆ 业务流程图

在业务流程图中，需要明确流程的上下执行主体、活动内容、要求及指令，并将要求和指令用统一的语言表达出来。流程活动的承担者之间必须是平等、互助、尊重、关怀的关系。业务流程图的示例如图 1-8 所示。

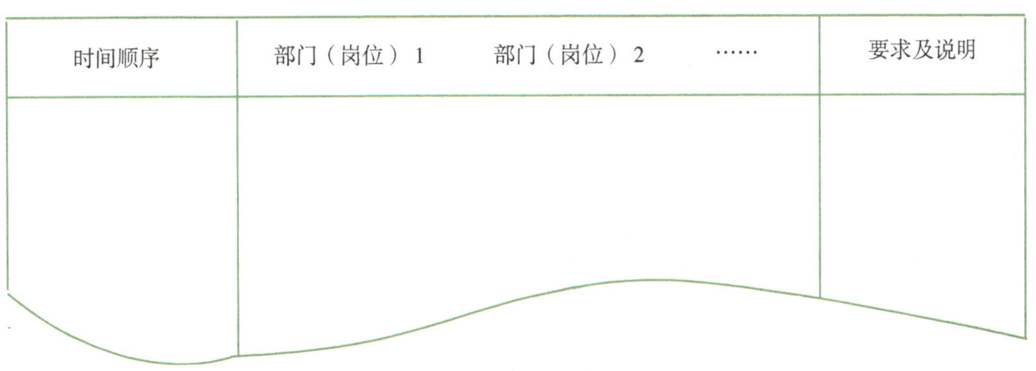

时间顺序
部门（岗位）1
部门（岗位）2
……
要求及说明

图 1-8　业务流程图的示例

☆ 矩阵式流程图

矩阵式流程图有纵、横两个方向的坐标，它既解决了先做什么、后做什么的问题，又明确了各项工作的具体责任人。矩阵式流程图的示例如图 1-9 所示。

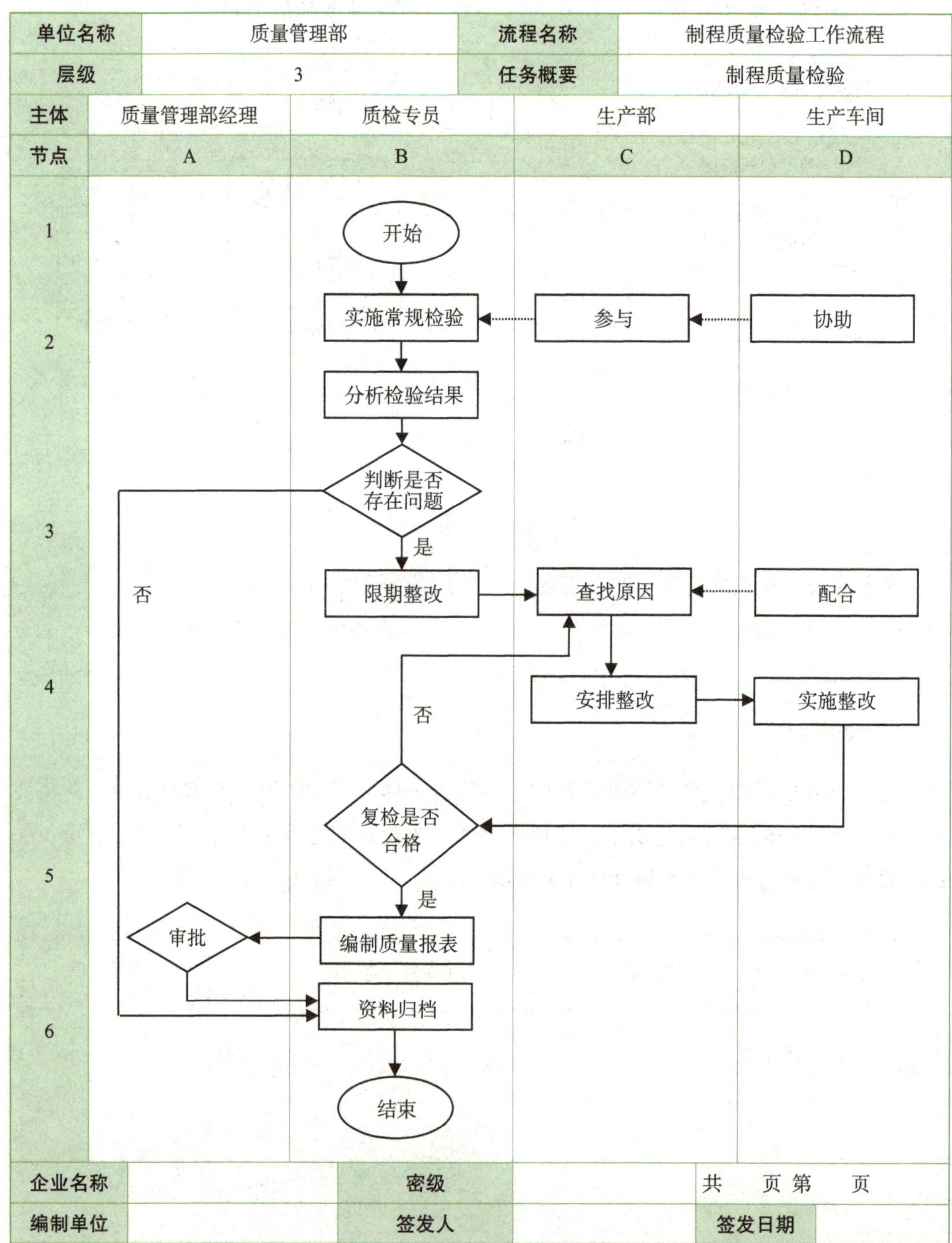

图 1-9　矩阵式流程图的示例

☆ 泳道式流程图

与矩阵式流程图相似，泳道式流程图也是通过纵、横双向坐标来设计流程，纵向为分项工作任务，横向是承担任务的部门、岗位（即执行主体）。

这种流程图样式与其他流程图类似，但在业务流程的执行主体上，主要通过泳道（纵向条）区分执行主体。泳道式流程图的示例如图 1-10 所示。

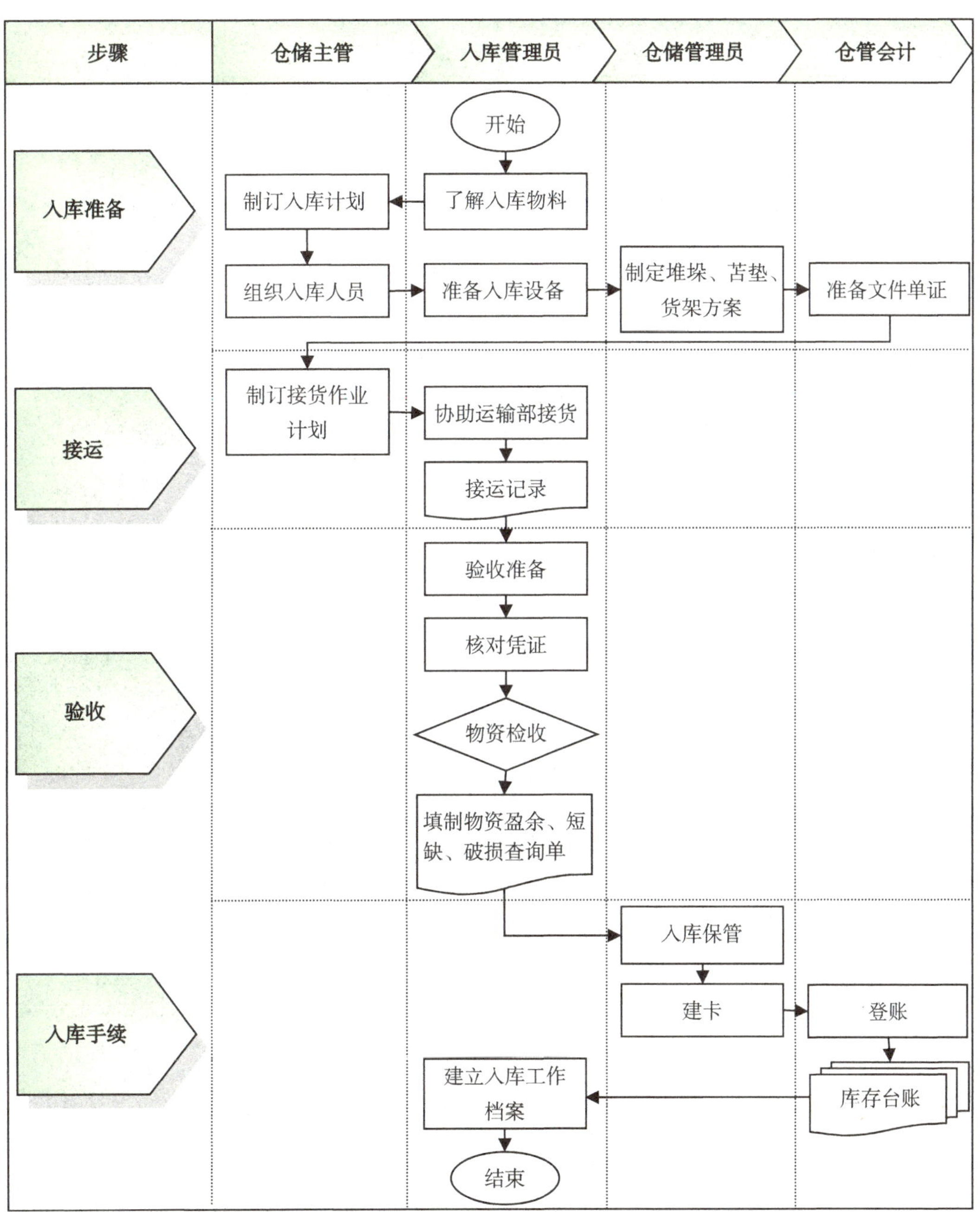

图 1-10　泳道式流程图的示例

第1章　流程与流程管理

第 5 步：绘制流程草图

流程图的绘制是指流程设计人员将流程设计或流程再造的成果以书面形式呈现出来。

☆ 绘制工具的选择

绘制流程图常用的工具有 Word、Visio 等，这两个工具各有各的特点（见表 1-12），流程图设计人员可根据本企业流程设计的要求、个人的使用习惯等自由选择。

表 1-12 常用的流程图绘制工具

工具名称	工具介绍
Word	1. 普及率高 2. 方便发排、打印及流程文件的印制 3. 绘制的图片清晰，文件量小，容易复制到移动存储器中，容易作为电子邮件进行收发 4. 较费时，绘制难度较大 5. 与其他专用绘图软件相比，绘图功能不够全面
Visio	1. 专业的绘图软件，附带相关建模符号 2. 通过拖曳预定义的图形符号很容易组合图表 3. 可根据本单位流程设计需要进行组织的自定义 4. 能绘制一些组织复杂、业务繁杂的流程图

☆ 流程绘制符号

美国国家标准学会（ANSI）规定了流程设计中绘制流程图的标准符号，常用的流程绘制符号如表 1-13 所示。

表 1-13 常用的流程绘制符号

序号	符号名称	符号
1	流程的开始或结束	椭圆
2	具体作业任务或工作	矩形
3	决策、判断、审批	菱形
4	单向流程线	→

（续表）

序号	符号名称	符号
5	双向流程线	
6	两项工作跨越、不相交	
7	两项工作连接	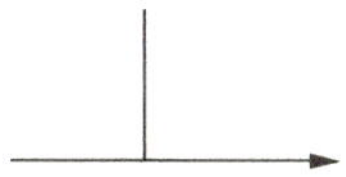
8	作业过程中涉及的文档信息	
9	作业过程中涉及的多文档信息	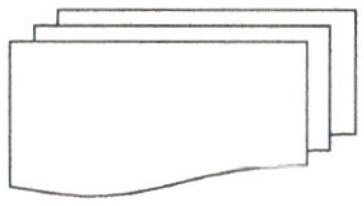
10	与本流程关联的其他流程	
11	信息来源	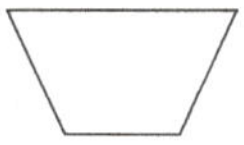
12	信息储存与输出	

实际上，流程绘制的标准符号远不止表 1-13 所列的这些。但是，流程图的绘制越简洁、明了，操作起来就越方便，企业也更容易接受和落实；符号越多，流程图就越复杂，越难以落实到位。所以，一般情况下，企业使用 1~4 项流程绘制的标准符号就基本可以满足绘制流程图的需要了。

☆ 绘制草图

不同的流程展现形式体现了不同层次的流程。例如，一二级流程适合用矩阵式流程图和泳道式流程图呈现，而三级流程中的部分业务流程适合用箭头式流程图和业务流程图呈现。

值得一提的是，流程设计人员在绘制流程图的过程中，需要确定该流程与上下游流程之间的接口，以及与规范流程运行要求相关联的制度之间的关系，并根据实际情况尽量将其在流程图中反映出来，如流程图中可根据流程节点给出相应的制度、表单等。

第 6 步：流程意见反馈

流程图绘制完成后，需要通过意见征询、试运行等方式获得相关意见和建议，发现不足和纰漏，以便对其做出进一步修改和完善，直至最终定稿。

针对初步绘制的流程图，流程设计人员可通过以下三种方式征求各方的意见，具体如图 1-11 所示。

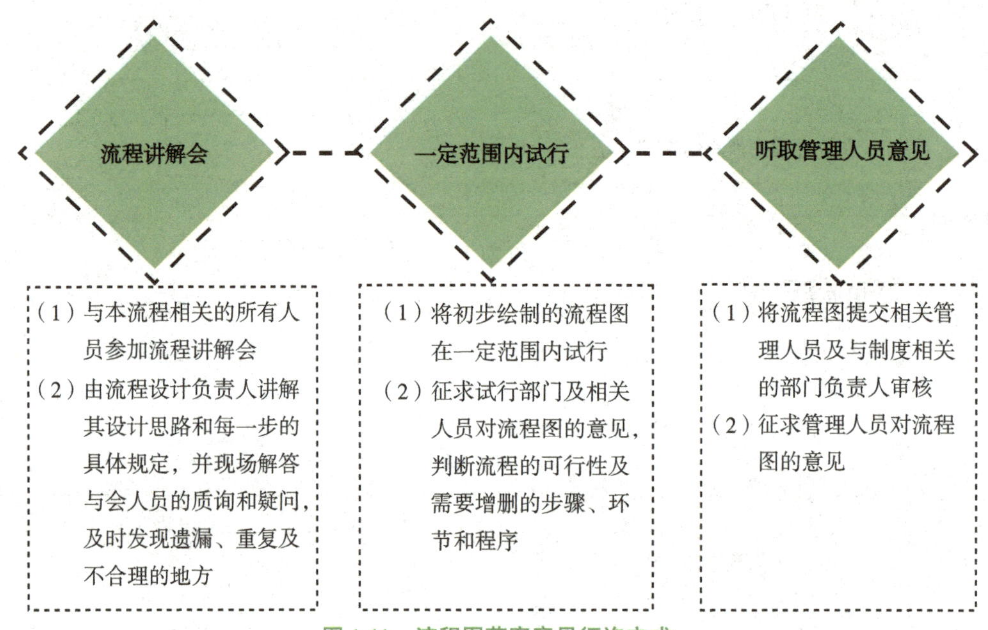

流程讲解会
一定范围内试行
听取管理人员意见
（1）与本流程相关的所有人员参加流程讲解会
（2）由流程设计负责人讲解其设计思路和每一步的具体规定，并现场解答与会人员的质询和疑问，及时发现遗漏、重复及不合理的地方
（1）将初步绘制的流程图在一定范围内试行
（2）征求试行部门及相关人员对流程图的意见，判断流程的可行性及需要增删的步骤、环节和程序
（1）将流程图提交相关管理人员及与制度相关的部门负责人审核
（2）征求管理人员对流程图的意见

图 1-11　流程图草案意见征询方式

第 7 步：流程调整修正

通过上述方式进行意见征询后，流程设计人员应综合分析意见征询结果，汇总各种修改意见，对流程图进行修改和完善，提交权限主管领导审核后再呈交总经理批准，或在董事会审议通过后公示执行。

☆ 流程定稿要求

老员工能够按流程图做事，新员工能够根据流程图知道怎样做事。

☆ 流程试运行与检查

流程设计人员要监控流程试运行过程，检查并汇总试运行过程中出现的问题，做好检查记录，为问题分析和流程改善做准备。流程实施与检查内容说明如表 1-14 所示。

表 1-14 流程实施与检查内容说明

项次	检查项目	具体检查内容
1	检查流程是否稳定	◎在实施过程中是否出现例外活动 ◎在实施过程中是否出现步骤、时间、权责方面的冲突 ◎是否出现上一部分的步骤成果（输入）不能充分影响下一步骤的活动 ◎是否出现资源（特别是人力资源）与任务不匹配的情况
2	检查程序是否合理	◎适宜性：程序适应内外部环境变化的能力 ◎充分性：程序各过程的展开程度 ◎有效性：达到的结果与所使用的资源之间的关系，确保程序的经济性

☆ 流程简化

流程简化的目标是用最少的资源执行流程，减少资源浪费。流程简化的方法包括取消环节、合并环节、环节调序、简单化环节、自动化环节以及一体化环节等。

流程简化工作的一般操作方法如下：

- 对评估流程进行再评估，确认和削减增加资源耗费的活动；
- 评估各种测量方法，判断其能否提供有用和可控的信息；
- 缩短时间，测试输出数量 / 质量是否相应减少；
- 依据上述变动调整程序简化计划；
- 将程序置于自动运行状态，通过周期性检查发现问题。

1.3.7 发布、实施与检查

1. 流程的确定与发布

流程设计人员将经过实践检验的流程图提交企业领导审核签字后，以适当的方式向全体员工公示，并自公示之日起生效，便于员工遵照执行。

一般情况下，常用的流程公示方式有四种，企业可根据实际情况选择运用，具体做法如表 1-15 所示。

表 1-15 流程公示的四种方式及操作说明

序号	公示方式	操作说明
1	全文公告公示	在企业公共区域将流程图及相关说明全文公告，并将公告现场以拍照、录像等方式记录备案
2	集中学习	召开员工会议或组织员工进行集中学习、培训，并让员工签到确认参与了学习或培训

（续表）

序号	公示方式	操作说明
3	员工阅读并签字确认	将流程及相关说明做成电子或纸质文件交由员工阅读并签字确认。确认方式包括在流程文件的尾页签名、另行制作表格登记、制作单页的“声明”或“保证”
4	作为劳动合同附件	将流程文件作为劳动合同的附件，在劳动合同专项条款中约定“劳动者已经详细阅读，并自愿遵守本企业的各项规定”等内容

企业的经营管理人员或人力资源管理人员，对流程公示工作要细心谨慎，注意以下两大事项。

事项 1：务必让当事人知晓

务必将相关通知、决定等送到当事人手中，而不是“通告一贴，高高挂起”，要确保能够达到公示与告知的目的。

事项 2：注意留存公示的证据

不同的公示方式有不同的证据留存方式。例如，让员工在“签阅确认函”上签字确认，可签“已经阅读、明了，并且承诺遵守”等。

2. 优化流程实施的环境

设计了流程并不意味着企业的运行效率和经济效益必然会有大幅度的提高，更重要的工作是抓好流程管理的落实。

在管理和实施流程的过程中，企业不能忽视对流程实施环境的管理，应该注意以下几点。

- **建立合适的企业文化**

企业流程设计或再造一般均以流程为中心、以追求客户满意度的最大化为目标，这就要求企业从传统的职能管理向过程管理转变。

企业在实施流程管理时，需要改变过去的传统观念和习惯做法，建立一种能够适应这种转变的以“积极向上、追求变革、崇尚效率”为特征的企业文化，以使每个流程中的各项活动都能实现最大化增值的目标，为企业经济效益的提高做贡献。

- **提高企业领导对流程管理的认识**

提高企业领导，特别是企业高层领导对流程管理的认识是企业发展中的重要问题，是企业提高运营效率和经济效益的重要措施，是企业战胜竞争对手的主要手段，是企业发展战略的重要因素。

只有企业的董事长、总经理、总监等高层领导重视流程管理，才能推动企业的流程再造，实施才能见到效果。

● 加强培训，使企业上下共同提高对流程的认识

在实施流程管理的过程中，企业高、中层管理人员是推动流程管理的骨干，广大员工则是推动流程管理的重要力量。

通过培训，使企业的管理团队与员工提高对流程设计或再造的认识，共同认识到流程的意义，认识到流程再造对企业生存和发展的作用，只有这样推动与实施流程再造，才能达到良好的效果。

此外，通过培训，可以提高员工的自觉性，使员工自觉遵守新的流程。

3. 实现流程的有效落实

企业的流程图绘制完毕、装订成册后，应发给企业各部门，以便员工遵照执行。流程图实际上是企业的一项规章制度，它可以帮助企业建立正常的工作规则和工作秩序。

以下是流程有效落实的四种思路，具体如图 1-12 所示。

注：流程 E 化是指应用现有的 IT 技术，实现企业各项管理和业务流程的电子化。

图 1-12　流程有效落实的四种思路

4. 开展有针对性的流程检查

流程检查的目的是提高企业的效益，保证流程目标的最终实现。

● 控制流程检查的成本投入。流程检查成本投入需要与该流程的产出价值相匹配，否则既浪费资源，又不能创造价值。企业在流程检查工作中要有成本意识，强化“投资回报”的概念。

● 把握好流程检查的度。在设计流程检查方案时，需要确定流程检查的精细度、频次及抽样方法，控制检查成本。流程检查工作要抓住关键流程，抓住流程的关键环节，结合实际情况和流程的运转时间确定流程检查的频次和抽样方式。

5. 流程检查重点的选取

流程检查需要与流程实际执行情况相匹配，合理设置流程关键控制点。

- 对于流程成熟度高（流程绩效表现合理且稳定）、人员能力较强的流程，企业可降低检查投入，也可取消相关的关键控制点。

- 对于流程成熟度较低（流程绩效波动较大）的流程，企业需要加强对该流程的检查力度或新增关键控制点，以稳定流程绩效。

流程检查重点选取的矩阵分析如图 1-13 所示。

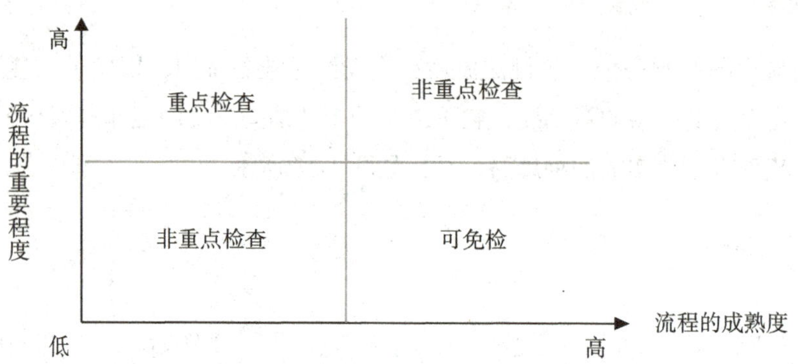

注：流程的重要程度评估请参照本章 1.3.4 所述。

图 1-13　流程检查重点选取的矩阵分析

6. 流程检查工作的实施程序

流程检查工作的实施程序如图 1-14 所示。

7. 流程绩效评估与改进

从本质上看，流程绩效评估是为企业战略与经营服务的，企业需要对某些关键的流程进行绩效评估，将流程绩效作为企业绩效管理的一个重要维度。

- **确定流程的绩效目标**

企业战略目标被分解为部门绩效目标与岗位绩效目标，并被包含在关键流程中，即流程被赋予绩效目标。因此，流程的绩效评估需围绕目标展开，实行目标导向的流程绩效评估。

- **流程绩效评估维度**

企业流程绩效评估的维度及指标如表 1-16 所示。

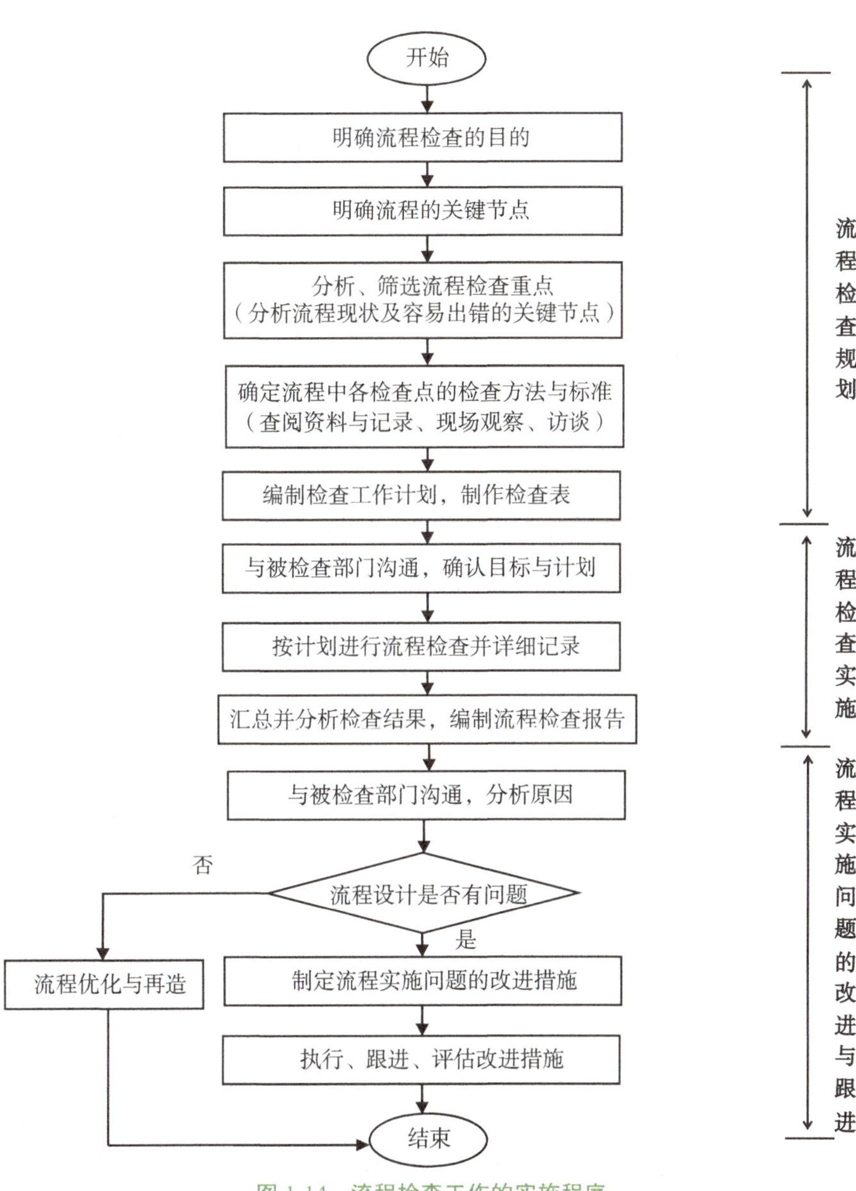

图 1-14　流程检查工作的实施程序

表 1-16　流程绩效评估的维度及指标

评估维度	详细说明	指标举例
效果	◎流程的产出 ◎流程的产出满足客户（包括内部客户和外部客户）需求和期望的程度	产量、产值、计划目标完成率、外部客户满意度、内部客户满意度等
效率	通过效果评估，确认资源节约与浪费的情况	处理时间、投入产出比、增值时间比、质量成本等
弹性	流程应具备调整能力，以便满足客户当前的特殊要求和未来的要求	处理客户特殊要求的时间、被拒绝的特殊要求所占的比例、特殊要求递交上级处理的比例等

● 流程实施绩效评估的标准及方法

流程实施绩效评估的标准及方法如下。

（1）流程绩效目标达成情况。对比流程实际绩效与流程绩效目标，找出实际绩效与流程绩效目标之间的差距，分析差距产生的原因并加以改进。

（2）内部流程绩效排名情况。企业内部可以做横向比较，这适用于不同区域的业务流程竞争、成功经验分享等。

（3）外部同类竞争对比情况。与同行业主要竞争对手的流程绩效进行对比，以了解企业在该方面的市场表现。

（4）流程绩效稳定性情况。对流程绩效评估结果的稳定性进行分析，确认流程是否处于受控状态。

（5）流程客户满意度评估。有些流程（如售后服务流程）的绩效管理需要客户与市场的评估，此时需要一个好的客户沟通与信息管理平台，其能够记录与客户的日常沟通信息、投诉信息、回访信息、满意度调查信息等，并可将这些信息作为客户满意度评估的依据。

● 流程绩效评估结果的运用

企业流程绩效评估结果可运用于五个方面，具体如图 1-15 所示。

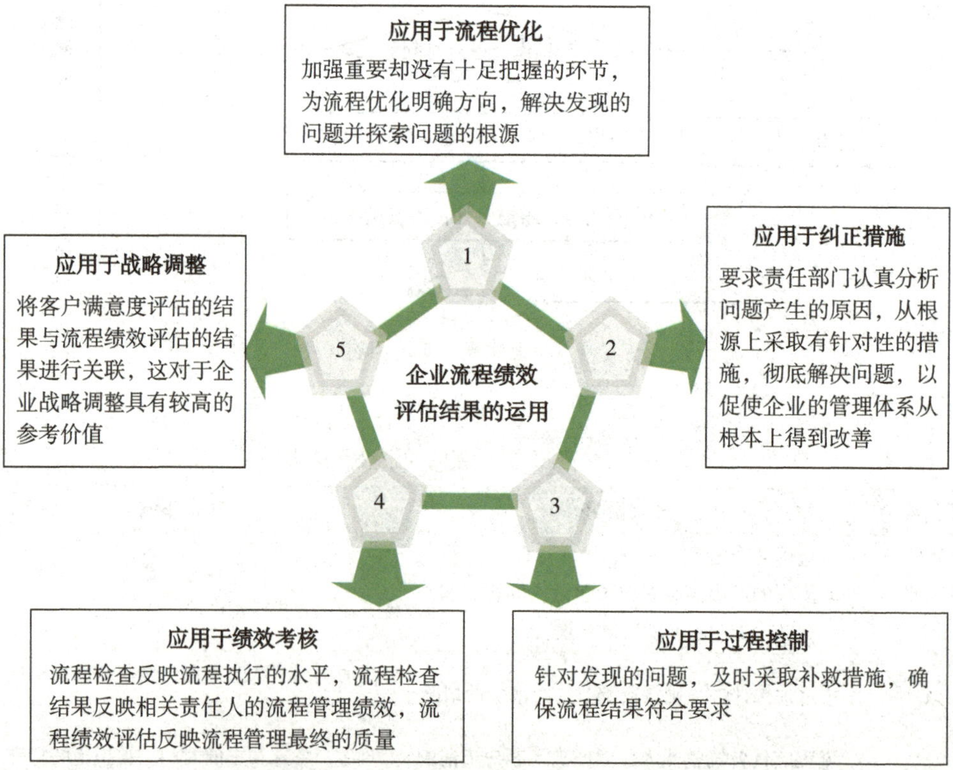

图 1-15　企业流程绩效评估结果的运用

1.4 流程执行章程设计

1.4.1 配套制度设计

制度是规范员工行为的标尺之一，是企业进行规范化、制度化管理的基础。只有不断推进规范化、制度化管理，企业才能逐步发展壮大。

1. 制度设计步骤

企业在设计流程配套制度时，要明确需要解决的问题及要达到的目的，为制度准确定位，开展内外部调研，明确制度规范化的程度，统一制度格式，等等。制度设计的步骤如图 1-16 所示。

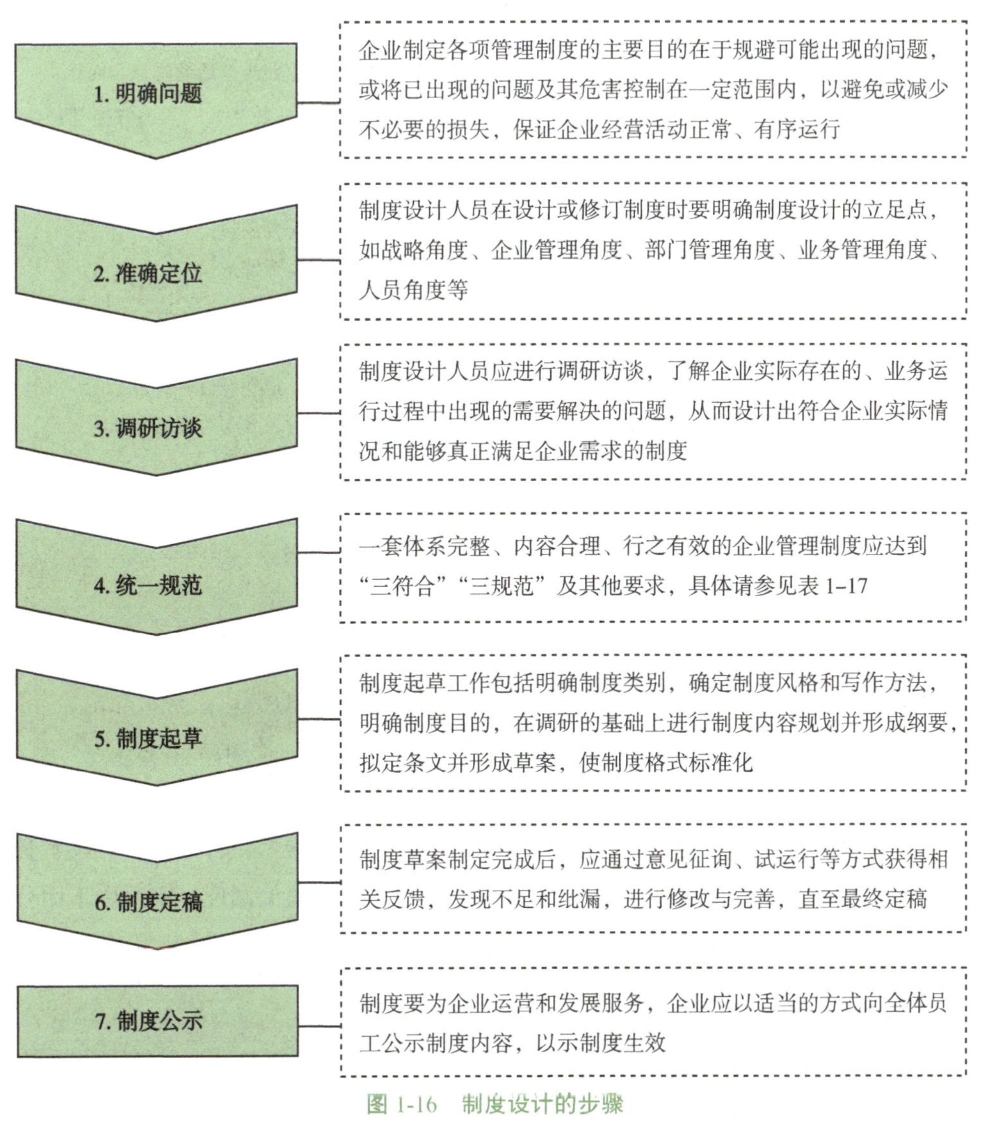

1. 明确问题
企业制定各项管理制度的主要目的在于规避可能出现的问题，或将已出现的问题及其危害控制在一定范围内，以避免或减少不必要的损失，保证企业经营活动正常、有序运行
2. 准确定位
制度设计人员在设计或修订制度时要明确制度设计的立足点，如战略角度、企业管理角度、部门管理角度、业务管理角度、人员角度等
3. 调研访谈
制度设计人员应进行调研访谈，了解企业实际存在的、业务运行过程中出现的需要解决的问题，从而设计出符合企业实际情况和能够真正满足企业需求的制度
4. 统一规范
一套体系完整、内容合理、行之有效的企业管理制度应达到“三符合”“三规范”及其他要求，具体请参见表 1-17
5. 制度起草
制度起草工作包括明确制度类别，确定制度风格和写作方法，明确制度目的，在调研的基础上进行制度内容规划并形成纲要，拟定条文并形成草案，使制度格式标准化
6. 制度定稿
制度草案制定完成后，应通过意见征询、试运行等方式获得相关反馈，发现不足和纰漏，进行修改与完善，直至最终定稿
7. 制度公示
制度要为企业运营和发展服务，企业应以适当的方式向全体员工公示制度内容，以示制度生效

图 1-16 制度设计的步骤

2. 制度设计规范及要求

要想设计一套体系完整、内容合理、行之有效的企业管理制度，制度设计人员必须遵循一定的规范及要求，具体内容如表 1-17 所示。

表 1-17　制度设计规范及要求

设计规范	具体要求	
三符合	符合企业管理者最初设想的状态	
	符合企业管理科学原理	
	符合客观事物发展规律或规则	
三规范	规范 制度制定者	◎品行好，能做到公正、客观，有较强的文字表达能力和分析能力，熟悉企业各部门的业务及具体工作方法 ◎了解国家相关法律法规、社会公序良俗和员工习惯，了解制度的制定、修改、废止等程序及审批权限 ◎制度所依资料全面、准确，能反映企业经营活动的真实面貌
	规范 制度内容	◎合法合规，制度内容不能违反国家法律法规，要遵守公德民俗，确保制度有效、内容完善 ◎形式美观、格式统一、简明扼要、易操作、无缺漏 ◎语言简洁、条例清晰、前后一致、符合逻辑 ◎制度可操作性强，能与其他规章制度有效衔接 ◎说明制度涉及的各种文本的效力，并用书面或电子文件的形式向员工公示或向员工提供接触标准文本的机会
	规范 制度实施过程	◎明确培训及实施过程、公示及管理、定期修订等内容 ◎营造规范的执行环境，减少制度执行过程中可能遇到的阻力 ◎规范全体员工的职责、工作行为及工作程序 ◎制度的制定、执行与监督应由不同人员完成 ◎监督并记录制度执行的情况

3. 制度框架设计

制度的内容结构常采用“一般规定—具体制度—附则”的模式。一个规范、完整的制度所需具备的内容包括制度名称、总则 / 通则、正文 / 分则、附则与落款、附件这五大部分。制度设计人员应注意每一部分，使所制定的制度内容完备、合规、合法。

根据制度的内容结构，图 1-17 给出了常用的制度内容框架及设计规范，供读者参考。

需要说明的是，对于针对性强、内容单一、业务操作性强的制度，正文中不用分章，可直接分条列出，但总则与附则中的有关条目不可省略。

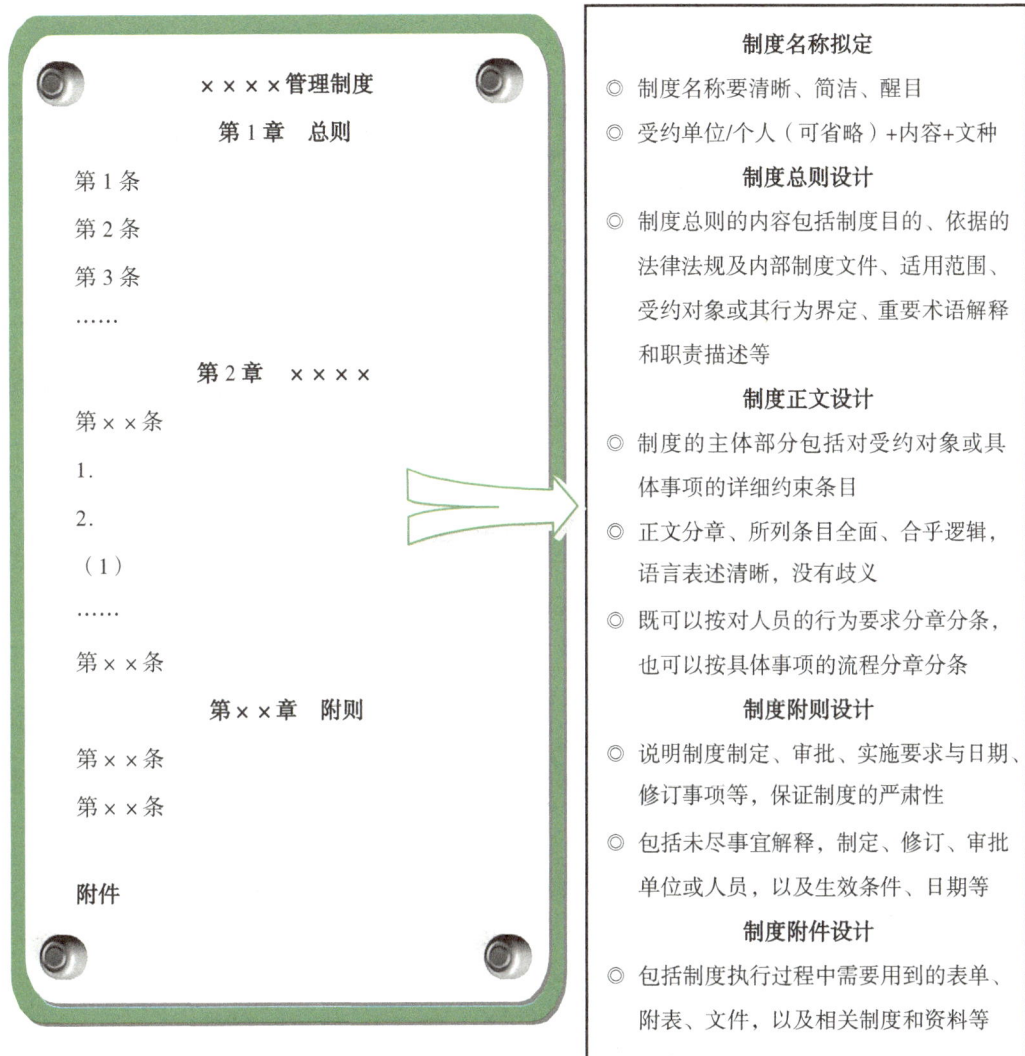

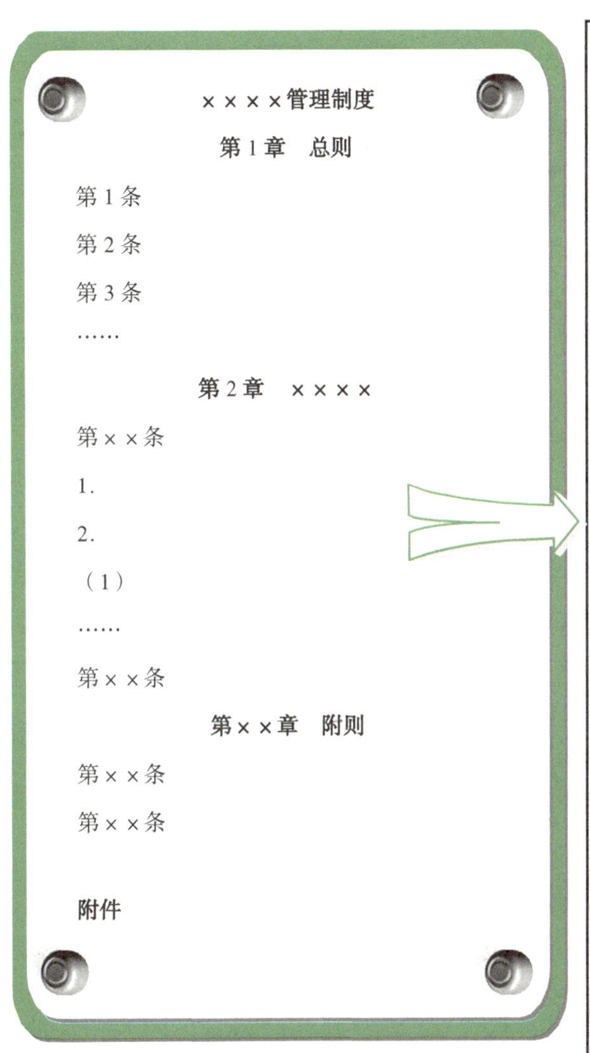

××××管理制度

第1章　总则

第1条

第2条

第3条

……

第2章　××××

第××条

1.

2.

（1）

……

第××条

第××章　附则

第××条

第××条

附件

制度名称拟定

◎ 制度名称要清晰、简洁、醒目

◎ 受约单位/个人（可省略）+内容+文种

制度总则设计

◎ 制度总则的内容包括制度目的、依据的法律法规及内部制度文件、适用范围、受约对象或其行为界定、重要术语解释和职责描述等

制度正文设计

◎ 制度的主体部分包括对受约对象或具体事项的详细约束条目

◎ 正文分章、所列条目全面、合乎逻辑，语言表述清晰，没有歧义

◎ 既可以按对人员的行为要求分章分条，也可以按具体事项的流程分章分条

制度附则设计

◎ 说明制度制定、审批、实施要求与日期、修订事项等，保证制度的严肃性

◎ 包括未尽事宜解释，制定、修订、审批单位或人员，以及生效条件、日期等

制度附件设计

◎ 包括制度执行过程中需要用到的表单、附表、文件，以及相关制度和资料等

图 1-17　制度内容框架及设计规范

4. 制度修订

企业在发展过程中，有些制度可能会成为制约其发展的主要因素，因此企业需要不断修订、完善甚至废止这些制度。总之，不断推进制度化管理伴随着企业发展的整个过程。

制度设计人员或修订人员需要根据实际情况，及时修订与企业发展不相适应的规范、规则和程序，以满足企业日常经营及长远发展的需要。配套制度修订时间的选择如表1-18 所示。

表 1-18　配套制度修订时间的选择

状况类别	修订时间
企业外部	◎国家或地方修订或新颁布相关法律法规，导致企业某些制度或条款不合法、有缺陷或多余等 ◎企业所处的外部环境、市场条件等发生重大变化，影响了企业的日常经营活动
企业内部	◎配套的流程发生了变化 ◎企业定期统一复审制度、机构调整、岗位设置发生变化等 ◎企业各部门或各岗位通过工作实践，认为已有制度存在问题
备注	在上述情况下，如果制度确实不符合企业当前的实际情况，可撤销或合并到其他制度中

制度修订就是在现存相关制度的基础上，对制度的内容进行添加、删减、合并等处理，以及对制度的体系结构进行再设计。制度设计人员可根据图 1-18 所示的流程修订制度。

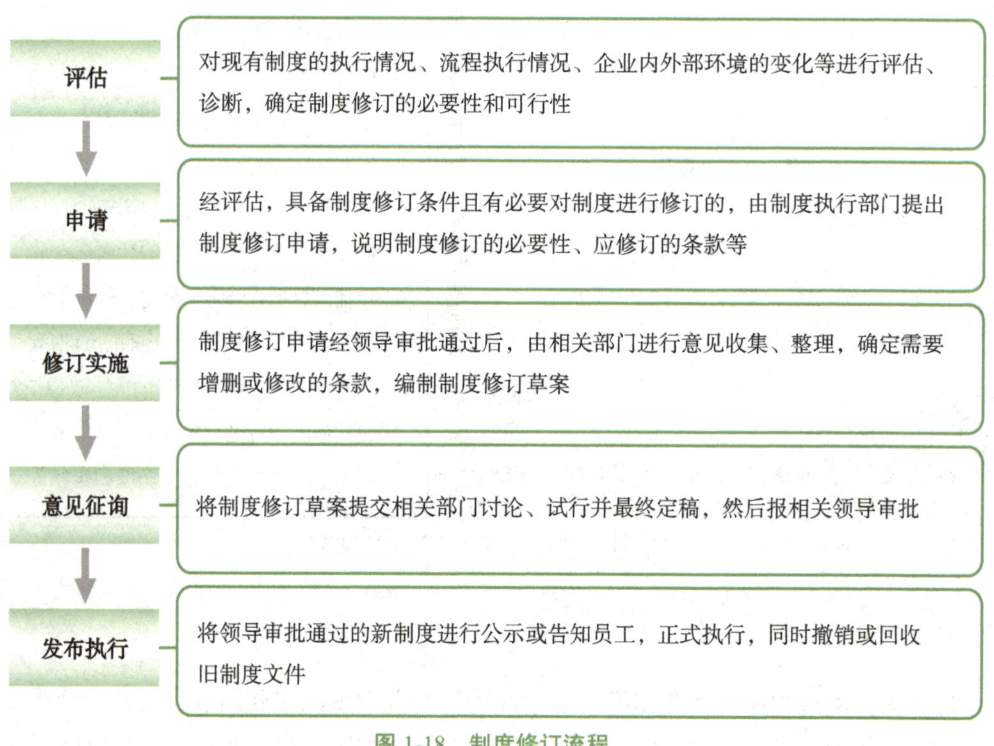
评估
对现有制度的执行情况、流程执行情况、企业内外部环境的变化等进行评估、诊断，确定制度修订的必要性和可行性
申请
经评估，具备制度修订条件且有必要对制度进行修订的，由制度执行部门提出制度修订申请，说明制度修订的必要性、应修订的条款等
修订实施
制度修订申请经领导审批通过后，由相关部门进行意见收集、整理，确定需要增删或修改的条款，编制制度修订草案
意见征询
将制度修订草案提交相关部门讨论、试行并最终定稿，然后报相关领导审批
发布执行
将领导审批通过的新制度进行公示或告知员工，正式执行，同时撤销或回收旧制度文件

图 1-18　制度修订流程

在制度修订的过程中，制度设计人员要注意以下几点：

- 要适应企业新的机构运行模式与流程管理的要求；
- 要发挥各制度管理部门的主动性和制度执行部门的能动性；
- 要强化各项工作的管理责任要求；
- 要强调各职能部门的管理服务标准；
- 要规范制度的编制格式，为制度的再修订和日后的统稿工作制定标准。

1.4.2 辅助方案设计

方案是指某一项工作或行动的具体计划或针对某一问题制定的规划。撰写工作方案是员工必须完成的一项任务。一份实操性强、思路清晰、富有创新性的方案，不仅有利于方案的实际操作，而且还能获得上级领导的称赞。

1. 方案设计的步骤

方案设计的步骤如图 1-19 所示。

第 1 步　确定方案目标主题

将方案的目标主题确立在一定范围内，力求主题明晰，重点突出

第 2 步　收集相关资料

围绕目标主题收集相关资料

第 3 步　调查外部环境态势

围绕目标主题进行全面的外部环境调查，掌握第一手资料

第 4 步　整理与分析资料

综合调查获得的第一手资料和手中的其他资料，整理出对目标主题有用的信息

第 5 步　提出具体的创意/措施

根据企业的实际需要提出方案策划的创意/措施，并将其具体化

第 6 步　选择、编制可行方案

将符合目标主题的创意细化成具体的执行方案

第 7 步　制定方案实施细则

根据选定的方案，将具体的任务分配到各职能部门，分头实施，并按进度表与预算表进行监控

第 8 步　制定检查、评估办法

对选定的方案制定出详细可行的检查办法、评估标准及成果巩固措施

图 1-19　方案设计的步骤

2. 方案的内容结构

方案一般包括指导思想、主要目标、工作重点、实施步骤、政策措施和具体要求等内容，其结构如图 1-20 所示。

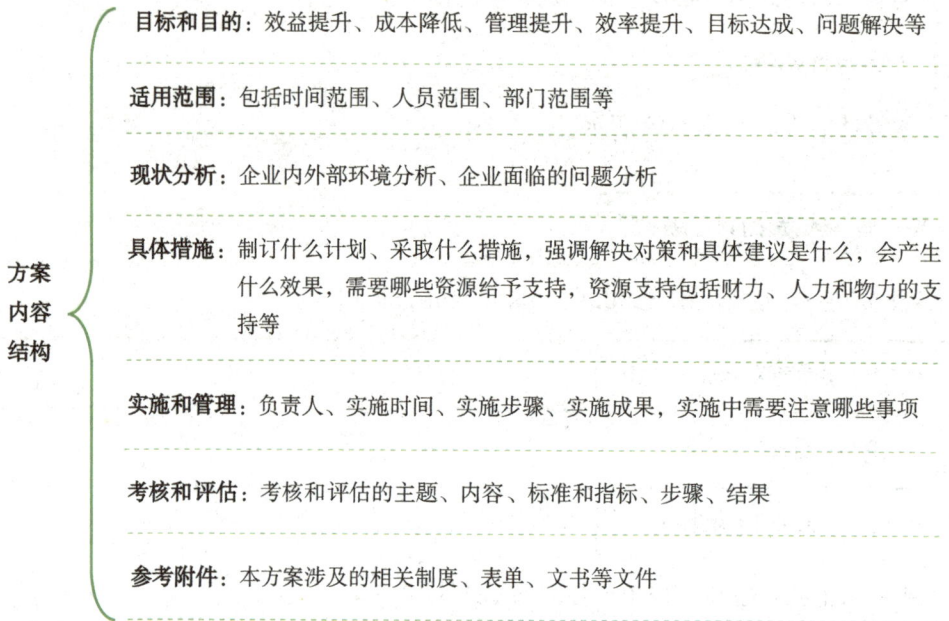

方案内容结构

- **目标和目的**：效益提升、成本降低、管理提升、效率提升、目标达成、问题解决等
- **适用范围**：包括时间范围、人员范围、部门范围等
- **现状分析**：企业内外部环境分析、企业面临的问题分析
- **具体措施**：制订什么计划、采取什么措施，强调解决对策和具体建议是什么，会产生什么效果，需要哪些资源给予支持，资源支持包括财力、人力和物力的支持等
- **实施和管理**：负责人、实施时间、实施步骤、实施成果，实施中需要注意哪些事项
- **考核和评估**：考核和评估的主题、内容、标准和指标、步骤、结果
- **参考附件**：本方案涉及的相关制度、表单、文书等文件

图 1-20　方案的内容结构

1.4.3　附带文书设计

文书是用于记录信息、交流信息和发布信息的一种工具。企业管理文书是指企业为了某种需要，按照一定的体例和要求形成的书面文字材料，包括各类文书、公文、文件等。

1. 企业管理文书分类

企业管理文书分类如表 1-19 所示。

表 1-19　企业管理文书分类

文书分类	具体文书种类
通用类文书	请示、批复、批示、通知、决定等，由企业统一规定编写格式与编号
合同类文书	劳动合同、业务合同等
会务类文书	企业各类会议的开幕词、闭幕词、演讲稿、会议记录、会议纪要、会议报告和会议提案等

（续表）

文书分类	具体文书种类
社交类文书	介绍信、感谢信、慰问信、表扬信、祝贺信和邀请函等
法务类文书	纠纷报告书、申诉书、仲裁申请书、起诉书和答辩书等
事务类文书	计划、总结、建议、报告、倡议、简报、启事、消息、号召书、意向书、企划书、调查报告等
制度规范类文书	制度、守则、规定、办法、细则、方案、手册等
与业务工作相关的文书	各项职能及日常事务相关文书，如内部竞聘公告、招聘广告、营销广告等

2. 文书设计的注意事项

- 遵循企业规定的文书格式、编写要求和编号规范。
- 语言表述规范、完整、准确，避免表达残缺、出现歧义等错误。
- 语言简明精炼、言简意赅，行文流畅，主题明确。

3. 文书设计规范

我们以工作计划为例，对文书的设计规范进行说明。工作计划是对即将开展的工作的设想和安排，如提出任务指标、任务完成时间和实施方法等。工作计划既是明确工作目标、推进工作开展的有效指导，也是对工作进度和工作质量进行考核的依据之一。工作计划的内容结构如图 1-21 所示。

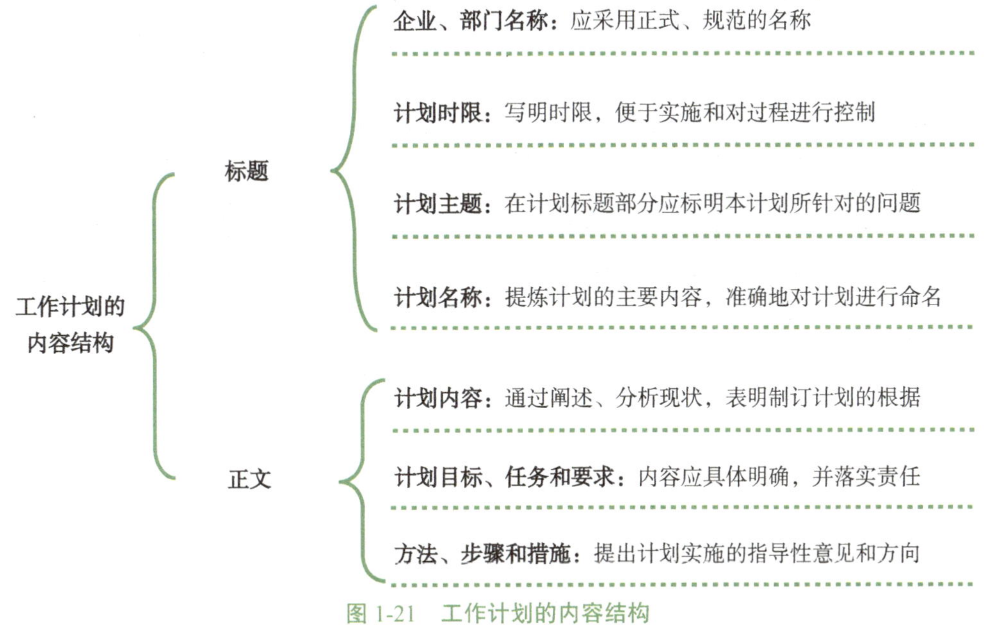

工作计划的内容结构
标题
企业、部门名称：应采用正式、规范的名称
计划时限：写明时限，便于实施和对过程进行控制
计划主题：在计划标题部分应标明本计划所针对的问题
计划名称：提炼计划的主要内容，准确地对计划进行命名
正文
计划内容：通过阐述、分析现状，表明制订计划的根据
计划目标、任务和要求：内容应具体明确，并落实责任
方法、步骤和措施：提出计划实施的指导性意见和方向

图 1-21　工作计划的内容结构

1.4.4 表单设计

1. 表单种类

表单主要分为文字表单、工具表单和数量表单三种：

- 文字表单就是将文字信息按要求整理成表单，借以说明某一概念或事项等；
- 工具表单是企业员工经常使用的一种表单；
- 数量表单用于呈现数据，以便相关人员进行统计。

2. 表单的编制要求

表单的编制要求如下：

- 表单的内容要与标题相符；
- 表单的内容应言简意赅；
- 表单的格式应简洁明了且前后连贯。

3. 设计表单

设计表单就是将表单的行、列看作一个坐标的横轴、纵轴，将需要表达的内容清晰、简洁、直观地置入坐标中予以展现。

常见的表单绘制工具有 Word、Excel 等，表单设计人员可以根据工作需要进行选择。下面以 Word 为例介绍绘制表单的步骤，具体如图 1-22 所示。

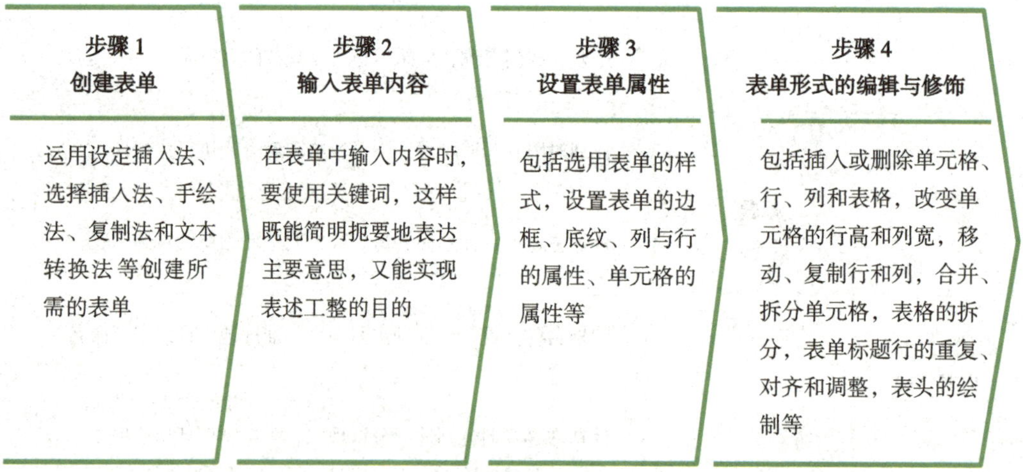

步骤 1 创建表单	步骤 2 输入表单内容	步骤 3 设置表单属性	步骤 4 表单形式的编辑与修饰
运用设定插入法、选择插入法、手绘法、复制法和文本转换法等创建所需的表单	在表单中输入内容时，要使用关键词，这样既能简明扼要地表达主要意思，又能实现表述工整的目的	包括选用表单的样式，设置表单的边框、底纹、列与行的属性、单元格的属性等	包括插入或删除单元格、行、列和表格，改变单元格的行高和列宽，移动、复制行和列，合并、拆分单元格，表格的拆分，表单标题行的重复、对齐和调整，表头的绘制等

图 1-22　绘制表单的步骤

1.5 流程诊断与优化

1.5.1 流程诊断分析

流程优化的前提是对现有流程进行调查和研究，分析流程中存在的问题，即流程诊断。

1. 流程诊断分析工作的步骤

流程诊断分析工作的步骤如表 1-20 所示。

表 1-20 流程诊断分析工作的步骤

步骤	工作内容	采用的方法
1. 流程信息收集	◎收集信息 / 数据，了解企业流程执行现状 ◎找出流程建设、管理中存在的问题 ◎了解企业员工所关心的问题 ◎加强企业员工之间的沟通，让所有员工树立流程管理意识	内部调查、专家访谈、讨论会、外部客户访谈和座谈会等
2. 问题查找与分析	◎清晰地阐述需要解决的问题 ◎将大问题细分成若干小问题，这样更容易解决 ◎分析、探究问题的根源，提出解决方案	NVA/VA 分析法、5Why 分析法、鱼骨图法和逻辑树法等
3. 编制诊断报告	◎根据问题的根源，结合企业的实际情况，编制诊断报告 ◎提出问题解决方案，提供创意，优化 / 再造流程	—

2. 流程诊断分析工作的要求

在流程诊断分析过程中，流程管理人员要重视以下要求，提高诊断工作的科学性、合理性和有效性。

- 不要拘泥于数据，要探究“我试图回答什么问题”。
- 不要在一个问题上绕圈子。
- 开阔视野，避免钻牛角尖。
- 假设也可能被推翻。
- 反复检验观点。
- 细心观察。
- 寻找突破性的观点。

3. 流程诊断分析的方法

企业常用的流程诊断分析方法有 NVA/VA 分析法、5Why 分析法等，具体内容如下。

- NVA/VA 分析法

NVA/VA 分析法是指将构成某一个流程的各项工作任务分为三类，即非增值活动、增值活动和浪费。NVA/VA 分析法的说明如图 1-23 所示。

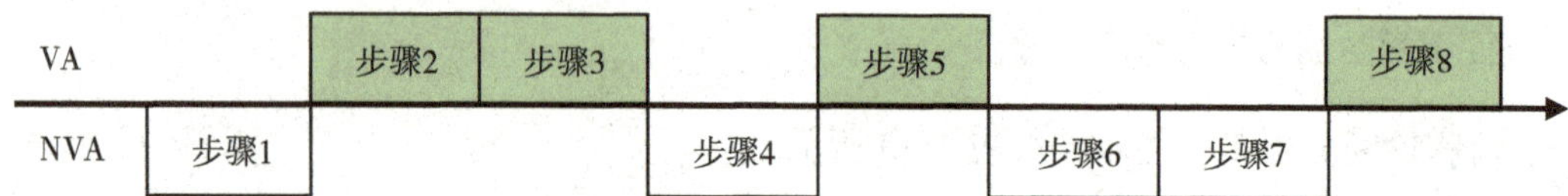

注：了解增值活动（VA）在流程的全部活动中所占的比重，找出需要改进的重点，制定切实可行的改进目标。

◆非增值活动（NVA）指不增加附加值，但却是实现增值不可缺少的活动，是各项增值活动的重要衔接。

◆增值活动（VA）指能提高产品或服务的附加值的活动。

◆浪费（Waste）指既不能增值，也不是必需的活动。

图 1-23　NVA/VA 分析法的说明

- 5Why 分析法

5Why 分析法是指在对某一个流程进行诊断、分析和改进时，需针对其提出以下问题并给出答案。

◆为什么确定这样的工作内容？

◆为什么在这个时间和这个地点做？

◆为什么由这个人来做？

◆为什么采用这种方式做？

◆为什么需要这么长时间？

流程管理人员根据以上五个问题的答案，找出企业流程在实际运行过程中存在的问题，分析问题的根源，从而制定流程优化或再造方案。

1.5.2　流程优化的注意事项

流程优化的注意事项如下：

- 优化那些不能给企业带来利润或者效率、效益较差的流程，或者在日常运行中容易出现问题的流程；
- 优化那些对企业运营非常重要且急需改造的流程；
- 优化流程必须先易后难；
- 经过优化的流程必须和原有流程紧密衔接，确保流程管理的系统性和全面性；
- 经过优化的流程必须具有可操作性和稳定性。

1.5.3 流程优化程序

企业流程优化工作应抓住重点，找出最急迫和最重要的需求点。流程优化的具体程序如图 1-24 所示。

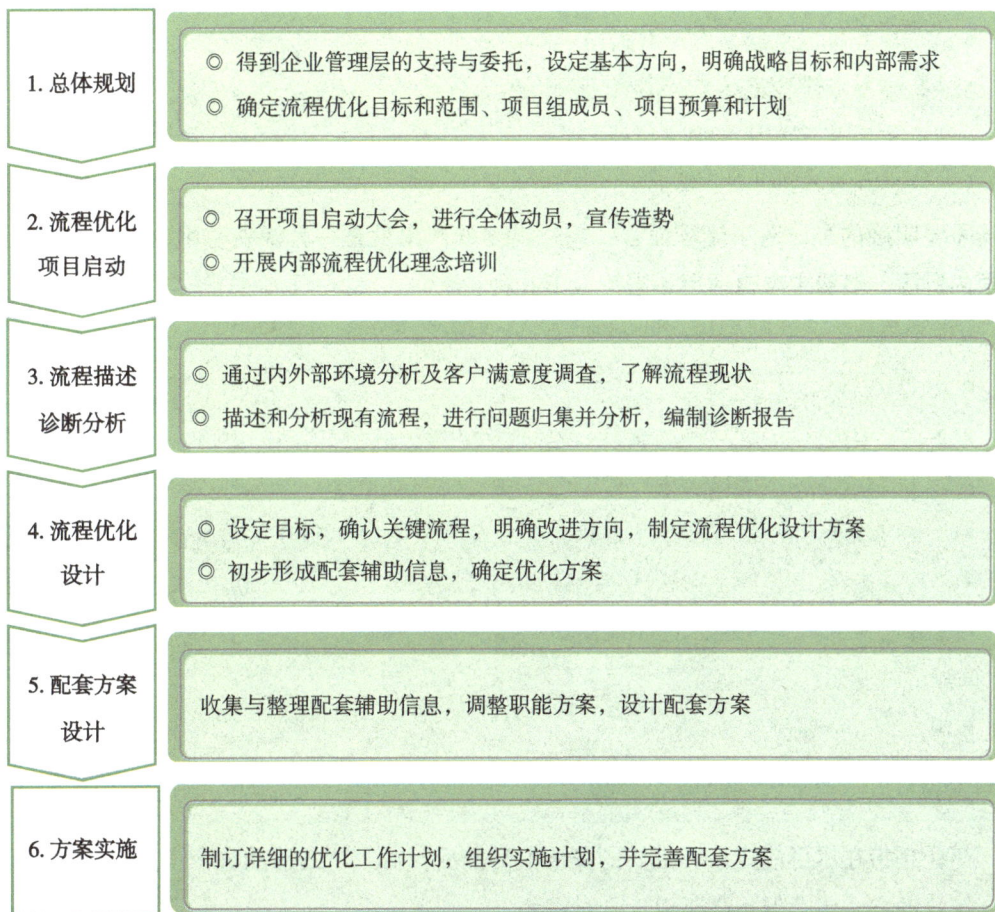

1. 总体规划	◎ 得到企业管理层的支持与委托，设定基本方向，明确战略目标和内部需求 ◎ 确定流程优化目标和范围、项目组成员、项目预算和计划
2. 流程优化项目启动	◎ 召开项目启动大会，进行全体动员，宣传造势 ◎ 开展内部流程优化理念培训
3. 流程描述诊断分析	◎ 通过内外部环境分析及客户满意度调查，了解流程现状 ◎ 描述和分析现有流程，进行问题归集并分析，编制诊断报告
4. 流程优化设计	◎ 设定目标，确认关键流程，明确改进方向，制定流程优化设计方案 ◎ 初步形成配套辅助信息，确定优化方案
5. 配套方案设计	收集与整理配套辅助信息，调整职能方案，设计配套方案
6. 方案实施	制订详细的优化工作计划，组织实施计划，并完善配套方案

图 1-24 流程优化的具体程序

总体来说，流程优化工作包括以下三步：

- 现在何处——流程现状分析；
- 应在何处——流程优化目标；
- 如何到达该处——流程优化方法和途径。

1.5.4 流程优化 ESIA 法

企业流程优化可以从清除（Eliminate）、简化（Simplify）、整合（Integrate）和自动化（Automate）四个方面入手，该方法简称为“ESIA 法”，它可以帮助企业减少流程中的非增值活动和调整流程的核心增值活动。

1. 清除

清除主要指对企业现有流程内的非增值活动予以清除。

企业可通过以下问题判断某一活动环节是属于增值还是非增值。

- 这个环节存在的意义?
- 这个环节的成果是整个流程完成的必要条件吗?
- 这个环节有哪些直接或间接的影响?
- 清除该环节可以解决哪些问题?
- 清除该环节可行吗?

需要明确的是，对于流程而言，超过需要的产出就是一种浪费，因为它占用了流程有限的资源。浪费现象包括但不限于以下几种：

- 过量产出；
- 活动间的等待；
- 不必要的运输；
- 反复的作业；
- 过量的库存（包括流程运行过程中大量文件和信息的淤积）；
- 缺陷、失误；
- 重复的活动，如信息重复录入；
- 活动的重组；
- 不必要的跨部门协调。

2. 简化

简化是指在尽可能清除非必要的非增值环节后，对剩下的活动进一步简化。

简化的方法包括但不限于以下几种。

- 简化表单：消除表单设计上的重复内容，借助相关技术，梳理表单的流转，从而减少工作量和一些不必要的活动环节。
- 简化流程步骤 / 环节：运用 IT 技术，提高员工处理信息的能力，简化流程步骤，整合工作内容，提高流程结构效率。
- 简化沟通。
- 简化物流：如调整任务顺序或增加信息的提供。

3. 整合

整合，即对分解的流程进行整合，以使流程顺畅、连贯，更好地满足客户的需求。

- 活动整合：将活动进行整合，授权一个人完成一系列简单活动，减少活动转交过程中的出错率、缩短工作处理时间。

- 团队整合：合并专家组成团队，形成“个案团队”或“责任团队”，缩短物料、信息和文件传递的距离，改善在同一流程中工作的人与人之间的沟通。
- 供应商（流程的上游）整合：减少企业和供应商之间的一些不必要的业务手续，建立信任和伙伴关系，整合双方流程。
- 客户（流程的下游）整合：面向客户，与客户建立良好的合作关系，整合企业和客户的各种关系。

4. 自动化

- 简单、重复与乏味的工作自动化。
- 数据的采集与传输自动化。减少反复的数据采集，并缩短单次采集的时间。
- 数据的分析自动化。通过分析软件，对数据进行收集、整理与分析，提高信息利用率。

1.6 流程再造

1.6.1 流程再造的核心

企业流程再造也叫作“企业再造”，或简称为“再造”。它是20世纪90年代初期兴起的一种新的管理理念和管理方法，被誉为继“科学管理”和全面质量管理（TQC）之后的“第三次管理革命”。

企业再造概念的创始者迈克尔·哈默（Michael Hammer）和詹姆斯·钱皮（James Champy）在《企业再造——商业革命宣言》（*Reengineering the Corporation: A Manifesto for Business Revolution*）一书中指出，“再造就是对企业的流程、组织结构、文化进行彻底的、急剧的重塑，以达到绩效的飞跃。”

流程再造的核心，不是单纯地对企业的管理与业务流程进行再造，而是将以职能为核心的传统企业改造成以流程为核心的新型企业，这也就是我们所说的企业再造。通过不断地变革与创新（从广义上讲，这里不仅包括流程再造，还包括企业组织的再造和变革），使原来趋向衰落的企业重新焕发生机，并且永远充满朝气和活力。

1.6.2 流程再造的基础

当前，市场竞争越来越激烈，企业要想在激烈的市场竞争中求得生存和发展，且立于不败之地，就必须全面、彻底地了解客户的需求，最大限度地满足客户的需求，并且不断适应外部市场环境的变化。企业进行流程设计与流程再造的目的是使内部管理流程规范化，并对其不断加以改造，只有这样企业才能适应不断变化的市场形势。

通常情况下，现代企业所面临的外部挑战主要来自客户（Customer）、变化（Change）、竞争（Competition）三个方面。由于这三个英文单词的首字母都是C，所以外部挑战又称为“3C”。企业在进行流程设计与流程再造时，切记要把握好“3C”。只有这样，企业所设计或再造的流程才能够适应自身的发展和市场的变化，满足客户的需求。

以上是企业进行流程设计或流程再造时的外部条件。

就企业内部而言，企业中长期发展战略规划是流程设计与流程再造的基础条件。因此，企业应先制定出发展战略，再着手开展流程设计与流程再造工作。

1.6.3　流程再造的程序

企业流程再造的一般程序如表1-21所示。

表1-21　企业流程再造的一般程序

一般程序	具体事项
1. 设定基本方向	（1）得到高层管理者的支持 （2）明确战略目标，确定流程再造的基本方针 （3）分析流程再造的可行性 （4）设定流程再造的出发点
2. 项目准备与启动	（1）成立流程再造小组 （2）设立具体工作目标 （3）宣传流程再造工作 （4）设计与落实相关的培训
3. 流程问题诊断	（1）进行现状分析，包括内外部环境分析、现行流程状态分析等 （2）发现问题
4. 确定再造方案，重设流程	（1）明确流程方案设计与工作重点 （2）确认工作计划目标、时间以及预算计划等 （3）分解责任、任务 （4）明确监督与考核办法 （5）制定具体行动策略
5. 实施流程再造方案	（1）成立实施小组 （2）对参加人员进行培训 （3）发动全员配合 （4）新流程试验性启动、检验 （5）全面开展新流程

（续表）

一般程序	具体事项
6. 流程监测与改善	（1）观察流程运作状况 （2）与预定再造目标进行比较分析 （3）对不足之处进行修正和改善

企业流程评估及流程再造的操作要点如下。

1. 流程评估的操作要点

- 确定企业与上下游互动关系的流程。
- 定义企业核心流程绩效评估的指标。
- 分析企业现有流程运作模式的优势和劣势。
- 确认企业流程现有运作模式。
- 确认企业流程的客户价值点。
- 确认企业流程与组织的关系。
- 确认企业流程的资源及成本。
- 分析决定企业流程再造的优先级别。

2. 流程再造的操作要点

- 了解现有流程及其目标、范围。
- 对比现有流程结构的优势和劣势。
- 分析流程各活动环节的责任归属。
- 确认与流程相匹配的绩效指标。
- 分析流程的瓶颈及再造切入点。
- 确定是否对流程控制点重新设计。
- 确认经重新设计的新流程系统。
- 建立评估体系，对新流程进行监测。

1.6.4 流程再造的技巧

图 1-25 提供了一些流程再造的技巧，供读者参考。

员工认同，思想转变

管理者支持，资金投入

培养与引进流程参与人员

以管理流程和信息流程再造为前提

技巧 1：采用以过程为核心的组织方式

把企业经营过程中的各项活动进行跨部门组织和统筹

技巧 2：从系统的观点看待流程

流程是一个信息流、物料流和能量流有机结合的过程，必须把三者协调起来，达成生产目标

技巧 3：采用新的技术措施和手段

新流程应以降低成本、适应市场变化为目标，要求采用新方法、新技术等

流程再造所需支持

流程再造技巧

重视信息流程的建设工作，强调流程的可控与反馈

图 1-25　流程再造的技巧

第2章 质量管理部组织结构、职责划分与内外沟通

2.1 组织结构制定、职责划分与沟通管理流程设计

2.1.1 流程设计的目的

组织结构制定是企业为实现全面质量管理战略目标所进行的一项基础工作。企业质量管理部的组织结构制定就是对组织中的各要素进行排列、组合，明确管理层次，明晰各部门和各岗位之间的职责与相互协作关系，从而形成决策、执行、监督的组织结构体系。

岗位职责是指某个岗位所要求完成的工作内容以及在该岗位上应当承担的责任范围。质量管理岗位职责设计是对质量管理岗位职责进行合理有效的分工，促使相关人员明确并认真履行自己的岗位职责，出色完成岗位任务。

通过有效的内外沟通，企业质量管理部可以及时传达质量工作指令、实时了解质量管理的工作动态、快速解决质量问题、积极拉近相关人员的关系，促进企业质量管理职能的顺利实现。

企业设计组织结构、职责划分与沟通管理工作流程的目的如下。

（1）建立科学、高效的企业质量管理体系，使相关成员了解整个质量管理部门在权力、职责上的分配和上下级的协调关系，大幅度提高企业质量管理工作的效率和效益。

（2）规范质量管理工作的细节，明确相关员工的工作职责，有效引导员工向企业的总体目标努力，提高其工作积极性。

（3）促进企业质量管理部门与企业内部其他部门之间的相互了解和合作，使负责质量管理业务的各级管理人员直接了解基层员工的工作现状，听取和采纳合理化建议，指导和帮助员工成长，从而实现上下一致、共同努力、改进质量管理工作的目标。

（4）促进企业质量管理部门与企业外部机构之间的相互了解和合作，使负责质量管理业务的各级管理人员直接了解外部客户的各种意见，从而改进企业的质量管理工作。

（5）规范企业质量管理工作，在产品或服务面市之前消除各种质量隐患。

2.1.2 流程结构设计

组织结构制定、职责划分与沟通管理流程结构设计如图 2-1 所示。

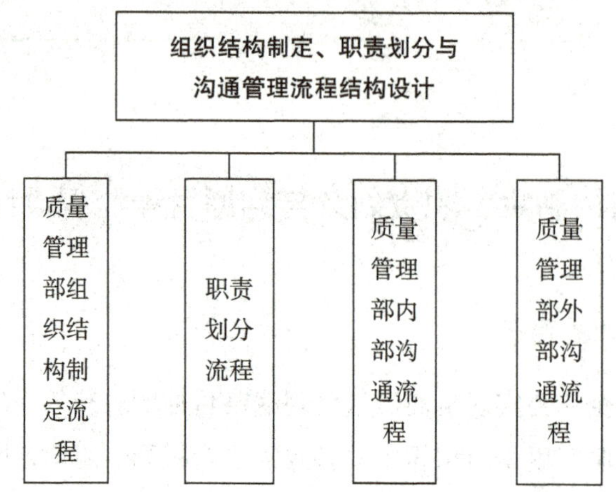

图 2-1 组织结构制定、职责划分与沟通管理流程结构设计

2.2 质量管理部组织结构制定流程设计与工作执行

2.2.1 质量管理部组织结构制定流程设计

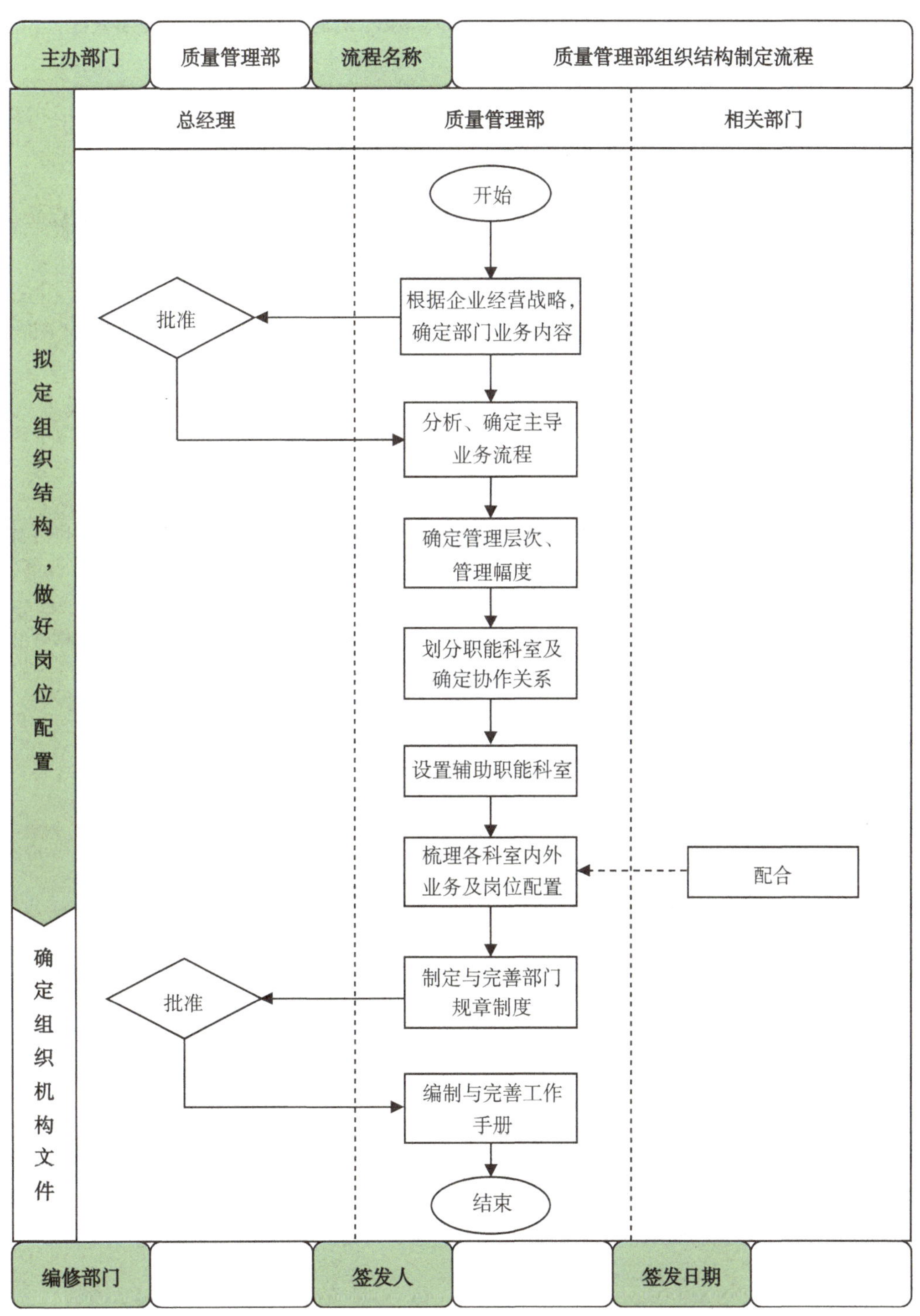

2.2.2 质量管理部组织结构制定执行程序、工作标准、考核指标、执行规范

任务名称	执行程序、工作标准与考核指标
拟定组织结构，做好岗位配置	**执行程序**
	1. 根据企业经营战略，确定部门业务内容 企业质量管理部负责人根据企业的总体经营战略，确定本部门的业务内容，并获得总经理的批准。 **2. 分析、确定主导业务流程** ☆质量管理部分析、确定企业全过程质量管理的各项具体业务。 ☆质量管理部根据企业产品或服务的核心卖点确定质量管理的主导业务流程。 **3. 确定管理层次、管理幅度** 质量管理部根据质量管理业务的具体情况，参照企业其他部门的管理层次、管理幅度，确定本部门的管理层次、管理幅度。 **4. 划分职能科室及确定协作关系** ☆质量管理部根据质量管理业务内容划分职能科室，通常各职能科室的名称就是其核心职能。 ☆质量管理部应确定各职能科室之间的协作关系。 **5. 设置辅助职能科室** 根据质量管理业务的具体情况，质量管理部参照企业其他部门的辅助职能科室，设置本部门的辅助职能科室。 **6. 梳理各科室内外业务及岗位配置** 质量管理部负责梳理各辅助职能科室对内、对外的业务及岗位配置情况，争取尽快做到定岗、定编、定责。 **工作重点** 划分职能科室时，要全面考虑，以确保现在的各类质量管理业务都有明确的归属，同时也要兼顾质量管理业务未来的发展变化。
	工作标准
	☆参照标准：企业其他部门或其他企业质量管理部的组织结构及岗位设置。 ☆审核标准：以业务为主，同时兼顾与企业其他部门的协调性。 ☆法律标准：企业内部控制应用指引中关于设置组织结构的相关规定。
确定组织机构文件	**执行程序**
	1. 制定与完善部门规章制度 根据质量管理业务的具体情况，质量管理部参照其他部门相关制度，制定本部门的规章制度。 **2. 编制与完善工作手册** 根据质量管理业务的具体情况，质量管理部要对本部门的规章制度进行不断完善。 **工作重点** 所编制的部门规章制度要突出本部门的业务特色，并有针对性地对各类工作难点做出明确规范。

（续）

<table>
<tr><th>任务名称</th><th>执行程序、工作标准与考核指标</th></tr>
<tr><td rowspan="4">确定组织机构文件</td><td>工作标准</td></tr>
<tr><td>☆参照标准：同行业企业质量管理部的规章制度。
☆审核标准：获得总经理的批准。</td></tr>
<tr><td>考核指标</td></tr>
<tr><td>规章制度完善率：通过该指标可以衡量部门的管理质量，具体计算公式如下。
$$规章制度完善率=\frac{一定时期内完善的规章制度数}{一定时期内规章制度总数}\times 100\%$$</td></tr>
<tr><th colspan="2">执行规范</th></tr>
<tr><td colspan="2">“质量管理部规章制度”“质量管理部工作手册”。</td></tr>
</table>

2.3 职责划分流程设计与工作执行

2.3.1 职责划分流程设计

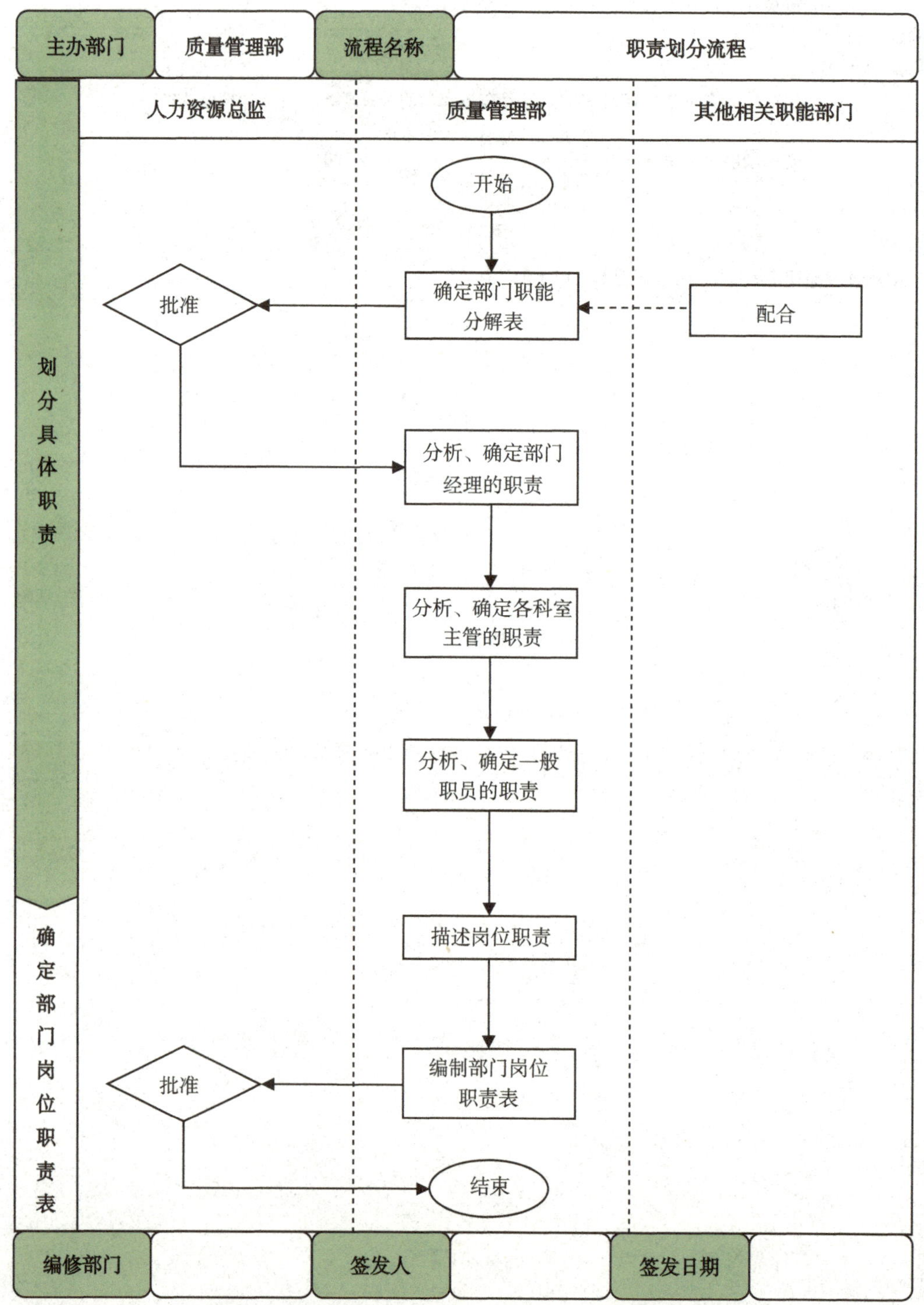

2.3.2 职责划分执行程序、工作标准、考核指标、执行规范

任务名称	执行程序、工作标准与考核指标
划分具体职责	**执行程序**
	1. 确定部门职能分解表 ☆质量管理部在结合本企业质量管理战略，以及参照其他企业质量管理部的职能的情况下，确定本部门的职能分解表。 ☆质量管理部将部门职能分解表提交人力资源总监批准。 2. 分析、确定部门经理的职责 质量管理部根据部门职能分解表，分析、确定部门经理的职责。部门经理的职责原则上和本部门职能分解表中的二级职能一样。 3. 分析、确定各科室主管的职责 质量管理部根据部门职能分解表，分析、确定各科室主管的职责。各科室主管的职责原则上是本部门职能分解表中的二级职能中的几项。 4. 分析、确定一般职员的职责 质量管理部根据部门职能分解表，分析、确定一般职员的职责，一般职员的职责原则上是本部门职能分解表中的三级职能中的几项。 工作重点 ☆对部门各种职能进行细分，并对职责进行划分，通常分为全部责任、部分责任和支持责任三类。 ☆进行职责划分时，要将每个岗位的职责划分清楚，各岗位间的职责既不能重叠，也不能留有空白。
	工作标准
	参照标准：可以参照其他企业质量管理部的岗位职责表。
	考核指标
	质量管理部职能分解完善率：通常该指标要达到____%。
确定部门岗位职责表	**执行程序**
	1. 描述岗位职责 质量管理部应按照要求描述各岗位的职责。 2. 编制部门岗位职责表 质量管理部应将各岗位的职责编制成表并报人力资源总监批准。 工作重点 ☆对岗位职责的描述必须简明扼要，分清主次。 ☆在描述岗位职责时，应使用专业化的词汇，使表述更准确。标准的岗位职责描述格式为动词 + 宾语（目的）+ 结果。 ☆所编制的岗位职责表要突出本部门的业务特色，并有针对性地明确各项工作的责任归属。
	工作标准
	☆参照标准：注意参照同行业其他企业质量管理部的相关职责描述方法与呈现方式。 ☆审核标准：获得人力资源总监的批准。
	考核指标
	岗位职责完善率：随着内外环境的变化而变化，通常该指标要达到____%。
执行规范	
“质量管理部职能分解表”“质量管理部岗位职责表”。	

2.4 质量管理部内部沟通流程设计与工作执行

2.4.1 质量管理部内部沟通流程设计

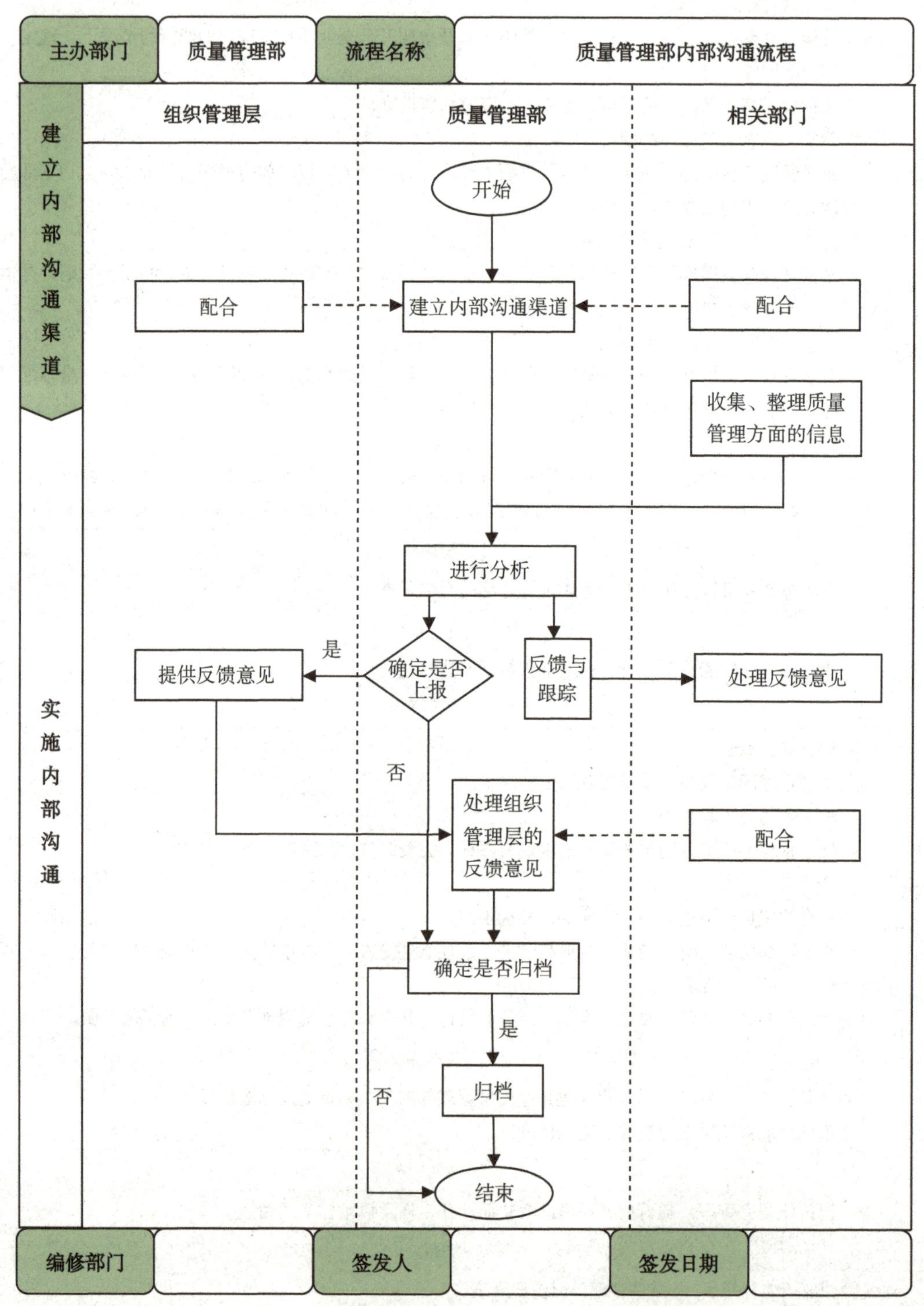

2.4.2 质量管理部内部沟通执行程序、工作标准、考核指标、执行规范

<table>
<tr><th>任务名称</th><th>执行程序、工作标准与考核指标</th></tr>
<tr><td rowspan="6">建立内部沟通渠道</td><td>执行程序</td></tr>
<tr><td>☆首先，质量管理部要建立与企业管理层的沟通渠道。
☆其次，质量管理部要建立与企业其他相关部门的沟通渠道。
☆最后，质量管理部要建立本部门各科室相关成员之间的沟通渠道。
工作重点
沟通渠道要具体到个人，并详细备案其联系方式、紧急联系人等信息。</td></tr>
<tr><td>工作标准</td></tr>
<tr><td>完成标准：企业内部质量管理业务的信息可以顺畅地上通下达，内部各类质量管理问题都可以快速得到反馈。</td></tr>
<tr><td>考核指标</td></tr>
<tr><td>内部沟通渠道覆盖率：通常该指标要达到____%，具体计算公式如下。
$内部沟通渠道覆盖率=\frac{已经建立的内部沟通渠道数}{计划建立的内部沟通渠道数}\times 100\%$</td></tr>
<tr><td rowspan="6">实施内部沟通</td><td>执行程序</td></tr>
<tr><td>1. 收集、整理质量管理方面的信息
☆相关部门在工作中要收集、整理质量管理方面的信息。
☆相关部门将收集、整理的信息报送质量管理部。
2. 进行分析
质量管理部对收集、整理的信息进行分析，并确定是否上报。
3. 处理组织管理层的反馈意见
如果质量管理部将信息报送组织管理层，组织管理层对此要做出反馈，而后质量管理部要及时处理该反馈。在这一过程中，相关部门要积极配合。
4. 归档
沟通完成后，质量管理部要及时对重要信息进行归档。
工作重点
☆掌握内部沟通的方式，具体包括授权、召开会议、下发文件、开展培训、进行考核与激励等。
☆企业可依据项目沟通计划、规章制度、项目管理目标责任书、控制目标等进行有针对性的内部沟通。</td></tr>
<tr><td>工作标准</td></tr>
<tr><td>参照标准：参照同行业企业质量管理部的内部沟通流程与执行细节。</td></tr>
<tr><td>考核指标</td></tr>
<tr><td>企业内部部门合作满意度：以接受随机调研的内部员工对合作满意度评分的算术平均值来衡量。</td></tr>
<tr><td colspan="2">执行规范</td></tr>
<tr><td colspan="2">“质量管理部内部沟通工作细则”。</td></tr>
</table>

2.5 质量管理部外部沟通流程设计与工作执行

2.5.1 质量管理部外部沟通流程设计

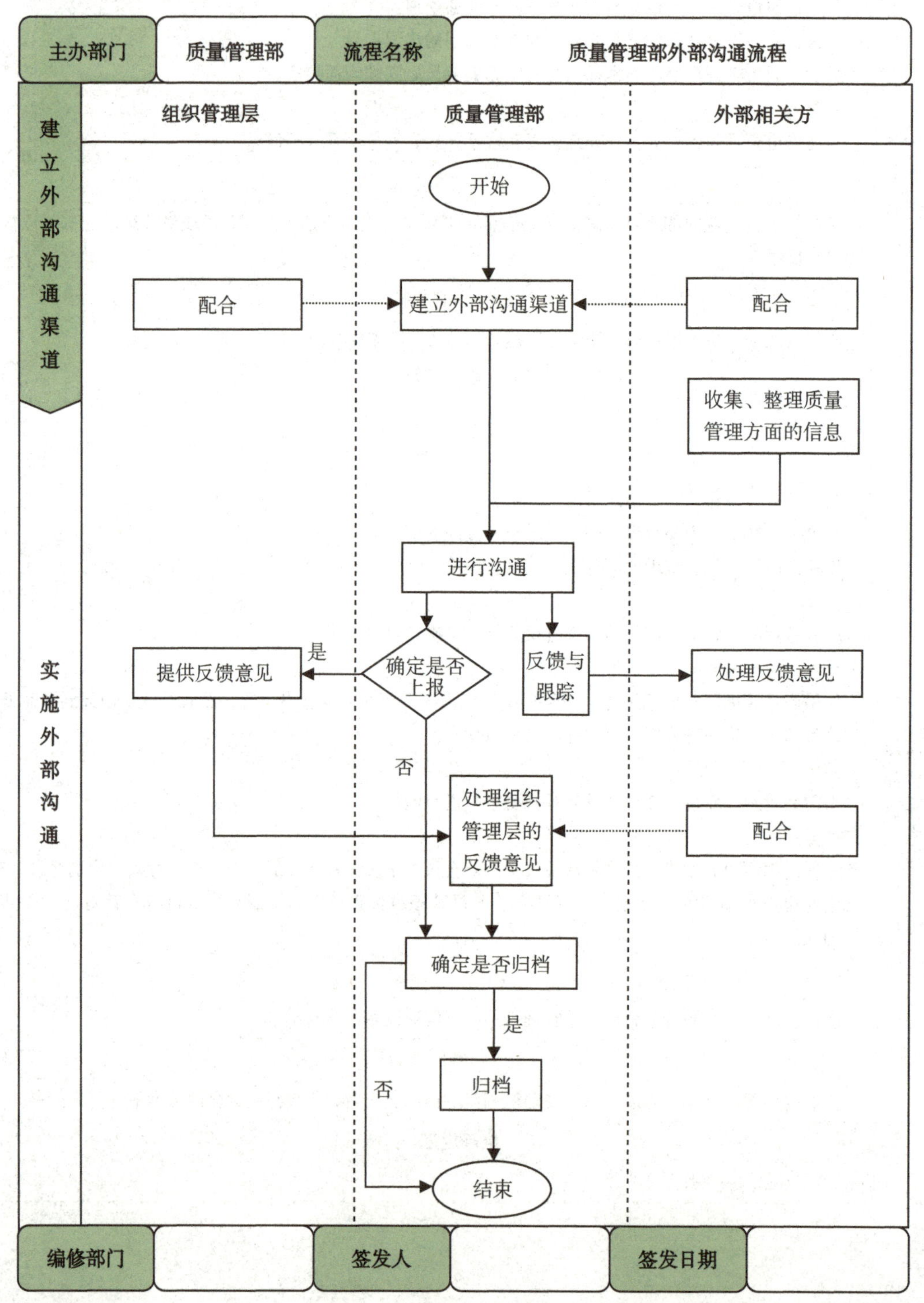

2.5.2 质量管理部外部沟通执行程序、工作标准、考核指标、执行规范

任务名称	执行程序、工作标准与考核指标
建立外部沟通渠道	**执行程序** 质量管理部要建立与企业外部相关方（客户、供应商等）的沟通渠道。 **工作重点** 沟通渠道要具体到个人，并详细备案其联系方式、紧急联系人等信息。 **工作标准** 完成标准：企业外部质量管理业务的信息可以顺畅地上通下达，对外各类质量管理问题都可以快速得到反馈。 **考核指标** 外部沟通渠道覆盖率：通常该指标要达到____%，具体计算公式如下。 $外部沟通渠道覆盖率=\frac{已经建立的外部沟通渠道数}{计划建立的外部沟通渠道数}\times 100\%$
实施外部沟通	**执行程序** **1. 收集、整理质量管理方面的信息** ☆外部相关方在工作中要收集、整理质量管理方面的信息。 ☆外部相关方将收集、整理的信息报送企业质量管理部门。 **2. 进行分析** 质量管理部对外部相关方收集、整理的信息进行分析，并确定是否需要上报。 **3. 处理组织管理层的反馈意见** 如果质量管理部将信息报送组织管理层，组织管理层对此要做出反馈，而后质量管理部要及时处理该反馈。在这一过程中，外部相关方要积极配合。 **4. 归档** 沟通完成后，质量管理部要及时对重要信息进行归档。 **工作重点** ☆掌握外部沟通的方式，具体包括召开联席会议、撰写信息交流单、开展项目进展报告等。 ☆企业可依据项目沟通计划、项目合同、控制目标等进行有针对性的外部沟通。 **工作标准** 参照标准：参照同行业企业质量管理部的外部沟通流程与执行细节。 **考核指标** 质量管理部外部问题反馈及时率：可以衡量外部沟通的效率，具体计算公式如下。 $质量管理部外部问题反馈及时率=\frac{一定时期内按时做出反馈的外部问题数}{一定时期内外部问题总数}\times 100\%$
执行规范	
"质量管理部外部沟通工作细则"。	

第3章 质量方针、目标、计划与质量体系设计

3.1 质量方针、目标、计划与质量体系管理流程设计

3.1.1 流程设计的目的

质量方针与质量目标是一家企业对待产品质量的态度和追求的目标，也是全体员工在质量管理方面的工作准则和价值取向。质量方针给出组织的质量政策，质量目标给出这项政策落实、实施的方向，而质量计划则将质量方针、目标的具体实现进程清晰地表达出来。

企业设计质量目标与计划管理流程的目的如下。

（1）规范质量方针的制定与贯彻执行方案，使质量方针更符合企业的发展宗旨和未来发展的方向。

（2）提升质量目标的科学性、可实现性，保证质量方针有效贯彻，确保产品符合质量要求，增强客户满意度。

（3）规范质量目标的分解与贯彻执行方案，明确全体员工的工作目标，有效引导员工为实现企业的质量目标而共同努力。

（4）制订合理、可执行的质量工作计划，并在企业范围内有效宣传，使其在质量活动措施、相关资源以及活动顺序等方面发挥应有的指引性作用。

3.1.2 流程结构设计

质量目标与计划管理工作涉及质量方针确定、质量目标确定、质量目标修订、质量计划制订四个方面的内容，具体结构如图 3-1 所示。

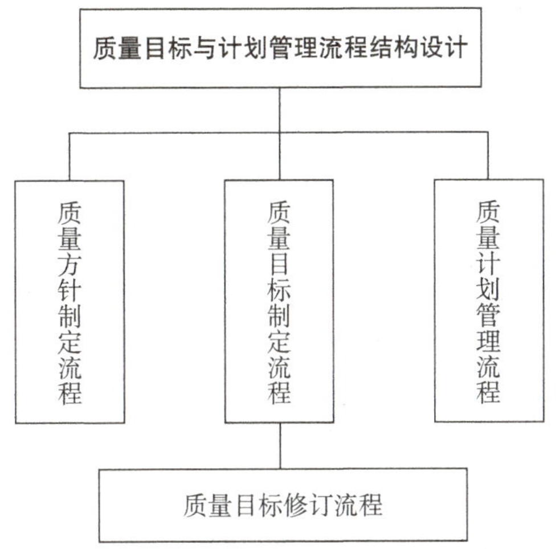

图 3-1　质量目标与计划管理流程结构设计

3.2　质量体系管理工作流程

3.2.1　流程设计的目的

质量体系是指在质量方面指挥和控制组织的管理体系，通常包括质量方针制定、质量目标确立，以及质量策划、质量控制、质量保证和质量改进等活动。质量体系是保证企业产品质量、开展全面质量管理、提升经营水平的重要管理模式，是组织的一项战略决策。企业在质量体系工作方面实施流程管理的目的包括但不限于以下五个方面。

（1）加强质量体系认证管理工作，保证质量体系在企业中持续有效运行，强化员工的质量意识，促进企业经营管理水平再上新台阶。

（2）健全质量体系，提高质量体系的充分性、有效性、适宜性，确保质量体系有效运行。

（3）规范企业内部质量体系的审核机制，审核、检查企业内部活动，确保质量体系符合国家规定的标准。

（4）加强质量体系文件的管理和控制，确保在任何情况下，质量体系文件均有有效版本。

（5）规范产品的质量认证工作，保证产品质量，提高产品信誉，保护用户和消费者的利益，促进国际贸易和发展国际质量认证合作。

3.2.2　流程结构设计

质量体系管理主要包括质量体系认证管理和质量体系文件，其中质量体系文件包括文件编修、控制和产品认证，而质量体系认证具体包括体系建立、内外部审核、运行、完善等。质量体系管理流程结构设计如图 3-2 所示。

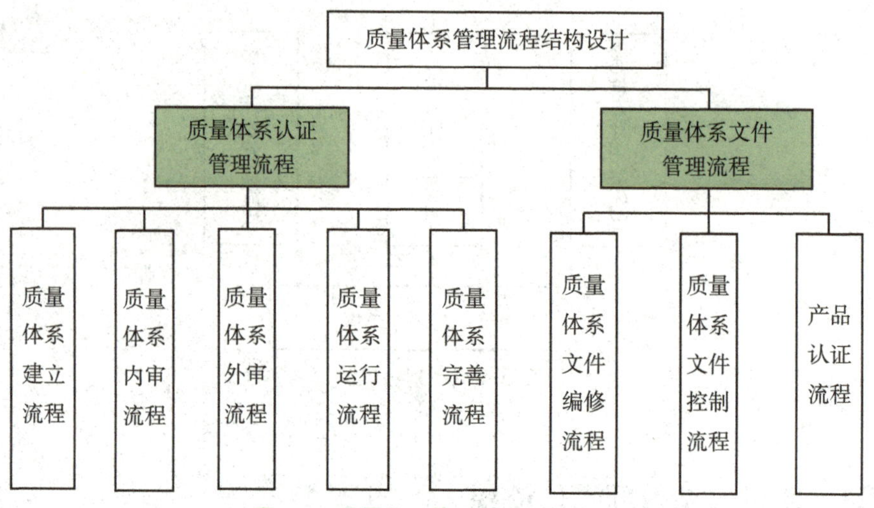

图 3-2 质量体系管理流程结构设计

3.3 质量方针制定流程设计与工作执行

3.3.1 质量方针制定流程设计

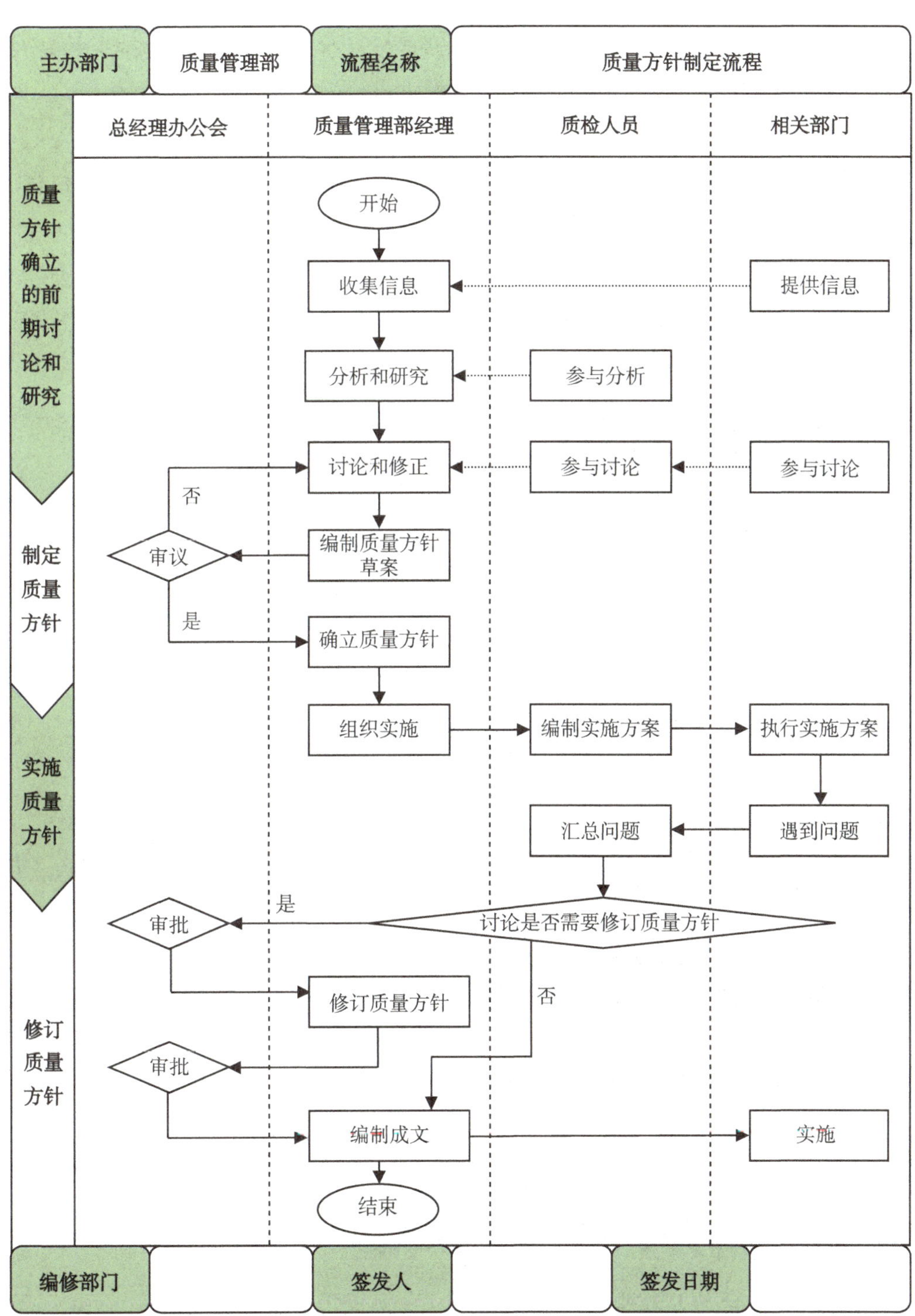

3.3.2 质量方针制定执行程序、工作标准、考核指标、执行规范

任务名称	执行程序、工作标准与考核指标
质量方针确立的前期讨论和研究	**执行程序** **1. 收集信息** ☆质量管理部经理收集确立质量方针需掌握的相关信息，如客户对产品、服务的质量期望，适用的法律法规，企业的经营方针、理念、市场定位等。 ☆相关部门要积极配合，并提供上述信息资料。 **2. 分析和研究** ☆质量管理部经理对所收集的信息资料进行分析和研究，以掌握行业市场发展情况、企业的市场定位、产品的目标客户、企业现有的质量体系水平等。 ☆质检人员均应参与分析。 **3. 讨论和修正** 质量管理部经理、质检人员、相关部门的负责人均应参与质量方针确立前的讨论，以对其进行合理修正。 **工作重点** ☆质量方针是企业经营方针的重要组成部分，其要体现企业的经营理念和市场定位等信息。 ☆质量方针的制定要尽量结合生产一线的实际情况，并听取生产一线相关部门的意见。 **工作标准** ☆参照标准：同行业企业的质量方针。 ☆完成标准：质量方针经过讨论、研究后已基本确立。
制定质量方针	**执行程序** **1. 编制质量方针草案** ☆质量管理部经理根据讨论结果与质量方针的确立要求，编制质量方针草案，确保所确定的质量方针与企业的经营方针、理念一致，并考虑相关受益方的期望和需求。 ☆编制的质量方针草案层次要适宜，与市场定位、产品特点一致等；方案草案要报总经理办公会审议，若审议没有通过，则需重新召集相关人员讨论。 **2. 确立质量方针** 若质量方针经总经理办公会审议通过，质量管理部经理则按照审议意见制定企业质量方针，并严格按编写要求正式编制成文。 **工作重点** ☆明确企业质量方针编制的依据和要求。 ☆所编制的质量方针要突出本企业、本部门的业务特色。 **工作标准** ☆审核标准：符合企业方针性文件的编制依据和要求。 ☆完成标准：格式规范，同时通过总经理办公会的审议。 **考核指标** 文件编写合格率：目标值为____%，具体计算公式如下。 $文件编写合格率=\frac{一定时期内编写合格的文件数}{一定时期内编写的文件总数}\times 100\%$

（续）

<table>
<tr><th>任务名称</th><th>执行程序、工作标准与考核指标</th></tr>
<tr><td rowspan="5">实施质量方针</td><td>执行程序</td></tr>
<tr><td>1. 组织实施
☆质量管理部经理组织实施确立的质量方针，并在实施过程中给予监督、指导和考核。
☆质检人员在质量管理部经理的指导下，编制实施方案，确保质量方针得到有效的宣传、实施。
☆相关部门执行实施方案，即按照质量目标、指标的要求开展实际工作。
2. 汇总问题
☆相关部门在实际工作中若遇到质量问题，要及时登记并向质检人员汇报具体情况。
☆质检人员汇总所有与质量相关的问题，如企业内部或外部环境发生重大变化，产品、服务质量严重缺失，屡遭顾客投诉等。
工作重点
实施质量方针的关键在于沟通，质量管理部要做好与相关部门之间关于实际质量问题的沟通工作。</td></tr>
<tr><td>工作标准</td></tr>
<tr><td>完成标准：企业的经营方针在质量管理方面得到有效体现，各类质量问题得到有效解决。</td></tr>
<tr><td></td></tr>
<tr><td rowspan="6">修订质量方针</td><td>执行程序</td></tr>
<tr><td>1. 讨论是否需要修订质量方针
质量管理部经理会同质检人员、相关部门负责人讨论所出现的质量问题，并根据问题发生的原因、影响大小等确定是否需要修订企业的质量方针，若需要，则将修订申请报总经理办公会审批。
2. 修订质量方针
☆若总经理办公会通过审批，质量管理部经理就可根据审批意见，并依据相关条款进行质量方针的修订。
☆修订后的新版质量方针文件须再报总经理办公会审批。
3. 编制成文
若修订后的新版质量方针经总经理办公会审批通过，质量管理部经理则将其正式编制成文，并下发至所有相关部门实施。
工作重点
修订质量方针的关键在于总结、归纳出现的质量问题，并报总经理办公会审批。</td></tr>
<tr><td>工作标准</td></tr>
<tr><td>☆参照标准：业内其他企业最新的质量方针。
☆完成标准：修订的质量方针要更有针对性，涵盖更多现实中的新问题。</td></tr>
<tr><td>考核指标</td></tr>
<tr><td>质量方针达标率：目标值为____%，具体计算公式如下。
$$质量方针达标率=\frac{质量方针达标的项目数}{质量方针的总项目数}\times 100\%$$</td></tr>
<tr><td colspan="2">执行规范</td></tr>
<tr><td colspan="2">“企业经营战略企划书”“质量体系评估报告”“质量方针实施方案”“质量方针宣传方案”“质量问题登记表”“ISO 9000 质量管理体系文件”。</td></tr>
</table>

3.4 质量目标制定流程设计与工作执行

3.4.1 质量目标制定流程设计

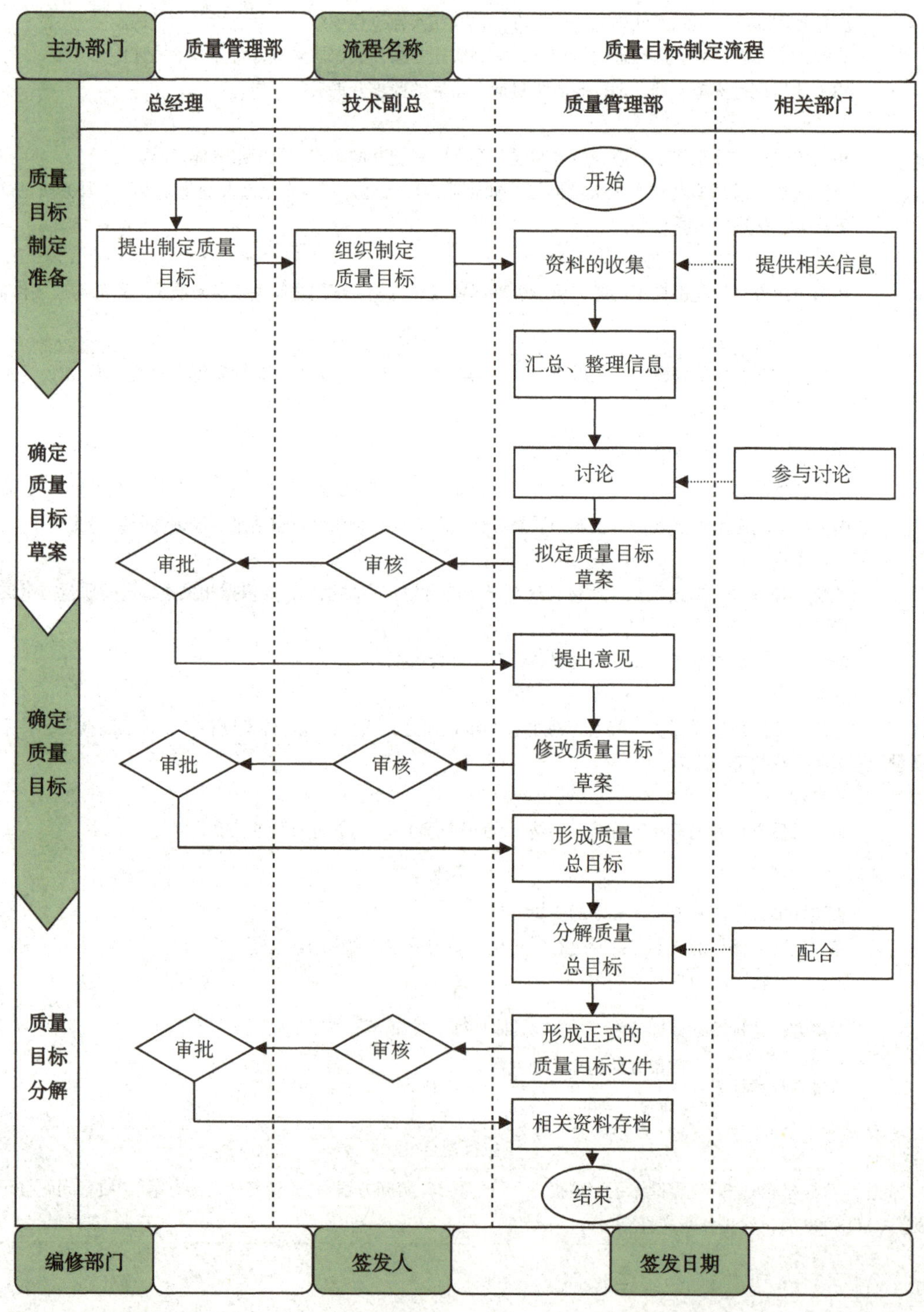

3.4.2 质量目标制定执行程序、工作标准、考核指标、执行规范

<table>
<tr><th>任务名称</th><th>执行程序、工作标准与考核指标</th></tr>
<tr><td rowspan="5">质量目标制定准备</td><td>执行程序</td></tr>
<tr><td>1. 提出制定质量目标
总经理结合企业经营战略和质量方针提出制定质量目标的思路、意图和要求。
2. 资料的收集
☆质量管理部通过市场调研，收集企业现况、市场动向、竞争焦点、客户需求、行业先进水平等信息。
☆各相关部门要积极配合，并提供相关信息，如市场部提供客户需求报告，生产部提供设备检测现状报告，工艺技术部提供产品技术指标。
3. 汇总、整理信息
质量管理部将信息进行汇总、整理，并找出质量目标要解决的问题，为质量目标草案的形成提供信息支持。
工作重点
收集的信息要全面，考虑问题要面面俱到。</td></tr>
<tr><td>工作标准</td></tr>
<tr><td>☆参照标准：其他同行业企业的质量目标。
☆完成标准：汇总、整理信息，找出质量目标要解决的问题。</td></tr>
<tr><td style="display:none"></td></tr>
<tr><td rowspan="6">确定质量目标草案</td><td>执行程序</td></tr>
<tr><td>1. 讨论
☆质量管理部组织召开质量目标讨论会议，使相关部门负责人进行充分的沟通与交流。
☆通过讨论，质量管理部与相关部门找出存在的问题，据此制定质量目标。
2. 拟定质量目标草案
☆质量管理部依据企业质量方针、经营理念，结合会议讨论的结果，拟定质量目标草案。
☆质量管理部将质量目标草案报技术副总审核、总经理审批。
工作重点
要确定企业质量管理中影响最大的问题，所制定的质量目标草案能有针对性地解决该问题。</td></tr>
<tr><td>工作标准</td></tr>
<tr><td>☆审核标准：质量目标草案完整且有针对性。
☆完成标准：格式规范，同时经过技术副总的审核、总经理的审批。</td></tr>
<tr><td>考核指标</td></tr>
<tr><td>质量目标草案的质量：以返工的次数来衡量，力争控制在____次以内。</td></tr>
<tr><td rowspan="2">确定质量目标</td><td>执行程序</td></tr>
<tr><td>1. 提出意见
技术副总、总经理对质量目标草案进行审核、审批，并提出反馈意见。
2. 修改质量目标草案
质量管理部就反馈意见重新讨论后修订质量目标草案，形成修订案。
3. 形成质量总目标
质量管理部将修订后的质量目标草案报总经理审批，以明确质量总目标。</td></tr>
</table>

（续）

任务名称	执行程序、工作标准与考核指标
确定质量目标	**工作重点** 质量目标草案要经过多重审核、审批，以确保其在技术上、管理上可实现。 **工作标准** 完成标准：质量目标文件规范，且经过技术副总的审核和总经理的审批。 **考核指标** 质量目标确认程序的规范性：质量目标的内容必须由企业最高管理者来确定，且符合企业质量方针，与企业现状相适应。
质量目标分解	**执行程序** **1. 分解质量总目标** ☆质量管理部对质量目标按责任部门进行分解，形成质量目标体系，以保证质量目标的贯彻执行。 ☆相关部门协助质量管理部进行质量目标的分解工作，确定本部门的质量目标，并制作质量目标分解表。 **2. 形成正式的质量目标文件** ☆质量目标分解后，质量管理部根据质量目标分解表，形成质量目标文件。 ☆质量管理部将质量目标文件报技术副总审核并报总经理审批后，及时办理分发、签收、存档等。 **工作重点** 质量目标的分解要精确到每个部门、每个岗位和每位员工身上。 **工作标准** ☆参照标准：业内其他企业最新的质量目标分解体系。 ☆完成标准：细化质量目标的分解工作，使每个部门、每个岗位和每位员工都有相应的质量目标。 **考核指标** 质量目标分解覆盖率：目标值为____%，具体计算公式如下。 $质量目标分解覆盖率=\frac{已被分解的质量目标数}{质量目标总数}\times 100\%$
执行规范	
“企业质量方针”“产品质量市场调研报告”“企业质量目标草案”“企业质量总目标”“企业质量目标分解表”。	

3.5 质量目标修订流程设计与工作执行

3.5.1 质量目标修订流程设计

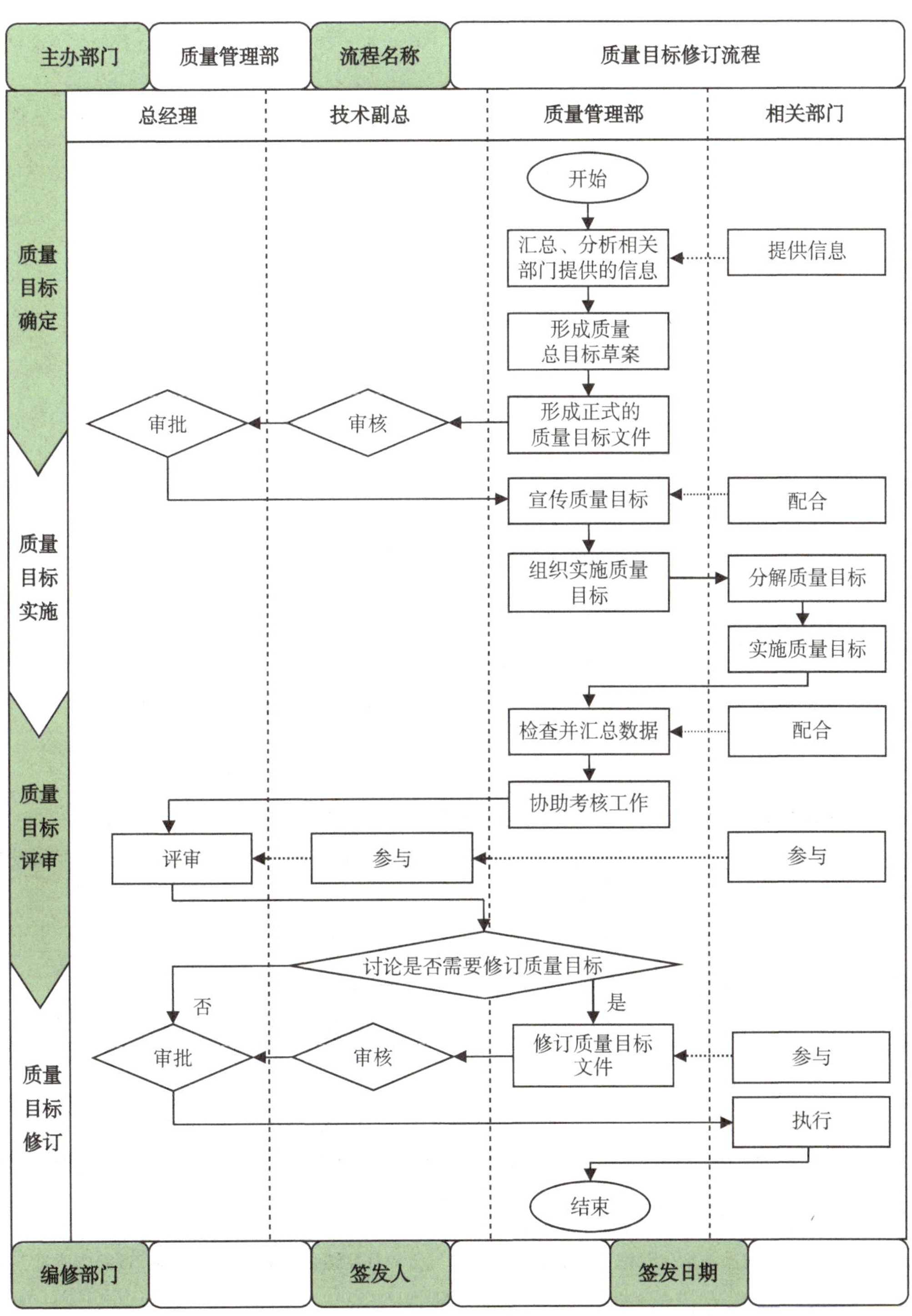

3.5.2 质量目标修订执行程序、工作标准、考核指标、执行规范

任务名称	执行程序、工作标准与考核指标
质量目标确定	**执行程序**
	1. 汇总、分析相关部门提供的信息 ☆质量管理部通过市场调研，收集企业现况、市场动向、竞争焦点、客户需求、行业先进水平等信息。 ☆相关部门要积极配合质量管理部的工作，并提供相关信息，如市场部提供客户需求报告、生产部提供设备检测现状报告、工艺技术部提供产品技术指标。 ☆质量管理部将信息进行整理、汇总，为质量目标草案的形成提供信息支持。 **2. 形成质量总目标草案** ☆质量管理部经理组织召开质量目标讨论会议，使各相关部门主管进行充分的沟通与交流。 ☆通过讨论，了解企业质量管理现状，找出问题并进行分析，以确定问题范围及影响程度。 ☆质量管理部依据企业质量方针、意图，结合会议讨论的问题，拟定质量总目标草案。 ☆质量管理部将拟定好的质量总目标上报技术副总审核、总经理审批。 **3. 形成正式的质量目标文件** 质量目标草案经总经理审批通过后，质量管理部确定质量总体目标，并开展分解相关部门质量目标工作；相关部门负责人对质量总体目标进行分析，就本部门各项工作实施情况来确定部门的质量目标。 **工作重点** 质量目标是一个体系，它既有质量管理部的总体目标，又有每个部门、每个岗位和每位员工的细分目标。
	工作标准
	☆参照标准：其他同行业企业的质量目标。 ☆完成标准：建立一个有自己特色的质量目标体系，使每位员工都有明确的质量目标。
质量目标实施	**执行程序**
	1. 宣传质量目标 ☆质量管理人员通过各种方式宣传质量目标，保证员工深刻理解并将其转化为实际行动。 ☆宣传质量目标的方式包括通知、公告、培训、企业内部刊物等，质量管理部可结合实际情况采取有效的宣传方式。 **2. 组织实施质量目标** ☆质量管理部根据本企业的质量目标，制定实施方案。 ☆相关部门应积极配合质量管理部的质量管理工作，确保质量目标得以实现。 ☆质量管理部要及时掌握质量目标的完成情况，确保质量目标顺利实施。 **3. 分解质量目标** ☆相关部门认真执行质量目标，并制作部门质量目标分解表。 ☆相关部门将质量目标转化为员工的工作任务，将员工日常工作与质量目标结合起来。 ☆相关部门将质量目标的实施情况向质量管理部汇报。质量管理部要对实施过程中的问题及时采取解决措施。 **工作重点** 企业通过实施精细化管理，将员工日常工作与质量目标结合起来，使员工形成良好的质量工作意识。

（续）

任务名称	执行程序、工作标准与考核指标
质量目标实施	**工作标准** 参照标准：其他同行业企业精益生产的工作制度、标准和流程等。 **考核指标** 质量目标任务完成率：通常要达到____%以上，具体计算公式如下。 $\text{质量目标任务完成率}=\dfrac{\text{实际完成的质量目标任务数}}{\text{计划完成的质量目标任务数}}\times 100\%$
质量目标评审	**执行程序** 1. 检查并汇总数据 ☆质量管理部应定期检查相关部门质量目标的实施情况，掌握其完成情况及效果。检查办法包括自查法和抽查法，检查的时间一般设在月末、年中或年末等。 ☆相关部门在质量目标实施过程中需填写质量目标实施检查表，并送质量管理部备案。 2. 协助考核工作 质量管理部应协助相关部门，如协助人力资源部对质量目标的完成情况进行定期或不定期的考核。 3. 评审 ☆在考核工作结束之后，质量管理部提出召开评审会的申请，并准备评审的相关资料。 ☆评审会由总经理组织召开，质量管理部经理、相关部门经理都必须参加。会议对质量目标完成情况及质量目标的有效性、适宜性进行分析，并讨论解决目标管理中存在的问题。 工作重点 要想实现质量目标，质量管理部就要定期或不定期地检查其实施情况，并对相关员工进行奖惩，这也是推动质量管理工作的重要举措。 **工作标准** 参考标准：其他同行业企业的质量目标评审程序、内容。 **考核指标** 数据准确率：目标值为____%。
质量目标修订	**执行程序** 1. 讨论是否需要修订质量目标 ☆质量管理部根据评审报告讨论是否需要对质量目标进行修订。 ☆若需要修订，质量管理部则根据修订意见对质量目标进行必要的调整；若不需要修订，提交总经理审批通过后即可颁布实施。 2. 修订质量目标文件 ☆质量管理部对质量目标调整的内容与理由进行整理、总结，形成质量目标调整报告，并将修订后的质量目标报总经理审批。 ☆质量目标文件经总经理审批通过后颁布执行，相关部门进行相应的调整。 工作重点 质量目标修订的关键在于“与时俱进、与‘市’俱进”，质量管理部经理对此要有深刻的认识，并始终站在时代和市场的第一线。

（续）

<table>
<tr><th>任务名称</th><th>执行程序、工作标准与考核指标</th></tr>
<tr><td rowspan="4">质量目标修订</td><td>工作标准</td></tr>
<tr><td>☆参照标准：业内其他企业最新的质量目标。
☆完成标准：修订过的质量目标文件要规范、有针对性，能够反映实际工作中的一些新问题。</td></tr>
<tr><td>考核指标</td></tr>
<tr><td>质量目标达标率：目标值为____%，具体计算公式如下。
$$质量目标达标率=\frac{质量目标达标项目数}{质量目标项目总数}\times 100\%$$</td></tr>
<tr><td colspan="2">执行规范</td></tr>
<tr><td colspan="2">“企业质量方针”“产品市场调研报告”“企业质量总目标”“质量目标宣传方案”“质量目标实施方案”“部门质量目标分解表”“质量目标评审报告”“质量目标调整报告”。</td></tr>
</table>

3.6 质量计划管理流程设计与工作执行

3.6.1 质量计划管理流程设计

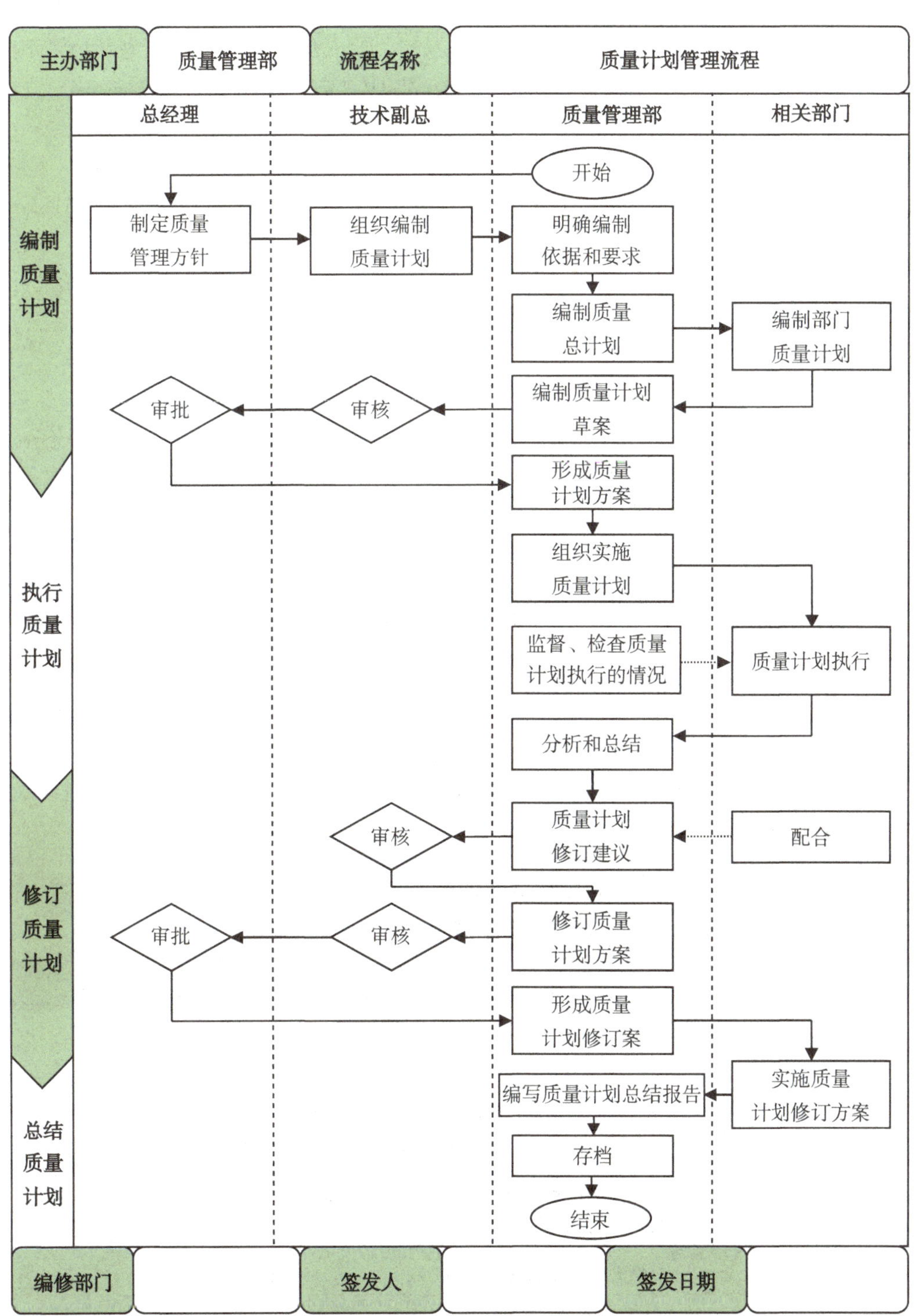

3.6.2 质量计划管理执行程序、工作标准、考核指标、执行规范

任务名称	执行程序、工作标准与考核指标
编制质量计划	**执行程序** 1. 明确编制依据和要求 ☆质量管理部在编制质量计划之前，要熟悉企业质量方针、质量目标，确定质量计划应达到的要求。 ☆质量管理部需收集国家、地方及行业相关规定，为编制质量计划提供参考依据。 2. 编制质量计划草案 ☆企业总体质量计划由质量管理部负责编制。 ☆相关部门的质量计划由部门负责人负责编制，在编制过程中，质量管理部要给予指导。 ☆质量管理部将编制好的质量计划草案报技术副总审核、总经理审批。 3. 形成质量计划方案 质量计划草案通过技术副总审核、总经理审批后，质量管理部负责汇总、整理，形成质量计划方案。 工作重点 质量管理部可为相关部门提供一些必要的质量计划模板、框架。 **工作标准** ☆参照标准：其他同行业企业的质量计划。 ☆完成标准：质量计划方案规范，并通过总经理的审批。
执行质量计划	**执行程序** 1. 组织实施质量计划 ☆质量管理部负责质量计划实施工作的统筹安排，制定质量计划实施方案，监督指导相关部门质量计划的实施。 ☆相关部门按照质量计划开展质量管理工作。 2. 监督、检查质量计划的执行情况 ☆经总经理审批通过后的质量计划，相关部门应认真贯彻执行。 ☆质量管理部及相关部门对质量计划的执行情况进行监督、检查，并填写质量计划实施情况检查表，以及时反馈给相关部门。 3. 分析和总结 ☆相关部门在质量计划实施过程中应妥善保留相关记录，并定期汇报给质量管理部。 ☆质量管理部对质量计划实施过程中出现的问题进行分析和总结。 工作重点 分析和总结工作是执行质量计划的一个重要过程，其可以有效提升质量管理部员工的业务能力和综合素质，质量管理部经理对此要有清晰的认识。 **工作标准** 参照标准：其他同行业企业执行质量计划的工作制度、标准和流程等。 **考核指标** 质量计划目标达成率：目标值应达到____%，具体计算公式如下。 $\text{质量计划目标达成率}=\frac{\text{实际完成的质量目标数}}{\text{计划完成的质量目标数}}\times 100\%$

（续）

任务名称	执行程序、工作标准与考核指标
修订质量计划	**执行程序** 1. 质量计划修订建议 ☆质量管理部对质量计划执行过程中出现的问题，提出修订建议，并报技术副总审核。 ☆质量计划的修订建议经技术副总审核通过后，质量管理部负责制定质量计划修订方案。 2. 修订质量计划方案 ☆按照企业相关文件和资料控制程序的规定，质量管理部开展质量计划的修订工作。 ☆修订后的质量计划经技术副总审核、总经理审批通过后予以颁布实施。 工作重点 修订质量计划要有针对性，要围绕质量计划执行中的主要问题展开。
	工作标准 ☆参考标准：其他同类企业质量计划执行过程中的问题及解决建议。 ☆完成标准：质量计划方案格式规范，同时通过技术副总的审核和总经理的审批。
	考核指标 被采纳的有效建议数：应达到____条。
总结质量计划	**执行程序** 1. 实施质量计划修订方案 质量管理部将修订版质量计划编制成文，下发至所有相关部门，各部门要按修订后的质量计划开展工作。 2. 编写质量计划总结报告 ☆质量管理部要总结质量计划实施过程中的经验、教训，并编制质量计划总结报告。 ☆质量管理部将质量计划总结报告存档。 工作重点 针对质量计划的变更情况，及时做好与客户的沟通工作。
	工作标准 ☆参照标准：业内其他企业最新的质量计划方案。 ☆完成标准：修订的质量计划总结报告要规范、有针对性，同时要做好对其的存档工作。
执行规范	
“企业质量方针”“质量管理方针”“质量计划草案”“质量计划书”“质量计划实施方案”“质量计划修订方案”“质量计划总结报告”。	

3.7 质量体系认证管理流程设计与工作执行

3.7.1 质量体系认证管理流程设计

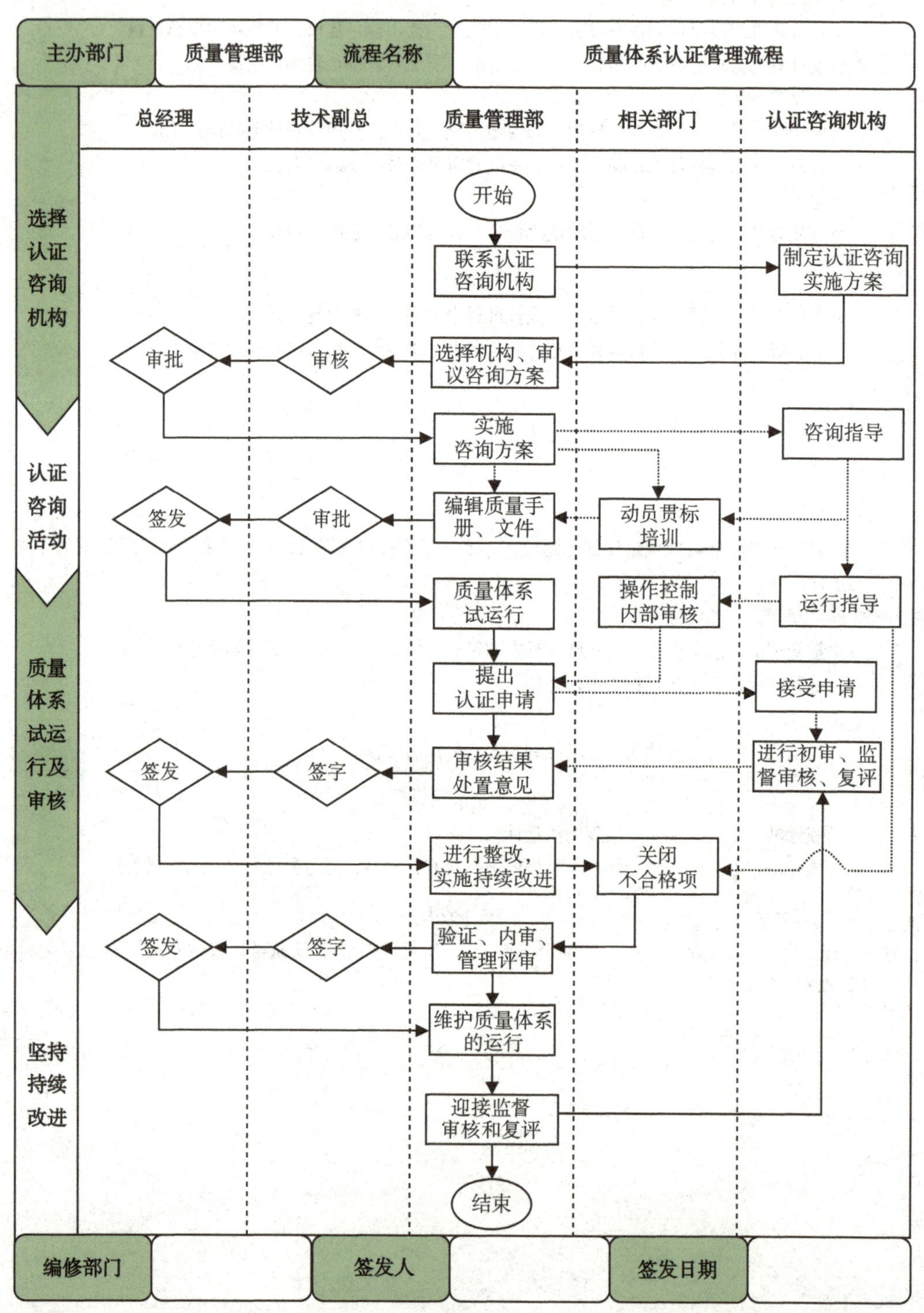

3.7.2 质量体系认证管理执行程序、工作标准、考核指标、执行规范

任务名称	执行程序、工作标准与考核指标
选择认证咨询机构	**执行程序**
	1. 联系认证咨询机构 质量管理部联系认证咨询机构，以获取认证咨询机构的业绩、资质，同时向对方提供认证咨询项目方案。 2. 选择机构、审议咨询方案 ☆质量管理部选择一个最符合企业要求资质的认证咨询机构，由其提供项目方案。 ☆质量管理部组织部门人员审查认证咨询机构的认证咨询项目方案，并进行修改和完善。 ☆质量管理部将认证咨询项目方案报技术副总审核、总经理审批。 工作重点 选择认证咨询机构时，质量管理部可以从机构的评级、过往咨询案例、业内风评等几个方面进行综合考量。
	工作标准
	☆参照标准：其他同行业企业的认证咨询机构。 ☆完成标准：选定一个最合适的认证咨询机构，且经过技术副总的审核、总经理的审批。
	考核指标
	认证咨询机构满意度评分：企业可以根据认证咨询机构的过往案例等情况为其打分，只有分数达到____分，才有可能成为本企业的认证咨询机构。
认证咨询活动	**执行程序**
	1. 实施咨询方案 ☆在认证咨询机构的指导下，质量管理部按照质量体系认证工作计划书的要求组织相关部门进行质量体系标准文件的相关培训。 ☆贯标培训是指针对贯彻标准进行的培训。贯彻标准是选择某种标准为依据，建立适用的质量体系并使之有效运行。开展该培训的目的是使员工对 ISO 9001 标准有一定的了解和认识，以明确自己的岗位职责。 2. 编辑质量手册、文件 ☆质量管理部组织相关部门编写质量手册和其他质量管理体系文件。 ☆质量手册须报技术副总审批，并由总经理签发。 工作重点 贯标培训要细致，与员工的实际工作相结合，不能照本宣科。
	工作标准
	参照标准：其他同行业企业的质量手册、文件等。 完成标准：质量手册、文件等格式规范，且经过技术副总审批、总经理签发。
质量体系试运行及审核	**执行程序**
	1. 质量体系试运行 ☆质量管理部根据质量认证工作计划，安排质量管理体系的试运行工作。 ☆在认证咨询机构的指导下，质量管理部进行内部审核，并按计划要求进行管理评审，确定是否申请认证审核。

（续）

任务名称	执行程序、工作标准与考核指标
质量体系试运行及审核	**2. 提出认证申请** ☆经过管理评审确认基本符合标准要求后，质量管理部正式向认证机构提出申请。 ☆质量管理部按计划进行初审、监督审核或者复评审核，然后由认证咨询机构编制审核计划。 **3. 审核结果处置意见** 审核小组与技术副总、总经理就审核结果进行沟通，并在末次会议上宣布审核结果。对于审核中发现的不合格项要报技术副总签字、总经理签发。 **4. 进行整改，实施持续改进** ☆审核结果处置意见经技术副总签字、总经理签发后，相关部门对体系运行过程中的不合格项关闭，并举一反三，检查是否还有不合格项。 ☆相关部门将关闭的不合格项，以及整改的有关证据进行验证，并提交给质量管理部验证。 **工作重点** 质量管理部、技术副总与总经理等是推动质量体系试运行及审核的关键因素，其要起到带头作用。
	工作标准
	参考标准：其他同类企业质量体系试运行过程中的问题及解决建议。
	考核指标
	☆质量体系试运行的规范性：相关部门均严格按照ISO 9000标准文件开展工作。 ☆整改结果的合格率：目标值为____%，对于所有不符合ISO 9000质量体系标准的内容进行全面、彻底的整治，并确保整治后的项目全部合格。
坚持持续改进	**执行程序**
	1. 验证、内审、管理评审 质量管理部按质量手册的要求组织每年的内部审核和管理评审，对内审过程中发现的不符合项进行整改和关闭，并对关闭结果进行验证。 **2. 维护质量体系的运行** 质量管理部按照技术副总、总经理的意见，对质量体系进行持续改进。 **工作重点** 对质量体系进行持续改进是一个企业竞争力的重要体现，管理层可以结合质量管理领域其他同类企业的做法和本企业的新问题进行综合筹划。
	工作标准
	参照标准：业内其他企业最新的质量管理体系。
	考核指标
	质量体系的稳定性：随着时间、市场环境等因素的变化，质量管理部应对质量体系进行不断改善，以提高企业的质量管理水平。
执行规范	
“ISO 9000质量管理体系”“认证咨询项目方案”“贯标培训计划”“内审员培训计划”“质量手册”“试运行工作计划”“质量程序文件”。	

3.8 质量体系建立流程设计与工作执行

3.8.1 质量体系建立流程设计

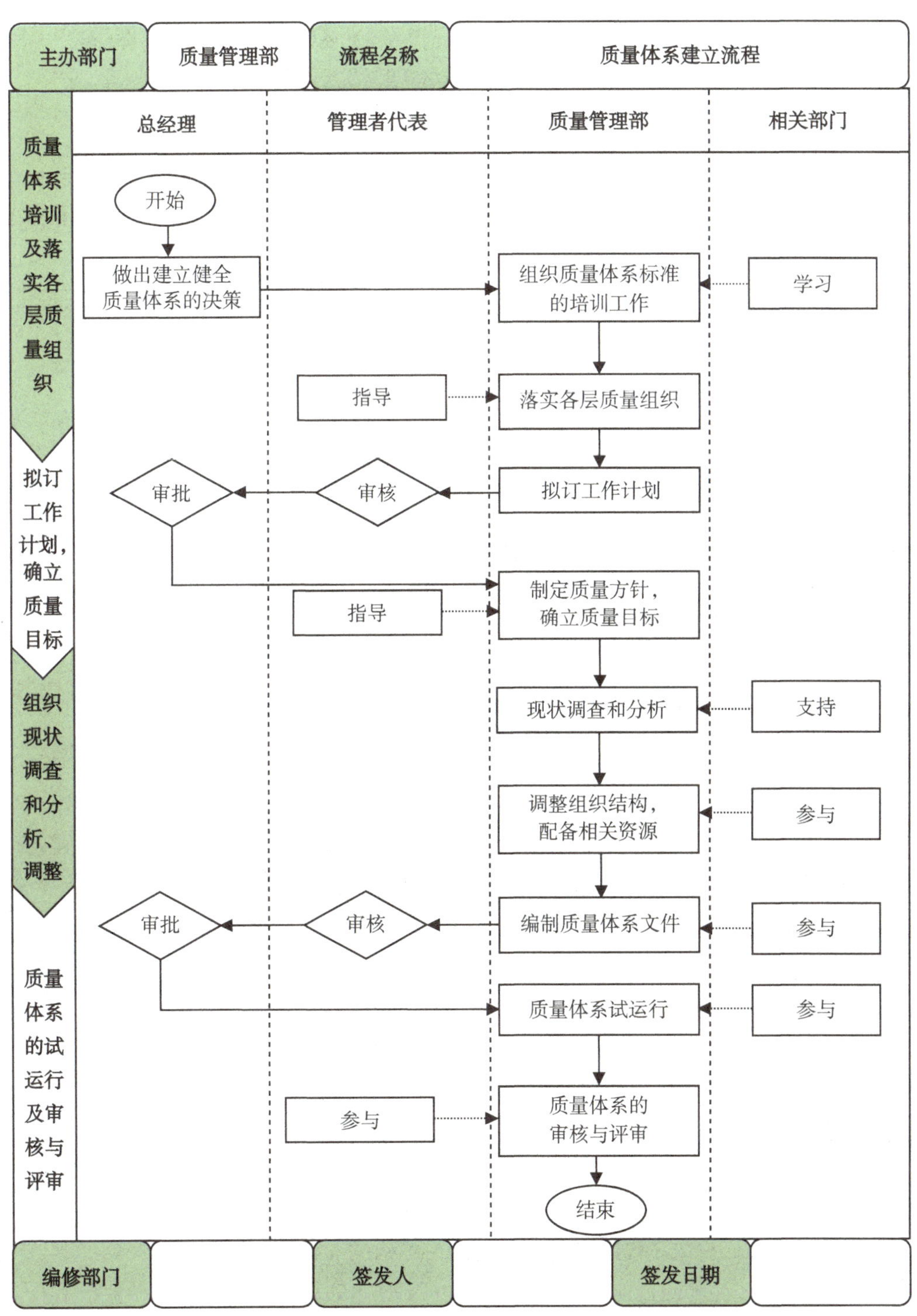

3.8.2 质量体系建立执行程序、工作标准、考核指标、执行规范

<table>
<tr><th>任务名称</th><th>执行程序、工作标准与考核指标</th></tr>
<tr><td rowspan="6">质量体系培训及落实各层质量组织</td><td>执行程序</td></tr>
<tr><td>1. 组织质量体系标准的培训工作
☆企业总经理做出按质量体系标准建立质量体系的决策，明确建立质量体系的目的和方向。
☆质量管理部根据总经理的指示，在企业范围内组织开展质量体系标准的普及培训工作。
☆质量管理部从三个层面普及培训工作（三个层面的具体内容参考“工作重点”部分。）
2. 落实各层质量组织
☆成立以总经理或总经理指定的管理者代表为组长、质量管理部经理为副组长的质量体系建设领导小组或质量委员会，其主要职责是负责质量体系建设的总体规划、组织制定质量方针和目标、按职能部门进行质量职能的分解。
☆成立由相关部门负责人参加的工作小组，一般由质量管理部和生产部的经理共同牵头，其主要职责是按照体系建设的总体规划组织实施质量体系培训。
工作重点
质量管理部可以从以下三个层面开展培训工作。
☆决策层培训，培训内容包括质量体系的发展和本企业的经验教训，建立和完善质量体系的迫切性与重要性，ISO 系列标准的内容，质量体系要素。
☆管理层培训，培训对象主要包括管理、技术和生产部门的负责人，以及与建立质量体系有关的员工，他们需要全面接受 ISO 系列标准有关内容的培训。
☆执行层培训，其培训对象主要是与产品质量形成全过程有关的员工，这类员工需要接受与本岗位质量活动有关内容的培训，包括在质量活动中应承担的任务、完成任务应赋予的权限及出现质量过失应承担的责任等。</td></tr>
<tr><td>工作标准</td></tr>
<tr><td>☆参照标准：其他同行业企业的质量体系标准培训工作。
☆完成标准：企业应建立组织严密、责任明确的各层质量组织。</td></tr>
<tr><td>考核指标</td></tr>
<tr><td>质量体系培训计划完成率：目标值为____%，具体计算公式如下。
$$质量体系培训计划完成率=\frac{质量体系培训实际完成的项目数}{质量体系培训计划完成的项目数}\times 100\%$$</td></tr>
<tr><td rowspan="2">拟订工作计划，确立质量目标</td><td>执行程序</td></tr>
<tr><td>1. 拟订工作计划
☆质量组织和职责明确后，质量管理部按不同层次分别制订工作计划，确立质量体系建立各个阶段的任务时间表、主要负责人和参与人员，以及他们的职责分工和相互协作关系。
☆质量管理部将拟订的工作计划报管理者代表审核，并按相关意见进行修改后报总经理审批。
2. 制定质量方针，确立质量目标
质量组织和质量工作计划明确后，质量管理部在管理者代表的指导下，制定企业的质量方针，确立企业应达到的质量目标。
工作重点
工作计划和质量目标不能凭空制定，要与企业的具体业务相联系。</td></tr>
</table>

（续）

任务名称	执行程序、工作标准与考核指标
拟订工作计划，确立质量目标	工作标准
	☆参照标准：其他同行业企业的质量工作计划、质量方针与质量目标等文件。 ☆完成标准：完成企业的质量方针和质量目标的制定工作。
	考核指标
	质量方针的合理性：符合本企业的经营理念、市场定位。
组织现状调查和分析、调整	执行程序
	1. 现状调查和分析 根据确立的质量方针和质量目标，质量管理部经理对企业质量管理工作的现状分别从多个方面进行调查和分析（具体内容见“工作重点”部分）。 2. 调整组织结构，配备相关资源 ☆根据质量标准体系的要求，将客观开展的质量活动在相关部门中进行协调。 ☆根据质量活动开展的实际需要，适当调配相应的硬件、软件和人员配备，并不断加以完善。 工作重点 质量管理部经理对质量管理工作的调查和分析的具体内容包括本企业质量体系情况分析、产品特点分析、本企业组织结构分析、生产设备和检测设备能否适应质量体系的有关要求，技术、管理和操作人员的组成、结构及水平状况的分析，质量管理基础工作情况分析。
	工作标准
	完成标准：形成企业质量管理情况调查报告，根据现状和 ISO 标准体系的要求重新调整组织结构并配备相关资源。
质量体系的试运行及审核与评审	执行程序
	1. 编制质量体系文件 ☆质量管理部按质量体系要求，统一编制质量手册。 ☆其他质量体系文件，如程序文件、作业标准文件，应按职责分工由归口部门分别编制，一般做法是先提出草案，然后由质量管理部组织审核。 ☆质量管理部将编制好的质量体系文件提交管理者代表审核。 ☆质量管理部将质量体系文件终稿提交企业总经理审批。 2. 质量体系试运行 ☆质量体系文件编制完成后，质量管理体系进入试运行阶段，这时质量体系文件的有效性和协调性得以体现。若在这一阶段暴露出问题，质量管理部应及时采取改进措施和纠正 / 预防措施，以便进一步完善质量体系文件。 ☆在质量体系试运行过程中，质量管理部要有针对性地宣贯质量体系文件，并加强信息管理，做好质量信息的收集、分析、传递、反馈、处理和归档等工作。 3. 质量体系的审核与评审 在质量体系建立的初始阶段，质量管理部要及时开展质量体系审核工作，重点是验证和确认体系文件的适用性和有效性。

（续）

<table>
<tr><th>任务名称</th><th>执行程序、工作标准与考核指标</th></tr>
<tr><td rowspan="6">质量体系的试运行及审核与评审</td><td>工作重点
所编制的质量体系文件既要符合企业规范，又要突出本企业产品或服务的特色。</td></tr>
<tr><td>工作标准</td></tr>
<tr><td>☆参照标准：业内其他企业最新的质量体系文件。
☆完成标准：企业质量体系文件符合企业规范，试运行效果良好，且审核和评审都符合要求。</td></tr>
<tr><td>考核指标</td></tr>
<tr><td>☆质量体系文件编写合格率：目标值为____%，具体计算公式如下。
$$质量体系文件编写合格率=\frac{合格的质量体系文件数}{质量体系文件总数}\times100\%$$
☆质量体系文件编写完成率：目标值为____%，具体计算公式如下。
$$质量体系文件编写完成率=\frac{实际编写完成的质量体系文件数}{应编写的质量体系文件数}\times100\%$$</td></tr>
<tr><td></td></tr>
<tr><td colspan="2">执行规范</td></tr>
<tr><td colspan="2">“决策层培训计划”“管理层培训计划”“执行层培训计划”“领导小组名单”“工作小组名单”“要素小组名单”“领导小组工作计划”“要素小组工作计划”“质量方针”“质量目标”“质量手册”“质量程序文件”“作业标准文件”“质量体系试运行计划”“质量体系试运行评审报告”。</td></tr>
</table>

3.9 质量体系内审流程设计与工作执行

3.9.1 质量体系内审流程设计

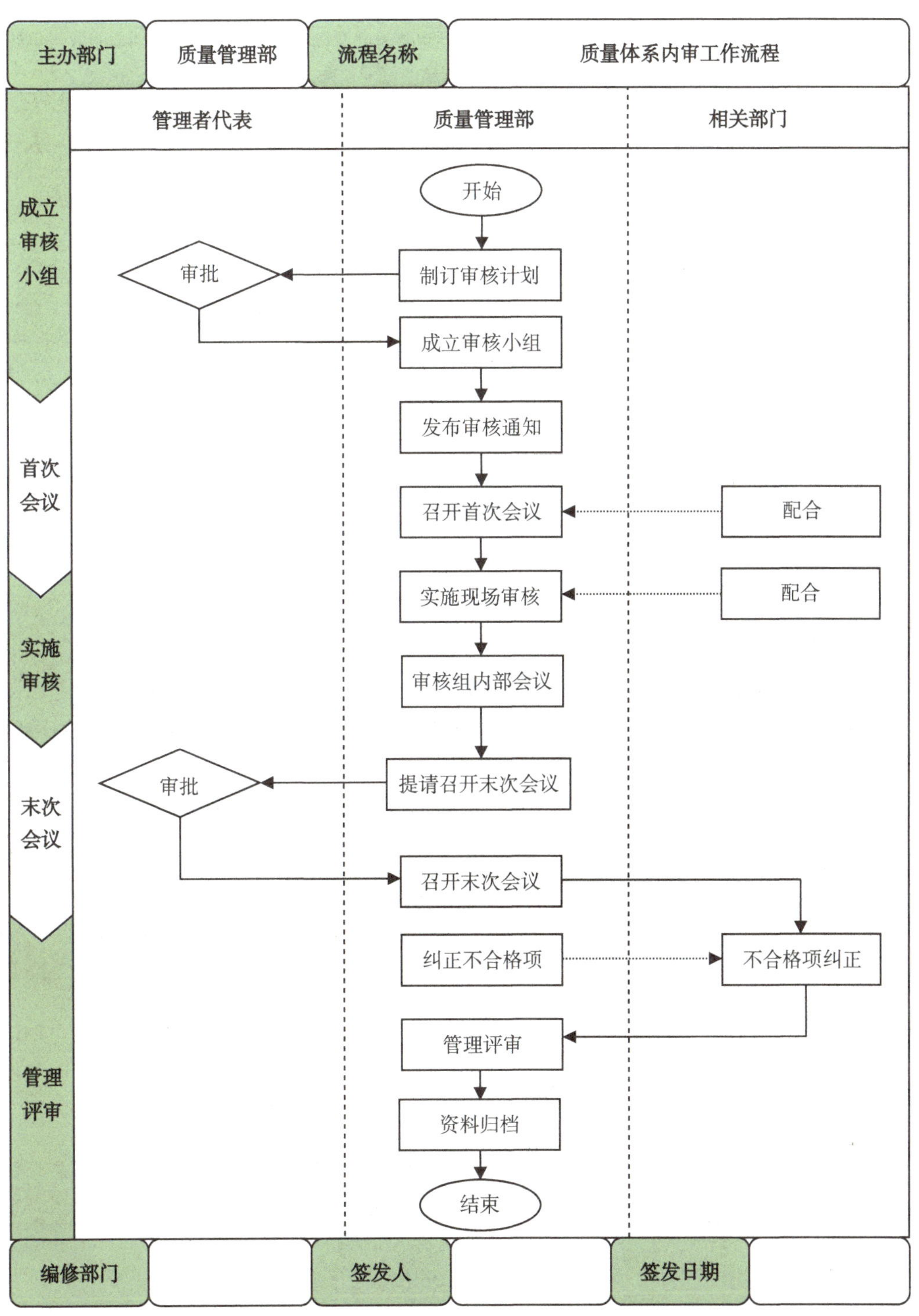

3.9.2 质量体系内审执行程序、工作标准、考核指标、执行规范

任务名称	执行程序、工作标准与考核指标
成立审核小组	**执行程序**
	1. 制订审核计划 ☆质量管理部根据拟审核的活动和区域的情况、重要程度及以往审核的结果，策划本企业每年的审核方案，制订企业年度质量审核计划，确定审核的范围、频次和方法。 ☆质量管理部将审核计划提交管理者代表审批。 **2. 成立审核小组** 质量管理部负责组建审核小组，管理者代表担任审核小组组长。 **工作重点** 聘任内审员时，要注意内审员须符合如下要求：与受审部门无直接关系，内审员不可审核自己的工作；具有一定资格，拥有管理工作的经验，熟悉审核工作；接受过内审培训，并考核合格。
	工作标准
	☆参照标准：其他同行业企业的年度质量审核计划。 ☆完成标准：审核小组到位，内审员符合企业要求。
	考核指标
	☆内部审核计划的科学性：符合质量体系标准和人力资源配备的要求。 ☆内部审核计划的可操作性：确保计划内容切实可行。
首次会议	**执行程序**
	1. 发布审核通知 质量管理部向相关部门发布审核通知，要求相关部门做好审核准备工作。 **2. 召开首次会议** ☆质量管理部组织召开首次会议，审核小组组长担任主持人，相关部门主管均应积极参加。 ☆召开首次会议的目的主要是明确审核的目的和范围、介绍审核员业务分工、确认审核实施计划等。 **工作重点** 审核实施计划的内容包括审核目的、准则、范围和方法，内部审核的工作安排、审核组成员、审核时间、地点，受审部门及审核要点等。
	工作标准
	完成标准：召开首次会议，明确审核目的、范围、分工、实施计划等。
实施审核	**执行程序**
	1. 实施现场审核 ☆质量管理部组织审核人员对相关部门实施现场审核，并填写内审检查表（审核内容参考“工作重点”部分）。 ☆在审核过程中，相关部门要积极配合。 **2. 审核组内部会议** 现场审核结束后，质量管理部组织召开审核组内部会议，审核组组长担任主持人，会议主要就审核工作进行总结，对检查结果进行综合分析，并确定不合格项分布。

（续）

任务名称	执行程序、工作标准与考核指标
实施审核	工作重点 实施审核的内容具体包括方针是否传达并得到充分理解，是否有重大质量影响因素的遗漏，各层管理者、重点岗位是否明确自己的职责和权限，质量管理体系是否正确实施，目标、指标管理方案是否按计划实施或完成，实现目标的过程控制是否有效，紧急状态的程序是否经过试验等。
	工作标准
	☆参考标准：其他同类企业实施审核的程序和内容。 ☆完成标准：审核组内部会议卓有成效，明确了问题和不合格项。
	考核指标
	☆内审频率的合理性。 ☆审查内容的全面性：在审查过程中不可随意更改审查内容，不得缺项、漏项。
末次会议	执行程序
	1. 提请召开末次会议 审核组内部会议结束后，质量管理部提请管理者代表召开末次会议。 2. 召开末次会议 质量管理部组织召开末次会议，审核组组长担任主持人，高层领导和审核员均须参加。 工作重点 所编制的内部评审报告要符合企业规范，能够充分反映审核结果。
	工作标准
	☆参照标准：业内其他企业最新的内部评审报告。 ☆完成标准：完成内部评审报告的编制。
管理评审	执行程序
	1. 纠正不合格项 相关部门针对审核组指出的不合格项，提出具体的纠正措施，并在规定的期限内组织执行。 2. 管理评审 质量管理部组织审核人员对改进结果进行验证和审查，直至符合要求。 工作重点 要有针对性地纠正不合格项，最好用具体的问题加以说明。
	工作标准
	☆参照标准：业内其他企业的管理评审活动。 ☆完成标准：审核中的不合格项经过改进符合要求。
	考核指标
	改进结果满意度评分：目标值为____分。
执行规范	
"企业年度质量审核计划""首次会议议程安排""审核实施计划""审核组内部会议议程""末次会议申请""末次会议议程""内部审核报告""不合格项纠正措施方案"。	

3.10 质量体系外审流程设计与工作执行

3.10.1 质量体系外审流程设计

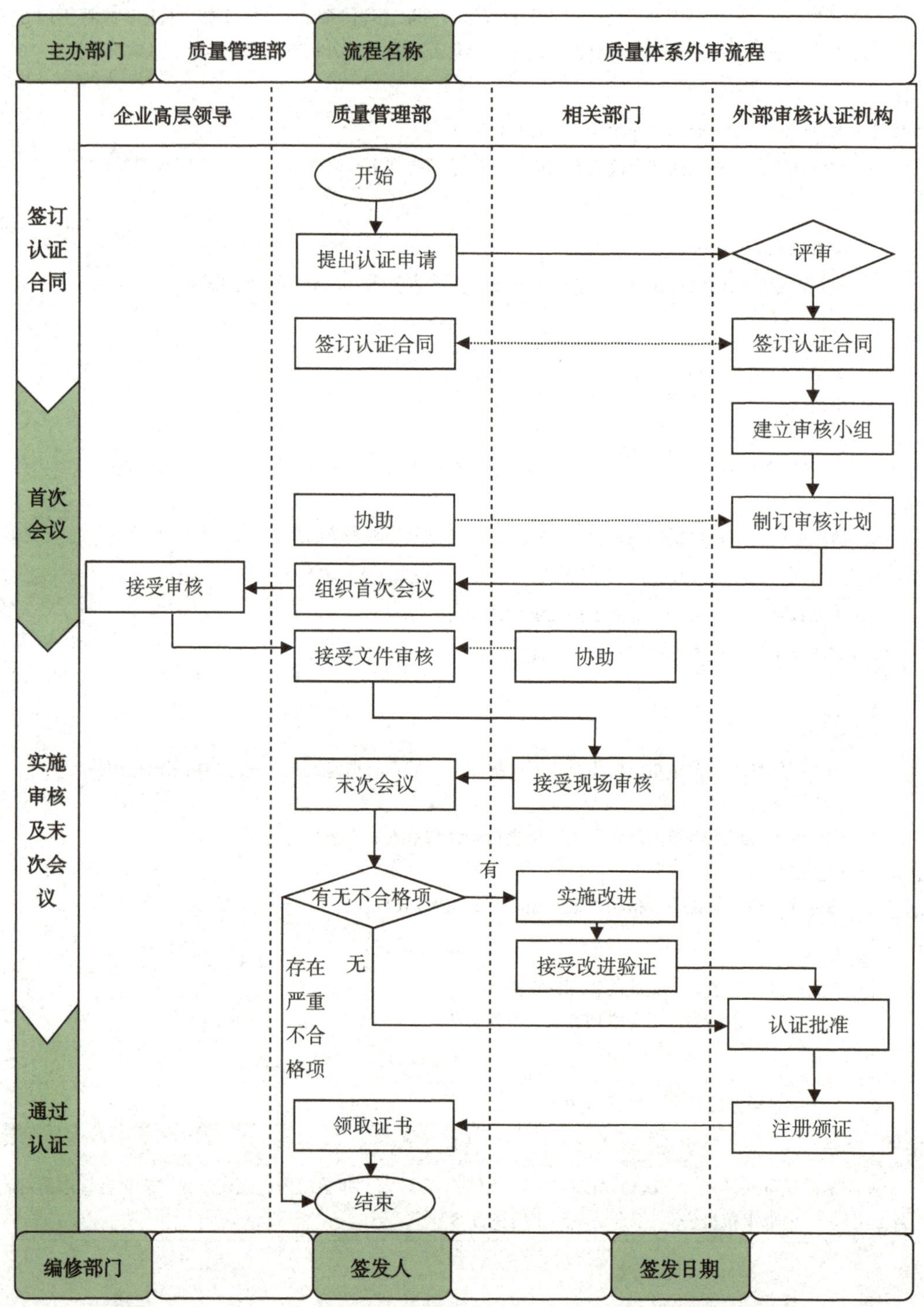

3.10.2 质量体系外审执行程序、工作标准、考核指标、执行规范

任务名称	执行程序、工作标准与考核指标
签订认证合同	**执行程序** 1. 提出认证申请 ☆根据企业质量体系建设的需要，质量管理部负责联系外部审核认证机构，申请质量体系认证。 ☆外部审核认证机构根据质量管理部报送的材料，进行申请评审。 2. 签订认证合同 质量管理部代表企业与外部审核认证机构签订认证合同，合同内容包括认证项目、认证期限、认证费用、双方应尽责任事项、违约条款等。 工作重点 认证合同要规范，谨防缺漏，质量管理部对此要把好关。 **工作标准** ☆参照标准：其他同行业企业的认证合同。 ☆完成标准：认证合同经过双方确认后签订。 **考核指标** 申请材料的完备性。
首次会议	**执行程序** 1. 建立审核小组 外部审核认证机构在签订认证合同后，组建审核小组。 2. 制订审核计划 外部审核认证机构在质量管理部的配合下，制订外部审核计划，并进驻企业开始审核。 3. 组织首次会议 质量管理部组织外部审核的首次会议，外部审核小组组长担任主持人。 工作重点 首次会议的内容包括审核的目的和范围、审核员业务分工、审核计划等。 **考核指标** 会议准备充分性：包括会议内容、外审目标与方式、日程安排等准备充分。
实施审核及末次会议	**执行程序** 1. 接受文件审核 质量管理部及相关部门要接受外部审核人员对各类程序文件、记录的审核，并回答外部审核人员的问题。 2. 接受现场审核 相关部门接受外部审核人员对生产现场的审核。 3. 有无不合格项 审核结束后，质量管理部组织相关部门负责人参加外部审核末次会议，外部审核组组长担任主持人，会议主要就审核工作进行总评。 工作重点 现场审核的主要内容包括生产人员对质量方针、目标的了解程度，生产工艺文件的执行情况，仪器设备的保养情况及产品质量状况等。

（续）

任务名称	执行程序、工作标准与考核指标
实施审核及末次会议	**工作标准** 完成标准：召开外部审核末次会议，出具审核报告。 **考核指标** 审核结果的准确率：目标值为____%，具体计算公式如下。 $审核结果的准确率=\frac{一定时期内审核结果准确的次数}{一定时期内审核总次数}\times 100\%$
通过认证	**执行程序** **1. 认证批准** ☆如果审核结果中出现严重不合格项导致质量体系运行失效的，那么无法通过认证。 ☆如果审核结果中只出现若干不合格项，那么由相关部门负责不合格项的整改，并将改进报告送交外部审核认证机构验证，若验证合格，则正常通过认证。 ☆如果审核结果中未出现不合格项，那么直接通过认证。 **2. 注册颁证** ☆外部审核认证机构根据审核结果及改进验证结果，做出批准认证的决定。 ☆外部审核认证机构根据批准认证的决定，为申请企业办理质量体系认证注册手续，并颁发质量体系认证证书。 ☆质量管理部负责证书的申领工作，并做好证书的保管及验证工作。 **工作重点** 通过认证改善企业产品或服务的质量才是最终目的。 **工作标准** 完成标准：企业注册颁证成功。
执行规范	
“质量体系认证申请”“质量体系认证合同”“首次会议安排计划”“首次会议纪要”“质量体系审核报告”“质量体系改进报告”“改进结果验证表”“质量体系认证证书”。	

3.11 质量体系运行流程设计与工作执行

3.11.1 质量体系运行流程设计

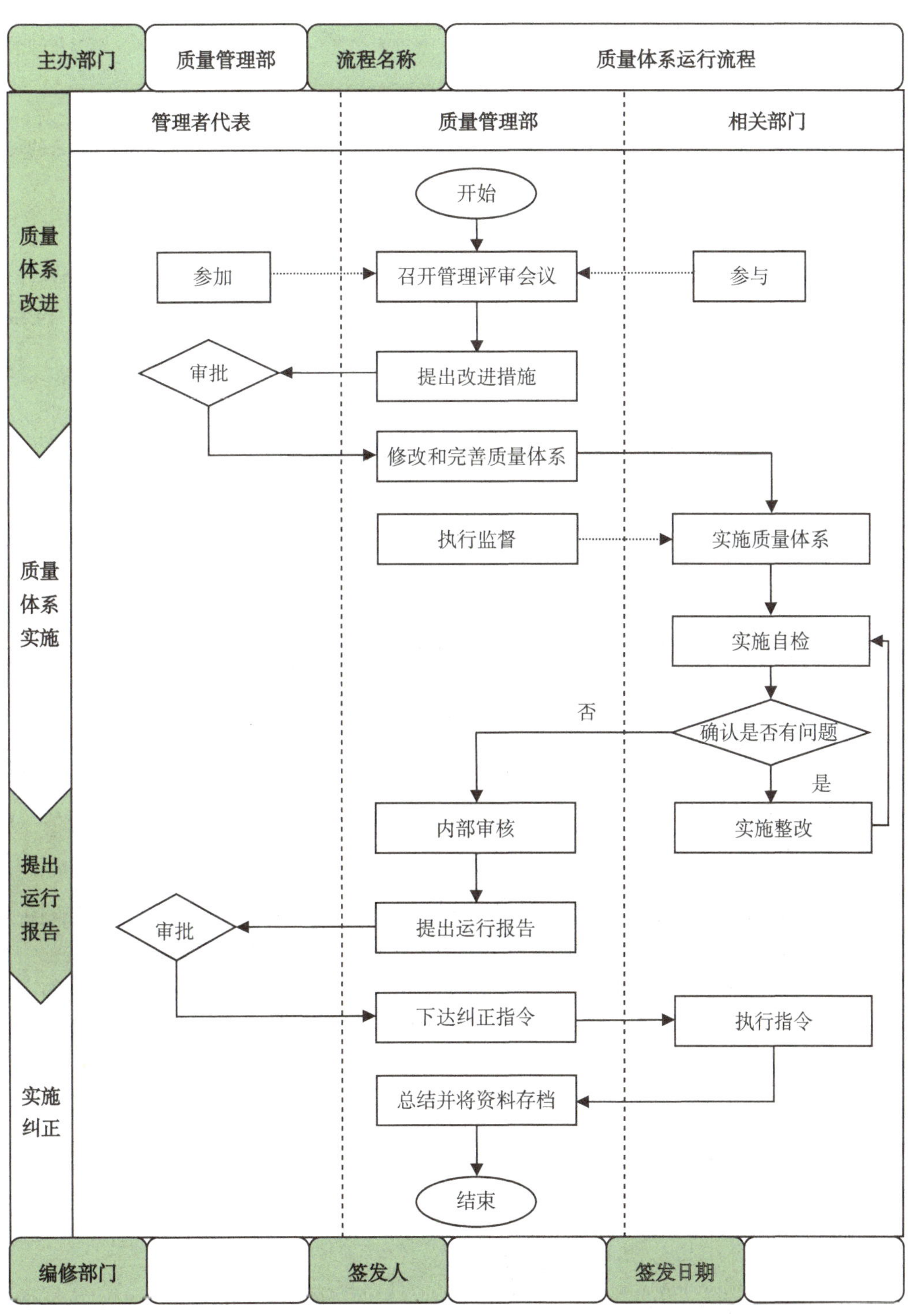

3.11.2 质量体系运行执行程序、工作标准、考核指标、执行规范

任务名称	执行程序、工作标准与考核指标
质量体系改进	**执行程序** 1. 召开管理评审会议 质量管理部定期组织质量体系管理评审会议，管理者代表、相关部门主要负责人、质量管理部成员均要参加。 2. 提出改进措施 ☆质量管理部及相关部门在管理评审会议上就本期存在的质量体系运行的问题提出质量体系的改进措施，如改进的方法、改进的周期等。 ☆质量管理部将质量体系改进措施报管理者代表审批。 工作重点 管理评审会议的主要议题包括组织结构的适宜性、产品质量目标和要求的符合性、顾客满意程度测量结果的准确性、质量体系的符合性、质量体系运行的有效性、质量方针和质量目标与当前顾客需求的相关性等。
	工作标准 ☆参照标准：其他同行业企业质量体系运行中的问题及改进措施。 ☆完成标准：总结质量体系运行中的问题并提出改进措施。
质量体系实施	**执行程序** 1. 修改和完善质量体系 根据管理者代表的审批意见指示，质量管理部对运行中的质量体系进行修改和完善。 2. 实施质量体系 相关部门按照质量体系及改进措施的要求实施质量管理工作。 3. 实施自检 相关部门按照质量体系的要求定期对质量体系的运行情况进行自检，并填写质量体系自检登记表。 4. 确认是否有问题 ☆如果相关部门通过自检认为质量体系的运行确实存在问题，那么必须进行内部整改。 ☆整改完成后，相关部门要再次进行自检。 工作重点 ☆完善内容包括质量管理体系及其过程有效性改进的完善，如对质量方针、质量目标、组织结构、过程控制等方面的评价；与顾客要求有关的产品的改进完善；资源需求的完善等。 ☆质量管理工作的内容包括资源管理，如资源的提供、工作人员的培训、基础设施的建设等；产品管理，如采购产品、构成产品和形成最终产品；顾客沟通等。
	工作标准 参照标准：其他同行业企业的质量手册、文件等。 完成标准：质量手册、文件等格式规范，且经过管理者代表的审批。
提出运行报告	**执行程序** 1. 内部审核 ☆如果相关部门自检认为质量体系运行没有问题，那么可直接申请内部审核。 ☆质量管理部根据年度质量体系审核计划，对相关部门实施内部审核。

（续）

任务名称	执行程序、工作标准与考核指标
提出运行报告	2. 提出运行报告 ☆质量管理部通过内部审核，了解质量体系的运行情况及出现偏差的原因。 ☆质量管理部负责撰写质量体系运行报告，详细说明出现偏差的原因及改进措施，并报管理者代表审批。 工作重点 质量体系运行报告既要符合规范，又要体现本企业的特点。
	工作标准
	参考标准：其他同类企业的质量体系运行报告。
	考核指标
	☆内审频率的合理性。 ☆审查内容的全面性。
实施纠正	执行程序
	1. 下达纠正指令 ☆质量管理部根据管理者代表的审批意见，向存在问题的部门下达纠正指令。 ☆各相关部门按照质量管理部的指令，实施纠正活动。 2. 总结并将资料存档 质量管理部对质量体系运行情况进行总结，并将相关资料存档。 工作重点 相关部门在实施纠正活动时，要了解这些纠正措施背后的含义，不能“知其然而不知其所以然”。
	工作标准
	☆参照标准：业内其他企业最新的质量体系纠正活动资料。 ☆完成标准：形成质量体系运行情况总结，并将其和相关资料进行存档。
执行规范	
“质量体系管理评审会议议程”“质量体系改进措施”“质量体系自检登记表”“企业内部审核申请”“年度质量体系审核计划”“质量体系运行报告”“纠正活动计划”。	

3.12 质量体系完善流程设计与工作执行

3.12.1 质量体系完善流程设计

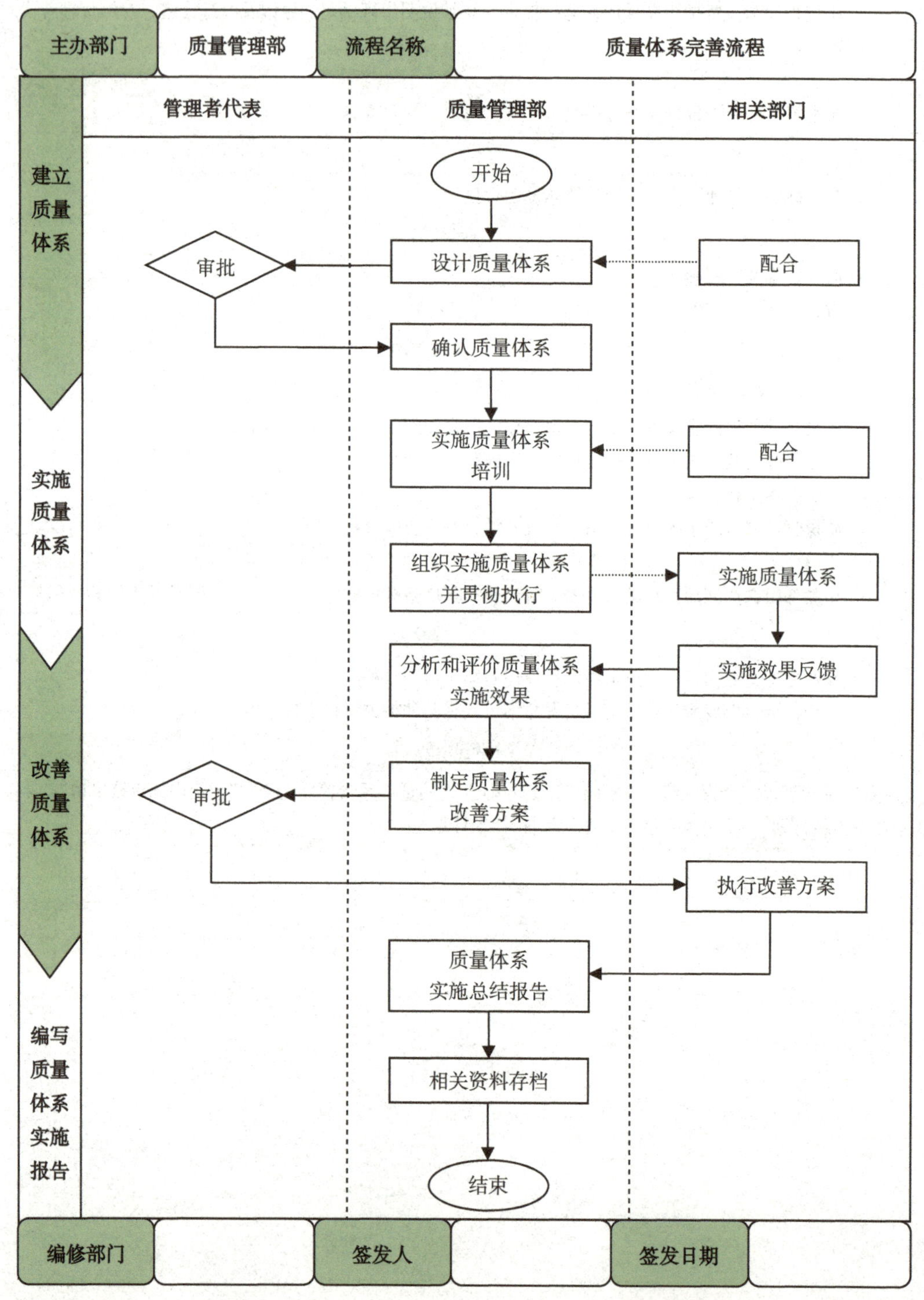

3.12.2 质量体系完善执行程序、工作标准、考核指标、执行规范

任务名称	执行程序、工作标准与考核指标
建立质量体系	**执行程序** 1. 设计质量体系 ☆质量管理部根据相关的质量体系标准和本企业的需要设计质量体系，如编写质量手册、质量程序文件等，并将其报管理者代表审批。 ☆质量手册中应明确企业的质量方针和目标，企业对质量的承诺，质量管理部的组织结构、各岗位的职责和权限，本企业内部的机构设置，与质量管理相关的部门的职责、权限及其隶属关系等。 ☆质量程序文件是质量手册的支持性文件，也是质量体系文件的重要组成部分。其主要是阐述为实施质量体系，各相关部门开展活动时应采用的方法。 2. 确认质量体系 所设计的质量体系经管理者代表审批通过后生效。 工作重点 所设计的质量体系既要完备，又要具有较强的可操作性。 **工作标准** ☆参照标准：其他同行业企业的质量体系。 ☆质量标准：质量体系既符合通用标准，又具有企业自身的特色，同时也有较强的可操作性。 **考核指标** ☆设计方案的完备性、可操作性：设计方案内容充实、全面、符合ISO质量体系标准的要求，且切实可行。 ☆质量体系文件设计完成及时率：目标值为____%，具体计算公式如下。 $质量体系文件设计完成及时率=\frac{设计完成的质量体系文件数量}{质量体系文件总数}\times 100\%$
实施质量体系	**执行程序** 1. 实施质量体系培训 质量管理部在企业范围内开展以质量体系实施为主体的教育培训，相关部门要积极参加。 2. 组织实施质量体系并贯彻执行 ☆相关部门组织落实企业质量体系文件的精神。 ☆质量管理部对相关部门实施质量体系的过程进行监督，审查其是否按照计划进行，各方面的质量水平是否达标等。 工作重点 质量体系的培训工作应从决策层培训、管理层培训、执行层培训三个方面展开。 **工作标准** ☆参照标准：其他同行业企业的质量体系培训活动、实施质量体系的过程等。 ☆完成标准：实施质量体系之后，企业的产品或服务的质量有了明显的改善。

（续）

<table>
<tr><th>任务名称</th><th>执行程序、工作标准与考核指标</th></tr>
<tr><td rowspan="6">改善质量体系</td><td>执行程序</td></tr>
<tr><td>1. 分析和评价质量体系实施效果
☆相关部门定期向质量管理部反馈质量管理体系的实施效果。
☆质量管理部根据监督收集到的信息和相关部门提供的实施效果反馈意见，对质量体系进行全面的分析和评价。
2. 制定质量体系改善方案
质量管理部针对质量体系实施过程中出现的问题，制定改善方案。
3. 执行改善方案
☆质量体系改善方案经管理者代表审批通过后生效。
☆相关部门根据质量体系改善方案，对本部门的质量体系进行完善。
工作重点
质量体系改善方案的内容主要包括改善项目、改善流程、相关负责人、成本预算、时间安排等。</td></tr>
<tr><td>工作标准</td></tr>
<tr><td>☆参考标准：其他同行业企业质量体系改善方案的内容和执行过程。
☆完成标准：质量体系改善方案生效并执行后，企业的质量问题进一步减少，产品或服务的质量水平明显提升。</td></tr>
<tr><td>考核指标</td></tr>
<tr><td>☆改善方案编制的规范性：严格按照方案编制的格式、要求的字体、内容框架进行编制。
☆改善方案的合理性：针对运行中出现的问题进行改善，预期结果达标，且费用预算控制合理。</td></tr>
<tr><td rowspan="4">编写质量体系实施报告</td><td>执行程序</td></tr>
<tr><td>质量管理部应定期总结质量体系实施过程中的经验教训，并编写质量体系实施报告。
工作重点
质量体系实施报告通常有固定的模板，内容一般包括质量体系实施的目的、实施的范围、实施的方法、实施中的难点、实施情况总结等。</td></tr>
<tr><td>工作标准</td></tr>
<tr><td>☆参照标准：业内其他企业的质量体系实施报告。
☆完成标准：质量体系实施报告既符合规范，又体现了企业的特色。</td></tr>
<tr><td colspan="2">执行规范</td></tr>
<tr><td colspan="2">“质量体系标准”“质量手册”“质量体系改善方案”“质量体系实施报告”。</td></tr>
</table>

3.13 质量体系文件管理流程设计与工作执行

3.13.1 质量体系文件管理流程设计

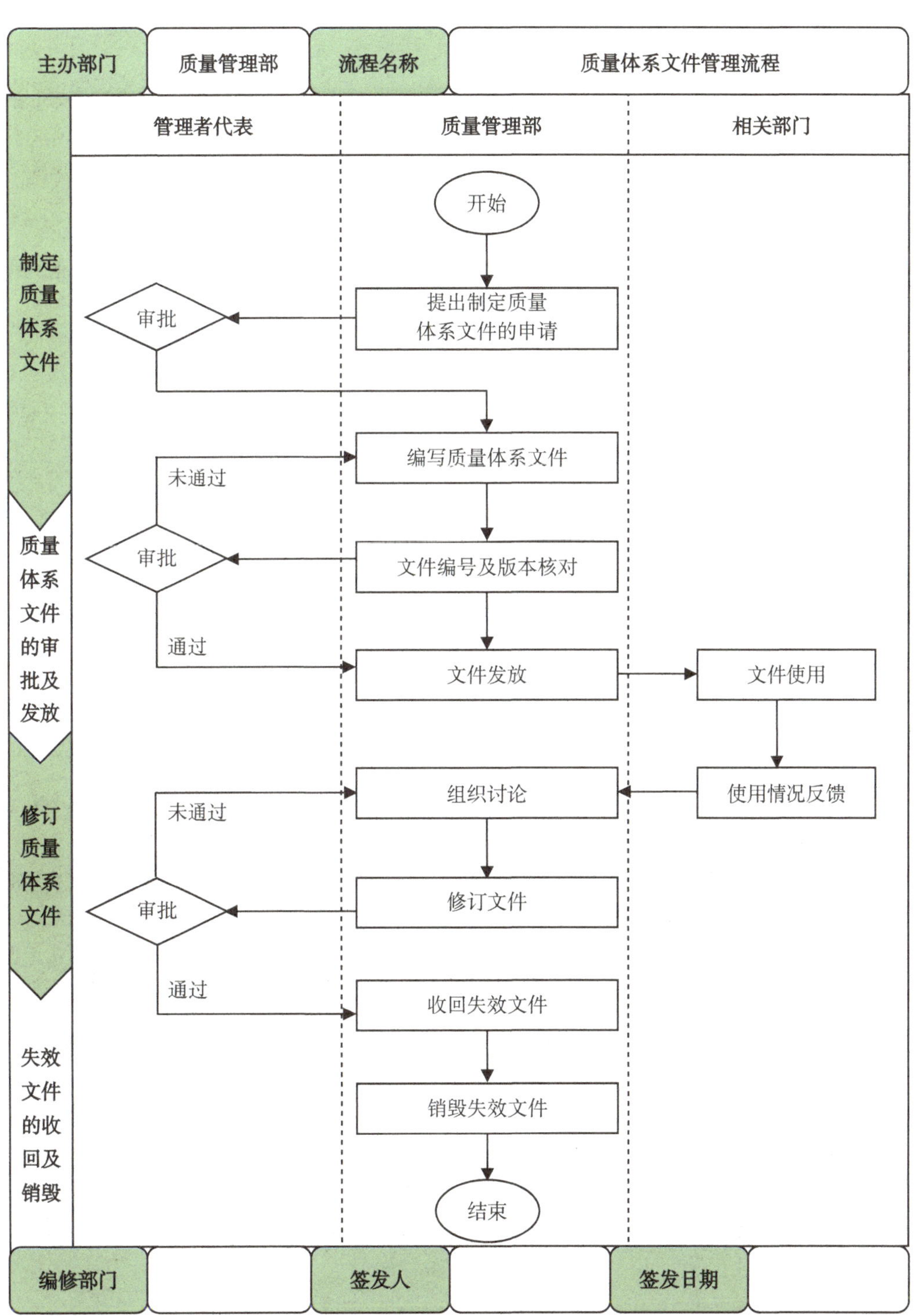

3.13.2　质量体系文件管理执行程序、工作标准、考核指标、执行规范

<table>
<tr><th>任务名称</th><th>执行程序、工作标准与考核指标</th></tr>
<tr><td rowspan="6">制定质量体系文件</td><td>执行程序</td></tr>
<tr><td>1. 提出制定质量体系文件的申请
质量管理部根据企业质量管理的要求，向企业最高层管理者指定的管理者代表提出制定质量体系文件的申请。
2. 编写质量体系文件
☆制定质量体系文件的申请经企业最高层管理者指定的管理者代表审批后，质量管理部负责编写质量文件。
☆质量手册由质量管理部统一编写，其他质量体系文件如质量程序文件、作业指导与质量记录文件由归口部门负责编写。
工作重点
要弄清质量体系文件的内涵。质量体系文件是描述企业质量体系结构、职责和工作程序的一整套文件，包括质量手册、质量程序文件、作业指导书与质量记录文件等。</td></tr>
<tr><td>工作标准</td></tr>
<tr><td>☆参照标准：其他同行业企业的质量体系文件。
☆完成标准：质量管理部与相关部门完成质量体系文件的初稿编写工作。</td></tr>
<tr><td>考核指标</td></tr>
<tr><td>☆质量体系文件编写合格率。
$$质量体系文件编写合格率=\frac{合格的质量体系文件数}{质量体系文件总数}\times 100\%$$
☆质量体系文件编写完成率。
$$质量体系文件编写完成率=\frac{实际质量体系文件数}{应有质量体系文件数}\times 100\%$$</td></tr>
<tr><td rowspan="6">质量体系文件的审批及发放</td><td>执行程序</td></tr>
<tr><td>1. 文件编号及版本核对
☆质量体系文件编写完毕后，质量管理部根据企业质量档案管理制度的相关规定为文件编号，并进行版本核对后呈报管理者代表审批。
☆质量体系文件若未通过管理者代表的审批，质量管理部则需根据相关意见，修改、完善相关的文件。
2. 文件发放
☆质量体系文件若通过管理者代表的审批，质量管理部则负责将文件发送给相关部门，并指导相关部门执行。
☆发放质量体系文件时，质量管理部要在文件的明显位置标注受控文件标识，同时应建立文件领取登记表，并请文件接收人签字。
工作重点
质量管理部要严格核对文件编号及版本。</td></tr>
<tr><td>工作标准</td></tr>
<tr><td>完成标准：质量体系文件格式规范，且经过管理者代表的审批。</td></tr>
<tr><td>考核指标</td></tr>
<tr><td>发放对象准确率：目标值为____%。</td></tr>
</table>

（续）

任务名称	执行程序、工作标准与考核指标
修订质量体系文件	**执行程序** 1. 组织讨论 ☆相关部门在使用质量体系文件的过程中，应及时向质量管理部反馈使用情况。 ☆根据相关部门的反馈，质量管理部应组织相关人员讨论质量体系文件是否需要修改，以便进一步完善该文件，提高质量体系文件的成效。 2. 修订文件 ☆根据讨论的结果，质量管理部对质量体系文件进行修订，并报管理者代表审批。 ☆若修订的质量体系文件未通过审批，质量管理部要重新开展质量文件的修订工作，相关部门继续使用原质量体系文件。 工作重点 参与质量体系文件讨论的人员既要包括质量管理部的代表，又要包括相关部门的管理人员，还要包括一线生产人员。 **工作标准** ☆参考标准：其他同行业企业修订质量体系文件的过程和内容。 ☆完成标准：质量管理部根据讨论结果修订质量体系文件，同时经过管理者代表的审批。 **考核指标** 文件修订工作及时率：目标值为____%。
失效文件的收回及销毁	**执行程序** 1. 收回失效文件 若修订后的质量体系文件通过审批，质量管理部要收回已经失效的质量体系文件。 2. 销毁失效文件 质量管理部按质量体系文件管理规定，在填写质量体系文件销毁清单后销毁无效的质量体系文件。 工作重点 质量管理部要明确失效文件的标准。 **工作标准** ☆参照标准：业内其他企业的失效文件标准。 ☆完成标准：定期对质量体系文件进行审查，确认失效文件并按规定收回或销毁。 **考核指标** ☆销毁判定准确率：目标值为____%，具体计算公式如下。 $销毁判定准确率=\frac{销毁判定准确的文件数量}{销毁文件的总数量}\times 100\%$ ☆销毁过程的规范性：销毁的文件加盖作废印章后，相关人员要按照相关的销毁程序和注意事项对其进行销毁。
执行规范	
“质量手册”“质量程序文件”“质量记录文件”“质量体系文件回收规定”“质量体系文件销毁规定”。	

3.14 质量体系文件编修流程设计与工作执行

3.14.1 质量体系文件编修流程设计

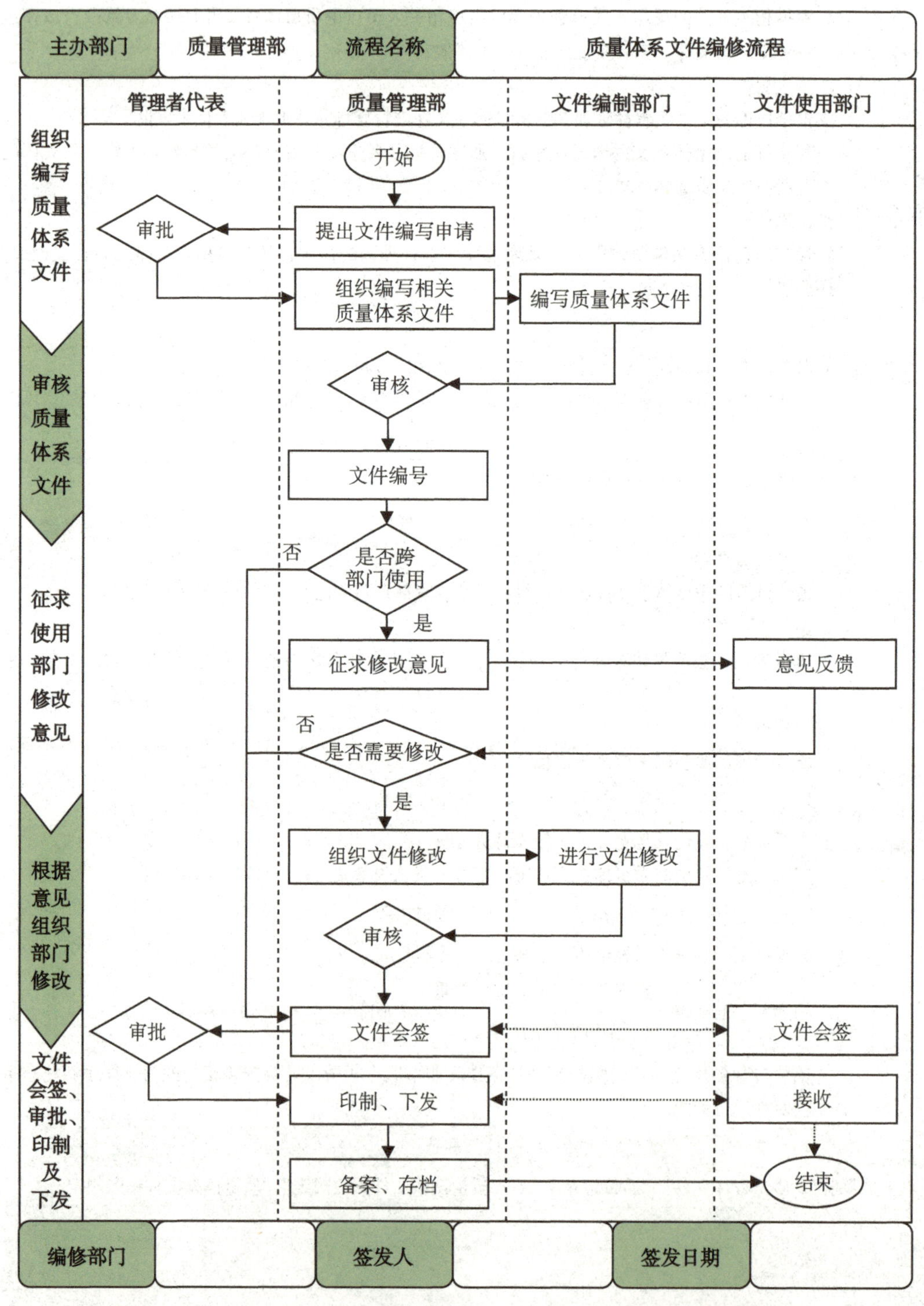

3.14.2 质量体系文件编修执行程序、工作标准、考核指标、执行规范

任务名称	执行程序、工作标准与考核指标
组织编写质量体系文件	**执行程序** **1. 提出文件编写申请** 质量管理部根据 ISO 质量体系建立与运行的需要，向总经理指定的管理者代表提出质量体系文件编写申请。 **2. 组织编写相关质量体系文件** 文件编写申请经管理者代表审批通过后，质量管理部组织相关部门编写质量体系文件。 **工作重点** 所编写的质量体系文件既要符合企业规范，又要有可操作性。 **工作标准** ☆参照标准：其他同行业企业的质量体系文件。 ☆完成标准：完成初稿编制工作，并通过部门经理的审核。 **考核指标** ☆申请程序的规范性：按照相关规定提供申请所需材料，并向相关负责人提出申请。 ☆质量体系文件编写合格率。 ☆质量体系文件编写完成率。
审核质量体系文件	**执行程序** **1. 审核** ☆文件编制部门将编写好的质量体系文件提交质量管理部审核。 ☆质量管理部审核并确定质量体系文件是否符合质量体系标准的整体要求。 ☆若质量管理部认为质量体系文件不符合质量体系标准的整体要求，则返给文件编制部门修改或重新编写。 **2. 文件编号** ☆若符合质量体系标准的整体要求，质量管理部则按照质量体系文件的编号要求对文件编号。 ☆编号完毕后，质量管理部需分析文件的使用范围，如是否会跨部门使用。 ☆若文件为部门内部使用，则无须征求使用部门的意见，直接进行质量体系文件的会签工作即可。 **工作重点** 质量管理部在审核质量体系文件时，除了要审核文件是否符合企业规范，还要特别注意文件的针对性和可操作性。 **工作标准** 参照标准：通行的 ISO 质量体系标准。 完成标准：质量体系文件通过质量管理部的审核且完成编号。
征求使用部门修改意见	**执行程序** **1. 是否跨部门使用** 若文件需跨部门使用，则依据使用部门提出的意见以及是否符合质量体系标准等，决定是否对质量体系文件进行修改。

（续）

任务名称	执行程序、工作标准与考核指标
征求使用部门修改意见	**2. 征求修改意见** 质量管理部应征求文件使用部门对该文件的修改意见。 **3. 是否需要修改** ☆通过综合分析，若质量管理部认为质量体系文件确实需要修改，则组织文件编制部门进行修改，并传达文件使用部门的修改意见及修改要求。 ☆通过综合分析，若质量管理部认为无须对质量体系文件进行进一步的修改，则可直接进行质量体系文件的会签工作。 **工作重点** 使用部门的修改意见非常重要，质量管理部要对这些意见仔细进行辨别、整理。
	工作标准
	☆参考标准：其他同行业企业质量体系文件使用过程中的问题及解决措施。 ☆完成标准：分析、整理使用部门的文件修改意见。
	考核指标
	判定依据的客观性、合理性。
根据意见组织部门修改	**执行程序**
	1. 组织文件修改 文件编制部门根据相关修改意见和要求，开展质量体系文件的修改工作。 **2. 审核** 修改后的文件要提交质量管理部审核，若质量管理部认为质量体系文件仍不符合相关要求，则责令文件编制部门再次进行修改，直至质量体系文件符合要求为止。 **工作重点** 组织文件修改时要注意各种问题和意见，可以从使用部门和符合质量体系标准等角度进一步完善质量体系文件。
	工作标准
	完成标准：修改后的质量体系文件要通过质量管理部的审核。
文件会签、审批、印制及下发	**执行程序**
	1. 文件会签 ☆质量体系文件定稿后，质量管理部、文件使用部门须对质量体系文件进行会签，以对质量体系文件的相关内容进行进一步的确认。 ☆质量管理部将会签后的质量体系文件提交管理者代表审批。管理者代表依据企业的发展战略、质量方针、质量目标对质量体系文件进行审批。 ☆若质量体系文件未通过管理者代表的审批，质量管理部则组织文件编制部门根据管理者代表的意见修改。 **2. 印制、下发** 若质量体系文件通过管理者代表的审批，质量管理部则组织相关人员进行质量体系文件的印制和下发，发放部门要填写质量体系文件登记表，使用部门要分别填写质量体系文件发放 / 回收登记表。

（续）

<table>
<tr><th>任务名称</th><th>执行程序、工作标准与考核指标</th></tr>
<tr><td rowspan="6">文件会签、审批、印制及下发</td><td>3. 备案、存档
质量管理部将所有的质量体系文件、质量体系文件登记表、质量体系文件发放 / 回收登记表等文件资料进行归档保存并备案。
工作重点
质量体系文件的会签、审批、印制及下发需要遵循一定的流程，这就需要制定相应的制度。</td></tr>
<tr><td>工作标准</td></tr>
<tr><td>☆参照标准：其他同行业企业质量体系文件的管理制度。
☆完成标准：质量体系文件管理有序，企业质量管理工作再上新台阶。</td></tr>
<tr><td>考核指标</td></tr>
<tr><td>质量体系文件及时归档率：目标值为____%，具体计算公式如下。
$$质量体系文件及时归档率=\frac{及时归档的质量体系文件数量}{质量体系文件总数量}\times 100\%$$</td></tr>
</table>

执行规范
“ISO 质量体系标准”“质量体系文件编写申请”“质量手册”“质量程序文件”“质量体系文件修改决议”。

3.15 质量体系文件控制流程设计与工作执行

3.15.1 质量体系文件控制流程设计

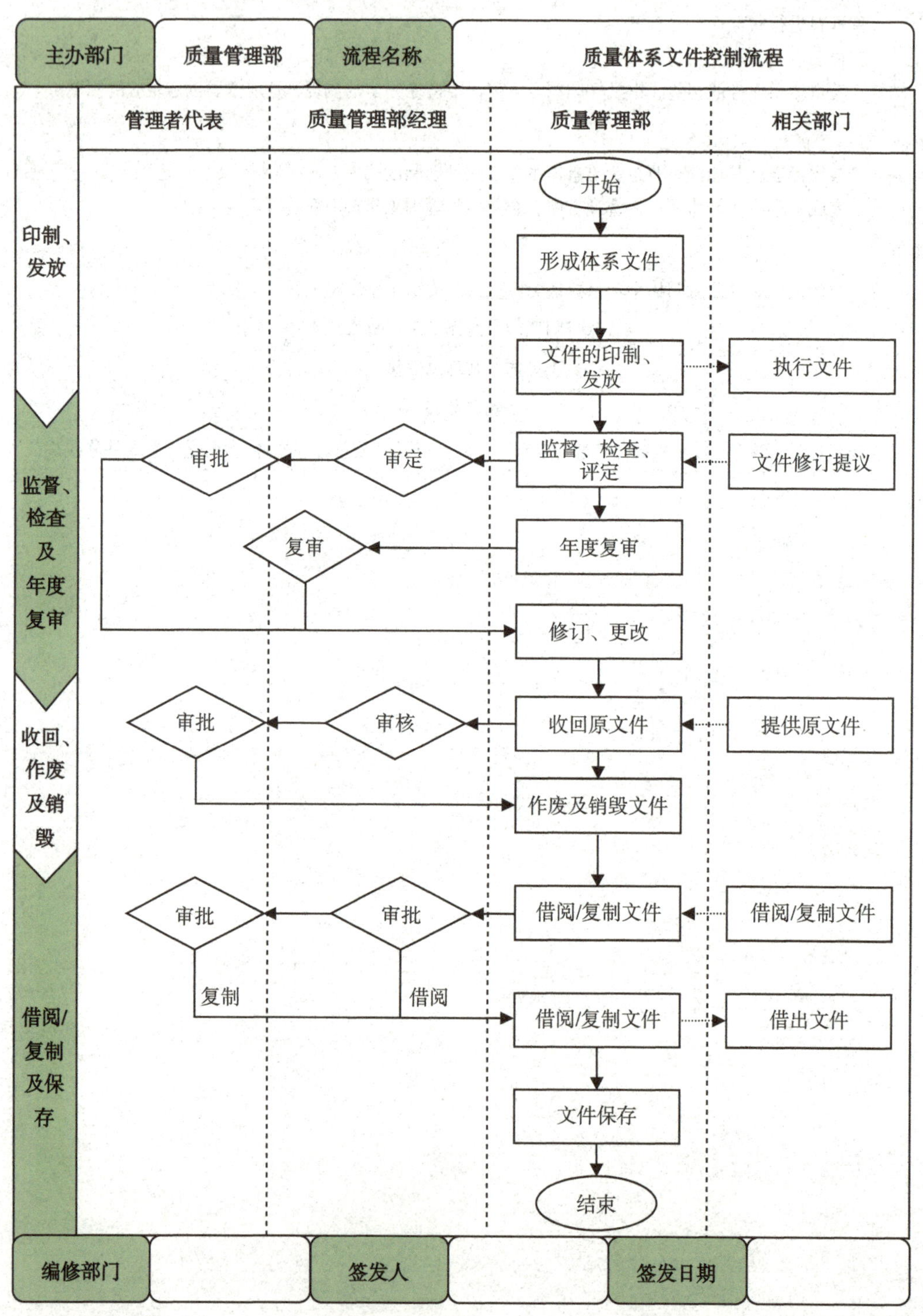

3.15.2 质量体系文件控制执行程序、工作标准、考核指标、执行规范

<table>
<tr><th>任务名称</th><th>执行程序、工作标准与考核指标</th></tr>
<tr><td rowspan="6">印制、发放</td><td>执行程序</td></tr>
<tr><td>1. 形成体系文件
☆质量管理部将审批通过的质量体系文件进行整理，列出受控文件清单。文件受控前由文件编制部门填写文件补发申请单，确定文件的发放范围和数量。
☆质量手册和程序文件的发放范围与数量由部门管理者确定。
2. 文件的印制、发放
☆文件印制完成后，质量管理部需保留文件原件，并在副本文件上加盖蓝色“受控文件”印章，然后才可发放。发放时应做好文件发放记录，具体内容包括文件题目、编号、数量、颁发人员和分发人员签名及日期，接收部门应核对页码，确保无误。
☆相关部门接收文件后，应妥善保管文件并执行。
工作重点
质量管理部在文件发放前要确认以下事项：文件是否清晰、易读且具有可操作性；格式、内容是否准确；编号、版本及文件是否已得到相关人员的批准；在确认无误后，制作文件发放 / 回收登记表，作为文件制定和发放的依据。</td></tr>
<tr><td>工作标准</td></tr>
<tr><td>☆参照标准：其他同行业企业质量体系文件的印制、发放规定。
☆完成标准：文件印制后发放给相关部门和个人。</td></tr>
<tr><td>考核指标</td></tr>
<tr><td>文件的质量：可以从文件的格式、内容、可操作性等方面进行分析。</td></tr>
<tr><td rowspan="2">监督、检查及年度复审</td><td>执行程序</td></tr>
<tr><td>1. 监督、检查、评定
☆质量管理部组织人员对文件的使用情况，以及制度和程序的执行过程进行定期或不定期的监督、检查。
☆文件使用部门根据情况进行定期或不定期自查，如果发现文件不适合本企业发展的需要，那么应重新修订或更换，文件使用部门可向质量管理部提出修订意见。
☆质量管理部经理对文件修订 / 废止申请单上所要修订或废止的文件重新进行审定，若文件与企业所处的内外部环境不符合，则撤销不合适的体系文件；若需要修改某些文件的条款，则由原编制人员或管理者代表指定人员填写，并在质量手册与程序文件修改记录表上进行登记。
2. 年度复审
质量管理部经理负责组织对质量手册与程序文件的年度复审工作，管理者代表参与复审；对不合适的文件应重新修订，对适用的文件在文件首页右上方“文件编号”处加盖红色“××××年确认”印章。
3. 修订、更改
质量管理部应在新文件发布 5 天内，通知相关部门更换新版文件。</td></tr>
</table>

（续）

任务名称	执行程序、工作标准与考核指标
监督、检查及年度复审	**工作重点** 在监督、检查和评定过程中，文件使用部门与质量管理部门要加强沟通，并注意沟通技巧的使用。 **工作标准** ☆参照标准：其他同行业企业质量体系文件的监督检查及年度复审工作的内容。 ☆完成标准：修订后的文件在工作中发挥出更大的作用。
收回、作废及销毁	**执行程序** **1. 收回原文件** 质量管理部对复审未通过的质量体系文件、新版文件实施后的原文件，以及文件发放 / 回收登记表收回，并将原文件及一份复印件封存备查，同时在文件上加盖红色“作废”印章。 **2. 作废及销毁文件** 在收回的原文件中，对于要销毁的文件，质量管理部需填写文件销毁清单，并经过管理者代表审批同意后，由质量管理部门授权相关部门销毁。 **工作重点** 文件销毁需遵循一定的标准，对此质量管理部需制定内部操作指引。 **工作标准** ☆参考标准：其他同行业企业质量体系文件的销毁标准等。 ☆完成标准：将该收回的文件盖章后封存，将该销毁的文件经过审批后销毁。 **考核指标** 文件销毁过程的规范性：由专门负责人员按照规定的程序销毁文件。
借阅 / 复制及保存	**执行程序** **1. 借阅 / 复制文件** ☆有借阅 / 复制需求的部门可以向质量管理部提出借阅 / 复制文件申请。 ☆根据企业审批权限的相关规定，借阅文件经质量管理部经理审批通过即可，但质量体系文件的复制需要由质量管理部经理与管理者代表共同审批，之后还要由文件的复制者填写复制文件记录。 **2. 借阅 / 复制记录** 质量管理部按照质量体系文件控制程序做好文件的作废、销毁、借阅、复制等记录，并进行整理后保存。 **3. 文件保存** ☆文件修订更改审批通过后，原版文件由质量管理部统一归档保存，并由其填写文件归档登记表。 ☆质量管理部每年安排人员到文件持有部门对文件的保管情况进行检查，并将检查结果记录在文件保管检查表上。 ☆质量体系文件若有损坏，相关部门的文件管理员应及时修补。 **工作重点** 对文件借阅 / 复制等进行记录的关键是使员工养成一种习惯。

（续）

<table>
<tr><th>任务名称</th><th>执行程序、工作标准与考核指标</th></tr>
<tr><td rowspan="4">借阅 / 复制及保存</td><td>工作标准</td></tr>
<tr><td>参照标准：业内其他企业最新的文件管理细则。</td></tr>
<tr><td>考核指标</td></tr>
<tr><td>☆文件复制程序的规范性：按照文件管理的相关规定进行复制。
☆质量体系文件的完备性：确保体系文件受控、保存状态完好，且无丢失、损毁等情况发生。
☆质量体系文件保存的合理性：便于保管、取用。</td></tr>
<tr><td colspan="2">执行规范</td></tr>
<tr><td colspan="2">“质量体系文件控制细则”“文件归档登记表”“文件修补、销毁细则”。</td></tr>
</table>

3.16 产品认证流程设计与工作执行

3.16.1 产品认证流程设计

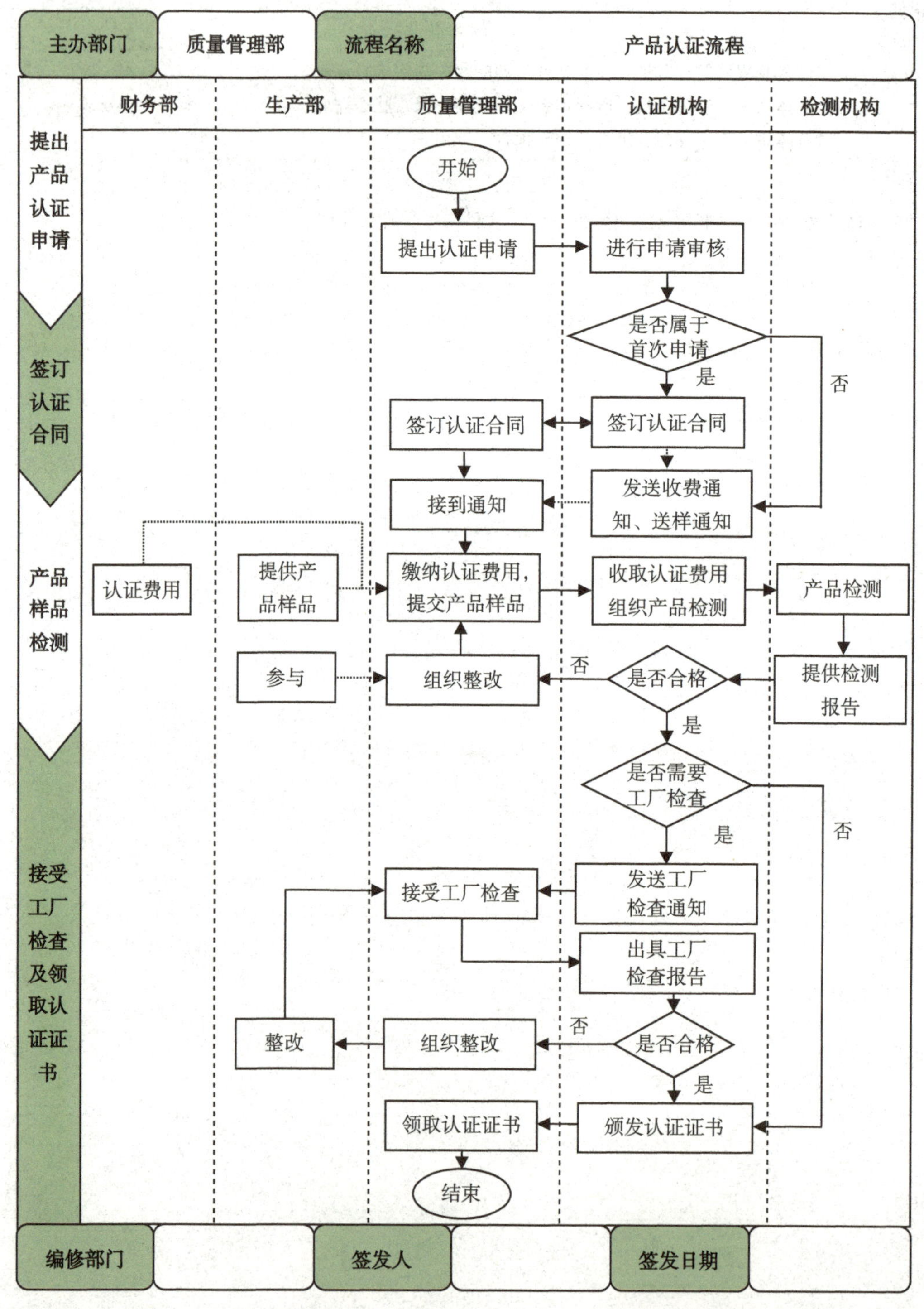

3.16.2 产品认证执行程序、工作标准、考核指标、执行规范

<table>
<tr><th>任务名称</th><th>执行程序、工作标准与考核指标</th></tr>
<tr><td rowspan="6">提出产品认证申请</td><td>执行程序</td></tr>
<tr><td>☆质量管理部根据企业实际需要，向产品认证机构提出产品认证申请。
☆在申请产品认证时，质量管理部需向认证机构提供以下资料。
① 产品认证申请表。
② 企业法人营业执照或登记注册证明复印件。
③ 若企业已取得其他质量认证，需提供认证证书（或复印件）。
④ 企业质量手册及与产品认证有关的控制文件。
⑤ 所需认证产品的介绍、生产工艺流程、执行标准、产品描述、生产设备清单、检测设备清单等。
⑥ 产品描述中涉及的所有关键元器件和材料供方的型式试验报告（或原材料的工艺试验报告，或产成品型式检测报告）。
☆准备好上述资料后，质量管理部可通过快递的方式呈递给认证机构，也可在网上提出申请。
工作重点
在实际工作中，各认证机构需要的资料可能略有不同，质量管理部要根据认证机构的需要来准备这些资料。</td></tr>
<tr><td>工作标准</td></tr>
<tr><td>☆参照标准：其他同行业企业申请产品认证时的资料。
☆质量标准：资料要符合认证机构的要求。</td></tr>
<tr><td>考核指标</td></tr>
<tr><td>申请程序的规范性：按照相关规定提供申请所需资料，并向相关负责人提出申请。</td></tr>
<tr><td rowspan="6">签订认证合同</td><td>执行程序</td></tr>
<tr><td>1. 是否属于首次申请
☆产品认证机构收到企业的申请后，进行初步的审核工作，即检查企业提供的资料是否齐全、是否属于首次申请。
☆产品资料不齐全或不能满足要求时，质量管理部负责及时予以补齐或改正。
2. 签订认证合同
若企业属于首次申请，双方需签订产品认证合同，合同中应规定企业、认证机构双方的责任，企业产品获得认证后所享有的权利，以及企业应支付的认证费用等相关事项。
工作重点
首次申请时资料一定要准备齐全，质量管理部还可以收集企业的各种资料，以备后期的需要。</td></tr>
<tr><td>工作标准</td></tr>
<tr><td>☆参照标准：其他同行业企业的认证合同。
☆完成标准：产品资料准备齐全，与认证机构签订合同。</td></tr>
<tr><td>考核指标</td></tr>
<tr><td>☆合同内容的完整性：包括双方的责任、权利、义务等，保证企业的合法权益。
☆合同内容的合法性：确保所有约定的条款都符合法律规定，且具有法律效力。</td></tr>
</table>

（续）

任务名称	执行程序、工作标准与考核指标
产品样品检测	**执行程序** **1. 接到通知** ☆若企业并非首次申请，则会收到认证机构发来的收费通知和送样通知。 ☆产品认证合同签订后，质量管理部会收到认证机构发来的收费通知和送样通知。 **2. 缴纳认证费用，提交产品样品** ☆质量管理部按合同规定和双方的约定，在规定的时间内办理认证费用缴纳手续，财务部予以配合。 ☆质量管理部在生产部的配合下，办理产品样品提交手续。 ☆认证机构收到企业的产品认证费用、产品样品后，应组织检测机构或有合作关系的检测机构进行产品检测。 **3. 提供检测报告** ☆检测机构根据具体的产品标准、认证细则及结构的特性要求，对产品进行检测，并出具产品检测报告。 ☆认证机构审核检测机构的产品检测报告，判定产品是否符合相关认证体系要求；若不符合要求，则通知企业进行整改。 ☆质量管理部在收到认证机构的整改通知后，会同生产部根据要求开展整改工作，并将整改后生产的产品样品寄送认证机构进行再次检测。 ☆若整改后产品仍不符合认证体系的要求，则撤销该产品的认证。 **工作重点** 认证工作需要认证机构和质量管理部门加强沟通，即双方要建立稳定的沟通渠道。
	工作标准 ☆参考标准：其他同行业企业产品样品检测中的各种问题和解决方法。 ☆完成标准：产品检测报告符合认证体系要求。
	考核指标 ☆客户对产品质量的满意度：目标值为____%，具体计算公式如下。 $客户对产品质量的满意度=\frac{产品评价为“满意”的客户人数}{参与产品评价的客户总人数}\times 100\%$ ☆客户的投诉次数。
接受工厂检查及领取认证证书	**执行程序** **1. 是否需要工厂检查** 根据产品检测报告的结果，认证机构分析该产品的认证是否需要工厂检查。 **2. 接受工厂检查** ☆若不需要工厂检查，即可颁发产品认证证书；若需要工厂检查，认证机构则向企业发出工厂检查通知。 ☆质量管理部在收到工厂检查通知后，应会同生产部做好工厂检查的准备工作。 **3. 出具工厂检查报告** ☆认证机构检查小组到达企业的工厂后，应根据认证细则、产品的特性等具体情况进行现场检查。 ☆现场检查工作结束后，认证机构需出具工厂检查报告。

（续）

<table>
<tr><th>任务名称</th><th>执行程序、工作标准与考核指标</th></tr>
<tr><td rowspan="5">接受工厂检查及领取认证证书</td><td>4. 组织整改
☆若工厂现场检查的结果不符合认证体系的相关要求，则要求企业进行整改。
☆根据检查小组的要求和意见，质量管理部会同生产部进行整改。
☆整改完成后，认证机构再次进行检查，若仍不符合认证体系的要求，则该产品的认证不予通过。
5. 领取认证证书
☆工厂检查结束后，认证机构若认为整改结果符合要求，则在综合分析产品检测报告、工厂检查报告的基础上，评定所有产品资料，颁发产品认证证书。
☆认证机构向企业发出产品认证证书领取通知。
☆质量管理部收到认证机构的通知后，即可领取产品认证证书。
工作重点
企业要利用工厂检查的机会对生产、管理中的各种问题集中进行处理。</td></tr>
<tr><td>工作标准</td></tr>
<tr><td>☆参照标准：业内其他企业通过工厂检查的经验。
☆完成标准：企业顺利通过工厂检查，拿到认证证书。</td></tr>
<tr><td>考核指标</td></tr>
<tr><td>☆生产设备完好率：目标值为____%，具体计算公式如下。
$$生产设备完好率 = \frac{正常使用的设备数}{设备总数} \times 100\%$$
☆安全隐患整改率：目标值为____%，具体计算公式如下。
$$安全隐患整改率 = \frac{当期整改完成的安全隐患数}{当期存在的安全隐患数} \times 100\%$$</td></tr>
<tr><th colspan="2">执行规范</th></tr>
<tr><td colspan="2">“产品认证申请书”“产品认证合同”“产品检测报告”“工厂检查报告”。</td></tr>
</table>

第4章 产品设计与工艺设计过程质量管控

4.1 产品设计质量管理流程设计

4.1.1 流程设计的目的

产品的质量不仅仅取决于制造质量，还取决于设计质量。产品设计开发是产品质量形成的最初阶段，做好产品开发设计阶段的管理，对产品的质量起着至关重要的作用。企业对产品设计质量推行流程管理的目的有以下五个方面。

（1）确保质量标准的科学性、合理性，使产品设计工作有据可依，从而提高员工的质量意识。

（2）规范产品设计过程管理，保证产品设计各个环节中的质量难题能得到有效解决。

（3）规范产品设计的实施、评审、改进工作，保证产品设计能满足顾客的需求、符合产品质量标准。

（4）规范工艺设计过程，缩短工艺设计开发周期，保证产品顺利投产。

（5）完善产品试制流程，确保产品设计验证工作有章可循，进展顺利。

4.1.2 流程结构设计

产品设计质量管理流程主要按产品形成的过程进行设计，即按产品质量设计管理、工艺设计质量管理、工艺装备质量管理、样品试制工作管理、质量标准制定管理等事项进行设计，并做好质量攻关工作的管理，具体结构如图 4-1 所示。

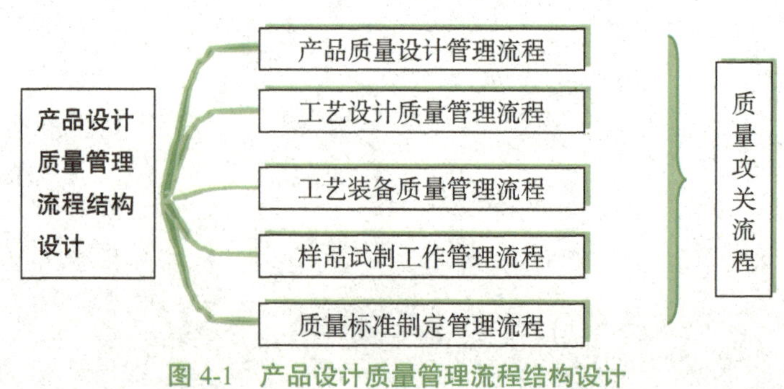

图 4-1 产品设计质量管理流程结构设计

4.2 产品质量设计管理流程设计与工作执行

4.2.1 产品质量设计管理流程设计

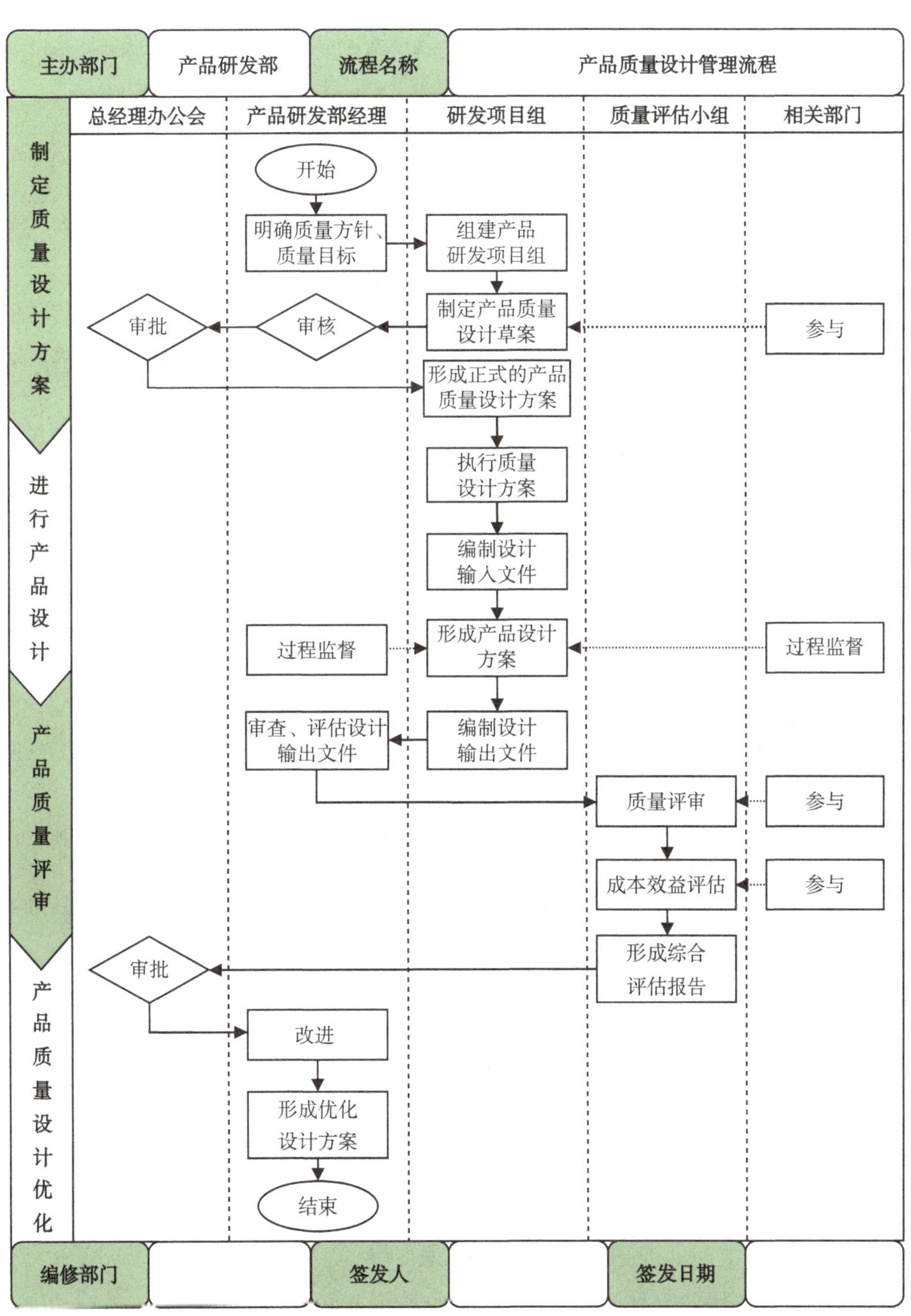

4.2.2 产品质量设计管理执行程序、工作标准、考核指标、执行规范

<table>
<tr><th>任务名称</th><th>执行程序、工作标准与考核指标</th></tr>
<tr><td rowspan="6">制定质量设计方案</td><td>执行程序</td></tr>
<tr><td>1. 组建产品研发项目组
产品研发部经理根据质量方针和目标组建产品研发项目组，确定项目负责人，明确成员的分工，并制定项目组职责表。
2. 制定产品质量设计草案
☆研发项目组分析市场同类产品的动态、用户要求、技术水平，并结合企业的质量政策和发展战略制定产品质量设计草案。
☆研发项目组对产品质量设计草案进行评审，若判定产品开发无法达到要求，则可放弃产品的开发。
☆研发项目组将产品质量设计草案提交产品研发部经理审核、总经理办公会审批。
3. 形成正式的产品质量设计方案
根据总经理办公会的审批意见，产品研发项目组完善产品质量设计方案，形成正式的产品质量设计方案。
工作重点
研发项目组要了解产品质量设计方案中包括的关键内容要素，如质量标准、技术要求、检验方法、检验规则等。</td></tr>
<tr><td>工作标准</td></tr>
<tr><td>☆质量标准：方案的格式规范、内容全面且具有较强的可操作性。
☆完成标准：产品质量设计方案经过总经理办公会的审批，形成正式版本。</td></tr>
<tr><td>考核指标</td></tr>
<tr><td>☆方案编制工作按时完成率：通常应达到____%。
☆方案可行性：能够保证产品设计工作顺利进行，且符合企业的质量方针、质量目标。</td></tr>
<tr><td rowspan="4">进行产品设计</td><td>执行程序</td></tr>
<tr><td>1. 编制设计输入文件
☆研发项目组根据产品质量设计方案、客户合同、技术协议等制作设计输入文件，这是开展产品设计开发工作的依据。
☆研发项目组根据产品和过程特点评审、确认客户指定的产品特性，确认后列入初始特性明细表，作为设计输入的内容。
2. 编制设计输出文件
☆研发项目组制作设计输出文件。
☆产品设计输出文件要经过拟制、审核、工艺会签、质量会签、标准化检查和批准六道关口，每位签署人员均需执行规定的职责和权限，确保文件的质量。
工作重点
研发项目组要明确输出文件的主要内容，具体包括产品图纸、验证流程、材料规范、初始零件清单、工程规范、新工装设备和设施的要求、产品和过程的特殊特性等。</td></tr>
<tr><td>工作标准</td></tr>
<tr><td>☆参照标准：其他同行业企业的设计输入文件与输出文件。
☆完成标准：完成设计输出文件的草案。</td></tr>
</table>

（续）

任务名称	执行程序、工作标准与考核指标
进行产品设计	考核指标
	设计输入文件指标量化程度：保证文件中所有的指标全部量化，尽量让设计人员有据可依。
产品质量评审	执行程序
	1. 审查、评估设计输出文件 产品研发部经理应评定产品设计的可行性和产品能否按客户接受的价格、标准、时间、数量进行制造、装配、试验、包装和交货。 2. 质量评审 质量评审工作由与产品研发工作没有直接关系的内部相关专家组成的质量评估小组进行，该评估小组要从不同的角度对质量设计工作提出符合企业实际情况的综合性意见。 3. 成本效益评估 相关部门，如财务部应完成产品成本效益评估，并进行投资风险分析，以确定开发的初期、中期、后期各阶段应投入资金的比例。 工作重点 产品质量评审项目具体包括性能、可检查性、可维修性、可替代性、材料的易获取性等。
	工作标准
	完成标准：财务部应完成成本效益评估。
	考核指标
	质量评审的全面性：确保对产品设计质量全方位的评审，把因产品缺陷产生的风险降到最低。
产品质量设计优化	执行程序
	1. 形成综合评估报告 综合评估报告须通过总经理办公会的审批。 2. 形成优化设计方案 产品研发部经理根据审批意见，对综合评估报告进行完善。 工作重点 在修改综合评估报告时，对文字性错误，产品研发部经理可直接填写设计更改通知单进行更改；对可能会影响交货期、安全性等重要技术指标的设计差错，要组织评审后方能予以更改。
	工作标准
	☆参照标准：业内其他企业最新的综合评估报告。 ☆完成标准：所设计的文件要符合企业要求并对其归档，对投产中需要用的文件进行复制。
	考核指标
	设计文件的规范性：按照规定的流程和格式来设计。
执行规范	
“产品质量设计方案”“产品质量设计评审报告”“综合评估报告”。	

4.3 工艺设计质量管理流程设计与工作执行

4.3.1 工艺设计质量管理流程设计

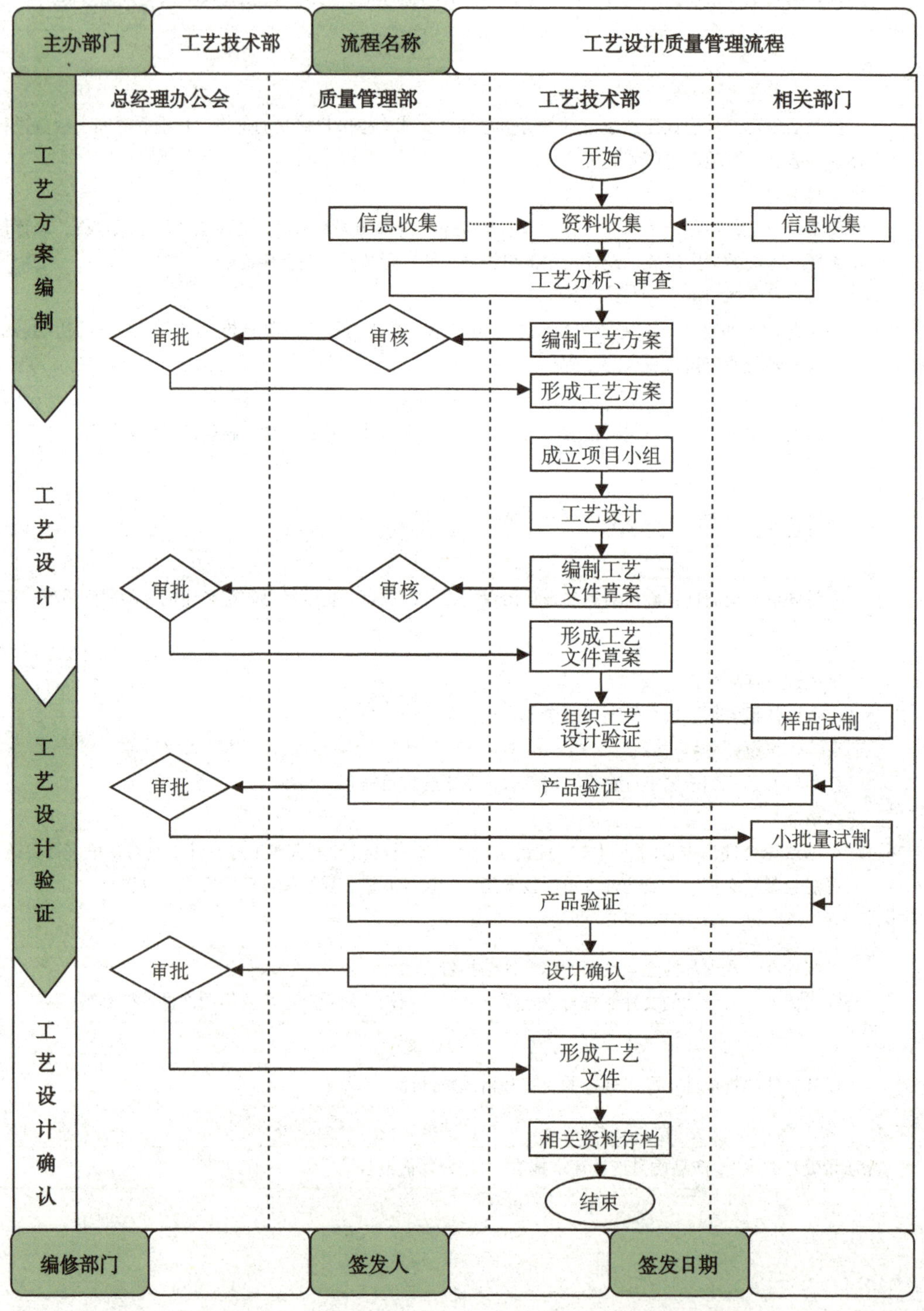

4.3.2 工艺设计质量管理执行程序、工作标准、考核指标、执行规范

任务名称	执行程序、工作标准与考核指标
工艺方案编制	**执行程序** 1. 资料收集 ☆工艺技术部收集技术文件和企业生产条件等资料，为产品工艺分析、审查、编制工艺方案做准备。 ☆质量管理部收集相关产品质量标准，其他相关部门配合收集相关信息。 2. 工艺分析、审查 ☆质量管理部、相关部门参加工艺技术部组织召开的设计评审会，定性、定量地分析、评价工艺性指标。 ☆在设计评审会上，工艺技术部对不切实际的设计提出调整意见，并编写产品工艺性审查记录表。 3. 编制工艺方案 ☆工艺技术部协同相关部门，根据企业自身的生产条件，确定生产作业实施原则及作业方式，形成工艺方案。 ☆工艺技术部将工艺方案报质量管理部审核、总经理办公会审批。 工作重点 在工艺分析、审查过程中，工艺技术部要从现实和最终需求出发，对质量管理部或相关部门的各种设计进行分析。
	工作标准 ☆参照标准：其他同行业企业的工艺方案。 ☆完成标准：工艺方案须通过质量管理部的审核、总经理办公会的审批。
	考核指标 工艺方案的可行性：确保编制的工艺方案科学、经济、可靠，有利于工艺设计工作顺利进行。
工艺设计	**执行程序** 1. 成立项目小组 工艺技术部根据工艺方案成立项目小组，并任命项目工程师担任小组组长。 2. 工艺设计 ☆项目小组成立之后，工艺技术部开始进行产品的工艺设计，在设计过程中要考虑工艺方案及产品的特点、原料性能、生产要求等因素。 ☆对于比较复杂的产品结构形式，工艺技术部必须提供多个方案，并组织相关人员进行评审、比较、论证，以确定优选方案。另外，要将评审结果记录在设计开发评审报告中。 3. 编制工艺文件（草案） ☆工艺技术部负责编制工艺文件（草案），主要包括开料表、部件图、排料方案、物料清单、拆装图、包装清单和包装图等作业指导书。 ☆工艺技术部将工艺文件（草案）提交质量管理部审核，以确认工艺设计是否达到产品的质量标准。 ☆工艺文件（草案）经总经理办公会审批通过后，方可实施。

（续）

任务名称	执行程序、工作标准与考核指标
工艺设计	**工作重点** 工艺设计的主要内容包括产品结构设计、工艺路线设计、工艺规程编制、工装设计等。
	工作标准
	☆参照标准：其他同行业企业的工艺文件（草案）。 ☆完成标准：工艺文件（草案）须通过质量管理部的审核、总经理办公会的审批。
	考核指标
	工艺文件（草案）的全面性、完整性：草案内容应尽可能完整、准确、统一，且符合技术文件标准的相关规定。
工艺设计验证	**执行程序**
	1. 组织工艺设计验证 质量管理部、工艺技术部会同协作厂商对加工内容及技术要求进行评审，以保证协作厂商掌握产品的质量要求，对可能存在的问题加以预防。 **2. 样品试制** 样品试制工作标准请参照本章 4.5 样品试制工作管理流程设计与工作执行。 **3. 小批量试制** ☆样品经验证通过后，工艺技术部将试产资料连同模具移交相关厂部，进行小批量试制。 ☆在试生产阶段，质量管理部对工艺、工模夹具进行验证，对试生产的产品进行检验，并出具相应的质量报告。 **工作重点** 工艺技术部要做好与协作厂商的沟通工作，必要时还要开展培训。
	工作标准
	完成标准：小批量试制后，工艺质量合格。
	考核指标
	☆样品试制工作计划按时完成率：目标值为____%，具体计算公式如下。 $\text{样品试制工作计划按时完成率}=\frac{\text{规定时间内完成的样品数}}{\text{样品试制计划完成数}}\times 100\%$ ☆试制样品的质量：按工艺文件（草案）的要求试制，并对具体质量指标、特性指标进行修正。
工艺设计确认	**执行程序**
	1. 设计确认 ☆在试生产完成、进行产品确认时，试生产项目负责人必须提供产品图纸、工艺资料和其他资料。 ☆质量管理部对试生产的产品进行质量确认，工艺技术部会同相关部门对产品的相关项目进行确认。 **2. 形成工艺文件** 设计确认完成后，工艺技术部依据测试报告、试产情况、产品投产确认书和顾客需求等相关要求，编制正式的工艺文件。

（续）

任务名称	执行程序、工作标准与考核指标
工艺设计确认	工作重点 确认工艺设计要“慢”，要将各种问题和隐患都找出来。
	工作标准
	☆参照标准：业内其他企业最新的工艺文件。 ☆完成标准：工艺设计得到质量管理部、工艺技术部等部门的认可，并形成工艺文件。
	考核指标
	工艺文件的质量：以通过样品试制、小批量试制发现工艺设计中的错误或遗漏的项数来衡量，该项数不得超过____项。
执行规范	
“工艺方案”“设计开发评审报告”“工艺文件（草案）”。	

4.4 工艺装备质量管理流程设计与工作执行

4.4.1 工艺装备质量管理流程设计

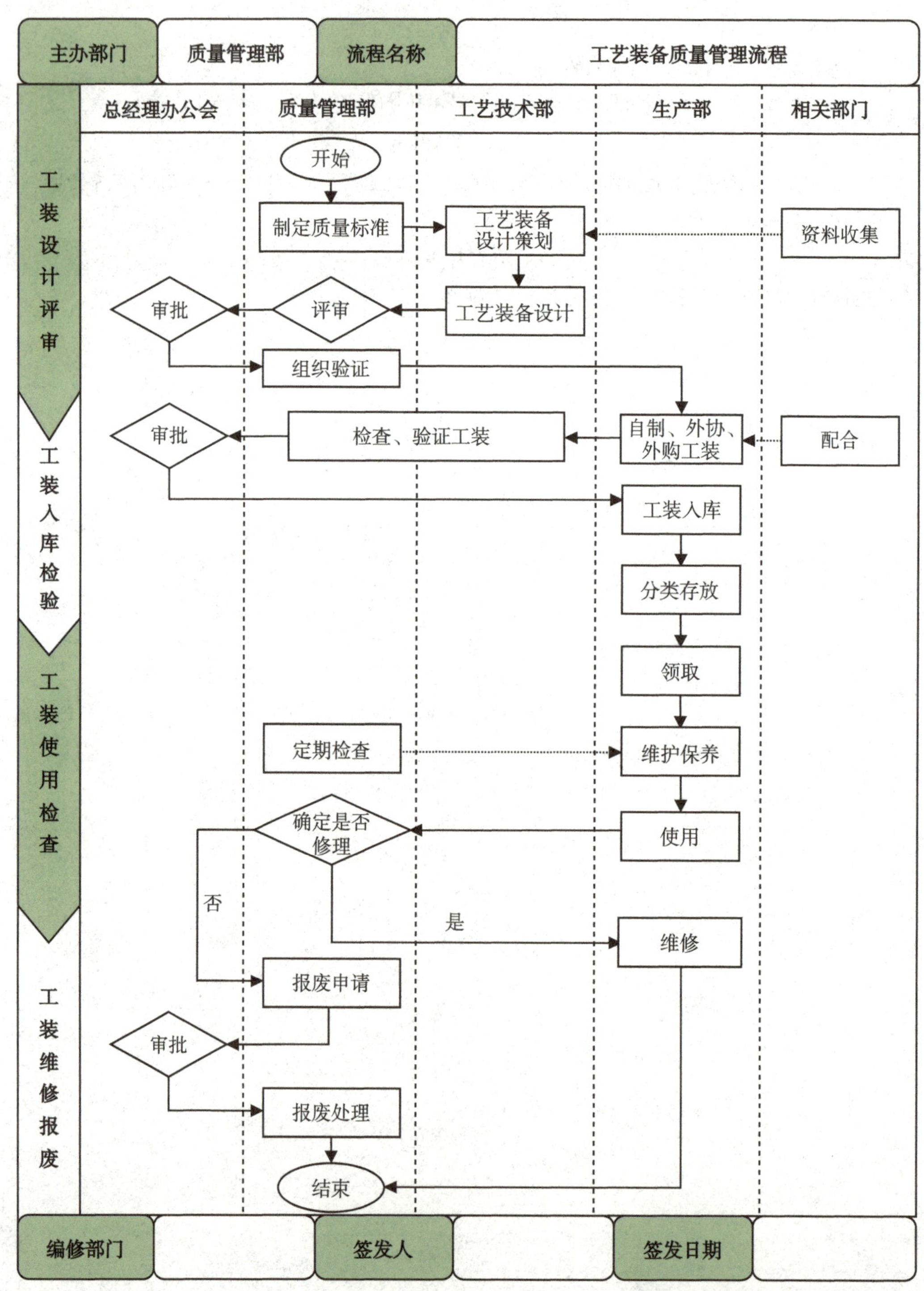

4.4.2 工艺装备质量管理执行程序、工作标准、考核指标、执行规范

<table>
<tr><th>任务名称</th><th>执行程序、工作标准与考核指标</th></tr>
<tr><td rowspan="6">工装设计评审</td><td>执行程序</td></tr>
<tr><td>1. 制定质量标准
质量管理部按照工艺文件的要求，制定工艺装备的质量标准及工艺设备质量检验验证标准。
2. 工艺装备设计
☆工艺技术部在工艺装备设计过程中，若发现产品零件的工艺性极差，应及时与相应负责人联系。
☆工艺技术部必须保证设计图样清晰、正确，符合产品结构工艺性的要求。
3. 评审
☆质量管理部对提交的工艺装备图纸进行评审。
☆工艺装备图纸通过评审后，质量管理部再将其报总经理办公会审批，然后交生产部准备生产；若未通过评审，则退给相关人员，要求其重新设计。
工作重点
工艺装备设计除了要符合工艺要求外，设计人员还要注意业内最新的工艺动态，从中获取设计的灵感。</td></tr>
<tr><td>工作标准</td></tr>
<tr><td>☆参照标准：其他同行业企业的工装设计情况。
☆完成标准：工艺装备图纸通过质量管理部的评审和总经理办公会的审批。</td></tr>
<tr><td>考核指标</td></tr>
<tr><td>工艺装备标准化系数：不低于____，确保所设计的工艺装备通用化，尽可能扩大其使用范围。</td></tr>
<tr><td rowspan="4">工装入库检验</td><td>执行程序</td></tr>
<tr><td>1. 自制、外协、外购工装
生产部根据工艺装备图样和技术要求以及工序卡片，对工装进行加工、制造。
2. 检查、验证工装
☆加工完成后，质量管理部会同工艺技术部对工装进行质量验证，并填写工装检验报告。
☆工装验证合格，鉴定人员应在工装检验报告单上注明“合格”字样，反之则注明“不合格”字样，并按工艺装备返修报废管理办法执行。
3. 工装入库
☆工装验证合格后，生产部负责填写工装入库单，并将其送交库房办理入库手续。
☆库房管理员收到工装入库单，经检查手续齐全，工艺装备编号与工艺装备明细相符，附件齐全，即可在工装入库单上签字收库。
☆入库时，库房管理员要填写工装履历卡、登台账，并将工艺装备按产品分类，做到账、物、卡一致。
工作重点
工装入库要注意按照程序进行，不要怕烦琐，该填写的单据一定要及时、如实地填写，这是规范化管理的重要体现。</td></tr>
<tr><td>工作标准</td></tr>
<tr><td>☆质量标准：工装必须符合质量检验标准。
☆完成标准：工装顺利入库。</td></tr>
</table>

（续）

任务名称	执行程序、工作标准与考核指标
工装入库检验	**考核指标**
	☆工装质量合格率：目标值为____%，达到产品质量标准及工艺技术标准等要求，具体计算公式如下。 $$工装质量合格率=\frac{质量合格的工装数}{工装总数}\times 100\%$$ ☆工装验证内容的全面性：确保每一项技术指标都被验证。
工装使用检查	**执行程序**
	1. 维护保养 ☆生产部使用工艺装备时要办理领用手续，并做好工艺装备的维护保养。 ☆质量管理部对工艺装备的维护保养情况进行定期检查，若发现问题，应及时处理。 **2. 使用** ☆操作人员要正确、合理地使用工艺装备，未经车间工艺人员同意，不得任意拆卸或调移工艺装备，不得变更或改制工艺装备的形状或尺寸。 ☆生产过程中若发生重大工艺装备事故，生产部要保护好现场，同时通知工艺技术部、质量管理部。 **3. 确定是否修理** ☆工艺装备使用完之后，质量管理部需对工艺装备进行检查，确定工艺装备是否需要修理。 ☆检查后，工艺装备保管员对不需要修理的工艺装备进行保养入库。每周末、每月月底，质量管理部对工艺装备保养情况进行检查。 ☆对需要修理的工装进行修理，若检定为没有维修价值或无法维修的，则办理报废手续。 **工作重点** 为防止重大工艺装备事故的损害，质量管理部可以联合工艺技术部、生产部制定工艺装备事故应急管理办法，以管理、规范工艺装备的使用。
	工作标准
	完成标准：及时保养工艺装备，规范工艺装备的使用和管理。
	考核指标
	工装维护保养的质量：以出现质量事故或耽误生产的次数来衡量，目标值为____次，确保不会因工装保养不善而出现质量事故，或耽误生产。
工装维修报废	**执行程序**
	1. 维修 ☆工装的修理必须按工装图样和有关技术文件的要求进行，并做好工装修理记录，同时对维修资料进行存档。 ☆工装修理完成后，质检人员进行检查，确定是否需要验证；若不需要验证，可直接入库或交生产部使用。 **2. 报废申请** ☆确定报废的工艺装备后，质检人员需填写工艺装备报废申请单。

（续）

任务名称	执行程序、工作标准与考核指标
工装维修报废	☆工艺装备报废申请单经总经理办公会审批通过后，质量管理部办理报废手续。同时，生产部根据工艺装备报废申请单在工艺装备台账上做更改。 ☆对报废的工艺装备进行隔离存放或销毁。 工作重点 工装维修必须有据可查，相关人员需要及时做好维修记录，管理人员要定期检验、分析、总结该记录，以合理评估工装的使用情况。
	工作标准
	参照标准：业内其他企业最新的工装维修报废规定。
	考核指标
	工艺装备维修质量：确保经维修后能恢复工装原来的性能，且符合企业产品的技术要求和质量要求。
执行规范	
“工艺装备工作计划”“工艺装备文件”“工艺装备管理办法”。	

4.5 样品试制工作管理流程设计与工作执行

4.5.1 样品试制工作管理流程设计

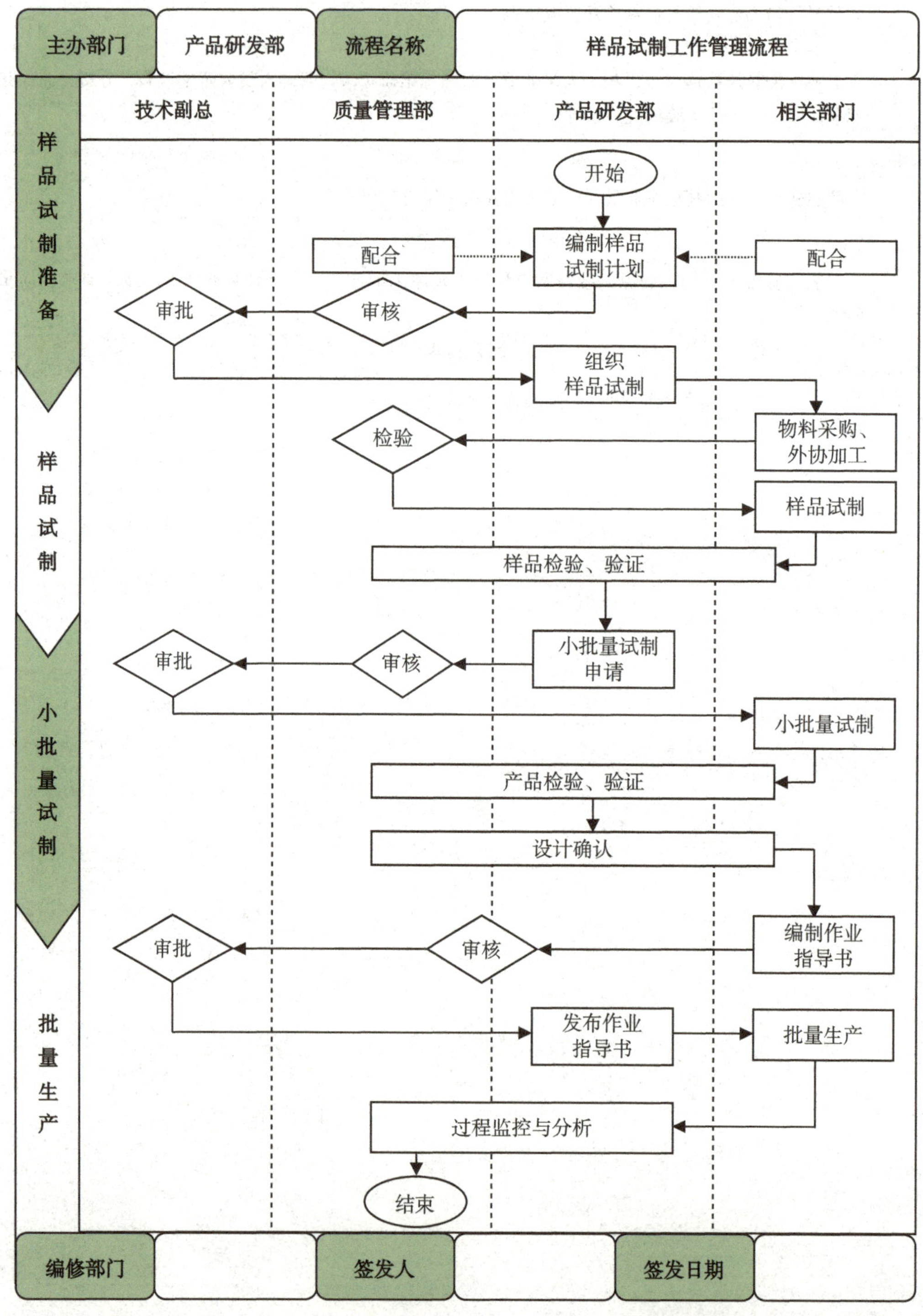

4.5.2 样品试制工作管理执行程序、工作标准、考核指标、执行规范

<table>
<tr><th>任务名称</th><th>执行程序、工作标准与考核指标</th></tr>
<tr><td rowspan="6">样品试制准备</td><td>执行程序</td></tr>
<tr><td>1. 编制样品试制计划
产品研发部按照全套产品图样编制新产品试制计划、项目计划进度表，明确试制阶段的分工、进度和项目组各成员的责任，作为新产品试制的依据。
2. 审核
☆质量管理部依据新产品试制计划的要求制订质量控制计划。
☆质量管理部对新产品试制计划进行审核，并报主管技术副总审批。
3. 组织样品试制
☆产品研发部根据本企业新产品开发总计划和新产品试制计划，制订相应的项目实施计划。
☆产品研发部将新产品图纸下发给生产部试制车间后，在____个工作日内下发产品试制通知书、产品零部件明细表（含全部外购外协件、自制件）。
☆质量管理部准备好相应的试验和检验规范等技术资料，为新产品的试制做好技术准备。
工作重点
产品研发部准备的新产品技术资料包括产品的质量标准、产品图样、零部件图、总装配图、主要工艺技术文件等。</td></tr>
<tr><td>工作标准</td></tr>
<tr><td>☆参照标准：其他同行业企业的样品试制准备工作，包括样品试制计划、项目计划进度表等。
☆完成标准：各项试制准备工作就绪。</td></tr>
<tr><td>考核指标</td></tr>
<tr><td>样品试制计划完善程度：编制的样品试制计划完善、合理，且内容全面。</td></tr>
<tr><td rowspan="2">样品试制</td><td>执行程序</td></tr>
<tr><td>1. 物料采购、外协加工
☆采购部依据外购外协件明细表编制外购外协件采购计划，及时采购试制所需的合格物料。
☆外购、外协件到货时，质量管理部根据零部件的相关要求及相关材料标准、进货检验作业指导书对其进行检验，所有零部件必须经检验合格后方可使用。
2. 样品试制
☆生产部试制车间根据新产品试制通知书、生产计划、产品图纸的要求进行样品生产，及时组织完成样品的生产、装配、报检，确保所需样品的质量符合图纸要求。
☆在样品试制过程中，如发现异常情况，应暂时停止试制生产作业，同时报经产品研发人员、质量管理人员、工艺技术人员、生产部协商解决，然后再做安排。
☆试制车间必须在样品制作完毕后填写样品试制信息反馈表，尤其要做好异常信息的记录。
3. 样品检验、验证
☆试制完成后，质量管理部对生产出的样品进行检查、验证，形成样品质量总结报告。
☆质量管理部组织召开质量分析会，对样品质量总结报告中的异常问题进行分析，并提出改进措施。</td></tr>
</table>

（续）

任务名称	执行程序、工作标准与考核指标
样品试制	**工作重点** 在样品试制过程中，产品研发人员、质量管理人员、工艺设计人员最好能到生产一线，根据现场情况灵活处理各种突发状况。 **工作标准** ☆参照标准：其他同行业企业的样品试制工作资料。 ☆完成标准：样品试制工作顺利完成，质量管理部形成样品质量总结报告。 **考核指标** 试制样品的质量：按工艺文件（草案）的要求试制，并对具体质量指标、特性指标进行修正。
小批量试制	**执行程序** **1. 小批量试制申请** 产品研发部提出小批量试制申请，经质量管理部审核和技术副总审批通过后，则可安排小批量试制的生产计划。 **2. 小批量试制** 在小批量试制过程中，试制车间通过新产品试制报告表跟踪解决小批量生产过程中存在的技术问题和质量问题。 **3. 设计确认** ☆产品研发部组织相关部门对产品试制过程及成果进行确认，即确认新产品的设计性能符合性、功能完备性、工艺可行性、安全可靠性、维修方便性和经济性。 ☆质量管理部对产品设计进行质量确认，并填写新产品设计质量确认报告。 **工作重点** 对小批量试制中的技术问题、质量问题要做好记录，包括问题出现的频率、原因、解决措施等。 **工作标准** ☆参考标准：其他同行业企业质量体系文件的小批量试制申请等。 ☆完成标准：小批量试制得到相关部门的最终确认。 **考核指标** 小批量试制样品合格率：目标值为____%，具体计算公式如下。 $小批量试制样品合格率=\frac{试制样品合格数}{试制样品总数量}\times 100\%$
批量生产	**执行程序** **1. 编制作业指导书** ☆试制工作结束之后，工艺技术部根据试制成果文件编制作业指导书。 ☆质量管理部会同产品研发部对作业指导书进行审核，然后报技术副总审批，审批通过后方可颁布执行。 **2. 批量生产** ☆将作业指导书下发车间之后，开始产品的批量生产。 ☆在批量生产过程中，质量管理部依据批量生产过程失效模式与后果分析检查表，进行检验与控制。

（续）

<table>
<tr><th>任务名称</th><th>执行程序、工作标准与考核指标</th></tr>
<tr><td rowspan="5">批量生产</td><td>工作重点
工艺技术部编制的作业指导书要符合规范。</td></tr>
<tr><td>工作标准</td></tr>
<tr><td>参照标准：业内其他企业最新的作业指导书。</td></tr>
<tr><td>考核指标</td></tr>
<tr><td>作业指导书的质量：确保所编制的作业指导书易于理解、可操作。</td></tr>
<tr><th colspan="2">执行规范</th></tr>
<tr><td colspan="2">“新产品试制计划”“项目计划进度表”“质量控制计划”“样品质量总结报告”“新产品设计确认报告”。</td></tr>
</table>

4.6 质量标准制定管理流程设计与工作执行

4.6.1 质量标准制定管理流程设计

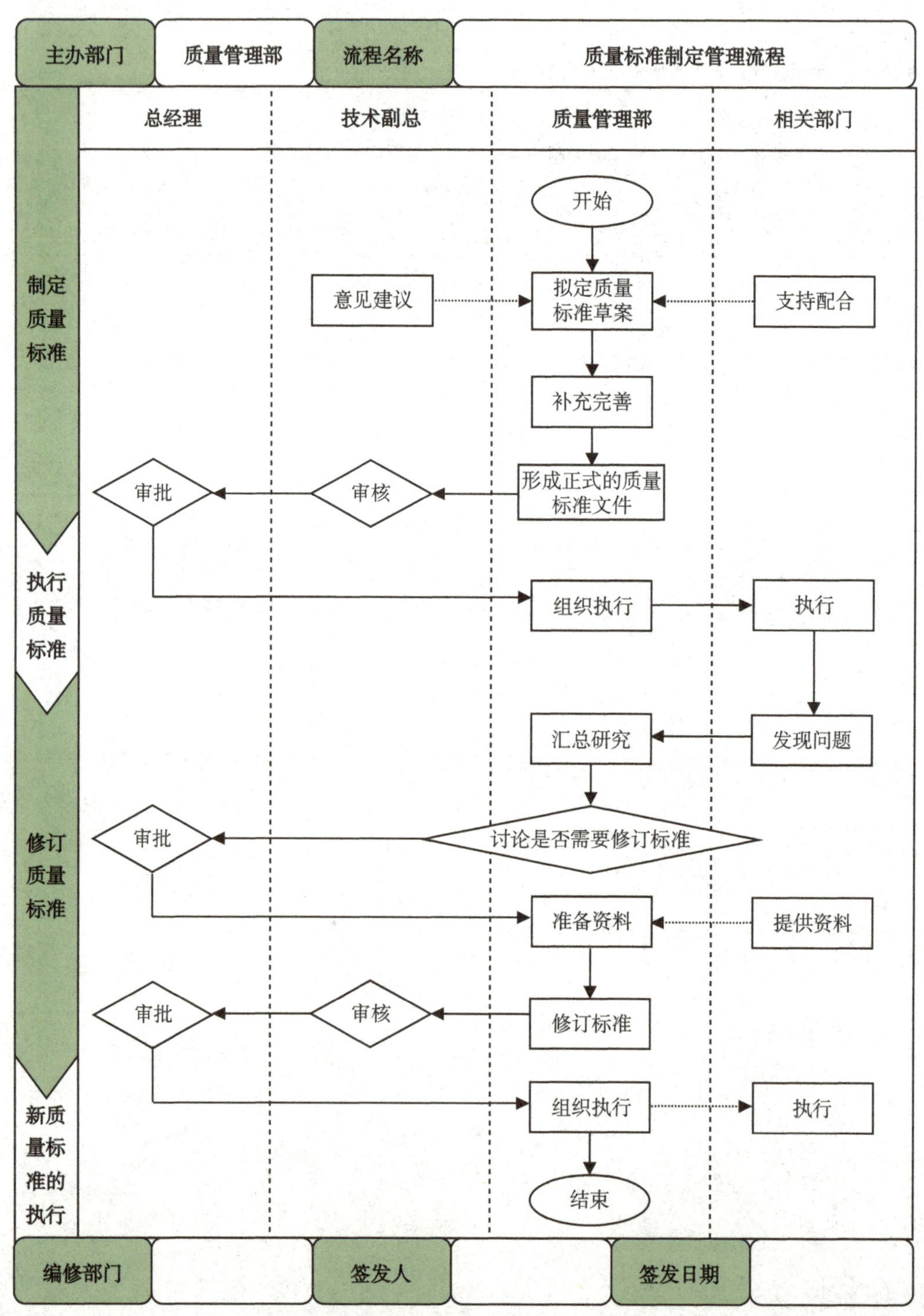

4.6.2 质量标准制定管理执行程序、工作标准、考核指标、执行规范

<table>
<tr><th>任务名称</th><th>执行程序、工作标准与考核指标</th></tr>
<tr><td rowspan="6">制定质量标准</td><td>执行程序</td></tr>
<tr><td>1. 拟定质量标准草案
☆质量管理部根据国家、地方、行业的有关标准和规定，拟定包括原材料、生产过程、产成品等方面的质量标准。
☆技术副总向质量管理部提出质量标准的意见和建议。
☆相关部门提供资料，配合质量管理部进行质量标准的编写工作。
2. 补充完善
质量管理部根据生产情况，对质量标准进行完善。
3. 形成正式的质量标准文件
☆质量管理部明确原材料、产品、设备、生产工序、质检程序等方面的标准，并形成正式的质量标准文件。
☆质量标准文件经技术副总审核通过后，再报总经理审批。
工作重点
质量管理部要按照规范编写质量标准文件。</td></tr>
<tr><td>工作标准</td></tr>
<tr><td>☆参照标准：其他同行业企业的质量标准文件。
☆完成标准：正式质量标准文件通过总经理的审批。</td></tr>
<tr><td>考核指标</td></tr>
<tr><td>质量标准编制质量：以质量标准修订的次数来衡量，力争控制在____次以内。</td></tr>
<tr><td rowspan="6">执行质量标准</td><td>执行程序</td></tr>
<tr><td>☆质量管理部根据审批后的质量标准，按本企业质量管理制度分发处于受控状态的质量标准文件。
☆相关部门认真执行本企业的质量管理制度和质量标准。
工作重点
在质量标准执行过程中，质量管理部要做好监督工作。</td></tr>
<tr><td>工作标准</td></tr>
<tr><td>完成标准：质量标准在执行中无重大错漏，且能发挥较大作用。</td></tr>
<tr><td>考核指标</td></tr>
<tr><td>☆产品质量合格率：目标值为____%，具体计算公式如下。
$$产品质量合格率=\frac{合格的产品数量}{产品总数量}\times 100\%$$
☆质量检验报告提交及时率：目标值为____%，具体计算公式如下。
$$质量检验报告提交及时率=\frac{按时提交检验报告的份数}{检验报告的总份数}\times 100\%$$</td></tr>
</table>

（续）

任务名称	执行程序、工作标准与考核指标
修订质量标准	**执行程序**
	1. 汇总研究 ☆相关部门在生产过程中若发现质量问题，应及时向质量管理部相关人员汇报。 ☆质量管理部相关人员及时解决或汇总相关部门提出的质量问题，并根据实际情况与质量标准的规定制定解决办法。 **2. 讨论是否需要修订标准** 技术副总、质量管理部、相关部门根据问题的分析结果，讨论是否需要修订质量标准；若需修订，则报总经理审批。 **3. 准备资料** 若质量标准修订要求通过审批，质量管理部则准备相关资料，如质量控制参数、问题处理过程资料等，相关部门要积极配合，提供相关资料。 **4. 修订标准** 质量管理部根据实际情况修订质量标准，并将修订情况报技术副总审核和总经理审批。 **工作重点** 要确保质量标准修订的及时性，从问题提出到标准修订最好有时间限制。
	工作标准
	☆参考标准：其他同行业企业质量标准的修订情况。 ☆完成标准：质量管理部根据各种情况修订质量标准，并报总经理审批。
	考核指标
	☆需求判定的科学性：用于评判的考核因素设置合理，判定结果客观、有效。 ☆不合格项整改完成率：力争达到____%，通过质量标准的修订推进质量体系的完善，具体计算公式如下。 $\text{不合格项整改完成率}=\frac{\text{完成整改的不合格项数}}{\text{不合格项总数}}\times 100\%$
新质量标准的执行	**执行程序**
	☆修订后的质量标准经总经理审批通过后，质量管理部及时组织相关部门执行。 ☆对于新的质量标准，根据现实情况，如有需要，质量管理部应组织进行相应的培训。 **工作重点** 新质量标准重在落实，前提在于学习，质量管理部最好设立专门的机构来推进新质量标准的教育、培训工作。
	工作标准
	☆参照标准：业内其他企业质量标准的教育培训情况。 ☆完成标准：新质量标准在执行中无重大差错，且能有效提升产品或服务的质量。
执行规范	
“ISO 9001 质量管理体系文件”“质量管理制度”“质量问题报告”“质量标准（修订版）”。	

4.7 质量攻关流程设计与工作执行

4.7.1 质量攻关流程设计

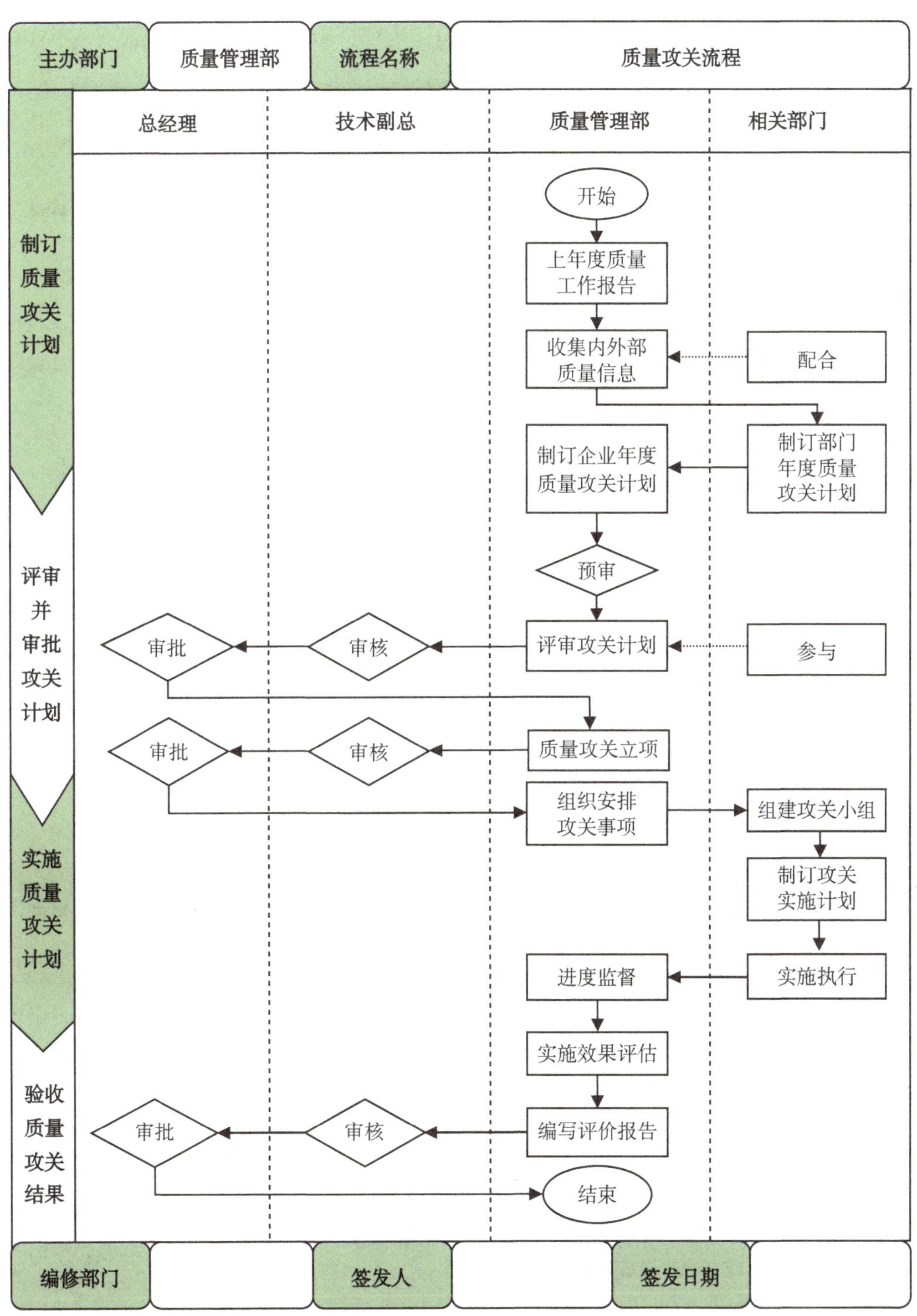

4.7.2 质量攻关执行程序、工作标准、考核指标、执行规范

<table>
<tr><th>任务名称</th><th>执行程序、工作标准与考核指标</th></tr>
<tr><td rowspan="6">制订质量攻关计划</td><td>执行程序</td></tr>
<tr><td>1. 上年度质量工作报告
质量管理部根据上一年度相关部门的工作情况进行总结，形成年度质量工作报告，包括上年度相关部门的工作完成情况、问题、改进方向等内容。
2. 收集内外部质量信息
质量管理部安排人员收集内外部质量信息，对相关部门提出攻关建议，相关部门要积极配合。
3. 制订部门和企业年度质量攻关计划
☆相关部门根据上一年度工作报告中所列出的问题以及工作改进方向，结合本部门的质量目标，制订本年度部门质量攻关计划，并填写攻关立项申请书。
☆质量管理部对相关部门质量攻关计划进行汇总和整理，制订企业年度质量攻关计划。
工作重点
质量管理部可以根据实际情况制作若干质量攻关计划模板，供相关部门参考。</td></tr>
<tr><td>工作标准</td></tr>
<tr><td>☆参照标准：其他同行业企业的质量攻关计划。
☆完成标准：相关部门制订部门年度质量攻关计划，质量管理部制订企业年度质量攻关计划。</td></tr>
<tr><td>考核指标</td></tr>
<tr><td>质量攻关计划制订及时率：目标值为____%，具体计算公式如下。
$$质量攻关计划制订及时率=\frac{及时制订的质量攻关计划数}{企业全部质量攻关计划数}\times 100\%$$</td></tr>
<tr><td rowspan="4">评审并审批攻关计划</td><td>执行程序</td></tr>
<tr><td>1. 预审
☆质量管理部对相关部门申报的质量攻关计划进行预审。
☆根据质量攻关项目评审标准和办法，质量管理部做出是否同意立项以及将哪些项目列为公司级质量攻关项目和将哪些项目列为部门（分厂）级质量攻关项目的初步意见。
2. 评审攻关计划
☆质量攻关评审委员会组织专人对质量攻关项目进行可行性审查。
☆可行性审查通过后，质量攻关评审委员会组织召开会议，对质量管理部的初步意见进行评审，提出评审意见并做出最后决定。
☆评审委员会把项目评审的结果报主管技术副总审核、总经理审批。
3. 质量攻关立项
☆评审结果通过审批后，质量管理部将质量攻关进行立项，并编制质量攻关立项报告。
☆质量管理部将攻关立项报告报技术副总审核和总经理审批。
工作重点
质量攻关评审委员会成员不但要有足够的专业性，还要有广泛的代表性。</td></tr>
<tr><td>工作标准</td></tr>
<tr><td>☆参照标准：其他同行业企业质量体系文件的监督检查及年度复审工作的内容。
☆完成标准：立项报告通过审批，质量攻关立项。</td></tr>
</table>

（续）

任务名称	执行程序、工作标准与考核指标
实施质量攻关计划	**执行程序** 1. 组织安排攻关事项 ☆质量攻关立项报告通过审批后，质量管理部要及时填报质量攻关项目汇总表，组织安排质量攻关相关事项，如安排人员协助相关部门执行攻关计划、为相关部门提供攻关信息等。 ☆质量管理部组织相关部门及人员对质量攻关项目招标，并确立项目负责人或直接指派项目负责人。 2. 组建攻关小组 ☆各相关部门根据本部门质量攻关项目计划，安排合适人员组建质量攻关项目小组。 ☆各相关部门根据质量管理部提供的质量攻关信息，结合本部门实际情况制订质量攻关实施计划，并按该计划执行。 3. 进度监督 ☆质量管理部对相关部门的质量攻关项目过程实施情况进行监督。 ☆质量管理部负责收集质量攻关效果的信息资料，监督质量攻关小组工作开展情况及进度情况，审核质量攻关小组的月度总结。 工作重点 质量攻关小组成立后，质量管理部对其进度、成果、问题等做出定期或不定期的反馈，以督促质量攻关项目顺利推进。 **工作标准** ☆参考标准：其他同行业企业质量攻关项目的管理情况。 ☆完成标准：质量攻关项目推进顺利，无重大问题。 **考核指标** 质量攻关工作按时完成率：目标值为____%，具体计算公式如下。 $\text{质量攻关工作按时完成率}=\dfrac{\text{按时完成的质量攻关项目数}}{\text{计划完成的质量攻关项目总数}}\times 100\%$
验收质量攻关结果	**执行程序** 1. 实施效果评估 ☆质量管理部在每一个质量攻关项目结束后，对项目过程中收集的信息进行整理汇总，形成质量攻关总结报告。 ☆根据质量攻关项目计划中的项目目标对实施效果进行验收，如是否达到计划中规定的技术指标，能否稳定地生产出符合质量要求的产品。 2. 编写评价报告 ☆质量管理部对收集的信息进行分析，并编制质量攻关评价报告。 ☆质量管理部将质量攻关评价报告交主管技术副总审核，经批示、完善后报总经理审批。 ☆质量攻关评价报告经总经理审批通过后，质量管理部将相应质量攻关项目结果以书面形式告知相关部门。 工作重点 质量攻关项目无论成败，总结经验是极为重要的。质量管理部在编写质量攻关总结报告时，要汲取各方面的经验。

（续）

<table>
<tr><th>任务名称</th><th>执行程序、工作标准与考核指标</th></tr>
<tr><td rowspan="4">验收质量攻关结果</td><td>工作标准</td></tr>
<tr><td>完成标准：质量攻关评价报告通过总经理的审批。</td></tr>
<tr><td>考核指标</td></tr>
<tr><td>质量攻关成果达标率：目标值为____%，具体计算公式如下。
$$质量攻关成果达标率=\frac{质量攻关达标的成果数}{质量攻关计划达标的成果数}\times 100\%$$</td></tr>
<tr><th colspan="2">执行规范</th></tr>
<tr><td colspan="2">“年度质量工作报告”“攻关立项申请书”“质量攻关计划”“攻关项目评审标准和办法”“攻关立项报告”“质量攻关项目汇总表”“质量攻关措施计划”“质量攻关进度表”“质量攻关考核办法”“质量攻关总结报告”“质量分析报告”“质量攻关评价报告”。</td></tr>
</table>

第5章 原料采购与外协供应过程质量管控

5.1 采购控制流程设计

5.1.1 流程设计的目的

采购控制主要包括进料检验质量管理与外协质量管理两个方面的内容。采购控制是企业控制不良物料或零部件进入生产环节的有效手段，也是提高产品质量的前提。企业设计采购控制流程的目的体现在以下几个方面。

（1）规范供应商认证管理及其评价考核工作，保证供应商提供合格的物料，促进供应商持续改进质量。

（2）加强企业进料检验工作，严格控制入库物料的质量，满足生产加工规定的质量要求，避免不合格物料流入生产环节。

（3）细化进料检验工作中零部件样件检验、理化检验等工作，保证企业采用科学、有效的检验方法对产品进行检验。

（4）加强对外协产品的质量检验和外协生产的监管，使外协产品在生产准备、生产过程、成品运输等环节都符合企业质量要求。

（5）完善外协过程中产品质量问题的处理办法，确保出现质量问题时，能得到有效解决。

5.1.2 流程结构设计

采购控制流程结构设计如图5-1所示。

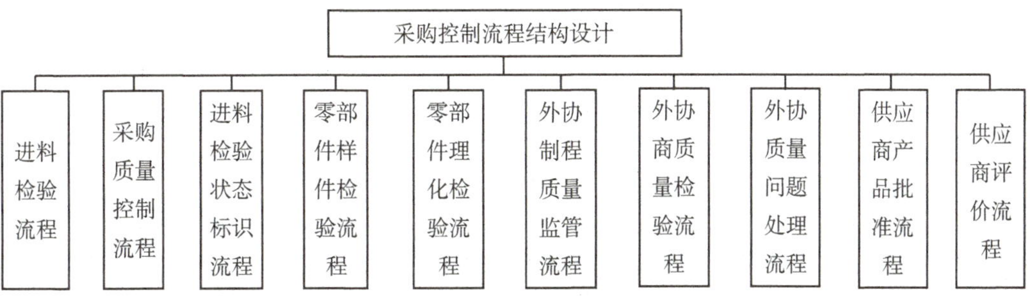

图5-1 采购控制流程结构设计

5.2 进料检验流程设计与工作执行

5.2.1 进料检验流程设计

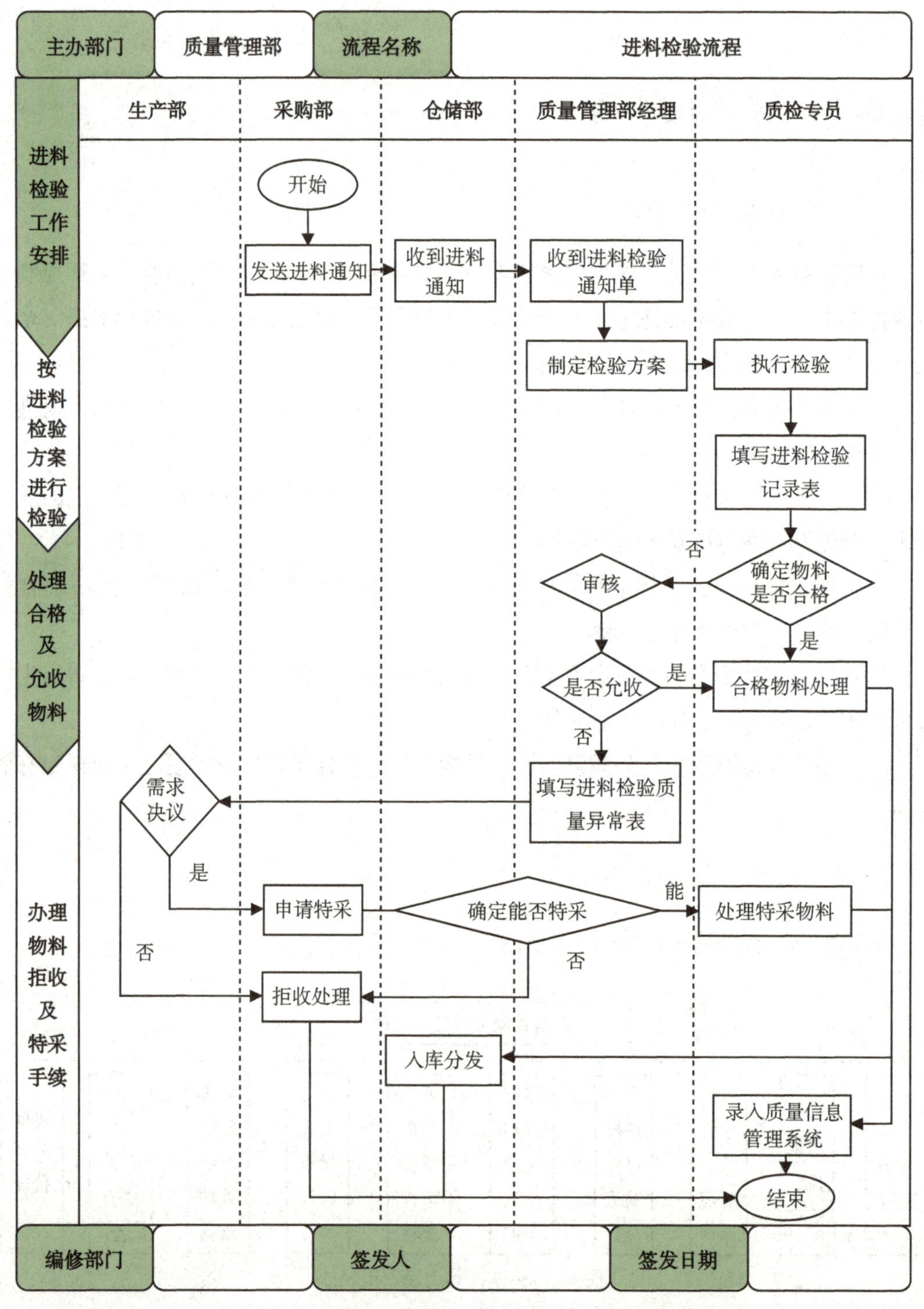

5.2.2 进料检验执行程序、工作标准、考核指标、执行规范

任务名称	执行程序、工作标准与考核指标
进料检验工作安排	**执行程序**
	☆采购部将供应商的发料时间、物料数量等情况通知仓储部。 ☆仓储部收到进料通知后，及时开具进料检验通知单。 ☆质量管理部经理收到进料检验通知单后，根据进料先后顺序和生产需求情况安排质检专员检验。 **工作重点** 质量管理部要加强与采购部、仓储部之间的沟通，最好建立备用沟通渠道。
	工作标准
	完成标准：质量管理部经理安排专员检验进料。
	考核指标
	进料检验通知单开具及时率：目标值为____%，具体计算公式如下。 $进料检验通知单开具及时率=\frac{及时开具的通知单数}{应开具的通知单总数}\times 100\%$
按进料检验方案进行检查	**执行程序**
	1. 制定检验方案 质量管理部经理提前做好相关准备工作，包括查找进料的样件及其质量检验报告，确定进料检验标准、检验指导书、进料抽样检验规定，制定针对该批进料的检验方案。 **2. 执行检验** 质检专员根据质量管理部经理的安排，按进料抽样检验规定和检验方案，到仓储部的待检区执行进料检验。 **3. 填写进料检验记录表** 质检专员将检验结果填入进料检验记录表，并对不合格的物料开具不合格品通知单。 **工作重点** 检验方案不能一成不变，要根据现实情况的变化灵活调整。
	工作标准
	☆参照标准：其他同行业企业最新的进料检验方案。 ☆完成标准：质检专员将检验结果填入进料检验记录表。
	考核指标
	☆检验方案的规范性：方案符合质量管理制度、进料检验管理制度、进料抽样检验规定等。 ☆检验安排的合理性：进料检验的顺序安排符合生产需求。 ☆入库物料合格率：目标值为____%，具体计算公式如下。 $入库物料合格率=\frac{入库物料合格数}{入库物料总数}\times 100\%$
处理合格及允收物料	**执行程序**
	☆对于合格的物料，质检专员应为其贴上绿色的“允收”标签，然后交给仓储部相关人员办理入库手续。 ☆对于不合格的物料，质检专员应开具不合格品通知单，并填写进料检验记录表，将其交给质量管理部经理审核。

（续）

任务名称	执行程序、工作标准与考核指标
处理合格及允收物料	☆质量管理部经理根据企业规定的质量允收水平，审核不合格品通知单和进料检验记录表，做出允收决定。 ☆若允收物料，质检专员应在物料上贴上绿色的“允收”标签。 **工作重点** 严格根据程序、标准办理合格及允收物料的入库手续。 **工作标准** 参考标准：其他同类企业处理合格及允收物料的程序。
办理物料拒收及特采手续	**执行程序** **1. 填写进料检验质量异常表** 对于不可允收的物料，质量管理部经理要填写进料检验质量异常表，并会同生产部召开进料需求决议会议。 **2. 确定能否特采** ☆若为紧急需求物料，则由采购部提出特采申请，并填写特采申请书。 ☆质量管理部经理组织相关人员（质量工程师、工艺工程师等）根据物料的不合格程度和质量要求，审定能否特采，对于能特采使用的物料，确定特采方式（如全检、加工、试产）。 **3. 拒收处理** ☆若非紧急需求物料，由采购部做出拒收处理。 ☆根据特采申请的审定结果，对于不可特采使用的物料，质检专员应及时通知采购部，做拒收处理。 **4. 处理特采物料** 根据审定结果，对于特采使用的物料，质检专员要按特采方式的不同，分别处理；对于需全检、加工的物料，要为其贴上黄色的标签，注明是“全检”或“加工”；对于需试产的物料，要为其贴上蓝色的“试产”标签。 **5. 入库分发** ☆若需“全检”，所有物料经全检后，确认不存在质量问题，则将其交仓储部办理正常入库手续。 ☆若需“加工”或“试产”，则将物料暂交由仓储部办理临时入库手续，存放于临时仓库中，便于与质量无问题的物料相区分。 **6. 录入质量信息管理系统** 质检专员将检验结果录入本企业的质量信息管理系统，同时将进料检验记录及相关文件分类存档。 **工作重点** 办理物料拒收及特采手续要遵循相关工作流程，并加强与相关部门的沟通。 **工作标准** 完成标准：将检验结果录入企业质量信息管理系统。 **考核指标** 特采物料标识处理及时率：目标值为____%，确保标识及时、清晰、明确，具体计算公式如下。 $\text{特采物料标识处理及时率}=\frac{\text{及时处理的特采物料标识数}}{\text{特采物料标识总数}}\times 100\%$
执行规范	
“质量检验报告”“检验指导书”“进料抽样检验规定”“进料检验方案”。	

5.3 采购质量控制流程设计与工作执行

5.3.1 采购质量控制流程设计

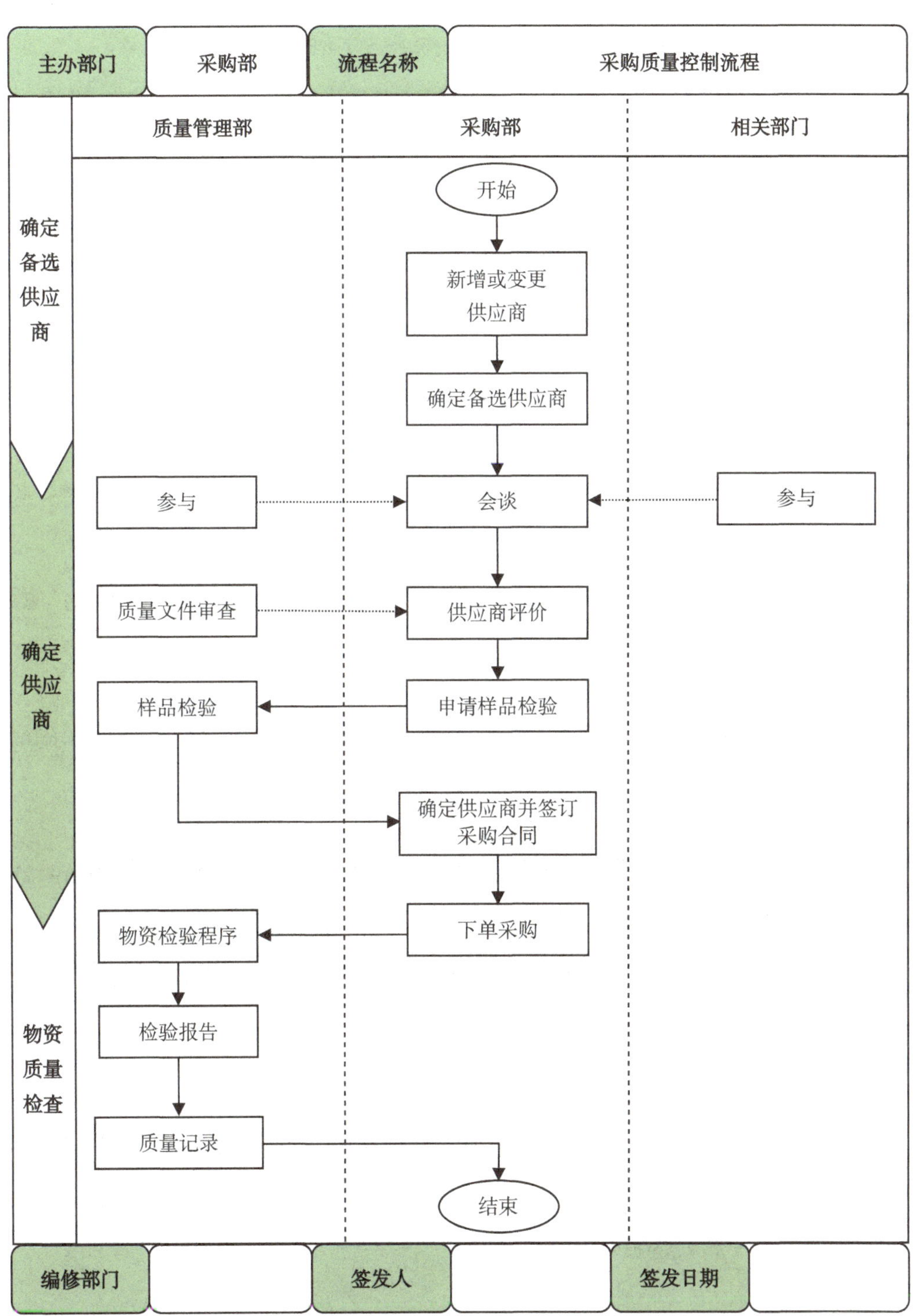

5.3.2 采购质量控制执行程序、工作标准、考核指标、执行规范

<table>
<tr><th>任务名称</th><th>执行程序、工作标准与考核指标</th></tr>
<tr><td rowspan="6">确定备选供应商</td><td>执行程序</td></tr>
<tr><td>1. 新增或变更供应商
☆采购部根据产品市场发展情况和本企业采购新需求，变更或新增供应商。
☆明确供应商的资质要求。
2. 确定备选供应商
采购部收集各方面的信息，按照企业需要和标准确定备选供应商，并填写供应商调查表。
工作重点
初步筛选供应商的标准：供应商是否生产工厂所需要的物资，产品的质量水平是否达标，生产和供货水平是否合格，规模大小、财务状况是否合适等。</td></tr>
<tr><td>工作标准</td></tr>
<tr><td>☆参照标准：其他同行业企业的备选供应商。
☆完成标准：确定备选供应商。</td></tr>
<tr><td>考核指标</td></tr>
<tr><td>☆供应商资料的全面性：确保供应商的基本信息真实、全面、有效。
☆合格供应商的数量：保证所有备选供应商中至少有一位合格供应商。</td></tr>
<tr><td rowspan="2">确定供应商</td><td>执行程序</td></tr>
<tr><td>1. 会谈
☆采购部会同质量管理部及相关部门与供应商会谈，详细了解供应商的实际情况，如质量、服务、交货期、价格、运输费用、售后服务等。
☆质量管理部对供应商提供的质量文件进行审查。
2. 供应商评价
采购部对会谈结果、质量管理部及相关部门提供的信息进行分析，对备选供应商做出综合评价，并填写供应商综合评估表。
3. 申请样品检验
☆质量管理部根据采购部的申请对供应商提供的样品进行检验。
☆质量管理部要求供应商至少提供两件样品，若样品经检验确认为合格，则将一件返还给供应商，作为供应商进行生产的依据，另一件留在质量管理部，作为日后检验的依据。
4. 确定供应商并签订采购合同
采购部按照对供应商的评价和样品检验的结果，从企业的需要出发确定供应商，并与其签订采购合同。
工作重点
☆备选供应商综合评价的项目包括财务状况评价、生产设施评价、生产能力评价、成本评价、管理能力评价、质量体系评价、态度调查评价、绩效评估、销售战略调查评价等。
☆样品检验内容包括样品的材质、性能、尺寸、外观质量等。样品检验完毕后，质量管理部要填写样品监测评估表。
☆采购合同内容包括价格条款、运输方式、交货地点和履约期限、付款方式和期限、物资验收标准和方式、售后服务及其他优惠条款等。</td></tr>
</table>

（续）

任务名称	执行程序、工作标准与考核指标
确定供应商	**工作标准** ☆参照标准：其他同行业企业的备选供应商综合评价表。 ☆完成标准：确定合适的供应商，签订采购合同。 ☆法律标准：本企业与供应商所签订的采购合同条款要符合国家相关规定，并具有法律效力。 **考核指标** 评价因素的规范性：按照本企业采购管理制度的要求，对供应商综合评价的因素做出合理且全面的规定。
物资质量检查	**执行程序** 1. 下单采购 采购部根据企业生产需要，向选定的供应商下采购订单。 2. 物资检验程序 质量管理部按照合同双方的规定，对到货物资进行全面的质量检验。 3. 检验报告 质量管理部根据检验结果编写检验报告。 4. 质量记录 质量管理部对采购的物资进行质量记录。 工作重点 ☆采购部发出的订单内容包括物资的全称、数量、规格型号及交货期限等。 ☆物资检验内容包括产品的性能参数是否合格、产品的结构和尺寸是否合理、运行的效果是否达标等。 ☆质量管理部编写的检验报告内容包括产品的全称、类型，各部分性能与标准的差异，以及产品是否合格的综合评价等。 **工作标准** ☆参考标准：其他同类企业物资质量检查情况，如程序、标准、问题等。 ☆完成标准：质量管理部出具检验报告，并对采购物资进行质量记录。 **考核指标** 采购产品抽样质量合格率：目标值为____%，具体计算公式如下。 $\text{采购产品抽样质量合格率}=\frac{\text{抽样合格产品数量}}{\text{抽样产品总数量}}\times 100\%$
执行规范	
“供应商综合评估办法”“样品检测评估办法”“质量检验报告”。	

5.4 进料检验状态标识流程设计与工作执行

5.4.1 进料检验状态标识流程设计

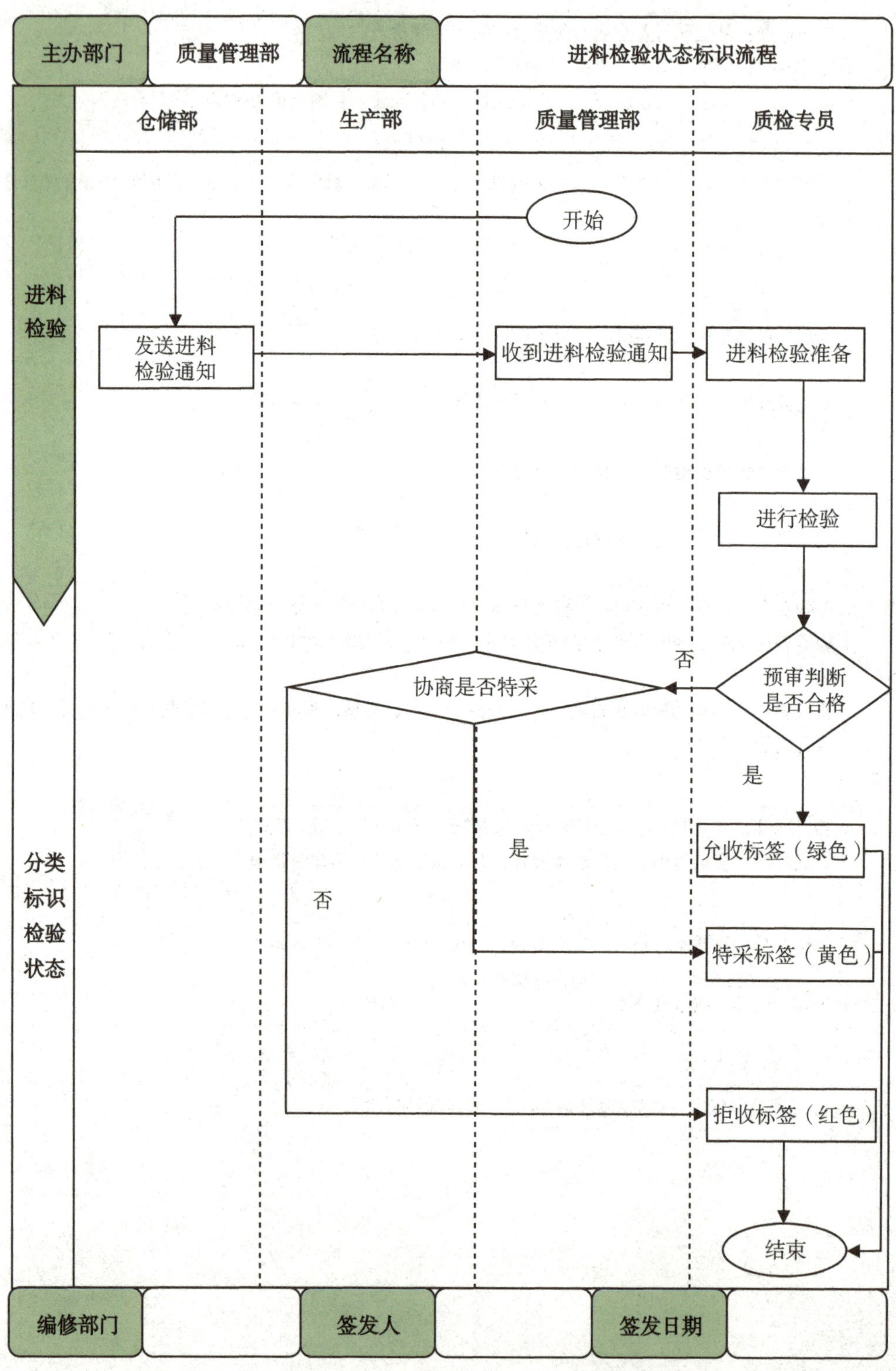

5.4.2 进料检验状态标识执行程序、工作标准、考核指标、执行规范

任务名称	执行程序、工作标准与考核指标
进料检验	**执行程序** 1. 收到进料检验通知 ☆仓储部接收进料，并向质量管理部发送进料检验通知。 ☆质量管理部接到仓储部发来的通知后，安排质检专员进行检验前的准备工作，除了准备进料检验报告单，还应准备用来标识进料状态的不同颜色的标签。 2. 进行检验 质检专员按照企业进料检验管理制度、进料检验标准和规范、进料检验方案，对进料抽样，并进行检验和检测。 工作重点 质量管理部在进料检验之前要完善企业各种进料检验方面的规章制度，力求规范化、精细化。 **工作标准** ☆参照标准：其他同行业企业的进料检验方面的规章制度。 ☆完成标准：质检专员按照企业相关规范对进料进行检验。 **考核指标** ☆入库物料合格率：目标值为____%，具体计算公式如下。 $入库物料合格率=\frac{合格的入库物料数}{入库物料总数}\times 100\%$ ☆进料漏检率：目标值为____%，具体计算公式如下。 $进料漏检率=\frac{漏检的入库物料数}{入库物料总数}\times 100\%$
分类标识检验状态	**执行程序** 1. 预审判断是否合格 检验完成后，质检专员要判定进料质量是否合格，并将检验结果填入进料检验报告单。 2. 允收标签（绿色） 进料检验报告单经质量管理部经理确认后，质检专员为合格的产品贴上绿色标签，以示可以入库或投入生产。 3. 协商是否特采 对于不合格的产品，应为其贴上“待定”标签，经生产部、质量管理部及相关部门协商后，判定是否特采。 4. 特采标签（黄色） 对于决定特采使用的不合格品，质检专员应为其贴上黄色标签。 5. 拒收标签（红色） 对于决定不特采使用的不合格品，质检专员应为其贴上红色标签，以便退货时能快速识别出来。 工作重点 随着技术的进步，进料检验工作将越来越智能化，上述工作将逐步被机器人替代，质量管理人员对此要有清晰的认识。

（续）

<table>
<tr><th>任务名称</th><th>执行程序、工作标准与考核指标</th></tr>
<tr><td rowspan="4">分类标识检验状态</td><td>工作标准</td></tr>
<tr><td>完成标准：进料分类标识要及时进行，并确保准确无误。</td></tr>
<tr><td>考核指标</td></tr>
<tr><td>☆检验标识及时处理率：目标值为____%，具体计算公式如下。
$$检验标识及时处理率=\frac{及时得到处理的标识物料数}{标识物料总数}\times 100\%$$
☆标识的质量：标识分类清晰、色差明显，标识对象准确无误。</td></tr>
<tr><td colspan="2">执行规范</td></tr>
<tr><td colspan="2">“进料检验通知”“进料检验报告单”“进料检验管理制度”“进料检验标准和规范”“进料检验方案”。</td></tr>
</table>

全过程质量管理 流程设计与工作标准

5.5 零部件样件检验流程设计与工作执行

5.5.1 零部件样件检验流程设计

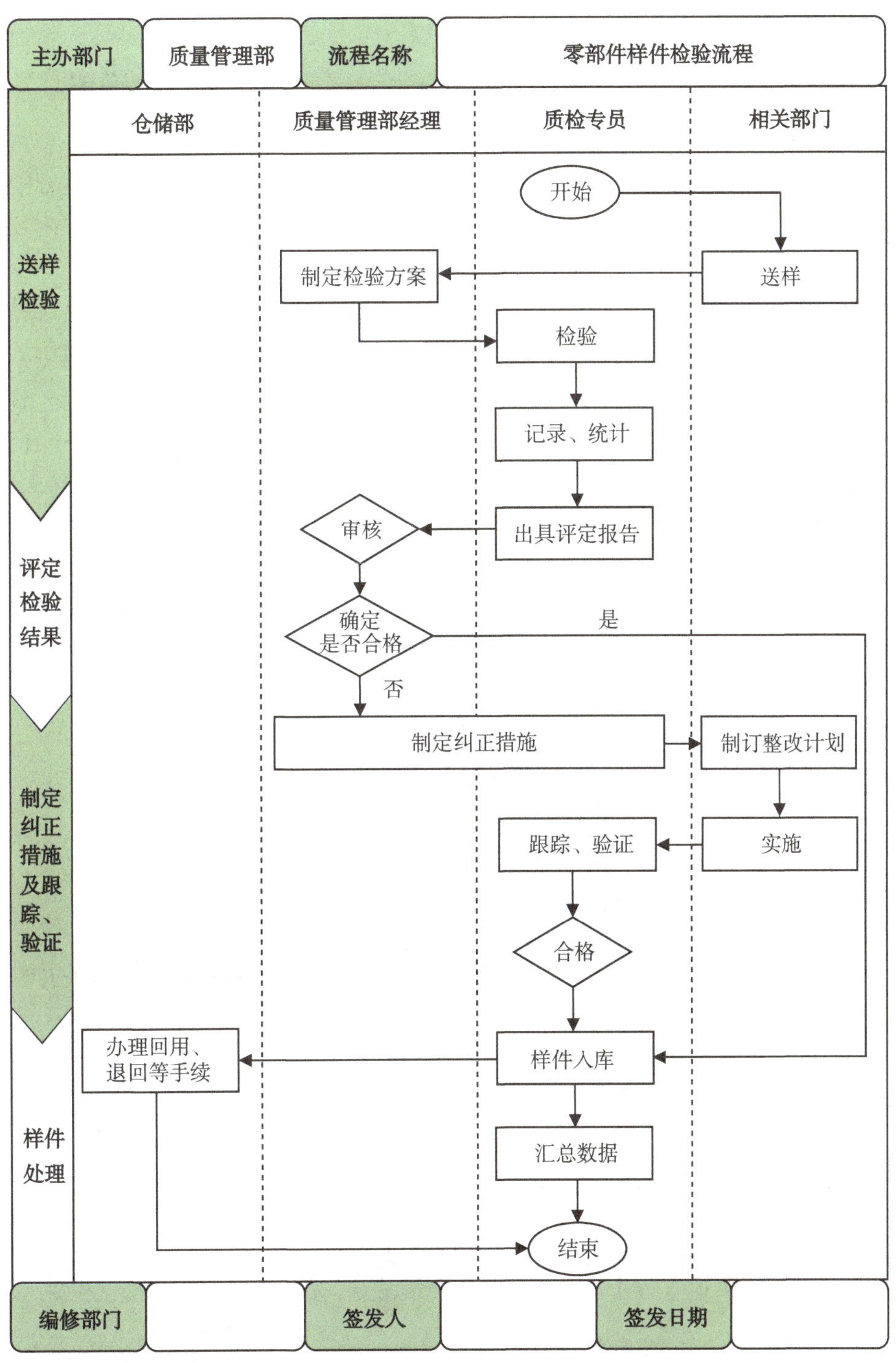

5.5.2 零部件样件检验执行程序、工作标准、考核指标、执行规范

任务名称	执行程序、工作标准与考核指标
送样检验	**执行程序**
	1. 制定检验方案 ☆相关部门向质量管理部提供零部件的样件。 ☆质量管理部经理根据企业零部件质量检验制度和零部件样件质量检验及评定办法等相关规定，制定相关零部件样件检验方案。 **2. 检验** 质检专员根据质量管理部经理的工作安排，按零部件样件检验方案的要求对送来的零部件样件进行质量及尺寸精度检验。 **3. 记录、统计** 质检专员对检验的数据按零部件样件质量检验及评定办法的要求进行记录和统计。 **工作重点** 检验方案的内容通常包括检验样件的型号、数量、检验方法、检验流程、所需器具、人员及时间安排等。
	工作标准
	☆参照标准：其他同行业企业的检验方案。 ☆完成标准：按照检验方案对样件进行检验，并做好记录和统计。
	考核指标
	☆检验工作及时完成率：目标值为____%，严格按照进料检验的时间、期限进行，具体计算公式如下。 $检验工作及时完成率=\frac{及时完成的检验数量}{应完成的检验数量}\times 100\%$ ☆样件漏检率：目标值为____%，具体计算公式如下。 $样件漏检率=\frac{漏检的样件数量}{应检的样件总数量}\times 100\%$
评定检验结果	**执行程序**
	1. 出具评定报告 ☆质检专员按零部件样件质量检验及评定办法对零部件的检验结果进行初步评定，并出具零部件样件检验评定报告。 ☆质检专员将零部件样件检验评定报告报质量管理部经理审核，审核内容包括检验方法、检验流程是否有效，检验所得数据是否异常等。 **2. 确定是否合格** ☆质量管理部经理根据零部件样件检验评定报告审定零部件是否合格。 ☆对于合格的零部件，相关部门按企业相关规定办理样件入库手续。 **工作重点** 零部件样件检验评定报告既符合企业规范，又具有可操作性。
	工作标准
	完成标准：为合格的零部件办理入库手续。

（续）

任务名称	执行程序、工作标准与考核指标
制定纠正措施及跟踪、验证	**执行程序** 1. 制定纠正措施 ☆对于不合格的零部件，质量管理部经理组织质检专员拟定零部件质量问题纠正预防措施。 ☆按本企业的质量信息管理规定，质量管理部向相关部门或供应商发出零部件质量问题纠正预防通知。 2. 跟踪、验证 ☆相关部门根据质量管理部反馈的质量问题或开具的零部件质量问题纠正预防通知单，制订并组织实施零部件质量问题整改计划。 ☆质检专员对相关部门或供应商整改措施的实施情况进行跟踪，并验证实施效果，直至达到企业的相关要求。 工作重点 质量管理部要规范对相关部门的跟踪、验证流程，并建立多种沟通渠道，以达到目标要求。
	工作标准 ☆参考标准：其他同行业企业的纠正措施与跟踪、验证情况。 ☆完成标准：相关部门整改到位，所提供的零部件符合企业要求。
	考核指标 ☆纠正措施的有效性：纠正完成的零部件质量达标，不影响企业生产的质量水平。 ☆纠正计划执行率：力争达到____%，以确保纠正整改工作按预期计划执行，达到预期的整改效果，具体计算公式如下。 $纠正计划执行率=\frac{被执行的纠正计划数}{纠正计划总数}\times100\%$
样件处理	**执行程序** 1. 样件入库 ☆质检专员对检验用的样件办理入库手续，并填写样件入库登记单，标注好品名、型号、规格、数量等。 ☆仓储部根据规定办理回用、退回等手续。 2. 汇总数据 质检专员对零部件的检验评定数据进行汇总、保存，作为相关部门质量考核的依据。 工作重点 质检专员定期对汇总的数据进行分析、研究，以总结质量管理方面的经验。
	工作标准 完成标准：按规定办理样件入库，相关人员对数据进行汇总。
	考核指标 样件入库手续完备性：确保样件信息标识清楚、容易辨认，存放位置合理、拿取方便。
执行规范	
“零部件质量检验制度”“零部件样件质量检验及评定办法”“零部件样件检验方案”“样件质量检验及评定办法”“零部件样件检验评定报告”“零部件质量问题纠正 / 预防措施”“质量信息管理规定”。	

5.6 零部件理化检验流程设计与工作执行

5.6.1 零部件理化检验流程设计

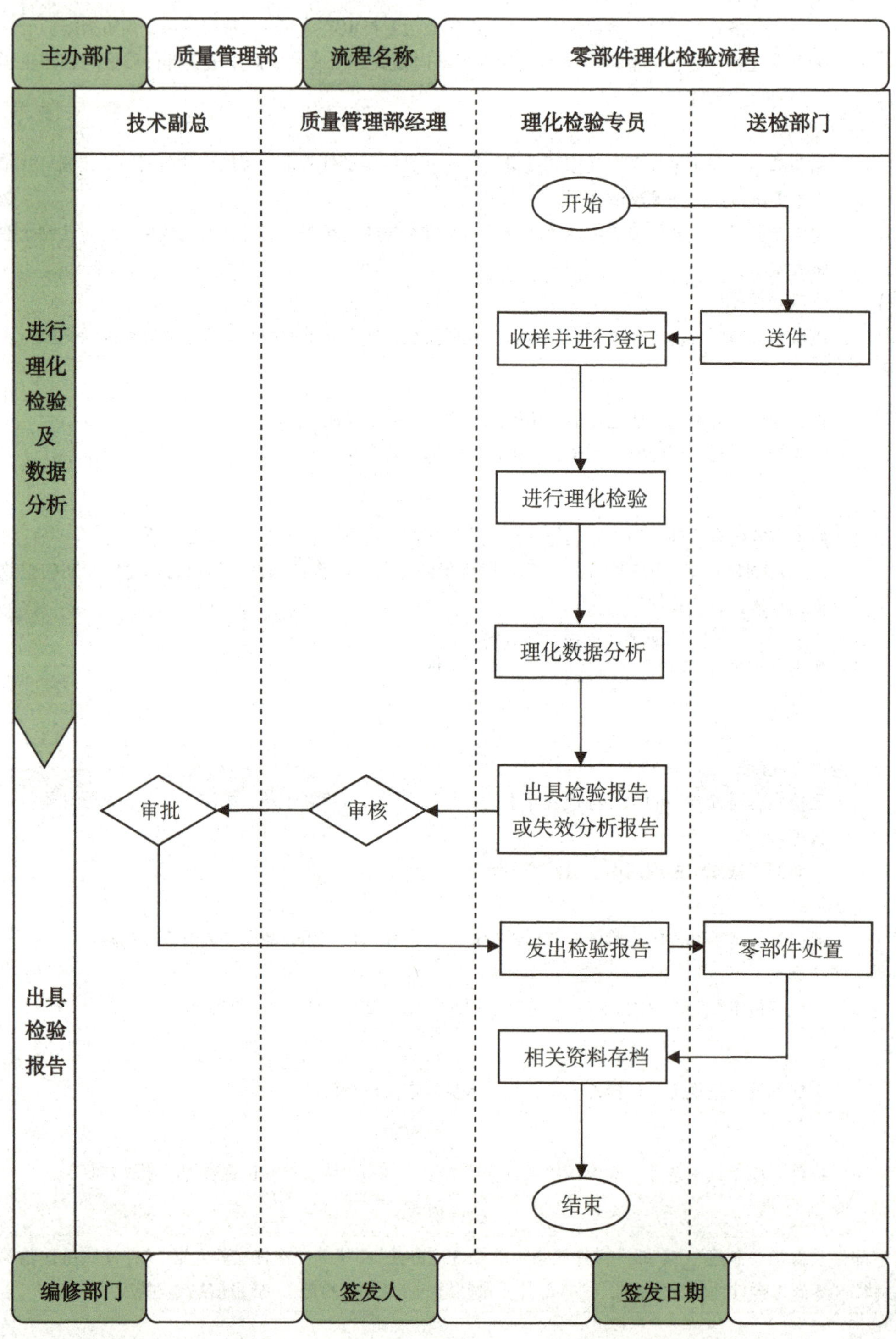

5.6.2 零部件理化检验执行程序、工作标准、考核指标、执行规范

<table>
<tr><th>任务名称</th><th>执行程序、工作标准与考核指标</th></tr>
<tr><td rowspan="6">进行理化检验及数据分析</td><td>执行程序</td></tr>
<tr><td>1. 收样并进行登记
理化检验专员依据零部件理化检验工作管理规定对送检部门送来的抽样零部件进行登记。
2. 进行理化检验
☆理化检验专员依据零部件理化检验工作管理规定、相关的理化检验规范，编制理化检验工作计划，计划内容包括工具要求，如千分尺、千分表、显微镜等，以及检验方式、检验程序、检验程度等。
☆理化检验专员依照理化检验工作计划对零部件进行理化检验，即采用理化检验用计量器具、仪器仪表和测试设备或化学物质和试验方法，对零部件质量进行检验。
3. 理化数据分析
理化检验专员及时记录检验数据，并进行相关分析；对于失效零部件的检验，要进行失效程度分析和失效原因分析。
工作重点
理化检验需要使用专门的工具，质量管理部要备齐并妥善保管这些工具。</td></tr>
<tr><td>工作标准</td></tr>
<tr><td>完成标准：理化检验专员进行检验，获得数据并进行数据分析。</td></tr>
<tr><td>考核指标</td></tr>
<tr><td>☆检验过程的合理性：应采用科学的检验方式与规范的理化检验流程对样品进行检验。
☆质检工作及时完成率：目标值为____%，具体计算公式如下。
$$质检工作及时完成率=\frac{及时完成的质检次数}{应完成的质检总次数}\times 100\%$$
☆相关数据的准确率：目标值为____%，确保所有数据真实、客观、准确、有效，为理化分析提供有力的依据。</td></tr>
<tr><td rowspan="2">出具检验报告</td><td>执行程序</td></tr>
<tr><td>1. 出具检验报告或失效分析报告
☆理化检验专员依据检验结果和零部件的技术标准对所检的零部件进行鉴定，并出具理化检验报告或失效分析报告。
☆将理化检验报告或失效分析报告提交质量管理部经理审核、技术副总审批。
2. 发出检验报告
☆技术副总确认理化检验的过程及结果不存在问题后，理化检验专员发出理化检验报告或失效分析报告，并将送检的零部件归还给送检部门。
☆送检部门根据理化检验报告或失效分析报告对相应零部件进行处置，包括回用、退货、反馈、整改等。
3. 相关资料存档
理化检验专员将零部件理化检验的数据记录、数据分析资料、理化检验报告或失效分析报告等相关文件资料进行归档保存，以便日后查找和调用。</td></tr>
</table>

（续）

<table>
<tr><th>任务名称</th><th>执行程序、工作标准与考核指标</th></tr>
<tr><td rowspan="6">出具检验报告</td><td>工作重点
检验报告通常都有固定的模板，相关人员要注意借鉴和使用，以提高工作效率。</td></tr>
<tr><td>工作标准</td></tr>
<tr><td>☆参照标准：其他同行业企业的检验报告。
☆完成标准：理化检验专员出具报告并将相关资料存档。</td></tr>
<tr><td>考核指标</td></tr>
<tr><td>☆质量检验报告提交及时率：目标值为____%，具体计算公式如下。
$$质量检验报告提交及时率=\frac{按时提交的质量检验报告份数}{质量检验报告总份数}\times 100\%$$
☆检验报告内容的规范性：严格按照检验报告的格式、结构要求编制，确保内容全面、无重大纰漏。
☆文件种类、数量的齐全性：确保存档文件包括检验前、检验中、检验后所用到或形成的所有资料，且分类保存合理。</td></tr>
<tr><td></td></tr>
<tr><td colspan="2">执行规范</td></tr>
<tr><td colspan="2">“零部件产品质量抽样及等级评定标准”“零部件理化检验工作管理规定”“理化检验报告”“失效分析报告”。</td></tr>
</table>

5.7 外协制程质量监管流程设计与工作执行

5.7.1 外协制程质量监管流程设计

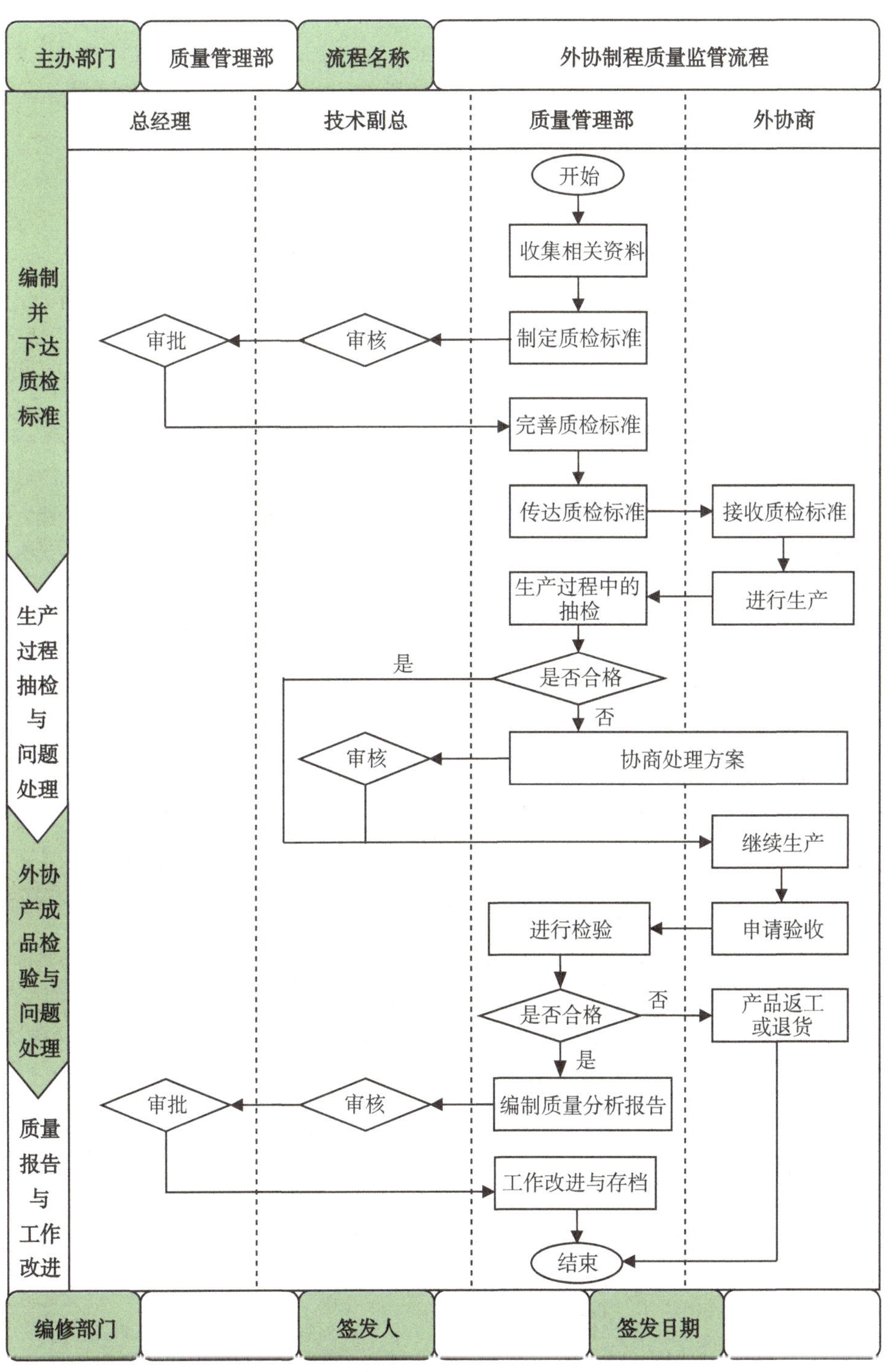

5.7.2 外协制程质量监管执行程序、工作标准、考核指标、执行规范

<table>
<tr><th>任务名称</th><th>执行程序、工作标准与考核指标</th></tr>
<tr><td rowspan="6">编制并下达质检标准</td><td>执行程序</td></tr>
<tr><td>1. 收集相关资料
质量管理部收集相关资料，如企业产品质量要求、技术指标、性能参数、外协商行业特点、客户需求与期望等，为制定质检标准提供依据。
2. 制定质检标准
☆质量管理部通过分析、整理收集的资料，制定外协商质检标准，标准内容包括工序、产品规格、结构、性能等。
☆质量管理部将外协商质检标准提交技术副总审核、总经理审批。
3. 完善质检标准
根据技术副总和总经理的审核、审批意见，质量管理部对外协商质检标准进行修改和完善。
4. 传达质检标准
☆质量管理部将外协商质检标准传达给外协商，并就质检标准相关条款与外协商沟通，进一步明确质量要求。
☆外协商接收外协商质检标准，并签字确认。
工作重点
质量管理部在制定外协商质检标准时，要做好与外协商的沟通，同时还要对外协商的能力有一个客观的评估。</td></tr>
<tr><td>工作标准</td></tr>
<tr><td>☆参照标准：其他同行业企业的外协商质检标准。
☆完成标准：外协商接收并确认外协商质检标准。</td></tr>
<tr><td>考核指标</td></tr>
<tr><td>外协商质检标准的科学性：符合国家、行业、企业产品质量水平的要求。</td></tr>
<tr><td rowspan="2">生产过程抽检与问题处理</td><td>执行程序</td></tr>
<tr><td>1. 生产过程中的抽检
☆外协商按照外协产成品的质量要求进行生产。
☆质量管理部派专人不定期地到外协商生产现场进行制程检验，当发现质量不合格时要填写外协商制程异常登记表，并及时通知质量管理部与外协商相关负责人。
2. 协商处理方案
☆质量管理部与外协商针对制程存在的质量问题进行协商处理，在保证质量合格的前提下，第一时间予以解决，并编制处理方案。
☆质量管理部将处理方案提交技术副总审核。
☆审核通过后，外协商按照报告中商定的问题解决办法继续生产。
工作重点
质量管理部要不定期到外协商生产现场进行制程检验。</td></tr>
</table>

（续）

<table>
<tr><th>任务名称</th><th>执行程序、工作标准与考核指标</th></tr>
<tr><td rowspan="4">生产过程抽检与问题处理</td><td>工作标准</td></tr>
<tr><td>完成标准：外协商按质量要求进行生产，一旦出现问题，双方就要迅速查找原因并提出处理方案。</td></tr>
<tr><td>考核指标</td></tr>
<tr><td>☆抽检频率的合理性：抽检间隔时间设置科学，这样既能保证对外协产成品的品质检验及时、准确，又不会耽误生产的进行。
☆抽检结果准确率：力争达到____%，确保抽检结果真实有效，不发生误判、错判现象，具体计算公式如下。
$$抽检结果准确率=\frac{抽检结果准确的次数}{抽检总次数}\times 100\%$$
☆处理方案的可操作性：符合企业现实情况的要求，能有针对性地解决问题。</td></tr>
<tr><td rowspan="6">外协产成品检验与问题处理</td><td>执行程序</td></tr>
<tr><td>1. 进行检验
☆所有产品生产结束后，外协商向质量管理部申请验收，并填写产成品验收申请单。
☆质量管理部按照质检标准对外协产成品进行检验，检验完成后填写外协产成品质量验收单。
☆质量管理部应如实记录验收情况，严把质量关，做到不符合允收水平的坚决不收。
2. 产品返工或退货
☆若外协产成品经检验不合格，则报质量管理部经理，并将问题外协产成品交还给外协商，责令其返工，如有重大质量问题或不能进行返工的则进行退货处理。
☆外协商对需返工的产品按企业的要求进行返工。
工作重点
检验时要严格依照标准进行。</td></tr>
<tr><td>工作标准</td></tr>
<tr><td>☆参考标准：依据外协产成品检验标准进行。
☆完成标准：严格按标准检验外协产成品，对不合格品要求返工或退货。</td></tr>
<tr><td>考核指标</td></tr>
<tr><td>外协产成品质检工作及时完成率：目标值为____%，具体计算公式如下。
$$外协产成品质检工作及时完成率=\frac{按时完成的外协产成品质检次数}{应完成的外协产成品质检总次数}\times 100\%$$</td></tr>
<tr><td rowspan="2">质量报告与工作改进</td><td>执行程序</td></tr>
<tr><td>1. 编制质量分析报告
☆质量管理部应定期编制外协商质量分析报告，报告内容包括外协产成品的实际制程质量分析、制程异常的实际处理情况等。
☆质量管理部将质量分析报告提交技术副总审核、总经理审批。</td></tr>
</table>

（续）

<table>
<tr><th>任务名称</th><th>执行程序、工作标准与考核指标</th></tr>
<tr><td rowspan="3">质量报告与工作改进</td><td>2. 工作改进与存档
☆质量管理部根据质量分析报告的审批意见对外协商的管理工作进行改进，避免日后出现同样的问题，从而提高外协生产的效率。
☆质量管理部将外协生产的相关文件整理归档。
工作重点
编制报告时，质量管理部要注意组织讨论、学习。</td></tr>
<tr><td>工作标准</td></tr>
<tr><td>完成标准：通过编制质量报告，可以有效提升外协生产的效率。</td></tr>
<tr><td colspan="2">执行规范</td></tr>
<tr><td colspan="2">“外协商质检标准”“外协商制程异常处理报告”“外协商质量分析报告”。</td></tr>
</table>

5.8 外协商质量检验流程设计与工作执行

5.8.1 外协商质量检验流程设计

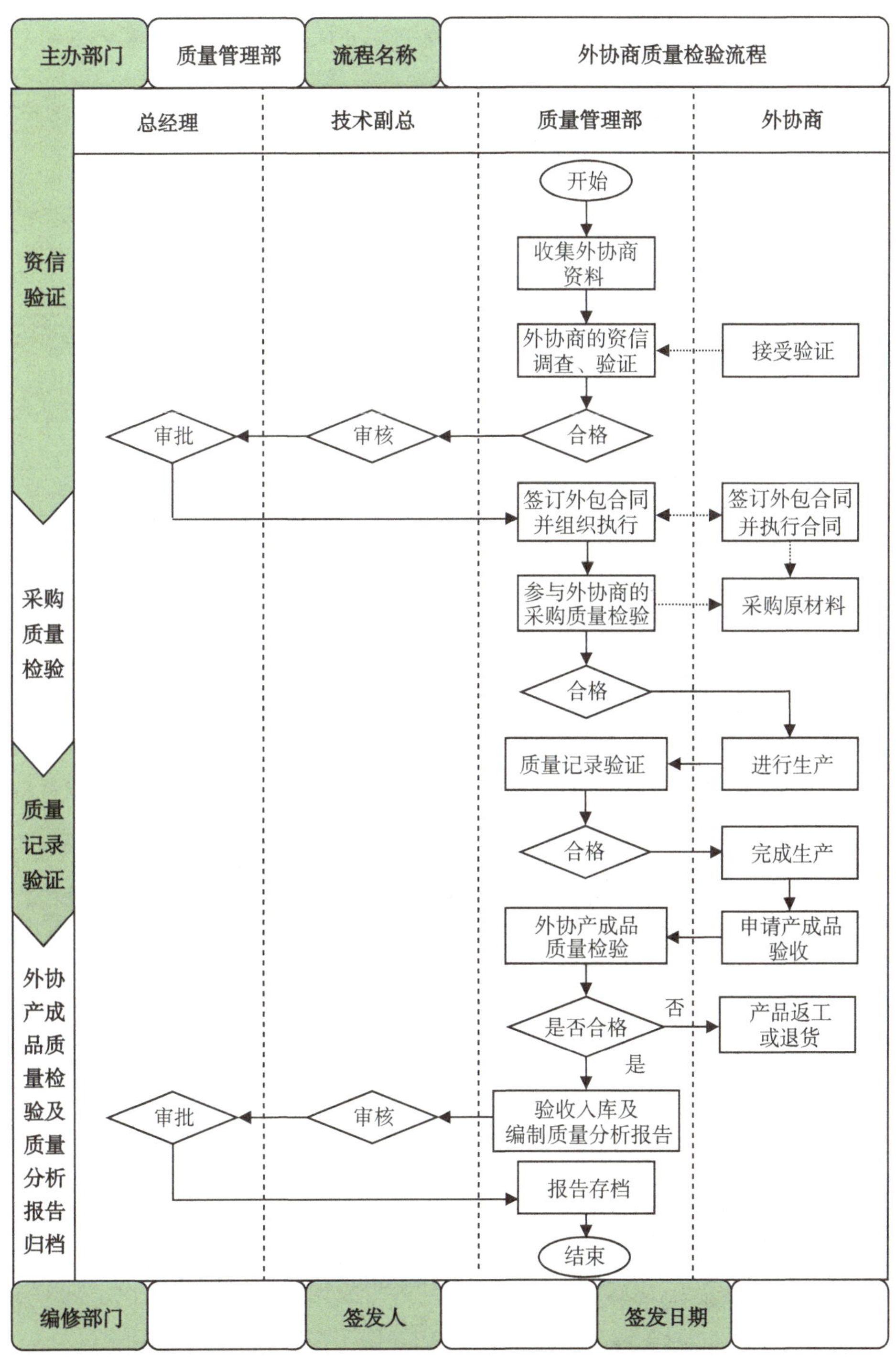

5.8.2 外协商质量检验执行程序、工作标准、考核指标、执行规范

任务名称	执行程序、工作标准与考核指标
资信验证	**执行程序**
	1. 收集外协商资料 ☆外协商资料收集的途径包括现有的合格供应商、网络全球电子采购、行业展览会、采购人员的推荐等。 ☆外协商资料收集的内容包括外协商材料供应状况、材料品质状况、专业技术能力、机器设备状况、管理水平、财务及信用状况等。 ☆根据所收集的资料，对外协商进行初步筛选，确定备选外协商，并报技术副总审核、总经理审批。 **2. 外协商的资信调查、验证** ☆确定备选外协商后，质量管理部要深入调查其资信水平、财务经营状况。 ☆如果外协产成品较为关键，质量管理部应到外协商生产现场进行实地考察，判断其是否符合本企业的采购要求，并填写外协商现场评审表。 **工作重点** 拓宽外协商的资信验证途径。
	工作标准
	完成标准：确定备选外协商，并通过各种途径调查、验证其资信情况。
	考核指标
	外协商资信资料收集的全面性：确保全面掌握外协商的资信水平、财务状况等各方面的信息。
采购质量检验	**执行程序**
	1. 签订外包合同并组织执行 与调查合格的外协商进行合作谈判，并签订外协合作协议。 **2. 参与外协商的采购质量检验** ☆确认外协商的原材料有无按照预定要求入库，物料检验操作是否符合企业要求、原材料入库检验记录是否齐全。 ☆对未及时入库部分加以追查，及时分析未入库的原因。 ☆若原材料未按期入库，则指定替代材料、调整交货期，确保外协产成品的交期和质量。 ☆检验合格或处理妥当后，外协商继续进行生产。 **工作重点** 外协合作协议的内容主要包括协议名称及编号、双方地址和联系方式，外协产成品全称、数量、规格型号，价格条款，运输方式、交货地点和履约期限，付款方式和期限，质量验收标准和方式、售后服务及其他优惠条款，违约责任和解决争议的办法等。
	工作标准
	完成标准：外协商采购质量检验合格，继续生产。
	考核指标
	外协商原材料现场使用合格率：目标值为____%，具体计算公式如下。 $\text{外协商原材料现场使用合格率}=\frac{\text{外协商原材料现场使用合格数}}{\text{外协商原材料现场使用总数}}\times 100\%$

（续）

任务名称	执行程序、工作标准与考核指标
质量记录验证	**执行程序** ☆对外协商在生产外协件和管理外协件过程中所形成的文件记录进行抽检，确保外协产成品符合企业产品质量要求。 ☆质量记录文件验证合格后，外协商方可继续生产。 **工作重点** 抽检的质量记录文件包括外协商的原材料检验报告表、制程检验标准表、检验作业标准书、操作标准通知单、生产过程记录表、制程巡回检验表、产品不良记录表等。
	工作标准 ☆参考标准：其他同类企业质量记录文件。 ☆完成标准：质量记录文件经检验合格，外协商继续生产。
	考核指标 质量记录文件选择的合理性：文件数量与种类的选择应科学、合理，能够对整个生产过程起到良好的监督、指导作用。
外协产成品质量检验及质量分析报告归档	**执行程序** **1. 外协产成品质量检验** ☆生产结束后，外协商向质量管理部申请成品验收。 ☆质量管理部接受验收申请，并进行外协产成品质量检验。 ☆质量管理部严格按照指定的验收规范和验收方法进行检验，并填写产品质量验收单。 **2. 产品返工或退货** 如果经检验判定外协产成品质量不合格，质量管理部通知外协商按照合作协议对外协产成品办理退货或返工手续。 **3. 验收入库及编制质量分析报告** ☆若经检验判定外协产成品质量合格，质量管理部则为其办理入库手续。 ☆质量管理部编制质量分析报告，报告内容包括外协产成品的型号、规格、材质、性能检验结果等。 **工作重点** 按照规范对成品进行检验，特殊情况除外。
	工作标准 完成标准：顺利入库，并编制质量分析报告。
	考核指标 产品质量原因退货率：目标值为____%，确保检验合格的外协产成品在生产过程中质检合格，尽量减少退货次数，具体计算公式如下。 $产品质量原因退货率=\frac{质量原因退货数}{交付的总数}\times 100\%$
执行规范	
“外协商现场评审办法”“外协合作协议”“外协产成品质量分析报告”。	

5.9 外协质量问题处理流程设计与工作执行

5.9.1 外协质量问题处理流程设计

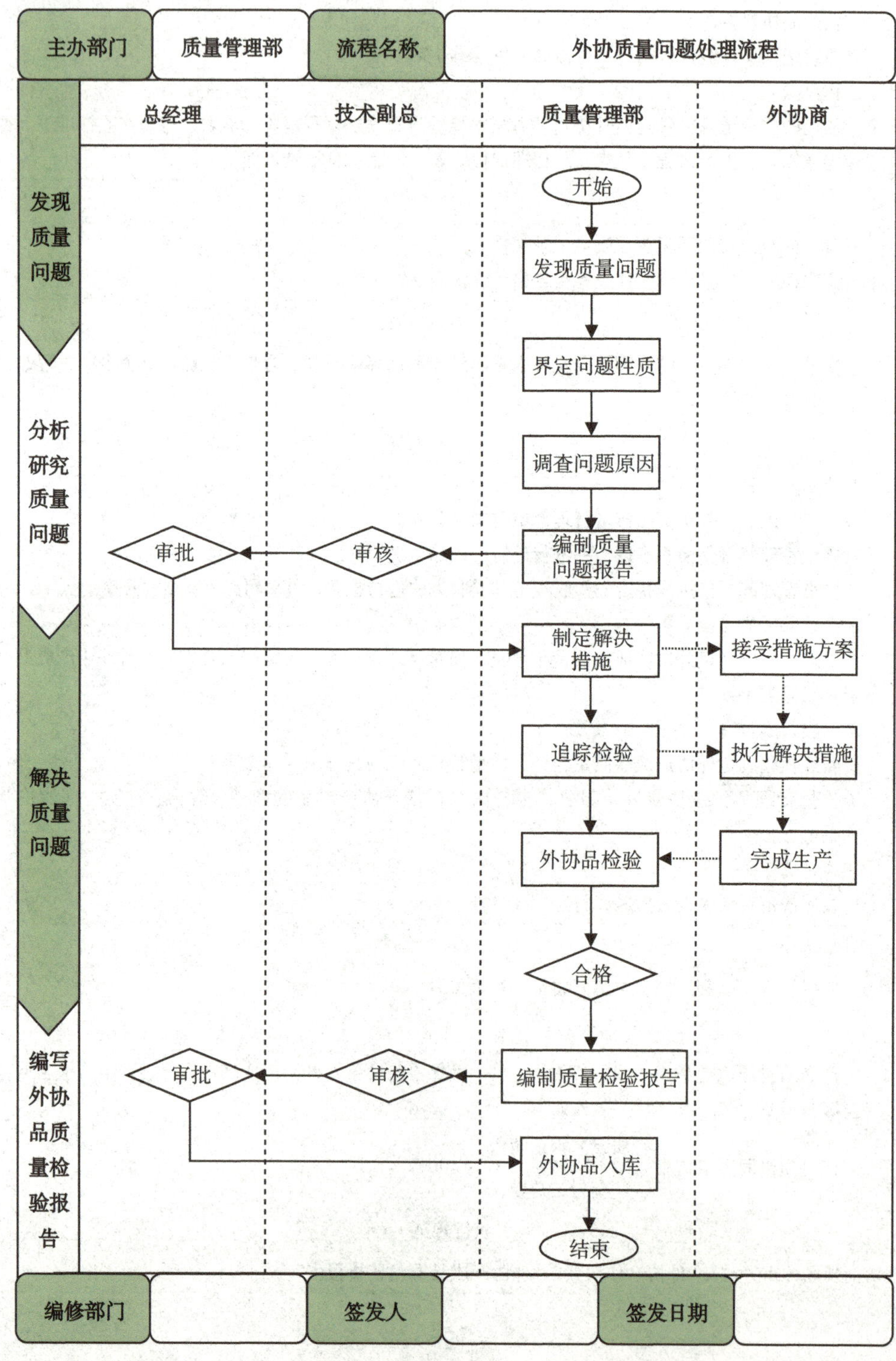

5.9.2 外协质量问题处理执行程序、工作标准、考核指标、执行规范

任务名称	执行程序、工作标准与考核指标
发现质量问题	执行程序
	☆质量管理部对外协品原材料进行检验时若发现质量问题，应及时填写原材料质量检验登记单。 ☆质量管理部对外协品半成品进行检验时若发现质量问题，应及时填写半成品质量检验登记单。 ☆质量管理部对外协品成品进行检验时若发现质量问题，应及时填写成品质量检验登记单。 ☆质量检验的依据是采购物资质量检验规范、检验标准书等。 工作重点 质量问题一旦发现就已经有点晚了，最好提前与外协商做好沟通，尽量避免问题的发生。
	工作标准
	☆参照标准：其他同行业企业的检验标准文书等。 ☆完成标准：质量管理部收集、整理相关问题。
	考核指标
	问题发现及时率：目标值为____%，严格按外协质量检验标准开展质量检验工作，尽可能第一时间发现质量问题，确保外协品的质量和交期，具体计算公式如下。 $问题发现及时率=\frac{及时发现的问题数}{问题总数}\times 100\%$
分析研究质量问题	执行程序
	1. 界定问题性质 ☆质量管理部根据质量检验结果对外协品质量问题的性质做出判断。 ☆质量管理部根据安全性、功能状态、稳定性的数据差异将质量问题分为一般质量问题与重大质量问题。 2. 调查问题原因 质量管理部收集并分析外协商生产过程的文件记录，结合质量检验结果，对质量问题产生的原因做出判断。 3. 编制质量问题报告 ☆质量管理部根据质量问题的基本信息及原因分析，编制外协品质检报告。 ☆质量管理部将质检报告提交技术副总审核、总经理审批。 工作重点 要深入调查问题原因。
	工作标准
	☆参照标准：其他同行业企业的质量问题报告。 ☆完成标准：编制质量问题报告并通过审核、审批。
	考核指标
	质量问题报告编制的规范性：严格按照企业的要求进行编制，确保内容全面、结构清晰、无重大纰漏。

（续）

任务名称	执行程序、工作标准与考核指标
解决质量问题	**执行程序** **1. 制定解决措施** 质量报告审批通过后，质量管理部相关负责人按照审批意见制定外协质量问题解决方案。 **2. 追踪检验** ☆外协商严格按照质量管理部的要求执行质量问题的处理方案，并做出生产安排。 ☆质量管理部派专员监督外协商执行质量问题相关措施的实施情况。 **3. 外协品检验** ☆外协商按要求完成外协品的生产任务，并提请质量管理部进行验收。 ☆质量管理部接受验收申请，并进行质量检验，检验内容包括产品外观、产品结构、尺寸检验、性能检验等。 ☆质量管理部应严格按照指定的验收规范和验收方法进行检验，并填写产品质量验收单。 **工作重点** 根据质检报告的结果，将质量问题解决方案分为一般质量问题解决方案和重大质量问题解决方案，具体可行的措施包括返工、返修、让步接收、报废处理等。
	工作标准
	完成标准：外协质量问题顺利解决，且成品达到合格标准。
	考核指标
	解决措施的有效性：针对质量问题的分析结果制定解决方案，做到对症下药。
编写外协品质量检验报告	**执行程序** **1. 编制质量检验报告** ☆质量检验结果合格，质量管理部要编写外协品质量检验报告，报告内容包括外协品的型号规格、质量标准、质量检验过程、结果等。 ☆质量管理部将外协品质量检验报告报技术副总审核、总经理审批。 **2. 外协品入库** 质检报告通过审批后，质量管理部办理外协品入库手续。 **工作重点** 质量检验报告要符合企业规范。
	工作标准
	完成标准：外协品质量检验报告通过审批，外协品入库。
执行规范	
“采购物资质量检验规范”“检验标准书”“外协品质量问题解决方案”“外协品质量检验报告”。	

5.10 供应商产品批准流程设计与工作执行

5.10.1 供应商产品批准流程设计

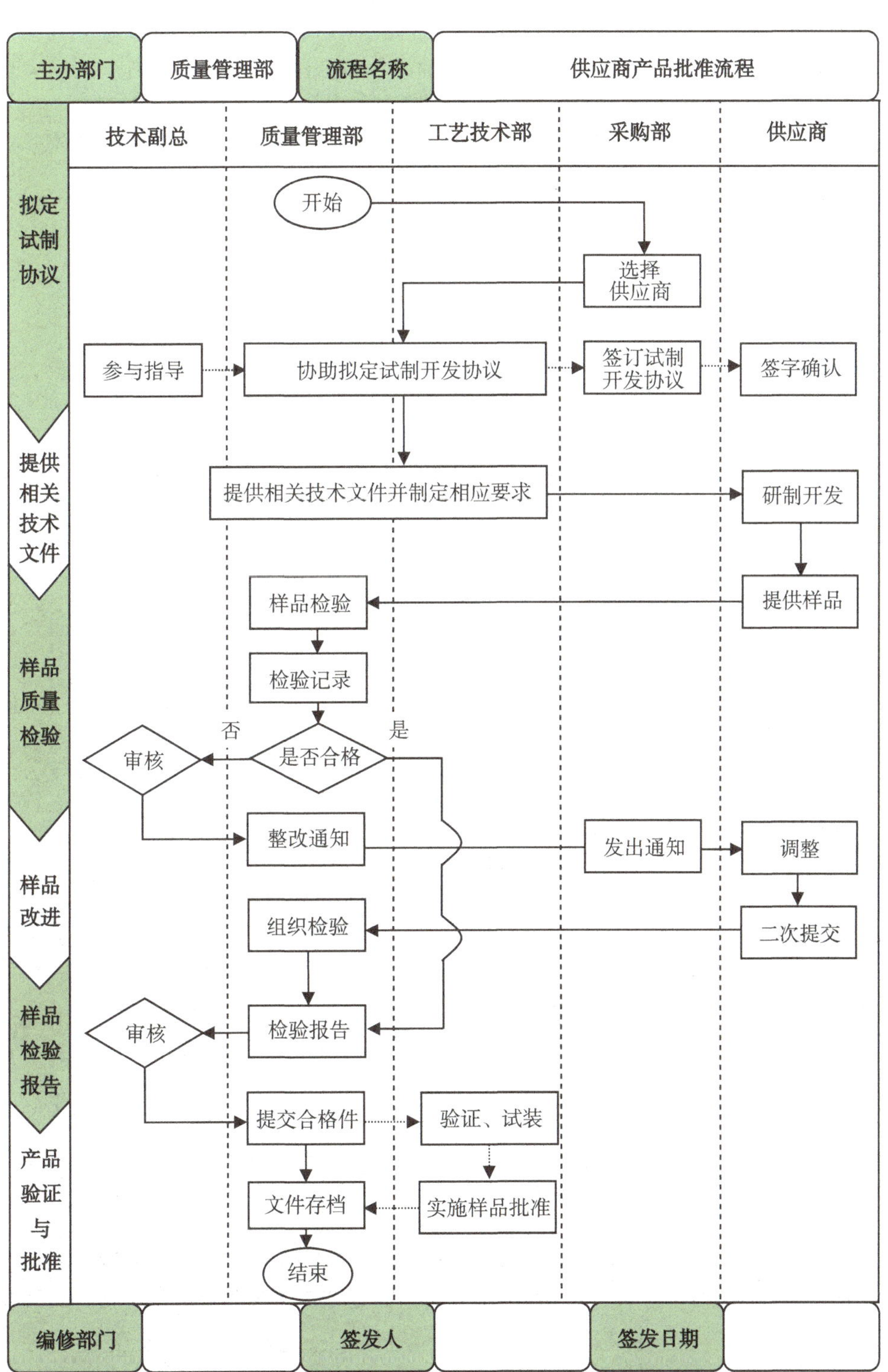

5.10.2 供应商产品批准执行程序、工作标准、考核指标、执行规范

<table>
<tr><th>任务名称</th><th>执行程序、工作标准与考核指标</th></tr>
<tr><td rowspan="6">拟定试制协议</td><td>执行程序</td></tr>
<tr><td>1. 选择供应商
采购部对供应商进行筛选后，根据采购需求和其他相关条件确定试制的供应商。
2. 协助拟定试制开发协议
☆质量管理部根据企业质量管理制度、产品质量要求，协助采购部拟定与质量有关的条款。
☆质量管理部协助工艺技术部拟定与产品技术工艺有关的条款。
☆采购部代表企业与供应商签订试制开发协议。
工作重点
拟定试制开发协议时要确保内容清晰、明了、精细化，同时还要考虑供应商本身的能力。</td></tr>
<tr><td>工作标准</td></tr>
<tr><td>☆参照标准：产品本身的创意来源与要求。
☆完成标准：采购部与供应商签订试制开发协议。</td></tr>
<tr><td>考核指标</td></tr>
<tr><td>协议的有效性：符合相关法律法规的要求，且内容全面，对产品的规格、样式等有明确规定。</td></tr>
<tr><td rowspan="4">提供相关技术文件</td><td>执行程序</td></tr>
<tr><td>☆质量管理部向供应商提供与产品质量有关的文件，并向供应商介绍产品试制质量方面的要求。
☆工艺技术部向供应商提供与产品技术工艺有关的文件，并向供应商介绍产品工艺方面的要求。
☆供应商根据本企业的相关要求进行产品试制开发工作。
工作重点
质量管理部除了要提供相关技术文件和制定相应要求，还要让对方明确如何做好产品试制开发工作。</td></tr>
<tr><td>工作标准</td></tr>
<tr><td>☆参照标准：其他同行业企业的产品要求及技术文件。
☆完成标准：供应商根据产品要求和技术文件开始试制。</td></tr>
<tr><td rowspan="2">样品质量检验</td><td>执行程序</td></tr>
<tr><td>1. 样品检验
☆供应商向质量管理部提交产品样品。
☆质量管理部对供应商提交的样品进行检验，核实提交的样品证明资料，按检验卡片、图纸、零部件样品检验规程实施验证。
2. 检验记录
☆质量管理部根据检验结果填写检验记录单。
☆对于不合格的样品，质量管理部应将检验记录单提交技术副总审核。
☆对于首次检验即合格的样品，质量管理部应拟定样品检验报告。
工作重点
提交样品时，供应商必须同时提交以下证明资料：合格零部件检验记录、产品合格证、该产品所用原材料的合格质量证明，其中合格零部件检验记录一般包括零部件的材质、几何尺寸、外观、性能等内容。</td></tr>
</table>

（续）

<table>
<tr><th>任务名称</th><th>执行程序、工作标准与考核指标</th></tr>
<tr><td rowspan="4">样品质量检验</td><td>工作标准</td></tr>
<tr><td>☆参考标准：样品检验规程。
☆完成标准：样品按规定进行检验，同时做好记录。</td></tr>
<tr><td>考核指标</td></tr>
<tr><td>☆检验过程的合理性：应用适当的检验方式与规范的理化检验流程对样品进行检验。
☆质检工作及时完成率：目标值为____%，具体计算公式如下。
$$质检工作及时完成率=\frac{及时完成的质检工作项数}{需完成的质检工作项数}\times 100\%$$</td></tr>
<tr><td rowspan="4">样品改进</td><td>执行程序</td></tr>
<tr><td>1. 整改通知
☆对于首次检验存在问题的样品，技术副总要审核检验记录单，并召集相关人员制定整改措施，质量管理部质检人员据此拟定样品改进通知。
☆质检人员将样品改进通知交给采购部，由其发给供应商。
☆供应商接到样品改进通知后，拟订整改计划，并按要求和计划实施样品的改进工作。
2. 组织检验
☆供应商按要求及时提交改进后的样品。
☆对于供应商二次提交的样品，质检人员要再次进行检验，对于上次出现的问题，要严格进行把关。
☆对于所提样品仍不合格的供应商，不应将其列入合格供应商名录，且不予向其发放产品配套批准证书。
工作重点
对于样品改进，要考虑企业的管理与技术水平，如果可以的话，质量管理部要对供应商的样品改进过程进行评估。</td></tr>
<tr><td>工作标准</td></tr>
<tr><td>完成标准：按照规范进行样品改进工作，供应商改进后再次检验并得出结论。</td></tr>
<tr><td rowspan="6">样品检验报告</td><td>执行程序</td></tr>
<tr><td>☆检验工作结束后，相关人员应按规定及时拟定样品检验报告。
☆质量管理部将样品检验报告提交技术副总审核。
工作重点
相关人员在编写样品检验报告时，可以请供应商代表参与进来，向他们传递企业在质量管理方面的一些理念和方法。</td></tr>
<tr><td>工作标准</td></tr>
<tr><td>完成标准：样品检验报告拟定完成并提交技术副总审核。</td></tr>
<tr><td>考核指标</td></tr>
<tr><td>质量检验报告内容的规范性：严格按照检验报告的格式、结构要求编制，确保内容全面、无重大纰漏。</td></tr>
</table>

（续）

任务名称	执行程序、工作标准与考核指标
产品验证与批准	**执行程序** ☆样品检验报告经技术副总审核通过后，质量管理部将无质量问题的样品、供应商提交的产品过程资料交给工艺技术部。 ☆工艺技术部对供应商提交的样品制造过程资料进行验证、批准，并编制产品技术问题通知单，下发至供应商安排试装。 ☆供应商按零部件试装管理工作标准组织对样品进行试装，工艺技术部根据试装结果，对供应商的样品实施批准。 **工作重点** 工艺技术部要有一套自己的工作验证程序和标准。 **工作标准** 完成标准：供应商所提交的样品合格。 **考核指标** 样品现场使用合格率：目标值为____%，具体计算公式如下。 $样品现场使用合格率=\frac{现场使用合格的样品数}{现场使用的样品总数}\times 100\%$
执行规范	
"企业质量管理制度""产品质量说明书""产品工艺说明书""试制开发协议""样品检验报告"。	

5.11 供应商评价流程设计与工作执行

5.11.1 供应商评价流程设计

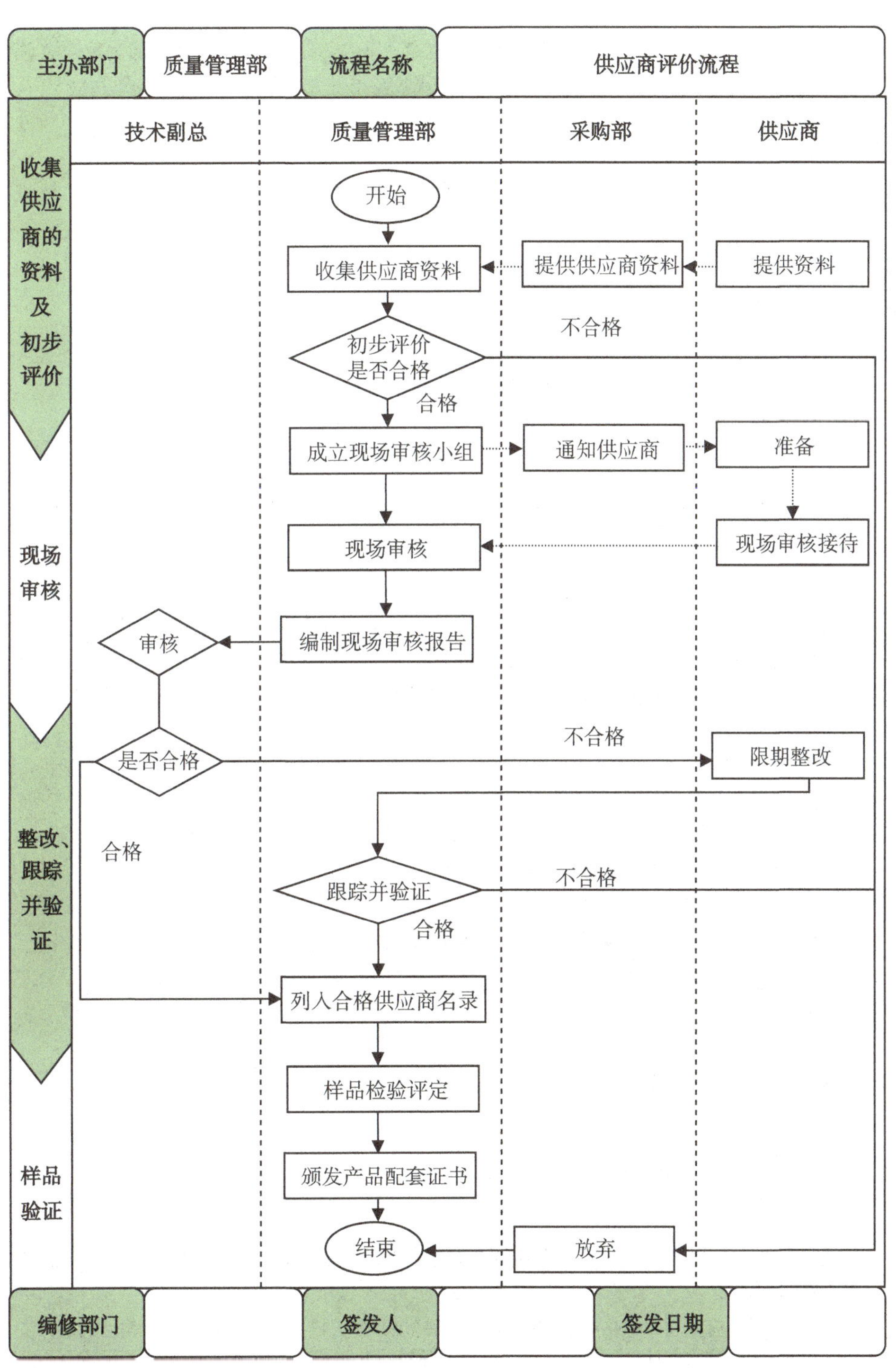

5.11.2 供应商评价执行程序、工作标准、考核指标、执行规范

任务名称	执行程序、工作标准与考核指标
收集供应商的资料及初步评价	**执行程序** **1. 收集供应商资料** ☆质量管理部收集相关供应商资料，包括供应商、采购部提供的资料，也可通过发放供应商调查表，进行资料收集。供应商在质量体系、信誉、价格等方面需符合企业的要求。 ☆质量管理部经理组织相关人员汇总收集的资料，并进行整理、分析。 **2. 初步评价是否合格** ☆质量管理部对供应商的质量体系、信誉、价格、服务等做出初步评价。 ☆对于初步评价不合格的供应商，应直接放弃。 **工作重点** 不管其他相关部门收集了多少资料，质量管理部都必须有自己独特的信息收集渠道和判断标准。 **工作标准** ☆参照标准：其他同行业企业的供应商信息。 ☆完成标准：质量管理部收集部分供应商信息并对其做出初步评价。 **考核指标** 供应商资料完备性：对供应商相关的资信资料的收集尽可能全面，为初步选择供应商提供支持。
现场审核	**执行程序** **1. 成立现场审核小组** ☆质量管理部组织采购部及相关部门的专业人员成立现场评审小组，并确定现场评审方案，内容包括评审项目、评审方式、评审流程、评审人员、评审预算等。 ☆现场审核小组严格按照ISO质量体系要求、评审方案等共同完成供应商的现场考察和审核工作。 **2. 现场审核** ☆质量管理部组织对经过初步评价合格的供应商进行现场评审，评审内容包括生产技术水平、设施设备运行情况、经营管理水平、财务情况等。 ☆采购部协助质量管理部通知供应商准备现场审核所需的文件、ISO质量体系文件（质量手册、程序文件、作业指导书及相关质量记录文件）。 **3. 编制现场审核报告** ☆现场审核工作完成后，现场审核小组应在规定时间内编制现场审核报告。 ☆质量管理部将现场审核报告提交技术副总审核，即审核现场评审方法是否科学，评审结论是否准确等。 **工作重点** 现场评审小组人员不但要有足够的专业性，而且要有广泛的代表性。 **工作标准** 完成标准：所编制的报告通过技术副总的审核。 **考核指标** ☆审核方式的严谨性：严格按照合格供应商的资质标准进行审核，并应用科学的方式、方法进行评定。 ☆审核结果的有效性：根据审核结果，在处理的过程中，没有出现与审核结果相悖的地方。

（续）

<table>
<tr><th>任务名称</th><th>执行程序、工作标准与考核指标</th></tr>
<tr><td rowspan="6">整改、跟踪并验证</td><td>执行程序</td></tr>
<tr><td>1. 评审合格
对于现场评审合格的供应商，将其列入合格供应商名录。
2. 限期整改
对于现场评审不合格的供应商，通知其限期整改，并对整改时间和整改内容提出要求。
3. 跟踪并验证
☆对限期整改的供应商进行跟踪并验证，检查其是否按照整改要求进行整改，整改力度是否合理，整改方法是否得当等。
☆对于未通过整改验证的供应商，将其从合格供应商名录中剔除。
4. 列入合格供应商名录
对于经整改且验证合格的供应商，可将其列入合格供应商名录。
工作重点
关于限期整改、跟踪并验证，要先与供应商做好沟通工作。</td></tr>
<tr><td>工作标准</td></tr>
<tr><td>完成标准：企业合格供应商名录内容不断增多。</td></tr>
<tr><td>考核指标</td></tr>
<tr><td>产品抽检合格率：目标值为____%，具体计算公式如下。
$$产品抽检合格率=\frac{抽检产品合格数}{抽检产品总数}\times 100\%$$</td></tr>
<tr><td rowspan="6">样品验证</td><td>执行程序</td></tr>
<tr><td>1. 样品检验评定
对合格供应商名录中的供应商，质量管理部根据本企业的实际需要，组织实施样品验证工作，并出具样品检验报告。
2. 颁发产品配套证书
通过样品验证的供应商即为企业的合格供应商，企业可向其颁发产品配套证书。
工作重点
质量管理部可以采用各种措施鼓励供应商积极参与制定本企业的质量提升方案。</td></tr>
<tr><td>工作标准</td></tr>
<tr><td>完成标准：确定合格的供应商，并向其颁发产品配套证书。</td></tr>
<tr><td>考核指标</td></tr>
<tr><td>产品质量原因退货率：目标值为____%，具体计算公式如下。
$$产品质量原因退货率=\frac{因质量原因退货的产品数}{交付的产品总数}\times 100\%$$</td></tr>
<tr><th colspan="2">执行规范</th></tr>
<tr><td colspan="2">“供应商初步评价书”“现场评审方案”“现场审核报告”“样品检验报告”。</td></tr>
</table>

第6章 产品生产制作过程质量管控

6.1 制程检验管理流程设计

6.1.1 流程设计的目的

制程控制（InPut Process Quality Control，IPQC）是指对产品从物料投入生产到最终包装过程的品质控制。在实践中，制程控制分为制程检验和质量控制两个部分。

制程检验是对产品生产过程中各个环节质量的检验（多种检验方式相结合），是企业质量管理工作中的重要一环。企业设计制程检验管理流程的目的如下。

（1）规范生产过程质量检验管理工作，为质量检验、分析、异常处理工作提供依据，从而提高产品质量。

（2）规范制程质量检验的作业方法，使检验员在工作中有章可循，避免生产过程出现批量性质量异常。

（3）完善产品质量问题的研究、分析和改善工作，对导致出现异常频率比较高的因素制定相应措施，以保证生产进度。

（4）完善质量指标，使质量指标真实反映企业产品质量状况，对部门质量改进提供参考。

（5）明确质量异常情况处理措施，确保问题有效、快速解决，防止异常情况再次发生，保持产品质量的稳定。

6.1.2 流程结构设计

制程检验管理包括质量检验、质量分析、质量指标报告、质量异常处理等，具体结构如图 6-1 所示。

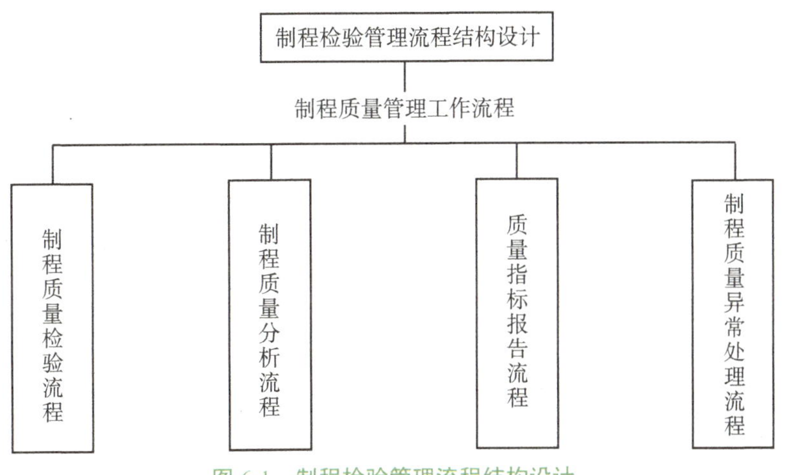

图 6-1 制程检验管理流程结构设计

6.2 质量控制管理流程设计

6.2.1 流程设计的目的

质量控制管理是为了通过监督质量形成过程，消除质量环节上所有阶段引起不合格或不满意效果的因素，而采用的各种质量控制技术和活动，使产品质量自始至终不会出现异常。有效的质量控制管理是保证产品质量的必要手段。企业设计质量控制管理流程的目的如下。

（1）规范质量控制工作，为产品质量问题的处理提供解决方案。

（2）加强日常的质量检查力度，使全体员工重视质量。

（3）加强质量纠纷、质量违纪、质量责任仲裁工作。对于主观原因造成的质量问题，进行质量责任认定，确保产品质量追溯，并进行严格处理。

（4）加强生产过程的质量控制，从原材料的采购、设备的投入使用到整个产品的生产，确保产品的质量。

（5）合理运用各种质量控制方法、手段，对各工序进行检查，确保生产始终处于受控状态，使企业能稳定地生产合格产品。

6.2.2 流程结构设计

围绕产品质量形成过程，对影响产品质量的各个环节进行全面质量控制，其流程设计可围绕质量控制各个环节进行，具体结构如图 6-2 所示。

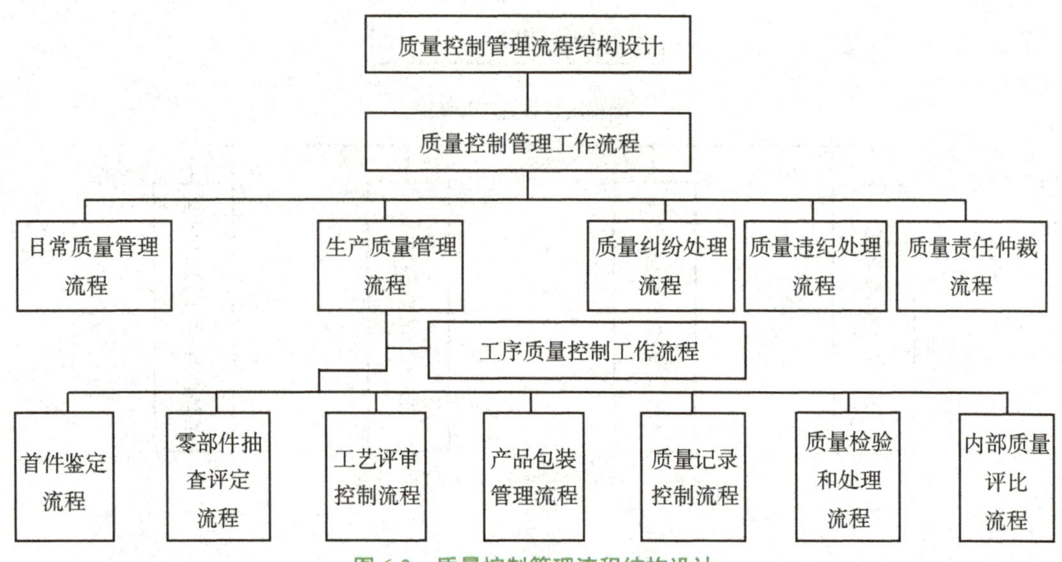

图 6-2　质量控制管理流程结构设计

6.3 制程质量管理流程设计与工作执行

6.3.1 制程质量管理流程设计

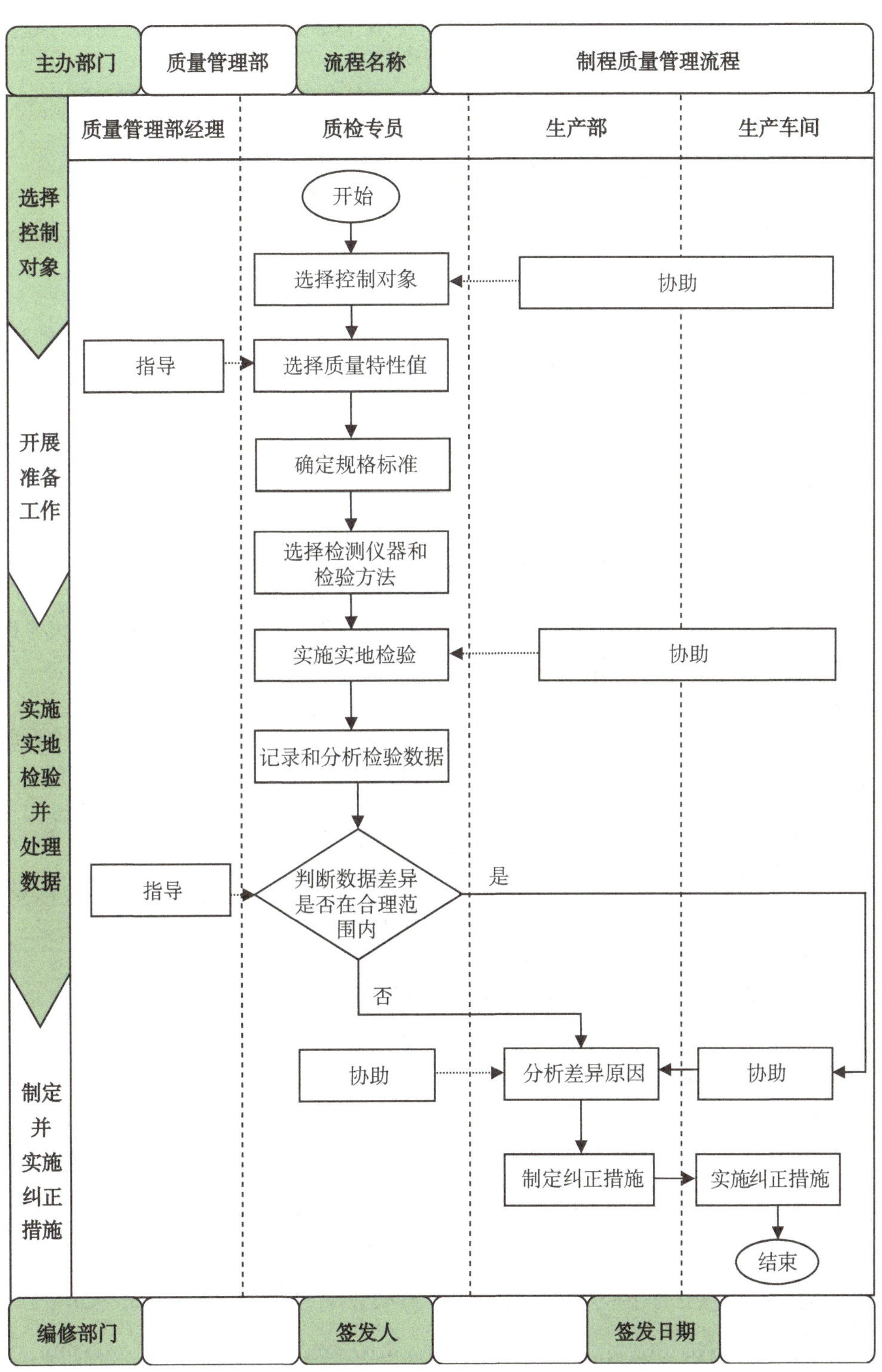

6.3.2 制程质量管理执行程序、工作标准、考核指标、执行规范

任务名称	执行程序、工作标准与考核指标
选择控制对象	**执行程序** ☆质检专员根据企业制程质量管理规定，定期或不定期地开展制程质量的控制工作，并选择具体的控制对象。 ☆生产部及各生产车间从生产管理和生产操作方面，选择控制对象，以提供协助。 **工作重点** 不定期地开展制程质量控制工作很重要，质检专员要充分重视并制定相应的控制措施。 **工作标准** 完成标准：选定控制对象。 **考核指标** 控制对象的代表性：要选择能够代表整个工序质量、整个批次产品质量的对象，以增强制程检查的有效性。
开展准备工作	**执行程序** **1. 选择质量特性值** ☆质检专员根据控制对象质量管理要求，选择具体质量特性值，包括控制对象的尺寸、重量、硬度、力度、外观等。 ☆质量管理部经理指导质检专员选择具体特性。 **2. 确定规格标准** 质检专员根据企业控制对象的质量要求，明确控制对象应当达到的规格和标准。规格是指物件的体积、大小等；标准则是指控制对象应当达到的产品质量要求。 **3. 选择检测仪器和检验方法** 根据具体的检验事项，质检专员选择检测仪器、确定具体的检验方法。检测仪器要确保能够获得控制对象完整的质量数据。 **工作重点** 准备工作要细致、全面，不能浮于表面，尤其是质量规格标准，可以将其分为几个等级，再按等级制定具体的要求。 **工作标准** ☆参照标准：其他同行业企业的质量特性值、规格标准等资料。 ☆完成标准：准备工作充分，可随时开展实地检验。 **考核指标** ☆检测仪器选择的规范性：要符合制程检查以及质量管理的相关标准和要求，在使用之前要对检测仪器进行检查和校正。 ☆检验方法选择的科学性：既要符合制程检查的相关标准，又要根据监控对象的差异进行有针对性的选择。
实施实地检验并处理数据	**执行程序** **1. 实施实地检验** ☆质检专员在规定的时间和地点，到达生产车间开展实地检验工作。实地检验工作的开展以不影响生产车间的正常工作为前提。

（续）

任务名称	执行程序、工作标准与考核指标
实施实地检验并处理数据	☆各生产车间相关人员协助质检专员开展实地检验工作，包括检验时间、地点的协调，检验工作与生产工作的协调等，并及时将相关数据记录在制程质量检验记录表中。 2. 记录和分析检验数据 质检专员认真记录质量检验所获取的数据，并结合产品质量标准要求对其进行分析，即分析产品的规格、尺寸、结构、比例、性能要求等是否与标准值有差异。 3. 判断数据差异是否在合理范围内 质检专员将分析结果和产品标准要求进行对比，判断数据差异是否在合理的范围内，是否存在产品质量问题，若差异超出了合理的范围，则填写制程异常反馈表。 工作重点 进行实地检验时要注意现场环境对数据的影响。
	工作标准
	完成标准：质检专员进行实地检验后得出数据并做出判断。
	考核指标
	工作目标按计划完成率：目标值为____%，严格按照检验计划、检验目标执行，具体计算公式如下。 $工作目标按计划完成率=\frac{按计划完成的工作目标数}{工作目标总数}\times 100\%$
制定并实施纠正措施	执行程序
	1. 分析差异原因 ☆如果检验数据超出了合理范围，生产部就要组织相关车间负责人分析差异原因，并采取改进措施。 ☆质量管理部经理指导质检专员进行数据分析和判断工作，以确保分析和判断的科学性、有效性。 ☆生产部根据质检专员提供的数据，在生产车间的协助下，分析数据偏离的原因，制定纠正措施并组织实施，同时编制制程质量异常处理表。 2. 制定纠正措施 各生产车间组织实施生产部制定的纠正措施，确保制程质量符合产品质量的要求。 工作重点 质量管理部和生产部就质量问题的原因进行分析，并制定纠正措施。
	工作标准
	完成标准：纠正措施合理、有效，制程质量符合产品质量的要求。
	考核指标
	产品抽检合格率：目标值为____%，确保纠正工作完成后的产品质量抽检合格，具体计算公式如下。 $产品抽检合格率=\frac{产品抽检合格数}{产品抽检总数}\times 100\%$
执行规范	
“制程质量管理规定”“质量管理标准”“制程检验办法”。	

6.4 制程质量检验流程设计与工作执行

6.4.1 制程质量检验流程设计

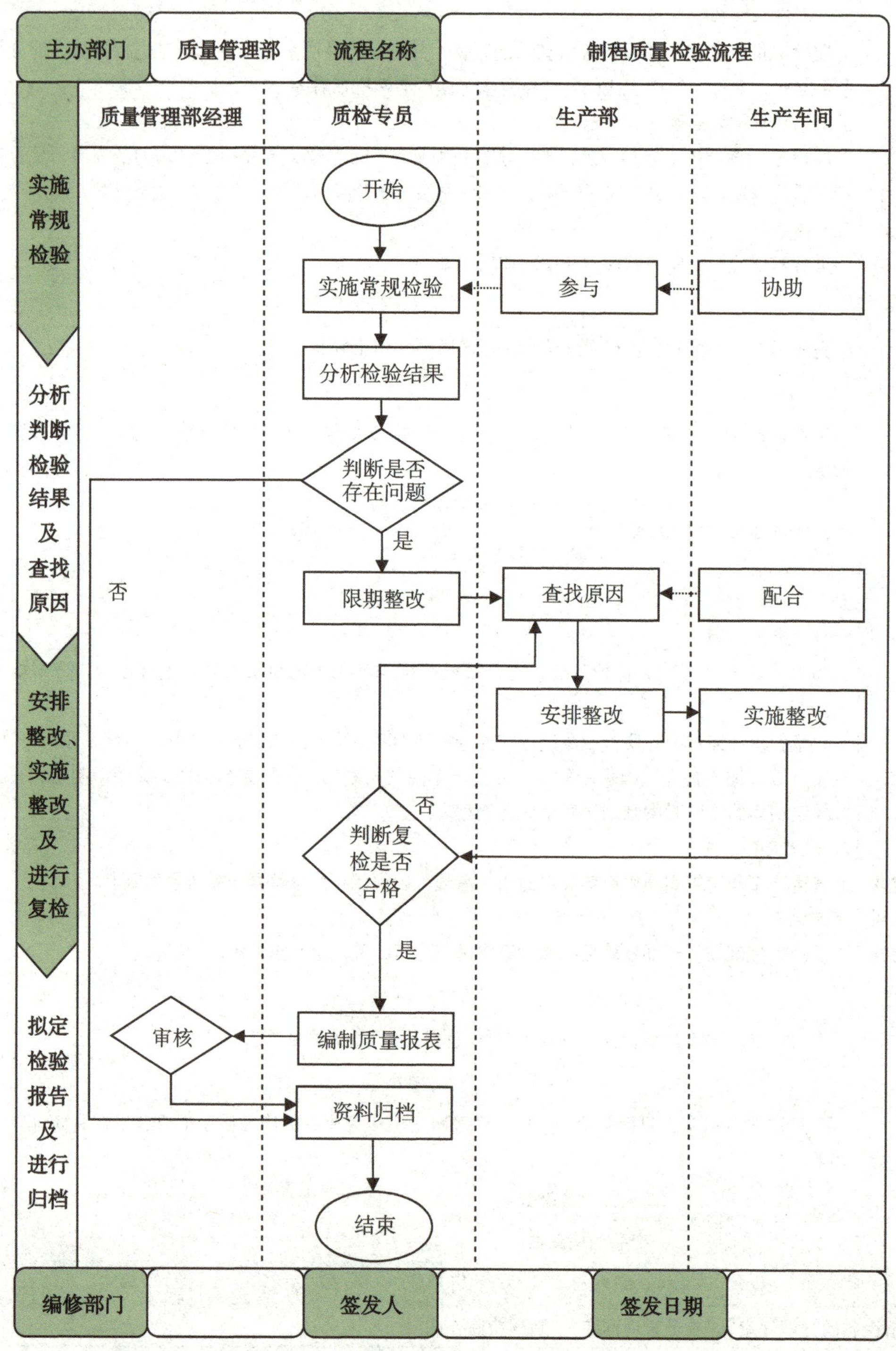

6.4.2 制程质量检验执行程序、工作标准、考核指标、执行规范

任务名称	执行程序、工作标准与考核指标
实施常规检验	**执行程序**
	☆在资料准备充分的基础上，质检专员根据生产计划和生产进度在既定时间和地点对制程质量实施常规检验。 ☆质检专员及时将制程质量检查结果登记在制造流程检验标准表、产品质量检验标准表或检验作业标准书中。 ☆生产部和各生产车间及时参与并协助质检专员开展常规检验工作。生产部主要进行相关人员检验与生产活动的协调工作，生产车间则进行场地和检验对象的配合工作。 **工作重点** 常规检验内容主要包括工艺流程查核、计量仪器检验、作业人员作业标准指导等，常用的检验方法包括抽样检验和巡回检验。
	工作标准
	☆参照标准：其他同行业企业的常规检验情况。 ☆完成标准：在生产部和各生产车间的协助下，质检专员完成常规检验工作。
	考核指标
	质检工作及时完成率：目标值为____%，具体计算公式如下。 $\text{质检工作及时完成率} = \frac{\text{及时完成的质检次数}}{\text{应完成的质检总次数}} \times 100\%$
分析判断检验结果及查找原因	**执行程序**
	1. 分析检验结果 ☆质检专员根据企业相关规定对检验数据进行分析。 ☆质检专员在分析检验数据的基础上，与企业的制程质量要求进行比较，判断其是否存在问题，如工艺问题、流程问题以及人员问题等。 **2. 查找原因** ☆质检专员对检验数据进行客观分析，若检验结果不存在问题，则将检验过程的相关记录分类归档保存；若检验结果存在问题，则向生产部提出限期整改要求。 ☆生产部根据质检专员的限期整改要求，认真分析问题产生的原因。 ☆生产车间配合生产部查找、分析质量问题产生的原因。 **工作重点** 生产部要深入分析问题产生的原因。
	工作标准
	完成标准：生产部及生产车间查找问题产生的原因。
	考核指标
	质量问题分析的全面性：要对质量问题的原因、影响等做出科学、全面的分析。

（续）

任务名称	执行程序、工作标准与考核指标
安排整改、实施整改及进行复检	**执行程序**
	1. 安排整改 ☆在全面分析原因的基础上，生产部制定并组织实施整改措施。 ☆生产车间根据生产部整改措施及相关安排，落实整改意见，包括工艺改进、流程优化、人员调配等。 **2. 判断复检是否合格** ☆质检专员对限期整改后的制程质量进行跟踪复检，记录数据并分析结果。 ☆质检专员判断整改是否解决了问题，若仍存在问题，则要求生产部再次查找原因并组织实施二次整改，直至相关质量问题得到妥善解决。 **工作重点** 质量提升的关键就在这一步，质检专员一定要抓住机会。
	工作标准
	完成标准：经过整改，相关质量问题得到妥善解决。
	考核指标
	☆整改措施制定的可行性：针对企业生产现实情况、设备、技术条件等制定可实际操作的措施。 ☆质量整改项目按时完成率：力争达到____%，具体计算公式如下。 $\text{质量整改项目按时完成率}=\dfrac{\text{按时完成的质量整改项目数}}{\text{质量整改计划的项目数}}\times 100\%$ ☆产品抽检合格率：目标值为____%。
拟定检验报告及进行归档	**执行程序**
	1. 编制质量报表 ☆质检专员就检验和复检情况编制质量报表。 ☆质检专员将质量报表报质量管理部经理审核，然后根据审核意见对其进行修改和完善。 **2. 资料归档** 质检专员将常规检验和复检过程中形成的所有文件进行归档保存，包括质量报表及数据记录单等，以便日后查找和调用。 **工作重点** 报表内容包括检验的数据、存在的问题、整改措施、整改后发生的改变，以及日后工作中需改进的事项等。
	工作标准
	完成标准：质检专员将各种文件资料归档保存。
执行规范	
“制程质量检验规定”“制程整改措施”“企业档案管理制度”。	

6.5 制程质量分析流程设计与工作执行

6.5.1 制程质量分析流程设计

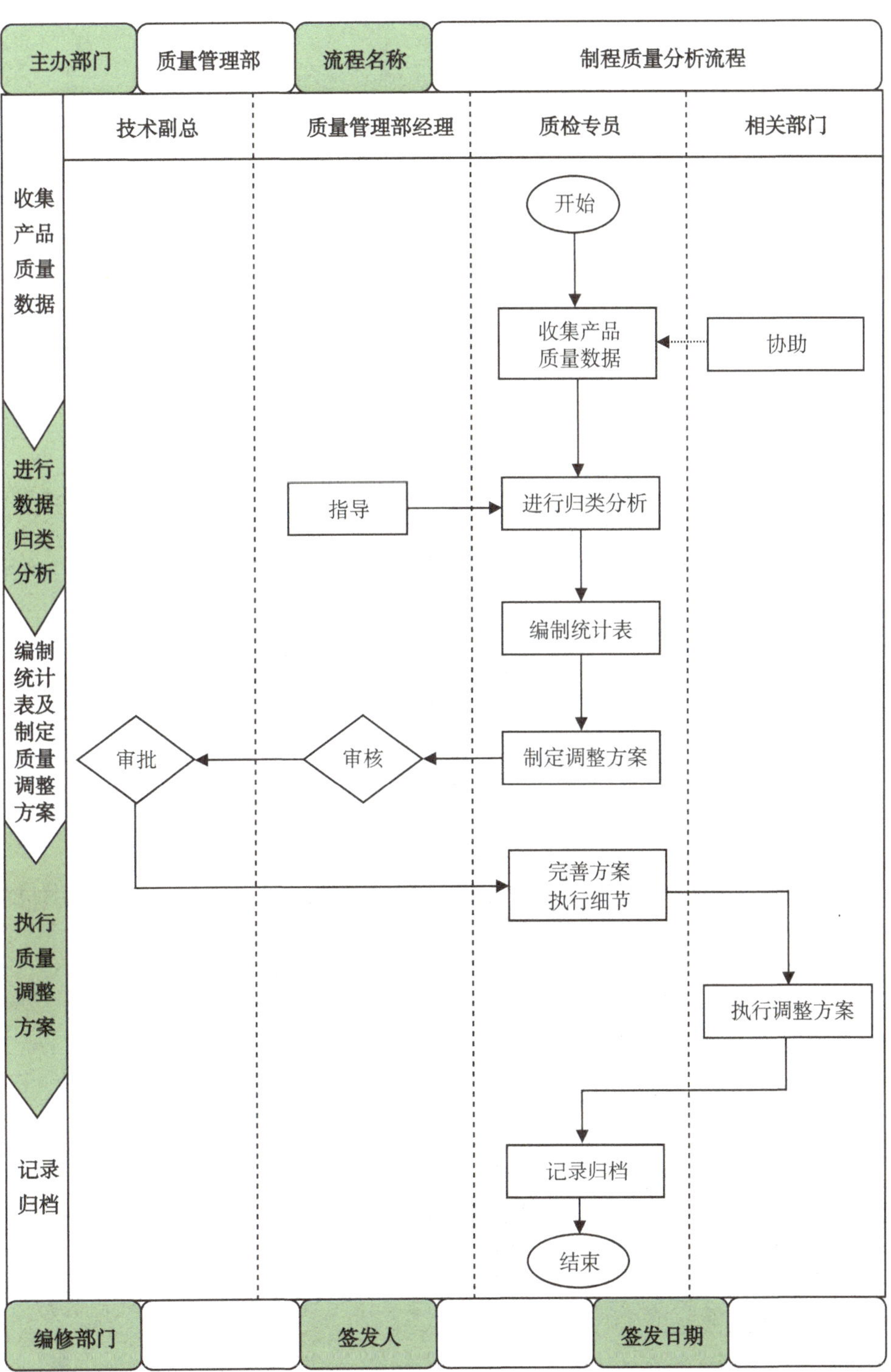

6.5.2 制程质量分析执行程序、工作标准、考核指标、执行规范

<table>
<tr><th>任务名称</th><th>执行程序、工作标准与考核指标</th></tr>
<tr><td rowspan="6">收集产品质量数据</td><td>执行程序</td></tr>
<tr><td>☆质检专员随时收集有效的产品质量数据，这些数据包括原材料、半成品、制程及产成品的质量数据等。
☆相关部门应对质检专员的数据采集工作给予支持。
工作重点
质量数据的代表性既要广泛，又要突出重点。</td></tr>
<tr><td>工作标准</td></tr>
<tr><td>☆参照标准：其他同行业企业的质量数据资料。
☆完成标准：质检专员收集足够的产品质量数据。</td></tr>
<tr><td>考核指标</td></tr>
<tr><td>质量数据出错率：应控制在____%之内，具体计算公式如下。
$$质量数据出错率=\frac{查出有误质量数据数量}{提交质量数据总数}\times 100\%$$</td></tr>
<tr><td rowspan="4">进行数据归类分析</td><td>执行程序</td></tr>
<tr><td>☆质检专员对所收集的产品质量数据进行汇总，并依据不同数据的特征进行分类，分类要体现企业质量管理的发展方向和要求。
☆质量管理部经理从企业产品战略的角度对质检专员的信息汇总分类工作给予指导，以保证产品数据的有效性。
工作重点
对数据进行归类时，质检专员要注意关注最新的业内动态，确保数据的有效性。</td></tr>
<tr><td>工作标准</td></tr>
<tr><td>☆参照标准：其他同行业企业的质量数据分类标准。
☆完成标准：准确无误地完成质量数据分类工作。</td></tr>
<tr><td rowspan="2">编制统计表及制定质量调整方案</td><td>执行程序</td></tr>
<tr><td>1. 编制统计表
☆质检专员综合分析各种数据统计表的编制方法，比较其适用范围和优劣势，并选择适用的编制方法。
☆在明确企业产品质量数据要求的前提下，质检专员编制数据统计表，并对数据进行全面分析，以提取有价值的信息。
2. 制定调整方案
☆质检专员根据提取的有效价值信息，分析企业各环节质量存在的问题及有待改善的地方，制定质量调整方案，并报质量管理部经理审核。
☆质量管理部经理从企业质量管理规划的角度，综合分析调整方案，决定是否进行相应调整。
☆若质量管理部经理认为无调整的必要，质检专员则将统计表分发给相关部门，以备参考；若有调整的必要，则将调整意见附在调整方案上报技术副总审批。
☆技术副总从企业总体产品战略规划的角度对调整方案进行把关。
☆若技术副总认为无调整的必要，相关部门则直接执行方案；若有调整的必要，则将方案交给质检专员开展下一步的工作。</td></tr>
</table>

（续）

<table>
<tr><th>任务名称</th><th>执行程序、工作标准与考核指标</th></tr>
<tr><td rowspan="5">编制统计表及制定质量调整方案</td><td>工作重点
调整方案虽由质检专员提出，但质量管理部经理也要给予适时指导。</td></tr>
<tr><td>工作标准</td></tr>
<tr><td>完成标准：完成调整方案的制定工作。</td></tr>
<tr><td>考核指标</td></tr>
<tr><td>统计报表出错次数：在当期统计报表中，发现错误次数之和应控制在____次之内。</td></tr>
<tr><td rowspan="6">执行质量调整方案</td><td>执行程序</td></tr>
<tr><td>1. 完善方案执行细节
质检专员根据技术副总的审批意见对调整方案加以完善，重点完善方案的执行细节，如材料工具准备、人员匹配、工作时间调整等。
2. 执行调整方案
相关部门应认真执行质量调整方案，改进优化本部门的质量标准，包括原料采购质量、生产质量及仓库质量要求等。
工作重点
在完善方案执行细节时一定要参考一线工作的具体情况，这就要求质检专员最好有一定的一线工作经验。</td></tr>
<tr><td>工作标准</td></tr>
<tr><td>完成标准：完善质量调整方案并执行。</td></tr>
<tr><td>考核指标</td></tr>
<tr><td>☆交货期达成率：目标值为____%，具体计算公式如下。
$$交货期达成率=\frac{交货期无误次数}{交货期总次数}\times 100\%$$
☆产品抽检合格率：目标值为____%。</td></tr>
<tr><td rowspan="6">记录归档</td><td>执行程序</td></tr>
<tr><td>☆质检专员对所有质量数据的统计信息进行归档保存，包括统计表、质量调整方案等。
☆质检专员对质量调整方案执行情况进行跟踪和汇总，为新一轮质量数据的分析统计工作奠定基础。</td></tr>
<tr><td>工作重点
对有价值的信息进行归档，这就要求质检专员平时做好对文件的分类标记工作。</td></tr>
<tr><td>工作标准</td></tr>
<tr><td>完成标准：质检专员对有价值的统计信息归档。</td></tr>
<tr><td>考核指标</td></tr>
<tr><td></td><td>资料归档工作分类准确性和流程规范性。</td></tr>
<tr><th colspan="2">执行规范</th></tr>
<tr><td colspan="2">“制程质量调整方案”。</td></tr>
</table>

6.6 质量指标报告流程设计与工作执行

6.6.1 质量指标报告流程设计

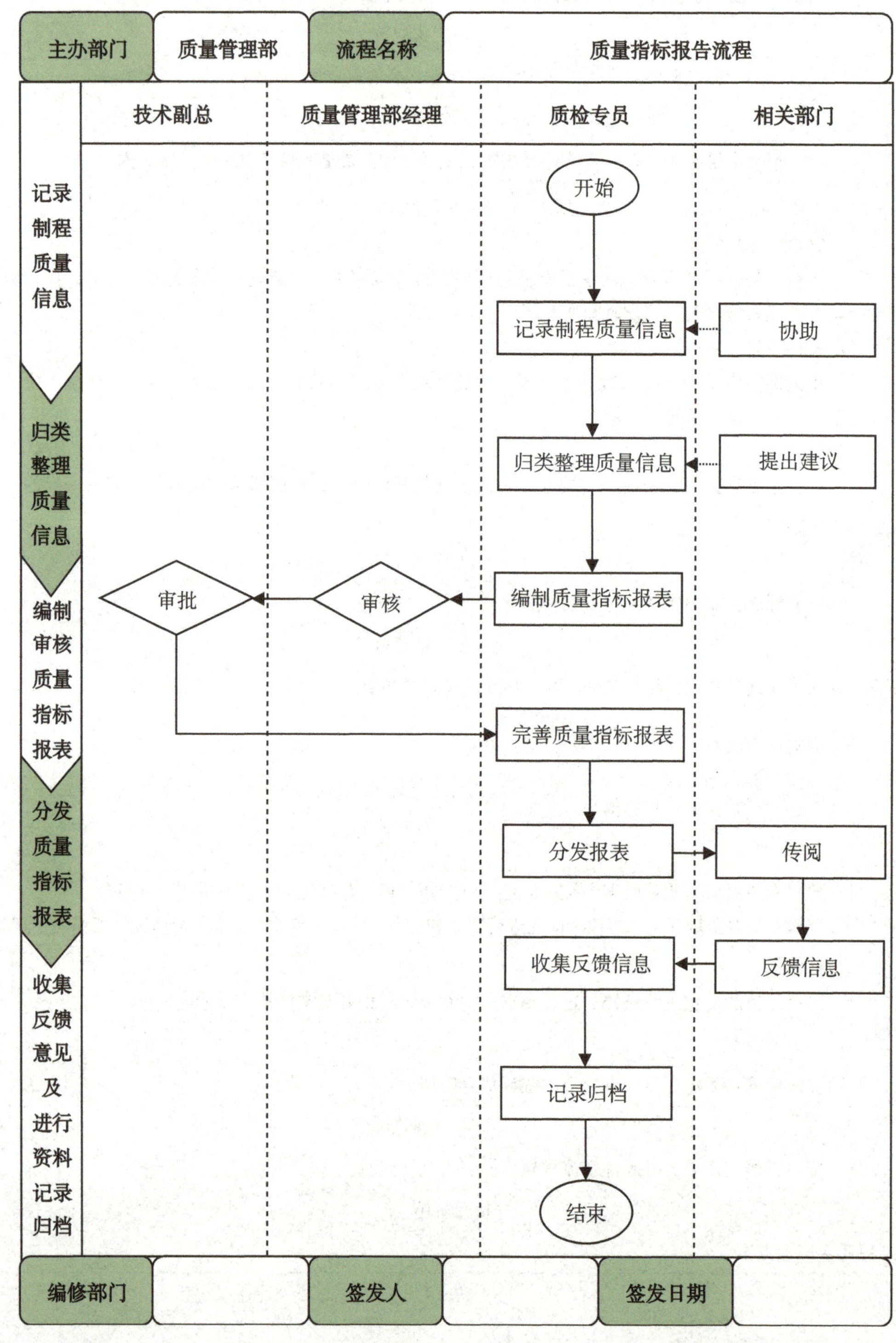

6.6.2 质量指标报告执行程序、工作标准、考核指标、执行规范

任务名称	执行程序、工作标准与考核指标
记录制程质量信息	**执行程序** ☆质检专员广泛收集制程质量信息，并进行认真记录。 ☆相关部门应积极协助质检专员开展产品质量的信息收集工作。 **工作重点** 质检专员广泛收集制程质量信息的前提是相关部门在工作中如实填写各种质量报表。 **工作标准** ☆参照标准：企业日常工作中保存下来的各种质量信息报表。 ☆完成标准：质检专员收集大量制程质量原始信息。
归类整理质量信息	**执行程序** ☆根据企业产品质量信息的处理规范，质检专员对搜集和记录的各种原始质量信息进行归类整理。 ☆相关部门对于质检专员的归类整理工作，可从生产管理和生产操作的角度提出合理建议，以利于改进生产制造过程中的质量。 **工作重点** 质检专员归类整理各种原始质量信息时，可将其分为成品质量问题、半成品质量问题、生产工序质量问题、设备状态质量问题、操作控制质量问题等。 **工作标准** 完成标准：质检专员通过各种原始质量信息，归纳整理企业的各类质量问题。 **考核指标** ☆质量信息归类管理的规范性：严格按照质量信息管理的有关规定进行信息归类。 ☆质量信息归类管理的科学性：按照合适的、有针对性的方法进行信息的合理归类。
编制审核质量指标报表	**执行程序** 1. 编制质量指标报表 ☆质检专员根据企业产品质量指标的要求，编制质量指标报表，并报质量管理部经理审核。报表内容包括质量指标名称、指标数据及其数据的变化幅度等。 ☆质量管理部经理从产品质量规划的角度对报批的产品质量指标报表进行认真分析。 ☆质检专员将审核通过的报表报技术副总审批。 2. 完善质量指标报表 质量指标报表若未通过技术副总的审批，质检专员则根据技术副总的审批意见对报表进行修改和完善。 **工作重点** 技术副总要从企业产品管理的角度审批产品质量指标报表。 **工作标准** 完成标准：质量指标报表编制完成，并通过质量管理部经理的审核和技术副总的审批。 **考核指标** 质量指标报表准确率：目标值为____%，具体计算公式如下。 $$质量指标报表准确率=\frac{质量指标报表无误的份数}{质量指标报表总份数}\times 100\%$$

（续）

任务名称	执行程序、工作标准与考核指标
分发质量指标报表	**执行程序** ☆质检专员将经过完善的质量指标报表分发给相关部门。 ☆相关部门对质量指标报表进行传阅分析，从中提取对本部门的工作改进有参考意义的信息并进行记录。 **工作重点** 分发要全面，不要有遗漏。 **工作标准** 完成标准：将质量指标报表分发给相关部门。
收集反馈意见及进行资料记录归档	**执行程序** **1. 收集反馈信息** 相关部门及时将质量指标报表的意见反馈给质检专员，对需要改进的地方做出标识，并附改进建议。 **2. 记录归档** 质检专员对前期所有环节形成的信息进行认真记录，并分类归档。 **工作重点** 质检专员要积极、主动地收集各部门的反馈意见。 **工作标准** 完成标准：质检专员将信息分类归档。 **考核指标** ☆合理化建议被采纳数量：力争达到____个。 ☆信息反馈及时率：目标值为____%，具体计算公式如下。 $\text{信息反馈及时率}=\frac{\text{当期规定时间内反馈的信息数量}}{\text{当期需要的反馈信息数量}}\times 100\%$
执行规范	
“产品质量指标报表”“制程质量管理规定”“产品管理制度”。	

6.7 制程质量异常处理流程设计与工作执行

6.7.1 制程质量异常处理流程设计

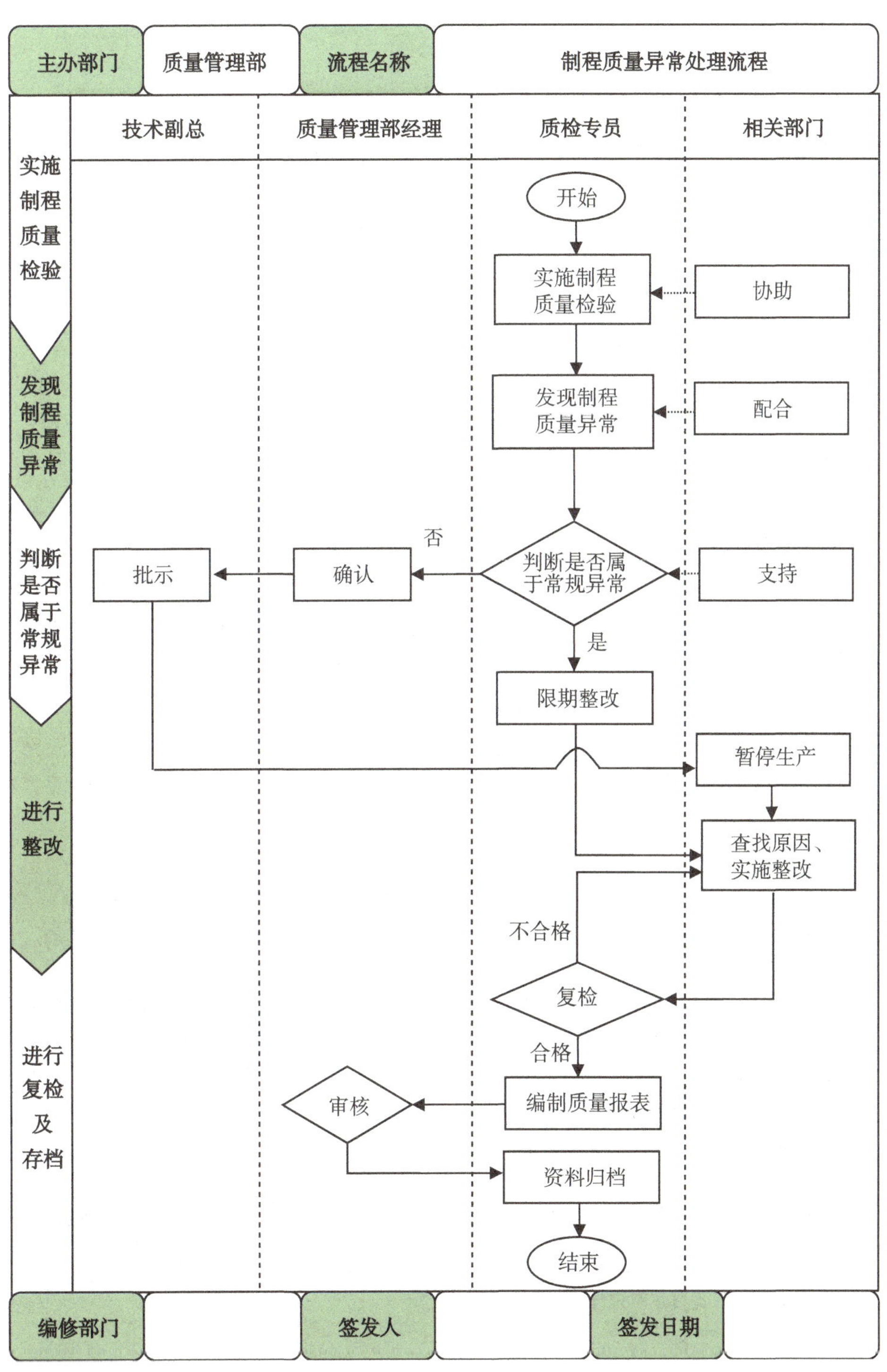

6.7.2 制程质量异常处理执行程序、工作标准、考核指标、执行规范

任务名称	执行程序、工作标准与考核指标
实施制程质量检验	**执行程序**
	☆质检专员根据本企业的规定定期或不定期地开展制程质量检验，并及时做好记录。检验方法包括抽样检验、巡回检验等。 ☆相关部门协助质检专员开展制程质量检验工作。 **工作重点** 相关部门可以从人员配备、检验时间和地点确定等方面给予质检专员支持。
	工作标准
	完成标准：质检专员在相关部门的协助下完成制程检验工作。
发现制程质量异常	**执行程序**
	☆质检专员在检验过程中若发现制程质量存在异常，应填写制程质量异常记录单。 ☆相关部门配合质检专员开展检验工作，及时发现制程质量中存在的问题。 **工作重点** 制程质量异常包括常规异常和非常规异常。常规异常是指能在较短时间内确定原因并进行改进的异常；非常规异常是指在短时间内很难确定异常原因，且异常的发生导致制程质量受到严重影响。
	工作标准
	完成标准：质检专员发现质量异常。
	考核指标
	☆异常发现及时率：目标值为____%，尽快发现制程异常，减少制程异常带来的损失，具体计算公式如下。 $异常发现及时率=\frac{及时发现的异常数}{异常总数}\times 100\%$ ☆异常发现的全面性：在制程检查过程中对于所有结果与标准参数有差异的产品或工序都要进行登记。
判断是否属于常规异常	**执行程序**
	☆在分析检验结果的基础上，质检专员判断其是否属于常规异常，并根据不同的判断结果采取相应措施。 ☆相关部门对质检专员的分析判断工作给予支持。 ☆如果属于常规异常，质检专员应根据企业的相关规定，开展制程整改工作；如果属于非常规异常，质检专员应填写制程质量非常规异常汇报单，报质量管理部经理确认后，再报技术副总批示。 ☆技术副总根据质量管理部经理的确认意见和企业相关规定，进行批示。相关部门根据技术副总的批示开展下一步的工作。 **工作重点** 对异常的处理特别考验企业的管理水平，企业应制定自己的异常处置办法，以规范管理。
	工作标准
	完成标准：异常被及时定性、处理。

（续）

<table>
<tr><th>任务名称</th><th>执行程序、工作标准与考核指标</th></tr>
<tr><td rowspan="4">进行整改</td><td>执行程序</td></tr>
<tr><td>1. 限期整改
针对制程质量的常规异常，质检专员向相关部门提出限期整改的要求。
2. 暂停生产
相关部门收到技术副总的批示，暂停所有相关的生产活动。
3. 查找原因、实施整改
质量管理部会同相关部门迅速查找异常原因，及时采取措施进行整改，争取在最短的时间内恢复生产。
工作重点
如有必要，可由多部门组成调查小组来进行整改。</td></tr>
<tr><td>工作标准</td></tr>
<tr><td>完成标准：质量异常得到及时整改。</td></tr>
<tr><td rowspan="6">进行复检及存档</td><td>执行程序</td></tr>
<tr><td>1. 复检
☆质检专员对限期整改后的制程质量进行复检，并记录数据、分析结果。
☆质检专员判断整改是否解决了问题，若仍存在问题，则要求相关部门再次查找原因并组织实施二次整改，直至相关质量问题得到解决。
2. 编制质量报表
☆质检专员根据检验和复检情况，编制制程质量报表，并报质量管理部经理审核。报表内容包括检验数据、整改措施等。
☆质检专员根据质量管理部经理的审核意见，对报表进行修改。
3. 资料归档
质检专员将制程质量检验、异常处理及制程质量复检过程中形成的各种文件进行归档保存，包括质量报表及数据记录单等。
工作重点
质量报表最好有固定的模板，以提高工作效率。</td></tr>
<tr><td>工作标准</td></tr>
<tr><td>完成标准：质检专员将相关文件归档保存。</td></tr>
<tr><td>考核指标</td></tr>
<tr><td>产品抽检合格率：目标值为____%。</td></tr>
<tr><td colspan="2">执行规范</td></tr>
<tr><td colspan="2">“制程抽检规定”“制程巡检规定”“制程异常处理办法”“制程整改方案”。</td></tr>
</table>

6.8 质量控制管理流程设计与工作执行

6.8.1 质量控制管理流程设计

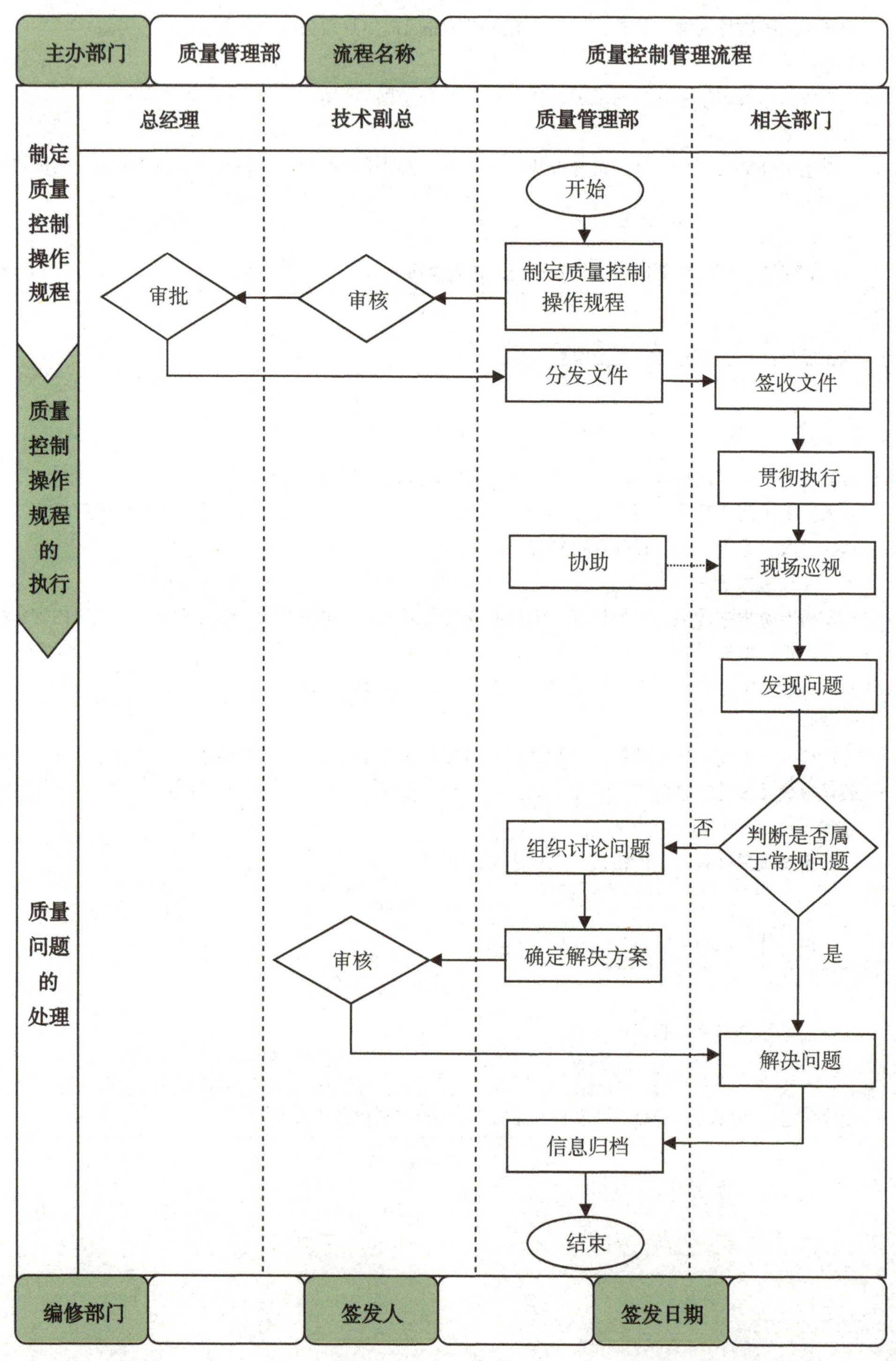

6.8.2 质量控制管理执行程序、工作标准、考核指标、执行规范

任务名称	执行程序、工作标准与考核指标
制定质量控制操作规程	执行程序
	☆质量管理部参照国家、地方、行业有关标准及同类企业相关标准，制定质量控制操作规程。 ☆质量管理部将质量控制操作规程报技术副总审核、总经理审批。 工作重点 质量控制操作规程的内容包括质量控制的项目、操作程序、操作员的任职资格、质量控制的考核标准等。
	工作标准
	完成标准：质量控制操作规程通过技术副总的审核、总经理的审批。
	考核指标
	操作规程内容的全面性：操作规程内容全面、具体，无重大遗漏，且具有可操作性。
质量控制操作规程的执行	执行程序
	1. 分发文件 ☆质量控制操作规程经总经理审批通过后，质量管理部根据相关部门的工作内容、工作需求确定下发部门和下发数量。 ☆相关部门收到质量管理部下发的文件后，组织学习。 2. 贯彻执行 ☆相关部门按照质量控制操作规程的要求，做好原材料的质量管理、制造前质量条件复查、制程质量管理、产成品缴库管理、质量事故处理等方面的工作。 ☆在执行质量控制方案时，相关部门要做好记录。 3. 现场巡视 相关部门负责质量控制的人员在质量管理部相关人员的配合下，进行现场质量巡视，检查相关部门在生产过程中是否做到严格监控质量。 工作重点 生产过程中的质量监控要求包括不合格的材料不投产、不合格的制品不转序、不合格的零件不组装、不合格的成品不入库。
	工作标准
	完成标准：通过现场巡视，企业生产过程的质量得到保证。
质量问题的处理	执行程序
	1. 发现问题 ☆相关部门在质量控制操作规程执行过程中发现问题，如生产过程的异常现象、产品质量问题、原料问题、工艺问题等。 ☆相关部门对问题的性质进行判断，看是否属于常规问题，如果属于常规问题，相关部门则按照相关处理方案进行处理；如果不属于常规问题，则向质量管理部寻求解决方法。 2. 组织讨论问题 ☆质量管理部组织相关部门讨论问题的解决方案，并根据问题的实际情况，确定参会部门及具体人员、会议时间、会议地点、议程安排、会议记录编写人员等。 ☆相关部门人员参加会议，并积极参与讨论。

（续）

任务名称	执行程序、工作标准与考核指标
质量问题的处理	**3. 确定解决方案** ☆经过讨论，质量管理部根据问题的实际情况，以及企业的质量管理等相关制度确定质量问题解决方案。 ☆技术副总对问题解决方案进行审批。 **4. 解决问题** 方案通过审批后，相关部门按其执行。 **5. 信息归档** 对于在质量控制过程中产生的相关资料，质量管理部负责分类，并妥善保存。 **工作重点** 技术副总在审核解决方案时，要审核其是否符合相关的管理规定、预算是否超支等。
	工作标准
	完成标准：质量问题得到解决，信息及时归档。
	考核指标
	产品质量合格率：力争达到____%，具体计算公式如下。 $\text{产品质量合格率}=\dfrac{\text{合格的产品数量}}{\text{产品总数量}}\times 100\%$
执行规范	
“质量控制操作规程”“常规问题处理方案”“质量问题解决方案”。	

6.9 生产质量管理流程设计与工作执行

6.9.1 生产质量管理流程设计

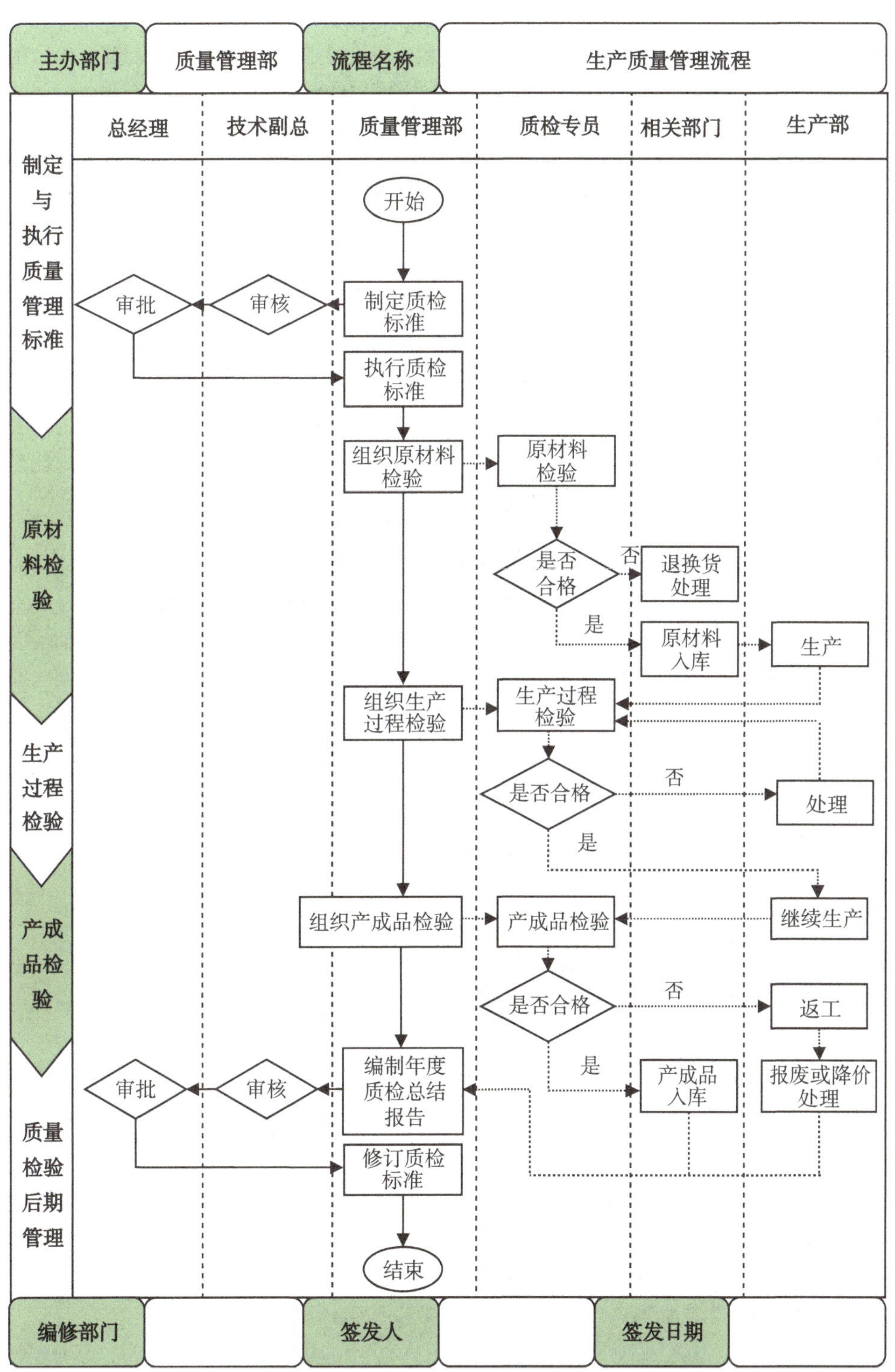

6.9.2 生产质量管理执行程序、工作标准、考核指标、执行规范

任务名称	执行程序、工作标准与考核指标
制定与执行质量管理标准	**执行程序**
	1. 制定质检标准 ☆质量管理部组织相关部门参与制定本企业的质量管理标准、执行办法、程序等，并按照ISO 9001质量管理体系标准的要求编写质量手册和程序文件。 ☆质量管理部将质量管理标准等相关文件报技术副总审核、总经理审批。 2. 执行质检标准 ☆质量管理部按照国标、行标或经过备案批准的企标编制产品质量标准，并下发给内部相关部门。 ☆质量管理部组织执行质量检验标准。 工作重点 制定质检标准既要符合企业规范，又要体现出本企业的特色。
	工作标准
	☆参照标准：ISO 9001质量管理体系标准要求、其他同行业企业的质检标准等。 ☆完成标准：质检标准在执行中能够发挥积极作用。
	考核指标
	质检标准的科学性：符合企业质量管理水平、行业质量规定、企业实际生产情况的要求。
原材料检验	**执行程序**
	☆质检专员对采购的原材料按采购合同的约定进行检验。 ☆相关部门根据原料检验报告单的检验结果对合格原料办理入库手续，并在其外包装上贴上合格标签。 ☆质检专员在不合格原料的外包装上贴上不合格标签，并在原料检验报告单上注明原因，经部门经理核实后交相关部门联络供应商办理退换货。 工作重点 检验内容包括原材料的质地、外观、结构、尺寸、安全性、可靠性、性能指数等。
	工作标准
	完成标准：根据检验结果，对原材料办理入库或退货。
	考核指标
	原辅材料使用合格率：目标值为____%，具体计算公式如下。 $原辅材料使用合格率=(1-\frac{使用过程中发现的不合格原辅材料数量}{使用的原辅材料总数量})\times 100\%$
生产过程检验	**执行程序**
	☆质检专员对生产过程进行质量监控，并定期向质量管理部汇报。 ☆生产过程检验合格的继续生产，不合格的则执行返工处理办法。 工作重点 生产过程监控的内容主要包括工序能力等级是否合格；设备的保养和保修情况是否合格，生产环境是否合格，操作人员能力是否合格等。
	工作标准
	完成标准：生产过程各项监控内容合格，不合格产品得到处理。

（续）

任务名称	执行程序、工作标准与考核指标
产成品检验	**执行程序**
	☆质检专员应用恰当的检验方法，如全检或抽检，对产成品进行质量检验，并填写产成品检验报告单。 ☆相关部门根据检验结果为合格产成品办理入库手续，并在其外包装上贴上合格标签。 ☆不合格产品若是因生产车间的原因造成的，应由生产车间负责生产改进，直至产品合格为止。 ☆不合格产品若是因设计原因造成的，质检专员应报告质量管理部经理，由其通知技术部进行解决。 工作重点 对产品的检验内容包括产品的材质、结构、性能参数等。
	工作标准
	完成标准：根据检验结果对合格的产品办理入库手续，对不合格的产品查明原因，并进行妥善处理。
质量检验后期管理	**执行程序**
	1. 编制年度质检总结报告 ☆质量管理部负责编制年度质检总结报告。 ☆质量管理部将年度质检总结报告报技术副总审核、总经理审批。 2. 修订质检标准 质量管理部根据总经理的审批意见修订企业质量检验标准。 工作重点 年度质检总结报告既要符合企业规范，又要与企业的质量战略和产品价值观相匹配。
	工作标准
	完成标准：质量管理部完成质检标准的修订。
执行规范	
“质量管理标准执行办法”“返工处理办法”“年度质检总结报告”。	

6.10 日常质量管理流程设计与工作执行

6.10.1 日常质量管理流程设计

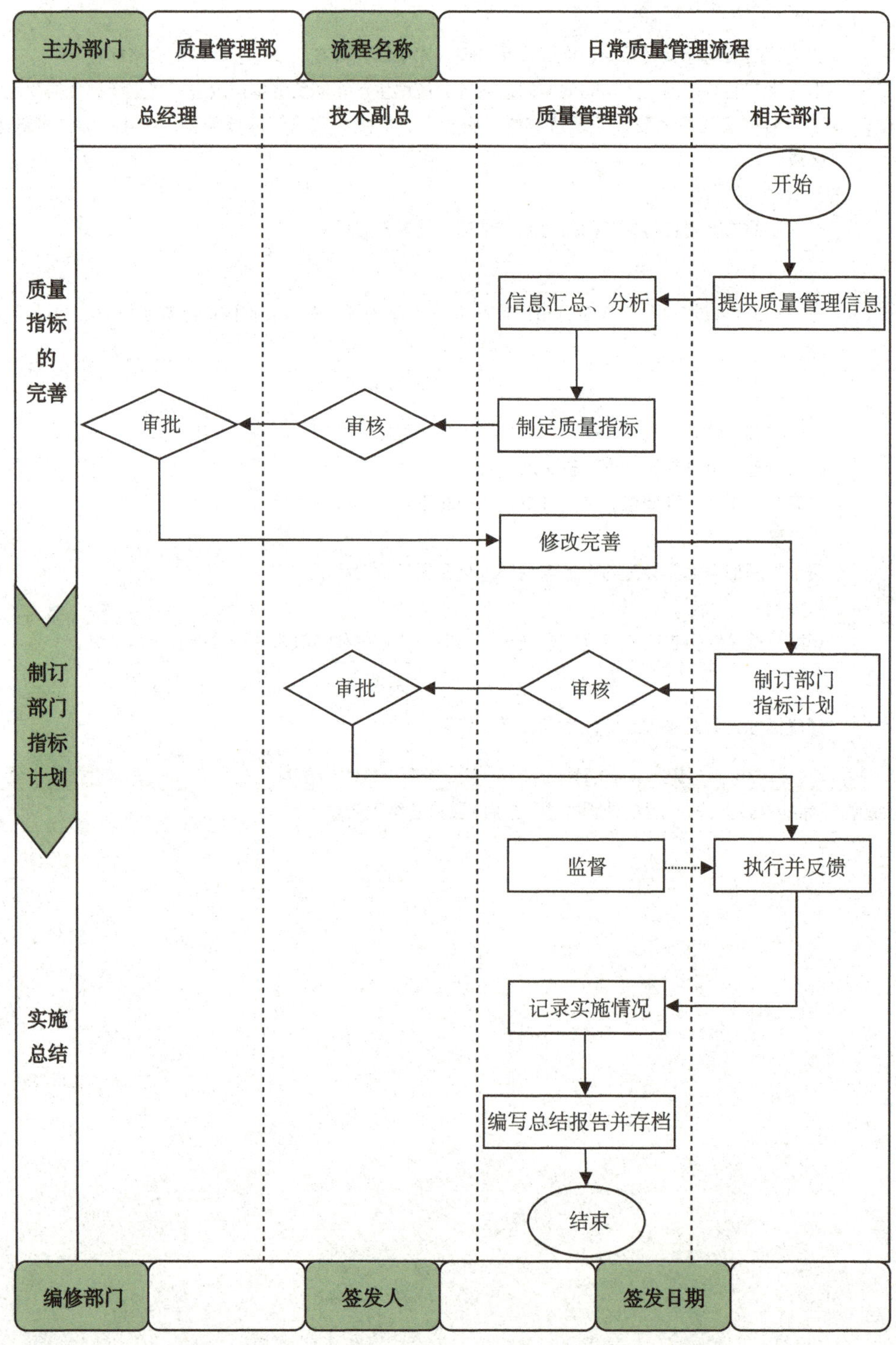

6.10.2 日常质量管理执行程序、工作标准、考核指标、执行规范

<table>
<tr><th>任务名称</th><th>执行程序、工作标准与考核指标</th></tr>
<tr><td rowspan="6">质量指标的完善</td><td>执行程序</td></tr>
<tr><td>1. 信息汇总、分析
☆相关部门根据质量管理开展的实际情况，向质量管理部反馈日常质量管理信息。
☆质量管理部对各部门反馈的信息进行汇总、分析。
2. 制定质量指标
☆质量管理部根据信息分析结果，制定企业年度质量指标，具体包括采购类质量指标、生产类质量指标、工序类质量指标、设备类质量指标、产品类质量指标等。
☆质量管理部将企业年度质量指标报技术副总审核、总经理审批。
3. 修改完善
☆质量管理部根据总经理的审批意见，对企业年度质量指标进行修改和完善。
☆质量管理部将完善后的企业年度质量指标下发给相关部门。
工作重点
日常管理信息的种类包括生产操作检查、质量保管检查、设备维护检查、厂房安全卫生检查等。</td></tr>
<tr><td>工作标准</td></tr>
<tr><td>完成标准：质量管理部制定的企业年度质量指标经修改、完善后，下发给相关部门。</td></tr>
<tr><td>考核指标</td></tr>
<tr><td>质量指标的科学性：质量指标符合行业、企业、产品定位的要求，以保证质量体系顺利运行。</td></tr>
<tr><td rowspan="6">制订部门指标计划</td><td>执行程序</td></tr>
<tr><td>☆各相关部门根据质量管理部制定的企业年度质量指标，制订本部门的质量指标计划。
☆质量管理部根据企业年度质量指标，审核相关部门的质量指标计划是否符合企业的质量管理规定，是否符合企业的总体要求，若符合，则报技术副总审批。
☆各相关部门的质量指标计划经技术副总审批通过后，即可执行。
工作重点
部门的质量指标计划内容包括质量控制项目、操作规范、考核方式等。</td></tr>
<tr><td>工作标准</td></tr>
<tr><td>完成标准：编制本部门的质量指标计划。</td></tr>
<tr><td>考核指标</td></tr>
<tr><td>☆计划的可行性：计划规定的内容符合部门的现实条件、程序和人员配备，工作时间安排合理。
☆计划的规范性：计划的目标严格按照质量指标的要求编制，相关的程序和注意事项符合质量管理制度的规定。</td></tr>
<tr><td rowspan="2">实施总结</td><td>执行程序</td></tr>
<tr><td>1. 执行并反馈
☆相关部门要严格执行本部门的质量指标计划，并及时向质量管理部反馈质量信息。
☆质量管理部对相关部门的执行过程进行监督，检查其操作是否规范、质量记录是否真实等。
2. 记录实施情况
☆质量管理部负责将质量指标的执行情况进行记录。</td></tr>
</table>

（续）

<table>
<tr><th>任务名称</th><th>执行程序、工作标准与考核指标</th></tr>
<tr><td rowspan="5">实施总结</td><td>☆质量管理部按照质量管理项目的具体情况确定记录周期。
☆质量管理部应将合格和不合格的原因记录清楚。
3. 编写总结报告并存档
质量管理部定期对质量指标的执行情况进行总结，若发现问题，应及时查找原因，并编写总结报告，同时将各类质量记录存档。
工作重点
总结并非一个结果，而是一个重要的提升质量意识的过程，质量管理部要注意通过总结来提升员工的质量意识。</td></tr>
<tr><td>工作标准</td></tr>
<tr><td>完成标准：通过总结有效提升员工的质量意识，同时将各类质量记录存档。</td></tr>
<tr><td>考核指标</td></tr>
<tr><td>质量事故及时处理率：目标值为____%，具体计算公式如下。
$$质量事故及时处理率 = \frac{及时处理的质量事故起数}{质量事故总起数} \times 100\%$$</td></tr>
<tr><td colspan="2">执行规范</td></tr>
<tr><td colspan="2">“企业年度质量指标计划”“部门质量指标计划”“质量指标执行总结报告”。</td></tr>
</table>

6.11 首件鉴定流程设计与工作执行

6.11.1 首件鉴定流程设计

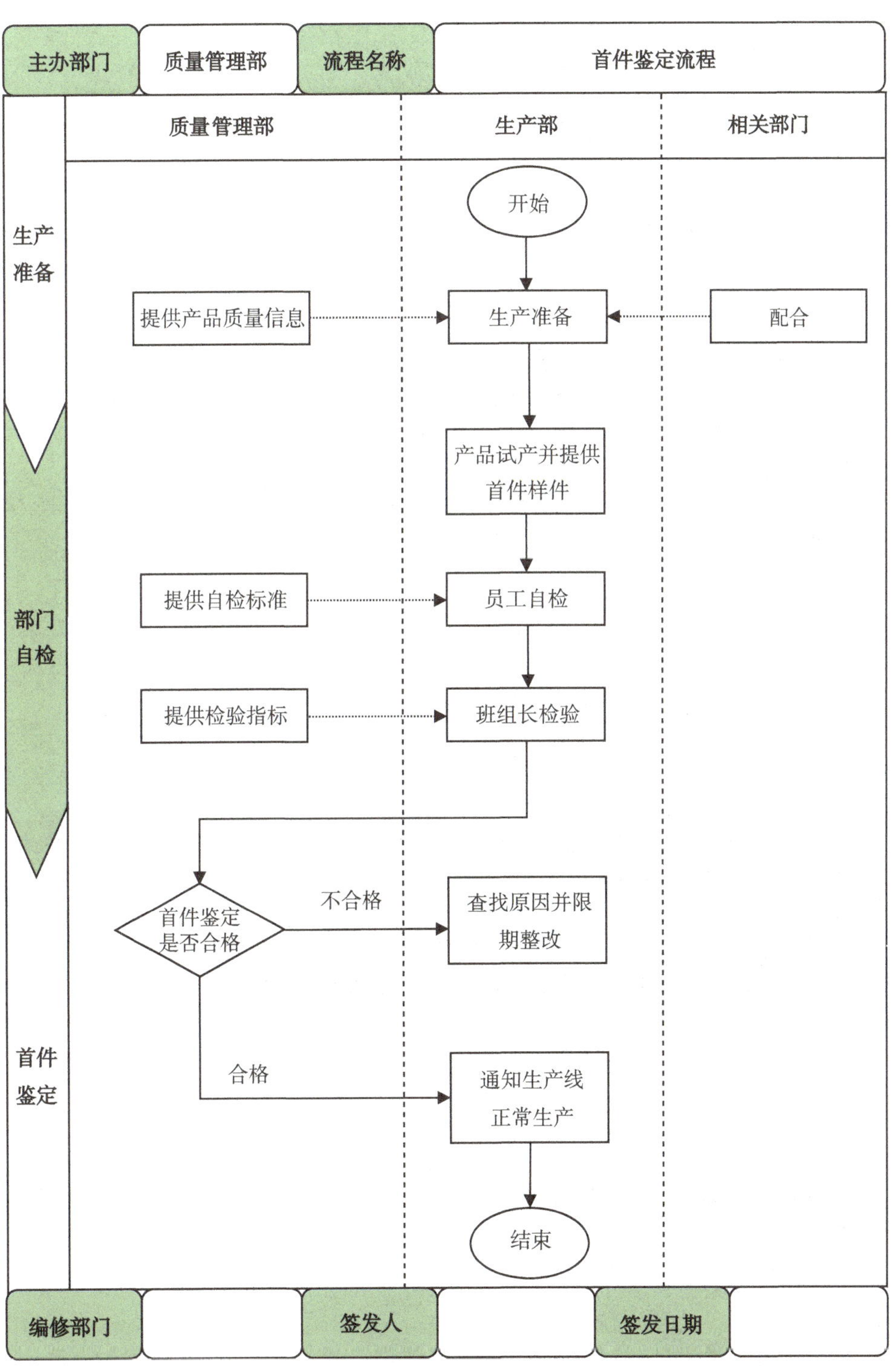

6.11.2 首件鉴定执行程序、工作标准、考核指标、执行规范

<table>
<tr><th>任务名称</th><th>执行程序、工作标准与考核指标</th></tr>
<tr><td rowspan="4">生产准备</td><td>执行程序</td></tr>
<tr><td>☆生产部相关人员对生产设备和材料进行检验，以确保生产顺利进行。
☆质量管理部提供产品质量信息，其他部门予以配合。
工作重点
员工按照规范将所有必备的设备、材料备齐。</td></tr>
<tr><td>工作标准</td></tr>
<tr><td>完成标准：准备工作完毕，随时可以进行生产。</td></tr>
<tr><td rowspan="4">部门自检</td><td>执行程序</td></tr>
<tr><td>1. 员工自检
☆员工要确保制作首件的材料合格、零件规格准确。
☆员工如果发现首件明显不合格，应先检查设备是否有问题，如遇重大设备问题，要立即向上级领导汇报，由生产部组织人员对设备进行维修。
2. 班组长检验
若员工自检没有问题，班组长则检验首件的工艺参数等技术细节，如遇重大工艺问题，要立即向部门主管汇报。
工作重点
除了部门自检，还有质量管理部对首件的鉴定。</td></tr>
<tr><td>工作标准</td></tr>
<tr><td>参照标准：质量管理部为生产部制定的自检标准和检验指标。</td></tr>
<tr><td rowspan="2">首件鉴定</td><td>执行程序</td></tr>
<tr><td>1. 首件鉴定是否合格
质量管理部对首件进行鉴定，判断首件是否合格。如果不能确定，可以会同工艺设计人员、编程人员共同判定，必要时由市场部联系客户。只有首件结果确认无误之后才可进行大批量的生产。
2.（如果首件鉴定不合格）查找原因并限期整改
如果首件鉴定不合格，质量管理部需会同相关部门分析原因并限期整改，最终使首件符合有关质量技术的要求。
3.（如果首件鉴定合格）通知生产线正常生产
如果首件鉴定合格，鉴定人员应出具测量报告，质量管理部负责人依据企业的印章控制管理规定，加盖个人名章或公章后，通知生产线正常生产。
工作重点
即使首件鉴定合格，也不能规避所有生产过程中的质量问题，质量管理部还要不断加强生产过程的巡检。</td></tr>
</table>

（续）

<table>
<tr><th>任务名称</th><th>执行程序、工作标准与考核指标</th></tr>
<tr><td rowspan="4">首件鉴定</td><td>工作标准</td></tr>
<tr><td>完成标准：首件鉴定合格，生产线能正常生产。</td></tr>
<tr><td>考核指标</td></tr>
<tr><td>首件鉴定合格率：目标值为____%，具体计算公式如下。
$$首件鉴定合格率=\frac{首件鉴定合格样件数}{首件鉴定样件总数}\times 100\%$$</td></tr>
<tr><th colspan="2">执行规范</th></tr>
<tr><td colspan="2">“生产部自检标准”“生产部检验指标”“首件鉴定管理办法”。</td></tr>
</table>

6.12 零部件抽查评定流程设计与工作执行

6.12.1 零部件抽查评定流程设计

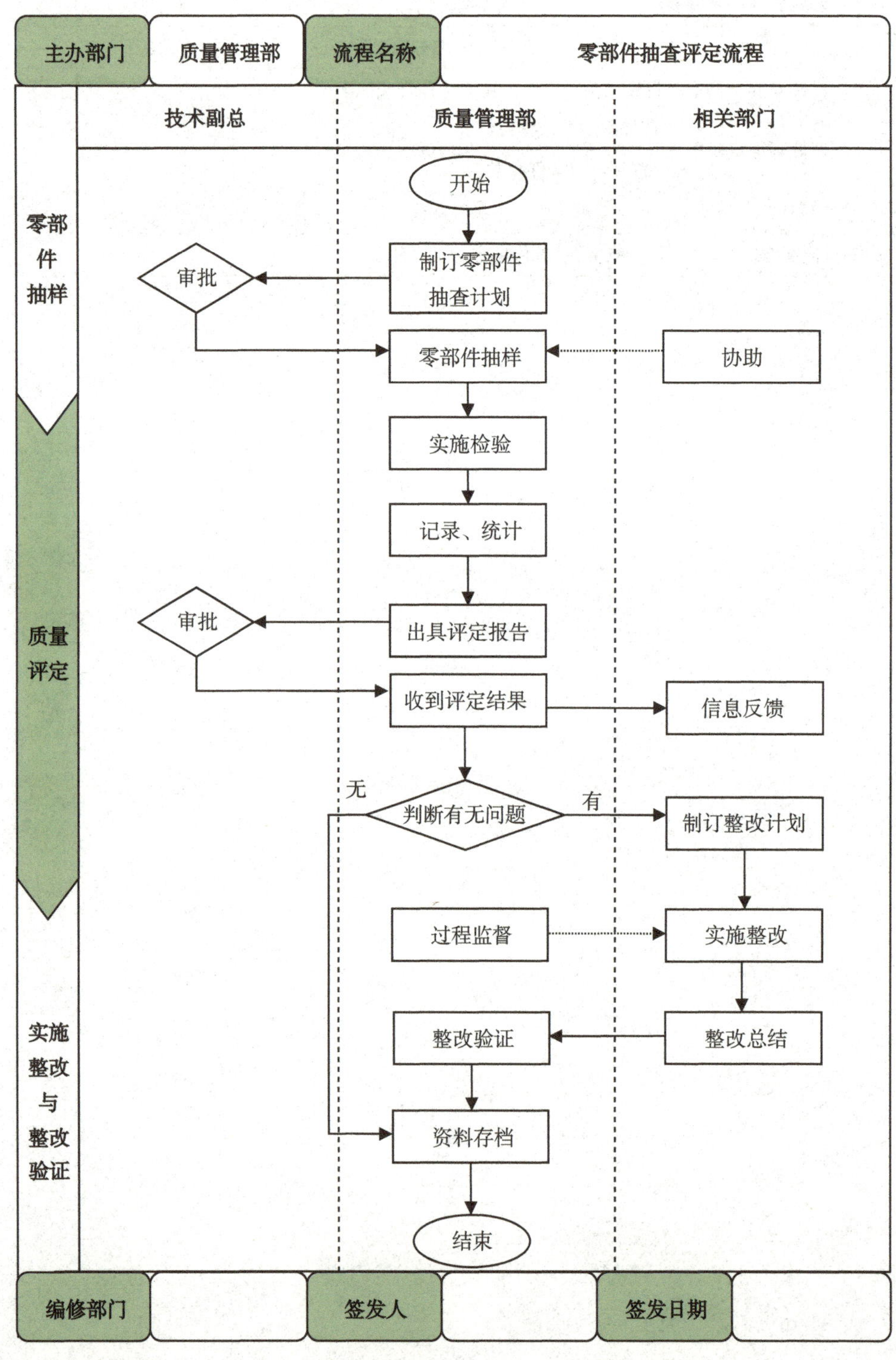

6.12.2 零部件抽查评定执行程序、工作标准、考核指标、执行规范

<table>
<tr><th>任务名称</th><th>执行程序、工作标准与考核指标</th></tr>
<tr><td rowspan="6">零部件抽样</td><td>执行程序</td></tr>
<tr><td>1. 制订零部件抽查计划
☆质量管理部根据企业质量管理的规定，制订零部件抽查计划，并报技术副总审批。
☆零部件抽查计划经技术副总审批通过后，方可执行。
2. 零部件抽样
☆质量管理部严格按照零部件抽查计划，对相关部门实施零部件抽样。
☆抽样方法要有针对性，质量管理部根据零部件的性能要求、数量等确定抽样方案。
工作重点
零部件抽查计划内容包括零部件型号、抽查方式、抽查频率、检验方法、检验器具、操作人员要求等。</td></tr>
<tr><td>工作标准</td></tr>
<tr><td>☆参照标准：其他同行业企业的零部件管理规定。
☆完成标准：零部件抽样计划得到批准，质量管理部开始实施零部件抽样。</td></tr>
<tr><td>考核指标</td></tr>
<tr><td>抽样方式的科学性：抽样方式的选择符合零部件检验标准及零部件的功能和数量要求，且能保证零部件检验的有效性。</td></tr>
<tr><td rowspan="6">质量评定</td><td>执行程序</td></tr>
<tr><td>1. 实施检验
质量管理部按照零部件抽查计划中规定的检验标准，对零部件实施质量及尺寸精度检验。
2. 记录、统计
质量管理部按照零部件抽查计划的要求，对检验数据进行记录和汇总。
3. 出具评定报告
☆质量管理部对零部件质量做出评定，并编写零部件质量评定报告。
☆质量管理部将零部件质量评定报告报技术副总审批。
4. 收到评定结果
质量管理部根据技术副总的审批意见，将零部件抽检的评定结果反馈给相关部门。
5. 判断有无问题
☆抽查的零部件若没有质量问题，质量管理部应将评定结果反馈给相关部门，然后将评定报告直接存档。
☆抽查的零部件若有质量问题，质量管理部应向相关部门发出纠正预防措施单，相关部门制订相应的零部件整改计划。
工作重点
数据的记录准确无误，汇总方式科学合理。</td></tr>
<tr><td>工作标准</td></tr>
<tr><td>☆参照标准：评定报告模板 。
☆完成标准：零部件评定完成，若有质量问题，相关部门则制订相应的整改计划。</td></tr>
<tr><td>考核指标</td></tr>
<tr><td>检验过程的规范性：严格按照标准的规范执行，不得随意修改、增减内容。</td></tr>
</table>

（续）

任务名称	执行程序、工作标准与考核指标
实施整改与整改验证	**执行程序**
	1. 实施整改 ☆相关部门根据整改计划，实施具体的整改活动，确保零部件质量达到质量要求。 ☆质量管理部对相关部门的整改活动实施监督，若发现问题及时协助相关部门予以解决。 **2. 整改验证** ☆整改活动结束后，相关部门要编写总结报告，以备质量管理部验证整改结果。 ☆质量管理部对相关部门的整改结果进行验证，并填写零部件整改验证书。 **3. 资料存档** 验证合格后，质量管理部对零部件抽检过程中产生的相关文件、资料进行归档。 **工作重点** 相关部门的总结过程是关键，质量管理部最好派专人监督。
	工作标准
	完成标准：相关部门整改结束，员工质量意识显著提升。
	考核指标
	零部件整改成本控制率：目标值为____%，将整改的成本费用控制在预算范围内，具体计算公式如下。 $零部件整改成本控制率=\frac{零部件整改实际成本}{零部件整改计划成本}\times 100\%$
执行规范	
“零部件抽查计划”“零部件抽样方案”“零部件质量评定报告”“纠正预防措施单”“零部件整改计划”。	

6.13 工艺评审控制流程设计与工作执行

6.13.1 工艺评审控制流程设计

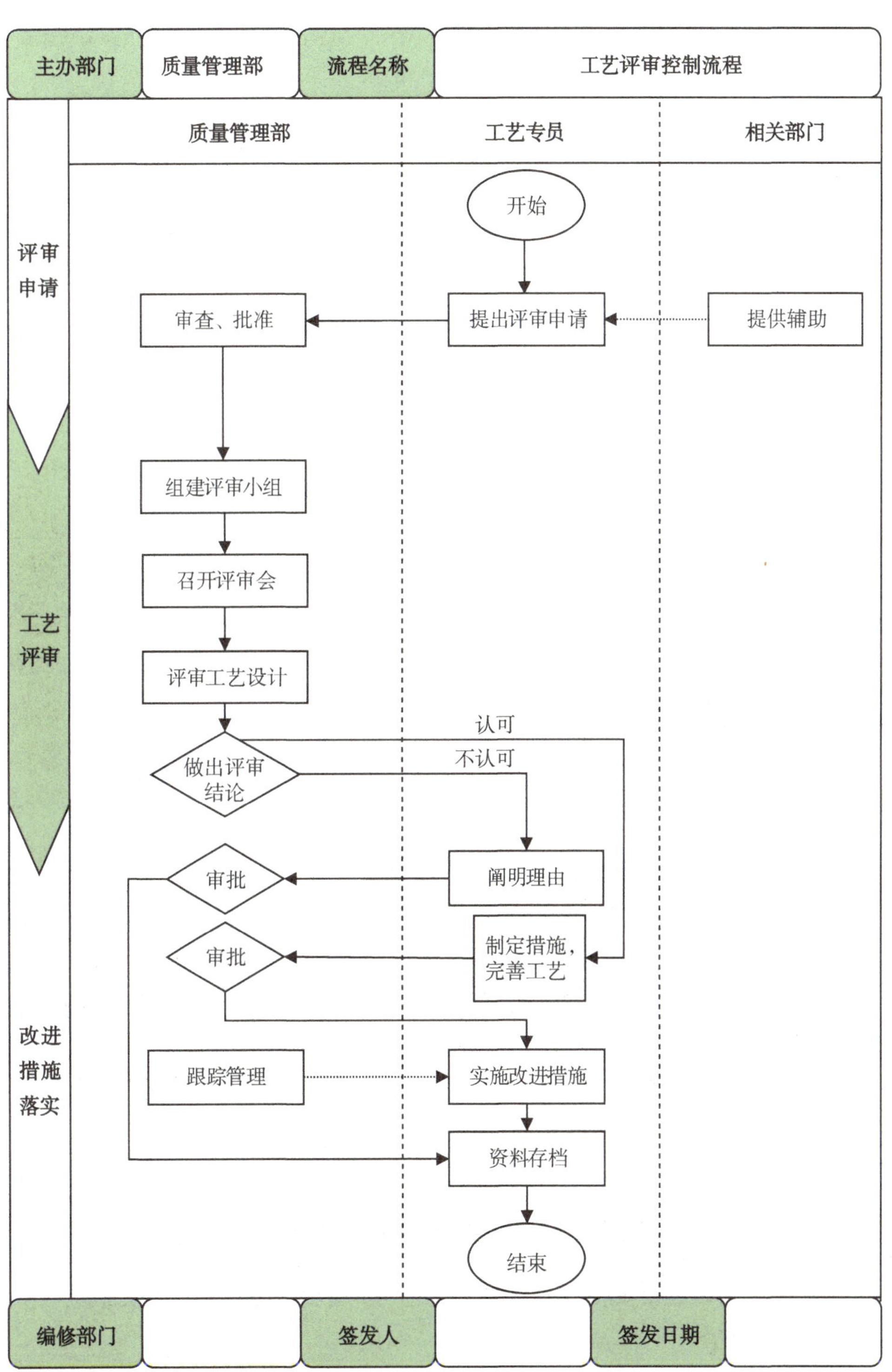

6.13.2 工艺评审控制执行程序、工作标准、考核指标、执行规范

<table>
<tr><th>任务名称</th><th>执行程序、工作标准与考核指标</th></tr>
<tr><td rowspan="4">评审申请</td><td>执行程序</td></tr>
<tr><td>☆工艺专员按规范填写工艺评审申请表并附评审材料，然后报质量管理部审查、批准。
☆其他部门配合工艺专员做好材料收集等辅助工作。
工作重点
要掌握评审申请的时机，对于工艺方案的评审通常应在设计图样下发后、生产投入前进行；其他需要评审的工艺文件可在下发使用前进行评审。</td></tr>
<tr><td>工作标准</td></tr>
<tr><td>完成标准：工艺专员递交申请表及材料，质量管理部进行审查、批准。</td></tr>
<tr><td rowspan="6">工艺评审</td><td>执行程序</td></tr>
<tr><td>1. 组建评审小组
评审申请批准后，质量管理部组织成立评审小组，小组成员包括相关部门代表、质量管理部经理（担任小组组长），必要时可邀请有关专家参加。
2. 召开评审会
评审小组组长主持召开评审会，评审小组成员按照会议流程对工艺内容进行评审。
3. 评审工艺设计
评审小组依据材料、汇报、审议、答辩、现场抽样等方式，找出工艺设计中的不足之处，并对存在的问题提出改进建议。
4. 做出评审结论
☆评审小组组长在综合组员各种评审意见的基础上，概括总结该工艺的主要问题及改进建议，做出评审结论。
☆在评审结论的基础上，质量管理部编制工艺评审报告。
☆评审小组成员对报告中的结论如果有不同意见，要在“保留意见”栏中注明并签字。
☆质量管理部将评审结论和报告及时送交工艺专员及工艺技术部。
工作重点
☆工艺评审的过程要有专人做好记录，以备日后查验。
☆工艺评审的文件主要包括工艺方案、工艺说明书等。</td></tr>
<tr><td>工作标准</td></tr>
<tr><td>完成标准：做出评审结论，编制工艺评审报告。</td></tr>
<tr><td>考核指标</td></tr>
<tr><td>工艺评审报告的规范性：严格按照企业的要求进行编制，确保内容全面、结构清晰、无重大纰漏，有不同意见者要在“保留意见”栏中注明并签字。</td></tr>
<tr><td rowspan="2">改进措施落实</td><td>执行程序</td></tr>
<tr><td>1. 阐明理由
工艺专员如果不认可评审结论，要书面阐明理由并报质量管理部审批。
2. 制定措施，完善工艺
工艺专员如果认可评审结论，可针对报告中所列的问题及改进建议，制定相应措施，完善工艺，并报质量管理部审批。</td></tr>
</table>

（续）

<table>
<tr><th>任务名称</th><th>执行程序、工作标准与考核指标</th></tr>
<tr><td rowspan="5">改进措施落实</td><td>3. 实施改进措施
☆所制定的措施经质量管理部审批通过后，工艺专员负责组织实施改进措施，并在工艺评审报告的“存在主要问题及改进建议”栏中注明。
☆质量管理部对改进措施的落实情况进行跟踪。
4. 资料存档
质量管理部对相关文件、资料进行归档。
工作重点
每一个重要步骤都要有文字记录。</td></tr>
<tr><td>工作标准</td></tr>
<tr><td>完成标准：落实改进措施，生产工艺得到完善。</td></tr>
<tr><td>考核指标</td></tr>
<tr><td>改进措施的有效性：针对工艺设计评审结论制定有效的解决方案，做到对症下药。</td></tr>
<tr><td colspan="2">执行规范</td></tr>
<tr><td colspan="2">“工艺评审管理细则”“工艺评审报告”“工艺问题改进方案”。</td></tr>
</table>

6.14 产品包装质量管理流程设计与工作执行

6.14.1 产品包装质量管理流程设计

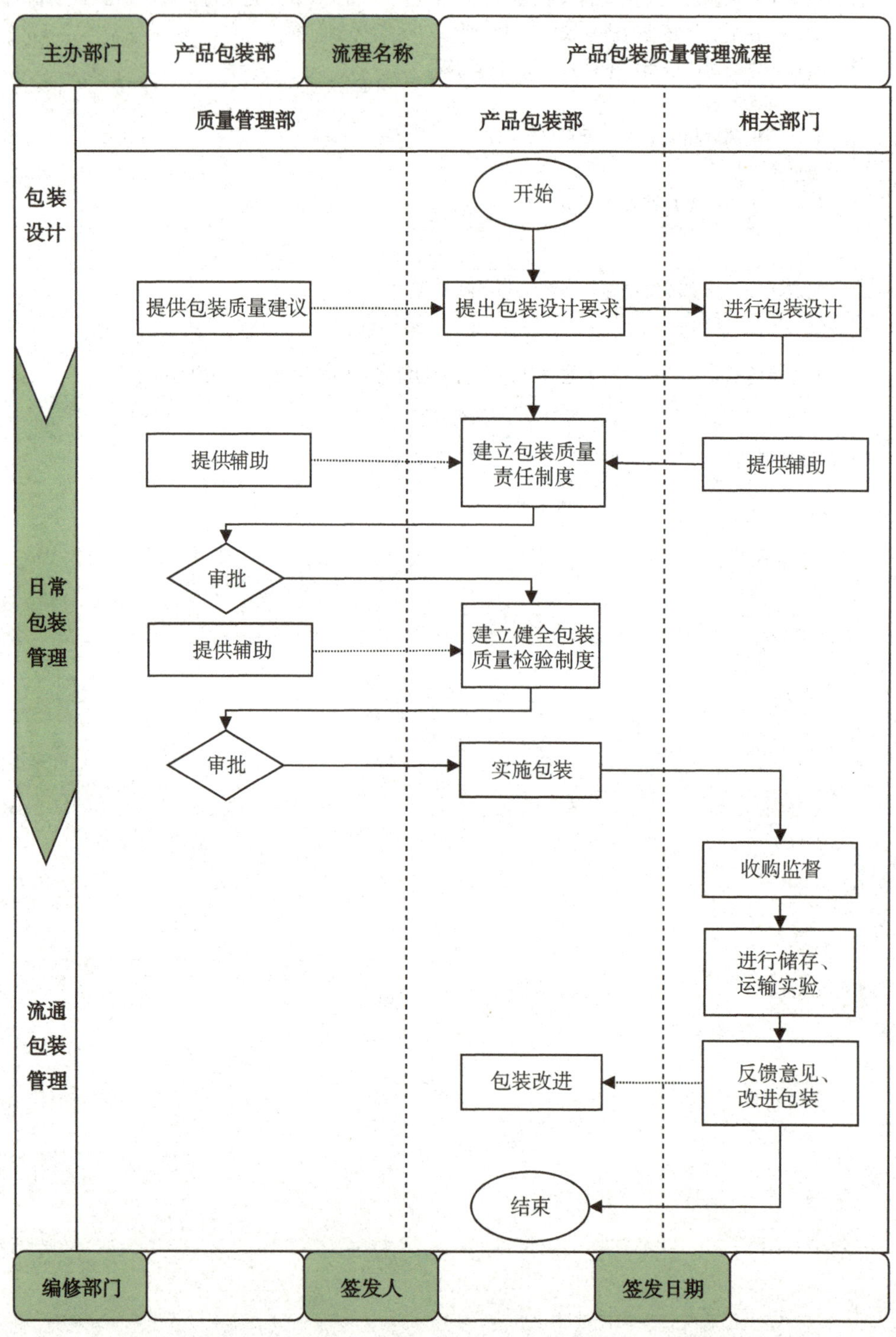

6.14.2 产品包装质量管理执行程序、工作标准、考核指标、执行规范

<table>
<tr><th>任务名称</th><th>执行程序、工作标准与考核指标</th></tr>
<tr><td rowspan="6">包装设计</td><td>执行程序</td></tr>
<tr><td>1. 提出包装设计要求
☆产品包装部根据产品的特性、存放状态等向设计部提出包装设计要求。
☆质量管理部提供包装质量建议。
2. 进行包装设计
设计部根据产品包装部和质量管理部的要求，进行包装设计。
工作重点
包装设计可能需要反复修改，质量管理部、产品包装部和相关部门要做好沟通。</td></tr>
<tr><td>工作标准</td></tr>
<tr><td>完成标准：完成产品包装设计且符合企业要求。</td></tr>
<tr><td>考核指标</td></tr>
<tr><td>包装设计客户满意率：目标值为____%，具体计算公式如下。
$$包装设计客户满意率=\frac{评价包装设计为满意的客户数}{参与包装设计评价的客户总数}\times 100\%$$</td></tr>
<tr><td rowspan="4">日常包装管理</td><td>执行程序</td></tr>
<tr><td>1. 建立包装质量责任制度
产品包装部在相关部门的协助下，建立企业包装质量责任制度，明确每位员工对包装质量工作的责任，使包装质量工作有标准可依，最终形成一个严密的包装质量管理责任系统。
2. 建立健全包装质量检验制度
建立健全包装质量检验制度，设立专职检查机构，配合专业检验技术人员对产品包装进行检验，保证出厂的产品包装合格。
3. 实施包装
产品包装部根据相关规定实施产品包装。
工作重点
制定制度通常是人力资源部的工作，但其他部门要提供相关信息。</td></tr>
<tr><td>工作标准</td></tr>
<tr><td>完成标准：包装工作依制度展开，且包装质量得到有效保证。</td></tr>
<tr><td rowspan="2">流通包装管理</td><td>执行程序</td></tr>
<tr><td>1. 收购监督
☆物资、商业等部门（多为客户）收购商品时要重视包装质量，并严格按照质量技术标准进行检验。
☆对包装质量不合格的产品要拒收或限期改进。
2. 进行储存、运输实验
相关部门要进行产品包装的测试，做各种模拟实验，确保产品在储存、运输中的安全。
3. 反馈意见、改进包装
流通合作机构（多为物流企业）要注意收集客户、终端消费者对产品包装的意见，并积极向企业反馈，促使企业改进包装，提升包装质量。</td></tr>
</table>

（续）

<table>
<tr><th>任务名称</th><th>执行程序、工作标准与考核指标</th></tr>
<tr><td rowspan="3">流通包装管理</td><td>工作重点
产品包装部获取流通合作机构的意见之后，要进行分析、辨别，如确有必要，要及时对包装进行改进。</td></tr>
<tr><td>工作标准</td></tr>
<tr><td>完成标准：企业包装质量在流通中不断改进，成为企业增强竞争力的一个来源。</td></tr>
<tr><td colspan="2">执行规范</td></tr>
<tr><td colspan="2">“产品包装质量管理规范”“包装质量责任制度”“包装质量检验制度”“包装质量改进方案”。</td></tr>
</table>

6.15 工序质量控制流程设计与工作执行

6.15.1 工序质量控制流程设计

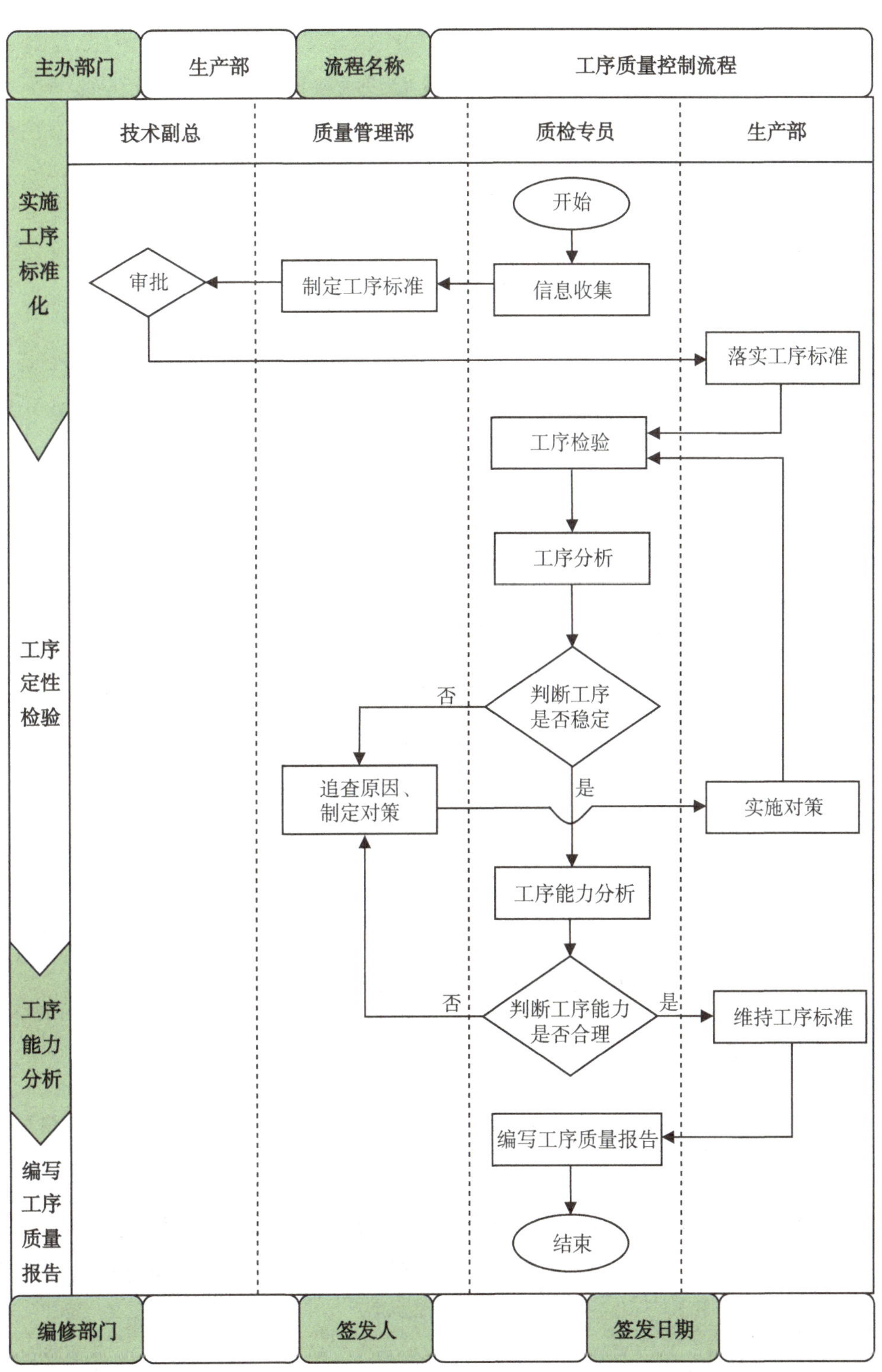

6.15.2 工序质量控制执行程序、工作标准、考核指标、执行规范

任务名称	执行程序、工作标准与考核指标
实施工序标准化	**执行程序**
	1. 制定工序标准 ☆质检专员收集生产产品需要的工序信息，具体包括关键设备状况、生产工作环境、操作人员素质等。 ☆质量管理部相关人员根据工序特点和本企业质量标准制定工序标准。 ☆工序标准经技术副总审批通过后生效。 **2. 落实工序标准** ☆质量管理部相关人员按照技术副总的审批意见修改、完善工序标准。 ☆质量管理部相关人员将完善后的工序标准下发至生产部。 ☆生产部收到工序标准后，要组织部门人员认真学习，并将其落实到具体的工作中。 **工作重点** 工序标准的落实最终要转化为员工的一种工作习惯。
	工作标准
	☆参照标准：其他同行业企业的工序标准。 ☆完成标准：生产部学习工序标准文件并落实到具体工作中。
	考核指标
	☆工序标准的科学性：符合企业质量管理水平、产品市场定位、生产现场实际情况的要求。 ☆工序标准的全面性：包括所有与工序有关的重要环节，并用数据加以说明。
工序定性检验	**执行程序**
	1. 工序检验 质检专员跟踪分析工序标准化的实施状态，并及时做好跟踪记录。 **2. 工序分析** 质检专员根据工序标准化检验数据的结果对工序进行分析，并对关键设备状况、生产工作环境等进行检查。 **3. 判断工序是否稳定** 质检专员根据检验结果，判断工序是否稳定。 **4. 追查原因、制定对策** 若工序不稳定，质量管理部应追查原因，并制定相应的改善措施。 **5. 工序能力分析** 若工序稳定，质检专员应进行工序能力分析。 **工作重点** ☆质检专员检验工序状态时可通过连续抽样等方法，做好生产设备运行状态、生产实际所花时间、半成品和成品质量等的记录工作。 ☆定性检验中可能要用到工序质量控制图。工序质量控制图是用来分析和判断工序是否处于平稳状态的一种图形工具。用样本数据推断工序状态，防止工序失控和产生不合格品。
	工作标准
	参照标准：其他同行业企业的工序检验程序、标准。

任务名称	执行程序、工作标准与考核指标
工序定性检验	考核指标
	☆检验结果准确率：目标值为____%，确保检验方法科学、检验结果真实可信，具体计算公式如下。 $\text{检验结果准确率}=\dfrac{\text{检验结果准确的次数}}{\text{检验总次数}}\times 100\%$ ☆分析指数的科学性：一般工序能力的分析以工序能力指数作为衡量的指标。
工序能力分析	执行程序
	☆质检专员应综合分析工序操作员、设备、原材料、加工方法、检测手段、环境等影响工序能力的因素。 ☆质检专员通过工序能力指数等数值的计算和分析，判断工序能力是否合理。 ☆若工序能力不合理，质量管理部应追查原因，并制定解决措施。 ☆若工序能力合理，各生产车间以原有工序标准为依据进行生产。 工作重点 注意从整体上把握工序能力。
	工作标准
	完成标准：对工序能力有一个整体判断。
编写工序质量报告	执行程序
	质检专员根据工序标准化的实施过程和结果，编写工序质量报告。 工作重点 工序质量报告要符合企业规范，质量管理部最好制定统一的模板。
	工作标准
	完成标准：完成工序质量报告的编制。
	考核指标
	报告内容的规范性：严格按照企业的要求编写，确保内容全面、结构清晰、无重大纰漏。
执行规范	
“企业工序标准”“工序改善措施”“工序稳定性分析报告”“工序能力分析报告”“工序能力合理化方案”“企业工序质量报告”。	

6.16 质量记录控制流程设计与工作执行

6.16.1 质量记录控制流程设计

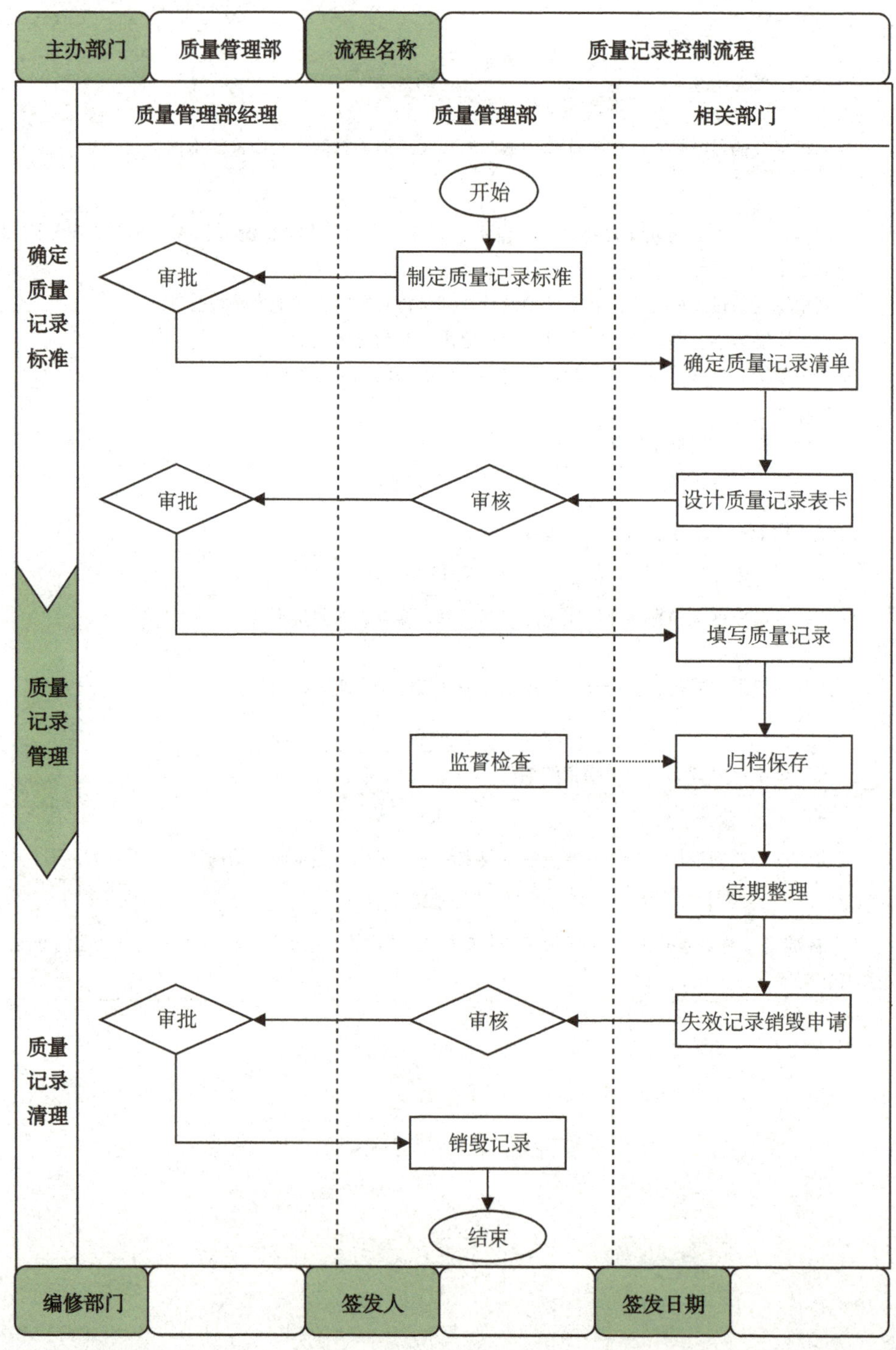

6.16.2 质量记录控制执行程序、工作标准、考核指标、执行规范

<table>
<tr><th>任务名称</th><th>执行程序、工作标准与考核指标</th></tr>
<tr><td rowspan="6">确定质量记录标准</td><td>执行程序</td></tr>
<tr><td>1. 制定质量记录标准
☆质量管理部根据企业相关规定，制定质量记录标准。
☆质量记录标准经质量管理部经理审批通过后生效。
2. 确定质量记录清单
相关部门根据质量记录标准，确定本部门的质量记录清单。
3. 设计质量记录表卡
☆相关部门根据质量记录清单中具体内容的特点，设计质量记录表卡，并报质量管理部相关责任人审核和质量管理部经理审批。
☆质量记录表卡经质量管理部经理审批通过后生效。
工作重点
☆质量记录标准包括质量记录清单设计的标题、内容、结构的规范性，质量记录的周期，质量记录的负责人等。
☆质量记录清单的主要内容包括质量检验的项目名称、质检标准、检验时间、检验人、质量问题、出现问题的时间、问题原因、操作员、责任单位等。</td></tr>
<tr><td>工作标准</td></tr>
<tr><td>☆参照标准：其他同行业企业的质量记录标准。
☆完成标准：相关部门设计的质量记录表卡经相关领导审批后生效。</td></tr>
<tr><td>考核指标</td></tr>
<tr><td>☆标准的可行性：制定的标准内容符合质量记录的基本要求和本企业质量管理的现实情况。
☆质量检验反馈信息的准确性。</td></tr>
<tr><td rowspan="6">质量记录管理</td><td>执行程序</td></tr>
<tr><td>1. 填写质量记录
相关部门根据本部门的实际情况，按照质量检验计划进行检验，检验完成后按要求填写质量记录。
2. 归档保存
☆相关部门人员根据企业的规定，对本部门质量记录进行编号，并对其归档保存。
☆质量管理部对质量记录的归档保存情况进行监督和检查。
工作重点
所填写的质量记录内容必须能准确反映现实情况，确保记录的可信度。</td></tr>
<tr><td>工作标准</td></tr>
<tr><td>完成标准：质量记录及时填写完成并归档保存。</td></tr>
<tr><td>执行程序</td></tr>
<tr><td>1. 定期整理
相关部门管理人员对质量记录进行定期整理，并按时间、内容、负责人进行分类。
2. 失效记录销毁申请
对过期质量记录，相关部门管理人员应填写质量记录销毁申请，并报质量管理部相关责任人审核和质量管理部经理审批。</td></tr>
</table>

（续）

任务名称	执行程序、工作标准与考核指标
质量记录清理	**3. 销毁记录** 质量管理部指定专人对失效质量记录进行销毁。 **工作重点** 质量记录清理工作要严格按照规定进行，质量管理部要制定清理标准。
	工作标准
	完成标准：质量记录清理及时。
	考核指标
	☆质量记录销毁的准确性：对于过期或无效的质量记录要及时销毁，对于仍在有效期内的质量记录要认真审核，不得随意销毁。 ☆销毁过程的规范性：按照记录销毁办法规定的流程和注意事项进行销毁，不得出现漏序、跳序现象。
执行规范	
“质量记录标准”“质量记录清单”“质量记录清理办法”。	

6.17 质量检验和处理流程设计与工作执行

6.17.1 质量检验和处理流程设计

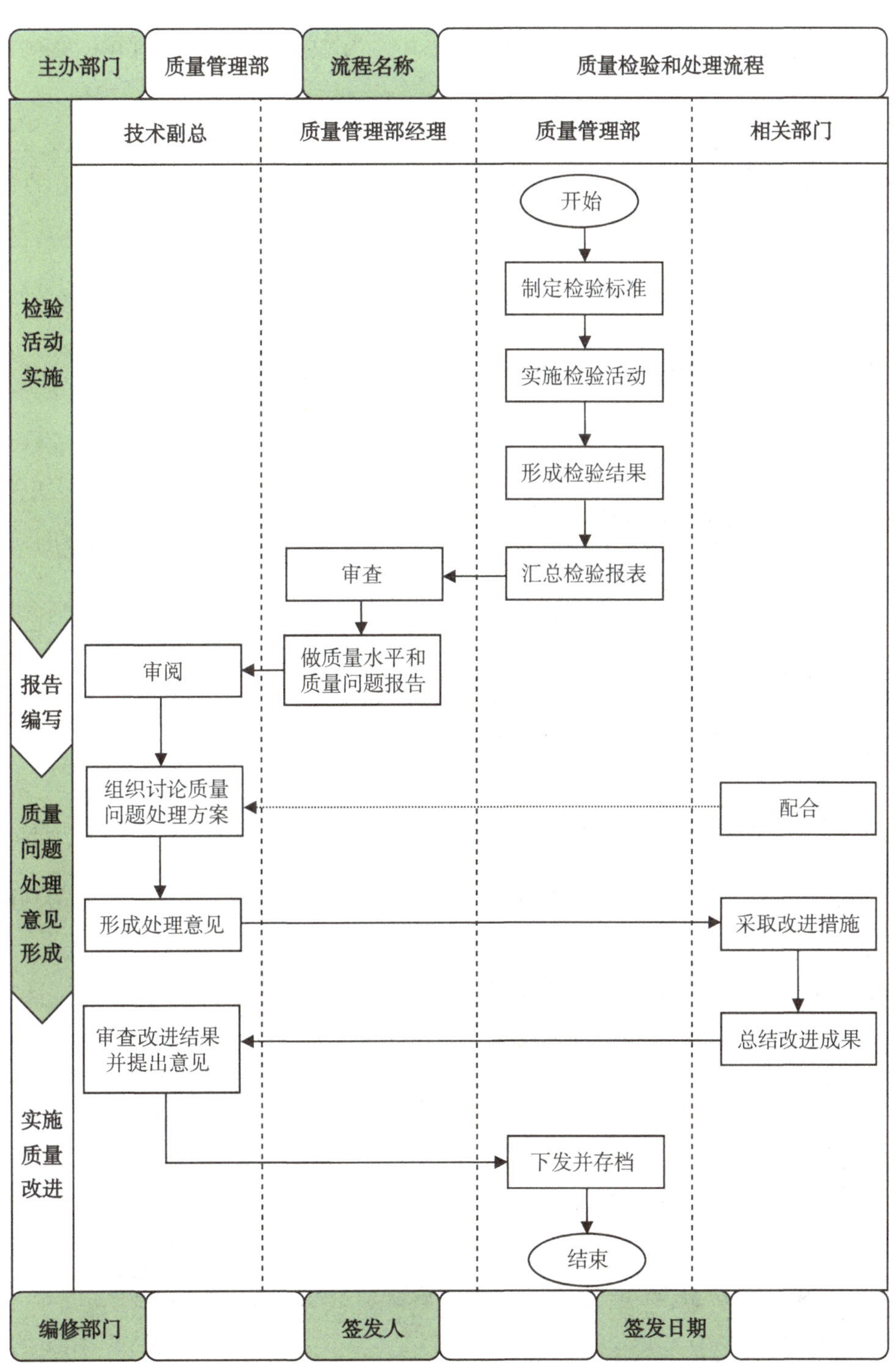

6.17.2 质量检验和处理执行程序、工作标准、考核指标、执行规范

任务名称	执行程序、工作标准与考核指标
检验活动实施	**执行程序**
	1. 制定检验标准 ☆质量管理部依据相关规定组织制定各类检验标准，包括原材料检验标准、半成品检验标准、成品检验标准、设备质量管理标准等。 ☆各类检验标准的内容要符合国家、行业、企业产品定位的质量要求。 **2. 实施检验活动** ☆质量管理部质检专员根据各类检验标准，对原材料、成品、半成品等实施检验。 ☆准备好检验所需使用的器具，并对各种器具进行清洁和校正。 **3. 形成检验结果** 每次质量检验结束后，质量管理部要向相关部门提供质量检验报告，以作为完成检验的依据。 **4. 汇总检验报表** ☆质量管理部质检专员定期对质检结果进行汇总、分析，并编写质量检验结果报表，报质量管理部经理审查。 ☆质量管理部经理对质量检验结果报表进行审查，以掌握企业产品的质量水平和存在的质量问题。 **工作重点** ☆检验时严格遵循相关质量检验流程，不能跳序、漏序。 ☆质量检验报告的内容包括质检的产品或设备、质量标准、质检实际过程中各类数据的记录、质检结论等。
	工作标准
	☆参照标准：其他同行业企业的检验活动程序与方法等。 ☆法律标准：国家、地方关于产品质量方面的法律法规。 ☆完成标准：质量管理部实施检验活动，形成检验报表。
	考核指标
	☆质量检验标准的科学性：符合国家、行业、企业关于产品的质量标准水平，同时也符合产品的市场定位。 ☆质量检验流程出错率：力求控制在____%以内，且检验程序规范、严格、有效，具体计算公式如下。 $质量检验流程出错率=\frac{实施质量检验流程出错数}{实施质量检验流程总数}\times 100\%$
报告编写	**执行程序**
	质量管理部经理通过对企业产品的质量水平和存在的质量问题的分析，编写质量水平和质量问题报告，并报技术副总审阅。 **工作重点** 质量水平和质量问题报告要符合企业规范。
	工作标准
	完成标准：质量管理部经理编写质量水平和质量问题报告，并报技术副总审阅。

（续）

任务名称	执行程序、工作标准与考核指标
报告编写	考核指标
	质量问题报告编制的规范性：严格按照企业的要求编制，确保内容全面、结构清晰、无重大纰漏。
质量问题处理意见形成	执行程序
	1. 组织讨论质量问题处理方案 ☆技术副总组织相关部门共同商讨质量问题处理方案。 ☆相关部门积极参与讨论，并从不同角度对处理方案提出意见，使制定的处理方案符合各方面的要求。 2. 形成处理意见 ☆相关部门通过讨论，形成较为一致的质量问题处理意见。 ☆相关部门根据质量问题处理意见，实施质量改进活动，如生产部对生产质量进行控制和改进，采购部对采购的物料实施质量控制和改进。 工作重点 确保问题处理方案具有可操作性。
	工作标准
	完成标准：经过讨论后形成较为一致的质量问题处理意见。
	考核指标
	意见形成过程的科学性：意见形成的依据可靠，且经过充分讨论，符合企业利益要求。
实施质量改进	执行程序
	1. 审查改进结果并提出意见 ☆相关部门通过实施质量改进，进行阶段性成果总结，形成质量改进成果报告。 ☆技术副总审查相关部门的质量改进成果报告，并提出具体的意见。 2. 下发并存档 质量管理部在下发技术副总审查意见的同时，应将质量检验和处理过程中的相关资料进行存档。 工作重点 质量改进是一项长期艰巨的工作，技术副总要给出合理的建议。
	工作标准
	完成标准：质量改进工作完成后，相关人员要对资料进行存档。
	考核指标
	质量检验与处理相关文件的完整性：所有文件都要妥善保存，且无遗漏、丢失现象发生。
执行规范	
“原材料检验标准”“半成品检验标准”“成品检验标准”“设备质量管理标准”“质量检验报告”“质量水平和质量问题报告”“质量改进成果报告”。	

6.18 内部质量评比流程设计与工作执行

6.18.1 内部质量评比流程设计

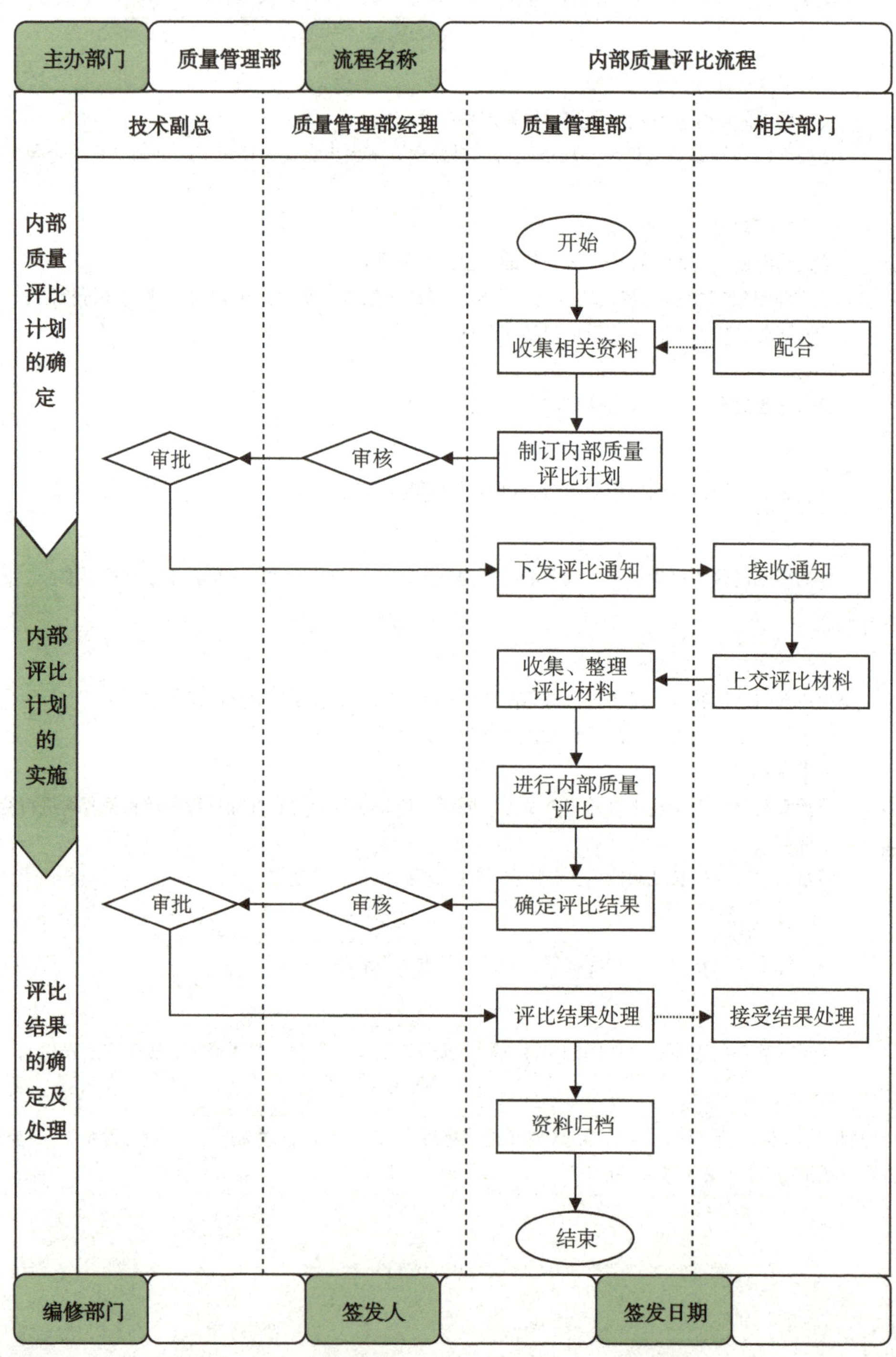

6.18.2 内部质量评比执行程序、工作标准、考核指标、执行规范

<table>
<tr><th>任务名称</th><th>执行程序、工作标准与考核指标</th></tr>
<tr><td rowspan="6">内部质量评比计划的确定</td><td>执行程序</td></tr>
<tr><td>1. 收集相关资料
☆质量管理部在收到企业将要举办内部质量评比的通知后，收集各方面的资料，准备编写内部质量评比活动的计划。
☆收集的资料包括往年企业内部质量评比的各类记录、企业质量管理制度、企业的经营策略、企业的发展目标、同行业其他企业的评比资料等。
☆相关部门配合质量管理部的工作，并提供所需资料。
2. 制订内部质量评比计划
☆确定内部质量评比活动的目的，针对企业现状，促进质量改进目标的达成。
☆制订内部质量评比活动的计划，计划内容涉及评比类型设计、评比时间设计、评比范围设计、评比机构设计、评比原则设计、参与条件设计、评比内容和标准设计、评比程序设计。
☆将内部质量评比计划报质量管理部经理审核、技术副总审批。
工作重点
质量管理部经理要审核计划是否符合企业现状，是否具有可操作性等。</td></tr>
<tr><td>工作标准</td></tr>
<tr><td>☆参照标准：往年企业内部质量评比记录，其他同行业企业的内部质量评比资料。
☆完成标准：内部质量评比计划经质量管理部经理审核通过后报技术副总审批。</td></tr>
<tr><td>考核指标</td></tr>
<tr><td>评比计划的完备性、可操作性：计划要涵盖活动的各个环节，且符合企业现实情况。</td></tr>
<tr><td rowspan="6">内部评比计划的实施</td><td>执行程序</td></tr>
<tr><td>1. 下发评比通知
☆评比计划经技术副总审批通过后，质量管理部按审批意见修订计划，正式确定内部质量评比计划。
☆质量管理部将内部质量评比的通知下发至相关部门。
☆相关部门接到通知后，做好参与评比的准备工作，如整理生产质量的相关记录、整理统计记录结果等。
2. 收集、整理评比材料
☆相关部门根据参与条件的规定，判断自己能否参与评比，如果可以，就可根据评比内容、评比标准、评比范围的规定提供相应的材料。
☆质量管理部将相关部门提供的材料进行分类和整理。
3. 进行内部质量评比
质量管理部按照评比程序进行内部质量评比，并做到评比过程公开透明。
工作重点
相关部门平时就要做好各类表单的整理工作，以备收集、整理评比材料所需，如产品质量检验统计表、客户反馈统计表、制程质量检验统计表等。</td></tr>
<tr><td>工作标准</td></tr>
<tr><td>完成标准：质量管理部按计划开展内部评比活动。</td></tr>
<tr><td>考核指标</td></tr>
<tr><td>评比过程的规范性：评比活动严格按评比计划执行，评比内容符合本企业的实际情况。</td></tr>
</table>

（续）

<table>
<tr><th>任务名称</th><th>执行程序、工作标准与考核指标</th></tr>
<tr><td rowspan="4">评比结果的确定及处理</td><td>执行程序</td></tr>
<tr><td>1. 确定评比结果
☆质量管理部根据相关数据和评比标准，通过分析和计算，确定内部质量评比结果。
☆将评比结果报质量管理部经理审核。
☆若评比结果未通过质量管理部经理的审核，评比机构则根据审核意见进行重新打分、评比；若通过审核，则报技术副总审批。
2. 评比结果处理
☆若评比结果通过技术副总的审批，质量管理部则正式拟定内部质量评比结果公告，并及时下发至相关部门。
☆质量管理部根据评比结果对相关部门或负责人实施奖惩，对表现优秀的部门或负责人进行奖励，对表现不符合要求的部门或负责人发出整改通知。
☆相关部门收到处理的结果后，应做出相应的调整或接受相应的奖励。
工作重点
评比是一个激励的过程，评比结果要与企业质量战略、理念等因素相契合，技术副总对此要有一个整体的把控。</td></tr>
<tr><td>工作标准</td></tr>
<tr><td>完成标准：确定评比结果并及时做出处理。</td></tr>
<tr><td colspan="2">执行规范</td></tr>
<tr><td colspan="2">“企业质量管理制度”“企业的经营策略”“内部质量评比计划”“内部质量评比结果”“评比结果处理设计”。</td></tr>
</table>

6.19 质量纠纷处理流程设计与工作执行

6.19.1 质量纠纷处理流程设计

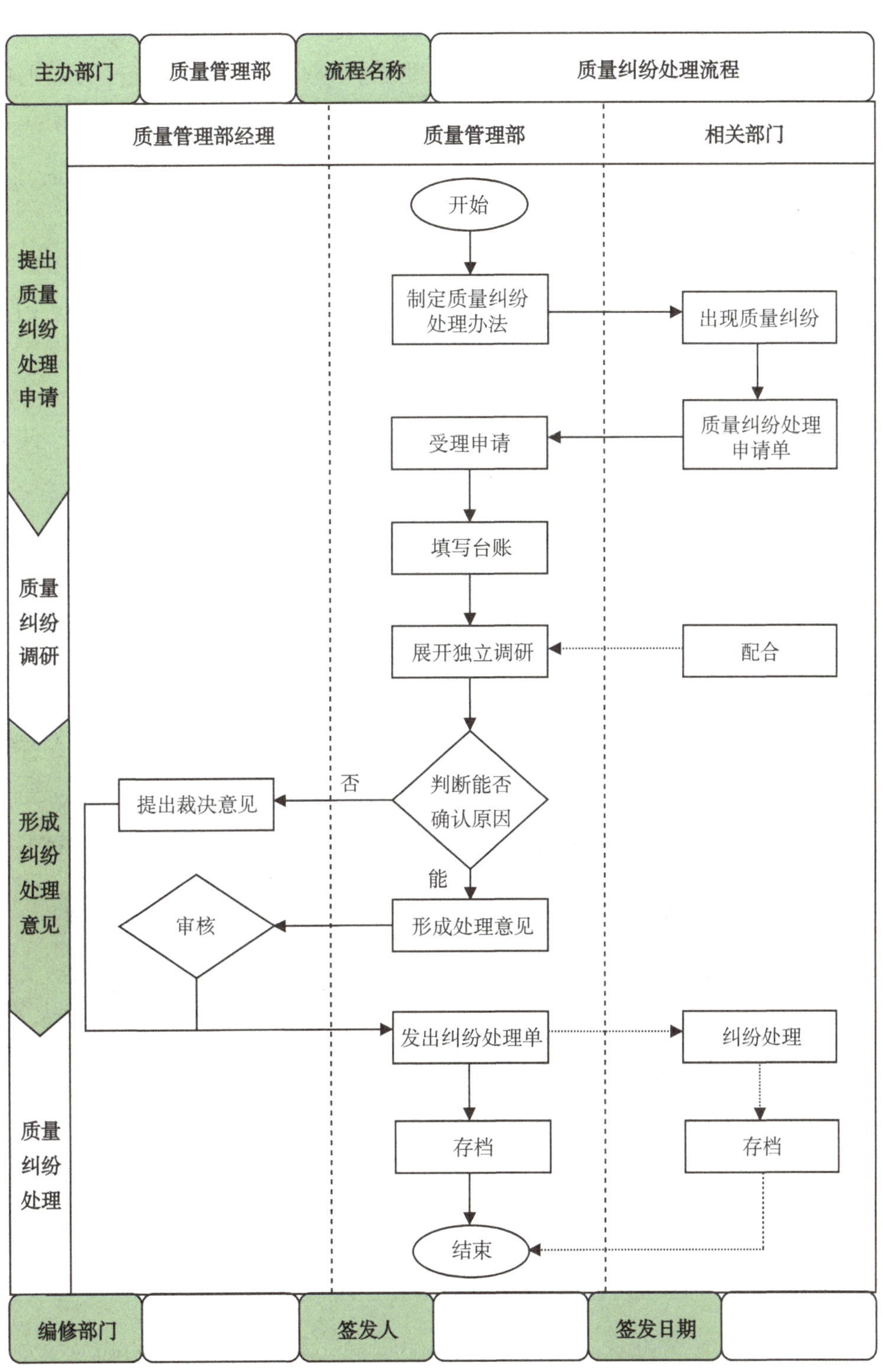

6.19.2 质量纠纷处理执行程序、工作标准、考核指标、执行规范

<table>
<tr><th>任务名称</th><th>执行程序、工作标准与考核指标</th></tr>
<tr><td rowspan="6">提出质量纠纷处理申请</td><td>执行程序</td></tr>
<tr><td>1. 制定质量纠纷处理办法
质量管理部依据企业相关质量管理制度，制定质量管理纠纷处理办法，作为相关部门处理质量纠纷的依据。
2. 受理申请
☆相关部门出现质量纠纷需要提请质量管理部处理的，其要先填写质量纠纷处理申请单，然后将其送交质量管理部。
☆质量管理部依据质量管理纠纷处理办法的相关规定，做出受理决定。
工作重点
相关部门若出现质量纠纷情况，要对其准确分类，如采购部与仓储部、生产部之间关于材料质量问题的纠纷，销售部与仓储部、生产部关于成品质量问题的纠纷等。</td></tr>
<tr><td>工作标准</td></tr>
<tr><td>☆参照标准：其他同行业企业的质量纠纷处理规定。
☆完成标准：质量管理部做出受理规定。</td></tr>
<tr><td>考核指标</td></tr>
<tr><td>☆质量纠纷处理办法的可操作性：处理办法所规定的处理程序合理，且符合本企业质量管理相关规定。
☆质量纠纷处理办法的有效性：办法的条款内容能有效指导纠纷的妥善解决。</td></tr>
<tr><td rowspan="6">质量纠纷调研</td><td>执行程序</td></tr>
<tr><td>1. 填写台账
质量管理部纠纷受理人员在做出纠纷受理的同时，需要填写纠纷处理台账，作为纠纷处理控制的依据。
2. 展开独立调研
☆质量管理部纠纷受理人员根据相关部门提供的资料，展开独立的调查，取得支持性材料，如纠纷发生的具体情况，目击者或见证人的复述，材料、设备等质量检验单据等。
☆相关部门要配合质量管理部纠纷处理人员的调查，并保证所提供资料、信息的真实性。
工作重点
纠纷处理台账的内容包括纠纷的内容、发生纠纷的具体时间、当事人或负责人、纠纷的性质等。</td></tr>
<tr><td>工作标准</td></tr>
<tr><td>☆参照标准：其他企业的质量纠纷调研方法。
☆完成标准：质量纠纷调研取得大量支持性材料。</td></tr>
<tr><td>考核指标</td></tr>
<tr><td>调研数据的准确率：目标值为____%，保证调研所得材料的真实性和可信性，为处理意见的形成打下基础。</td></tr>
</table>

（续）

<table>
<tr><th>任务名称</th><th>执行程序、工作标准与考核指标</th></tr>
<tr><td rowspan="6">形成纠纷处理意见</td><td>执行程序</td></tr>
<tr><td>1. 判断能否确认原因
质量管理部纠纷处理人员根据调研获得的信息，判断能否确认质量纠纷发生的原因。
2. 形成处理意见
如果能够确定原因，就可以直接形成处理意见，并报质量管理部经理审核。
3. 提出裁决意见
如果不能确定原因，可以提请质量管理部经理进行裁决，形成最终处理意见。
工作重点
审核纠纷要注意三看：一看原因分析等内容是否合乎逻辑；二看是否有足够的证据；三看纠纷的处理意见能否恰当地解决问题。</td></tr>
<tr><td>工作标准</td></tr>
<tr><td>完成标准：质量管理部形成最终裁决意见。</td></tr>
<tr><td>考核指标</td></tr>
<tr><td>☆处理意见的科学性：处理意见能有效解决质量纠纷，且公平合理。
☆处理意见形成及时率：目标值为____%，避免影响生产进度，具体计算公式如下。
$$处理意见形成及时率=\frac{及时形成处理意见的纠纷数}{提交的纠纷总数}\times 100\%$$</td></tr>
<tr><td rowspan="6">质量纠纷处理</td><td>执行程序</td></tr>
<tr><td>1. 发出纠纷处理单
☆质量管理部纠纷受理人员根据质量管理部经理的审核意见和裁决意见，向发生质量纠纷的相关部门发送质量纠纷处理通知书。
☆相关部门按照质量纠纷处理通知书的要求，处理质量纠纷。
2. 存档
☆质量管理部对质量纠纷处理过程中产生的相关资料、文件进行存档。
☆相关部门在质量纠纷处理结束后，也要将相关资料存档。
工作重点
发出质量纠纷处理通知书的同时，质量管理部还要派专人到现场处理纠纷。</td></tr>
<tr><td>工作标准</td></tr>
<tr><td>完成标准：质量纠纷得到妥善处理，各方都比较满意。</td></tr>
<tr><td>考核指标</td></tr>
<tr><td>质量纠纷相关文件的完整性：所有文件都得到妥善保存且无遗漏、无丢失现象发生。</td></tr>
<tr><td colspan="2">执行规范</td></tr>
<tr><td colspan="2">“质量管理纠纷处理办法”“质量纠纷处理申请单”“质量纠纷处理意见”“质量纠纷处理通知书”。</td></tr>
</table>

6.20 质量违纪处理流程设计与工作执行

6.20.1 质量违纪处理流程设计

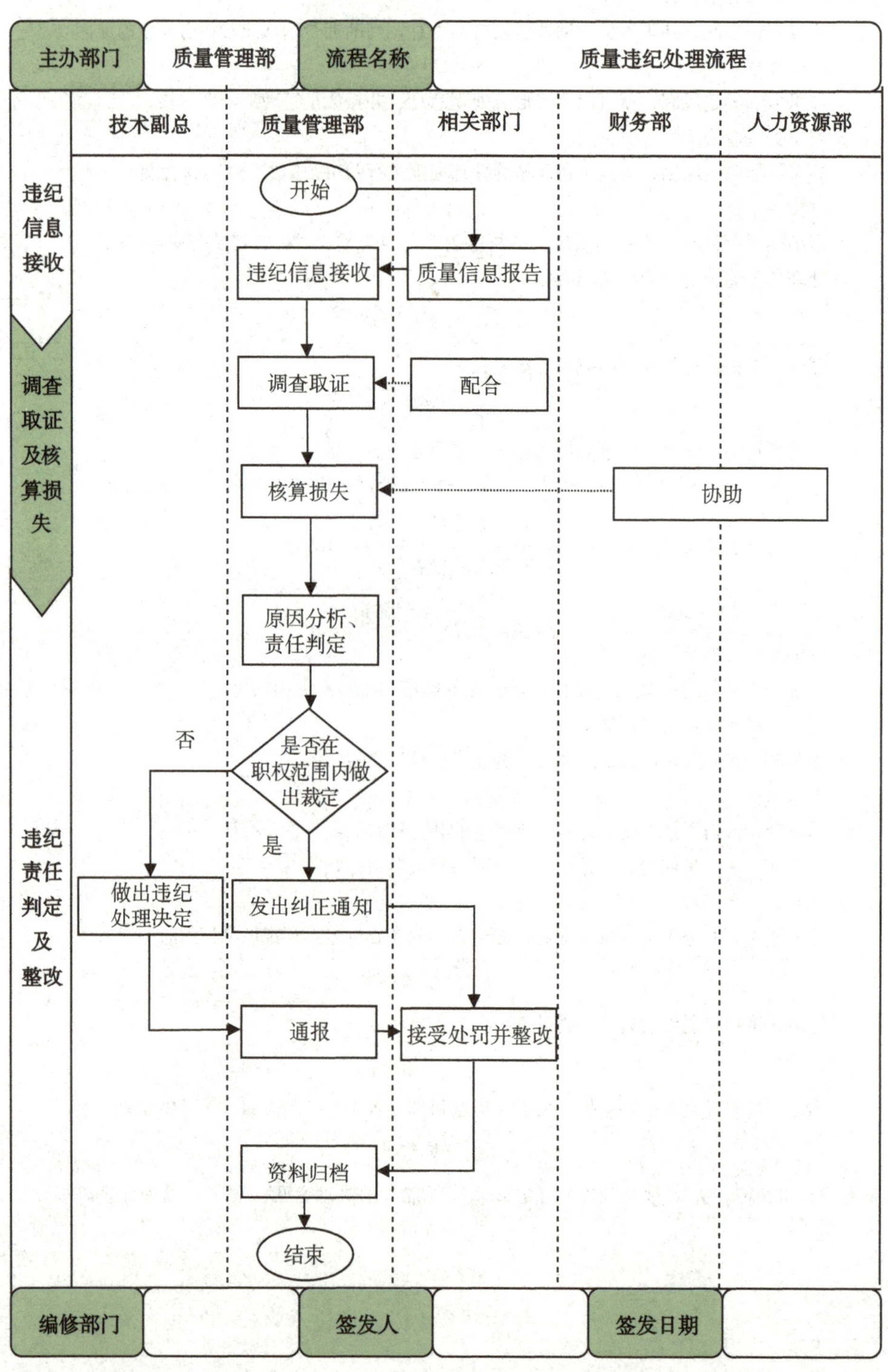

6.20.2 质量违纪处理执行程序、工作标准、考核指标、执行规范

<table>
<tr><th>任务名称</th><th>执行程序、工作标准与考核指标</th></tr>
<tr><td rowspan="4">违纪信息接收</td><td>执行程序</td></tr>
<tr><td>☆相关部门及时将质量违纪信息反馈给质量管理部。
☆质量管理部负责接收、汇总与分析质量违纪信息，初步审查其行为是否违反相关的质量管理规定。
工作重点
质量违纪即违反质量管理制度相关规定的行为，包括原材料、半成品、成品质量检测不到位，生产人员的操作流程不规范，设备质量管理工作不规范等。</td></tr>
<tr><td>工作标准</td></tr>
<tr><td>完成标准：接收违纪信息，并对其做出初步处理。</td></tr>
<tr><td rowspan="6">调查取证及核算损失</td><td>执行程序</td></tr>
<tr><td>1. 调查取证
☆质量管理部根据相关部门反馈的信息，深入相关部门进行调查取证。
☆相关部门要配合质量管理部的工作，但必须保证质量管理部调查的独立性。
2. 核算损失
☆质量管理部在财务部、人力资源部的协助下，对质量违纪的损失进行评估，损失包括经济损失、人力工时损失、企业无形资产损失等。
☆财务部负责协助质量管理部核算经济损失。
☆人力资源部负责协助对人力工时损失进行核算。
工作重点
注意调查取证的四看：一看相关的质量检验单或者质量管理登记单；二看违纪人员的上下工序对接人的情况；三看设备自动记录；四看闭路电视视频。</td></tr>
<tr><td>工作标准</td></tr>
<tr><td>完成标准：调查取证完毕，损失核算完毕。</td></tr>
<tr><td>考核指标</td></tr>
<tr><td>☆调查取证的规范性：按照质量违纪处理工作规定，用科学且严谨的办法进行调查取证。
☆调查结果准确率：目标值为____%，所有得出结论的调查结果经过多方验证，真实可信，具体计算公式如下。
$$调查结果准确率=\frac{准确的调查结果数}{调查结果总数}\times 100\%$$</td></tr>
<tr><td rowspan="2">违纪责任判定及整改</td><td>执行程序</td></tr>
<tr><td>1. 原因分析、责任判定
质量管理部根据取证所得的材料对质量违纪原因进行分析，判定责任人，填写责任裁定书。
2. 发出纠正通知
质量管理部在职权范围内做出裁定的，需向相关部门发出纠正通知，内容包括纠正内容、整改期限等。
3. 做出违纪处理决定
☆对于质量违纪损失超过____万元的，技术副总应对责任人做出裁定。
☆技术副总做出裁定后，质量管理部应向相关部门通报处理决定。</td></tr>
</table>

（续）

<table>
<tr><th>任务名称</th><th>执行程序、工作标准与考核指标</th></tr>
<tr><td rowspan="5">违纪责任判定及整改</td><td>4. 接受处罚并整改
☆相关部门在接受处罚的同时，必须做出整改。
☆整改时须严格按照纠正通知及质量管理制度执行，并指定专门的整改负责人。
5. 资料归档
质量管理部将质量违纪处理过程中产生的相关资料进行归档处理。
工作重点
责任裁定书要规范，内容主要包括质量违纪的内容、原因、主要责任人、次要责任人、需承担的责任部分说明等。</td></tr>
<tr><td>工作标准</td></tr>
<tr><td>完成标准：违纪责任部门或责任人做出整改，并将相关资料归档。</td></tr>
<tr><td>考核指标</td></tr>
<tr><td>☆责任判定的规范性：依据质量管理制度及质量违纪处罚规定的相关条款进行判定，做到有据可依。
☆责任判定的客观性：根据客观实际情况得出结论，确保公平有效。
☆整改质量合格率：目标值为____%，确保整改过程按要求进行，且整改质量达标，具体计算公式如下。
$$整改质量合格率=\frac{整改质量达标次数}{整改总次数}\times 100\%$$</td></tr>
<tr><td colspan="2">执行规范</td></tr>
<tr><td colspan="2">“质量管理制度”“质量管理处罚规定”“质量检验标准书”。</td></tr>
</table>

6.21 质量责任仲裁管理流程设计与工作执行

6.21.1 质量责任仲裁管理流程设计

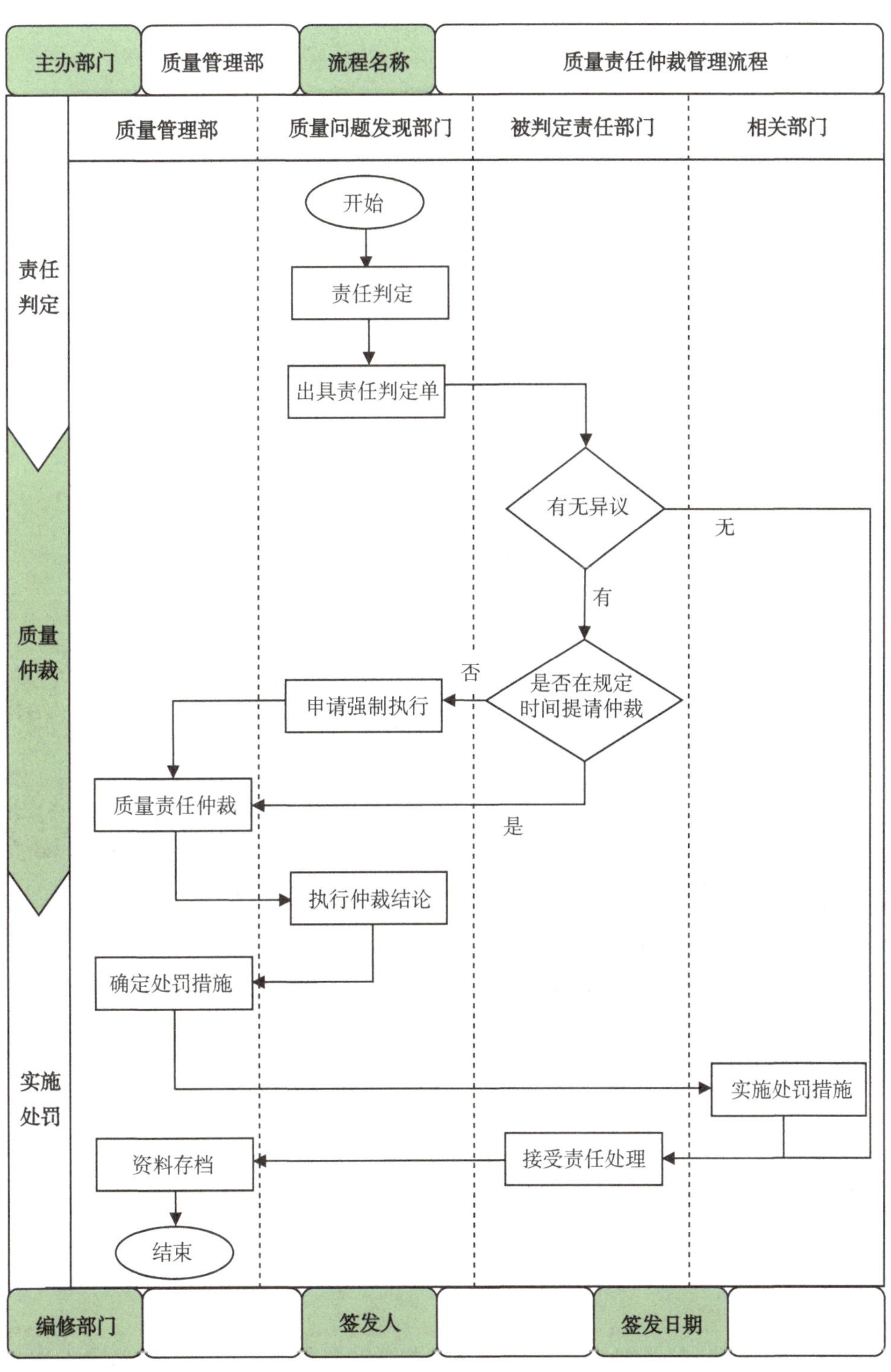

6.21.2 质量责任仲裁管理执行程序、工作标准、考核指标、执行规范

任务名称	执行程序、工作标准与考核指标
责任判定	**执行程序**
	1. 责任判定 ☆原材料、半成品、成品等在质量检验或发生质量事故时被发现有质量问题。 ☆质量问题发现部门进行详细的调查取证后，根据产品质量及故障模式进行责任判定。 **2. 出具责任判定单** ☆质量问题发现部门判定质量问题责任后，开具责任判定单。责任判定单包括不合格品评审记录单、产品报废通知单等。 ☆质量问题发现部门将责任判定单送交被判定责任部门。 **工作重点** 质量问题发现部门要严格按照程序和标准出具责任判定单。
	工作标准
	完成标准：被判定责任部门接到责任判定单。
	考核指标
	责任判定准确率：目标值为____%，具体计算公式如下。 $责任判定准确率=\frac{责任判定准确次数}{责任判定总次数}\times100\%$
质量仲裁	**执行程序**
	1. 有无异议 ☆被判定责任部门若对责任判定无异议，则可签字确认执行。 ☆被判定责任部门若对责任判定有异议，则可提出申请仲裁。申请时需填写申请书，内容包括申请理由、申请证据等。 **2. 是否在规定时间内提请仲裁** 被判定责任部门若对判定结果有异议，必须在规定的时间内，按要求填写质量责任仲裁申请表并附相关调查材料，提交质量管理部；若超出规定时间，没有提交质量责任仲裁申请表给质量管理部的，则先按要求填写质量责任仲裁强制执行申请单，然后提交质量管理部。 **3. 质量责任仲裁** ☆质量管理部接到仲裁申请表或仲裁强制执行申请表时，需做好台账记录。 ☆在充分调查、掌握充足证据的基础上，质量管理部综合各部门的意见，做出质量责任仲裁，形成质量责任仲裁书，并附仲裁理由和仲裁调查材料。 **工作重点** 申请仲裁时要如实、准确地填写仲裁申请表，相关调查材料要详尽。
	工作标准
	完成标准：质量管理部做出责任仲裁，形成责任仲裁书。

（续）

任务名称	执行程序、工作标准与考核指标
质量仲裁	**考核指标** 仲裁提请的成功率：目标值为____%，提请理由要充分，并附相应的调查材料以提高申请被受理的成功率，具体计算公式如下。 $$仲裁提请的成功率=\frac{仲裁提请被受理的次数}{仲裁提请总次数}\times 100\%$$
实施处罚	**执行程序** **1. 执行仲裁结论** 质量问题发现部门根据质量管理部的仲裁结论执行。 **2. 确定处罚措施** ☆质量管理部根据相关规定，对相关部门做出处罚决定。 ☆质量管理部的处罚决定由企业人力资源部执行。 ☆相关部门在接受处罚的同时，必须进行整改。 **3. 资料存档** 质量管理部对质量仲裁过程中产生的相关资料归档。 **工作重点** 处罚措施要及时，否则处罚的意义会降低。 **工作标准** 完成标准：质量管理部对相关部门实施处罚并将相关资料归档。 **考核指标** ☆结论执行的规范性：严格按照结论的内容执行，不允许擅自改动处理意见。 ☆处罚意见的合理性：根据企业质量管理制度及质量责任仲裁结果制定，且与企业现实情况相符。
执行规范	
"质量责任仲裁申请表""质量责任仲裁书""质量责任处罚决定"。	

第7章 产品检验过程质量管控

7.1 产品检验管理流程设计

7.1.1 流程设计的目的

在产品质量形成过程中，为确保符合产品质量要求，企业必须对所有影响质量的活动进行适宜而连续的控制，而各种形式的检验活动正是这种控制必不可少的手段。企业设计产品检验管理流程的目的体现在以下几个方面。

（1）合理安排质量检验计划，保证产品检验工作顺利进行，使企业生产的产品都能达到质量要求。

（2）加强半成品和成品抽样、出库的检验，防止未经检验或不合格的半成品、产成品流入下道工序或出厂。

（3）完善不合格品的检验、控制、处理流程，分析不合格品产生的原因，确保不合格品得到有效、及时的处理。

（4）明确产品质量问题与责任范围，确保质量责任清晰、明确。

（5）完善企业理化检验工作规范，确保检验数据客观、公正、准确。

（6）规范委托外部企业或机构的检验工作，保证外部检验结果符合相关规定要求，确保能为本企业提供可靠的检验数据和有效的检验报告，并证明企业产品质量达到规定的质量标准，以满足客户对产品的质量需求。

7.1.2 流程结构设计

从生产的整个过程来看，产品检验管理包括检验计划签审、半成品检验、成品抽样检验、样品检验、工厂出货检验、不合格品管理，以及委托外部检验，具体结构如图 7-1 所示。

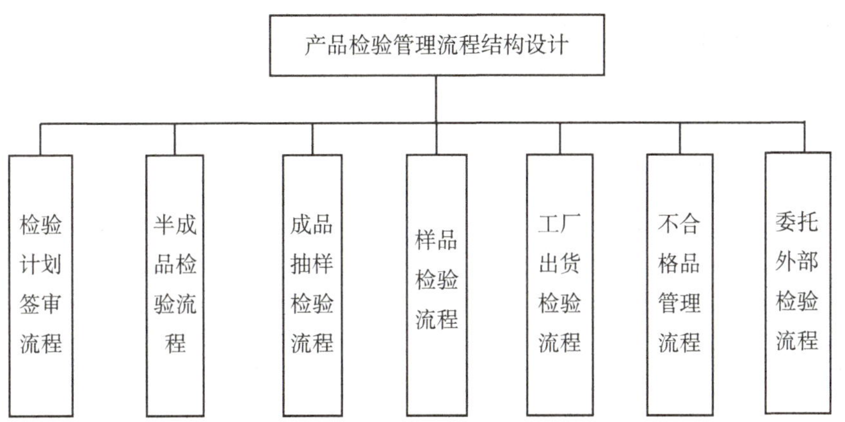

图 7-1　产品检验管理流程结构设计

7.2 检验计划签审流程设计与工作执行

7.2.1 检验计划签审流程设计

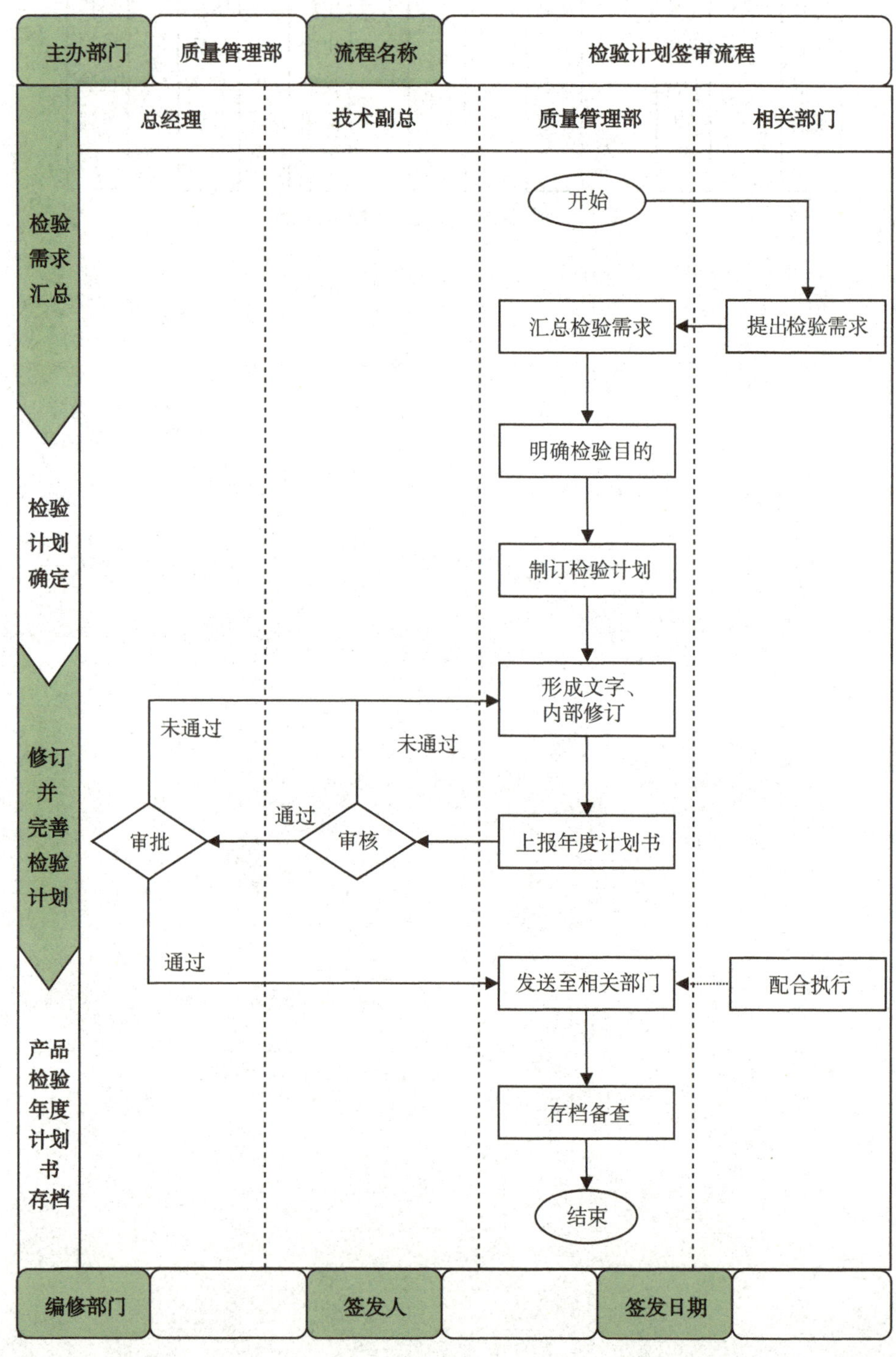

7.2.2 检验计划签审执行程序、工作标准、考核指标、执行规范

<table>
<tr><th>任务名称</th><th>执行程序、工作标准与考核指标</th></tr>
<tr><td rowspan="4">检验需求汇总</td><td>执行程序</td></tr>
<tr><td>☆企业的采购、生产、仓储等相关部门按照本企业质量管理制度的要求及所处生产阶段、生产情况，提出对原材料、半成品、成品以及生产过程各工序操作等的检验需求。
☆质量管理部汇总相关部门的检验需求，了解相关部门需要检验项目的情况、大致时间安排等。
工作重点
质量管理部对检验需求进行细化、量化和标准化。</td></tr>
<tr><td>工作标准</td></tr>
<tr><td>完成标准：质量管理部要厘清相关部门的检验需求。</td></tr>
<tr><td rowspan="6">检验计划确定</td><td>执行程序</td></tr>
<tr><td>1. 明确检验目的
☆质量管理部根据生产目标及生产计划，进一步明确质量检验目的。
☆检验目的包括保证产品质量符合要求，防止未经检验或不合格的原材料、半成品、成品流入下道工序或出厂；保证各工序操作者的作业方法、程序符合规定。
2. 制订检验计划
☆质量管理部收集各类受检产品的质量技术标准、工艺技术文件等，为制订产品检验计划做好准备。
☆质量管理部综合各方面因素编制检验计划，对检验项目、抽样时间、检验所需时间、具体实施的依据文件、抽样数量、受检部门等进行准确、简明的叙述。
工作重点
质量管理部根据本企业以往年度的检验计划，制订本年度的企业检验计划。</td></tr>
<tr><td>工作标准</td></tr>
<tr><td>参照标准：其他同行业企业的质量技术标准、工艺技术文件、检验计划等资料。</td></tr>
<tr><td>考核指标</td></tr>
<tr><td>☆检验目的的全面性：内容全面、准确。
☆检验目的的合理性：按照质量管理的要求制定检验目的，不能偏离质量管理的目标和方针。
☆检验计划的可行性：计划方案能保证有条件实行，计划的内容合乎逻辑。
☆工作目标按计划完成率：目标值为____%，具体计算公式如下。
$$工作目标按计划完成率=\frac{实际完成的工作目标数}{计划完成的工作目标数}\times 100\%$$</td></tr>
<tr><td rowspan="2">修订并完善检验计划</td><td>执行程序</td></tr>
<tr><td>1. 形成文字、内部修订
☆质量管理部根据检验计划，编制产品检验年度计划书。
☆产品检验年度计划书编制完成后，质量管理部要对其进行讨论并修订，确保合理、合规。
2. 上报年度计划书
☆质量管理部将经过修订的产品检验年度计划书上报技术副总审核，若技术副总提出修订意见，质量管理部则根据意见进行修订；若没有异议，则报总经理审批。
☆总经理若对计划书提出修正意见，质量管理部则依据总经理的意见修正和完善计划书。</td></tr>
</table>

（续）

<table>
<tr><th>任务名称</th><th>执行程序、工作标准与考核指标</th></tr>
<tr><td rowspan="3">修订并完善检验计划</td><td>工作重点
规范产品检验年度计划书的格式。</td></tr>
<tr><td>工作标准</td></tr>
<tr><td>完成标准：产品检验年度计划书经总经理审批通过后，质量管理部对其进行修正和完善。</td></tr>
<tr><td rowspan="4">产品检验年度计划书存档</td><td>执行程序</td></tr>
<tr><td>1. 发送至相关部门
质量管理部将确定的产品检验年度计划书发送至相关部门。相关部门按照计划书的要求配合做好检验工作。
2. 存档备查
质量管理部将产品检验年度计划书存档。
工作重点
将产品检验年度计划书下发至相关部门执行，并存档。</td></tr>
<tr><td>工作标准</td></tr>
<tr><td>完成标准：完成产品检验年度计划书的存档。</td></tr>
<tr><td colspan="2">执行规范</td></tr>
<tr><td colspan="2">“质量管理制度”“意见修正和完善计划书”“产品检验年度计划书”。</td></tr>
</table>

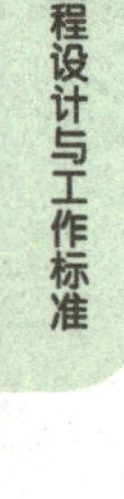

7.3 半成品检验流程设计与工作执行

7.3.1 半成品检验流程设计

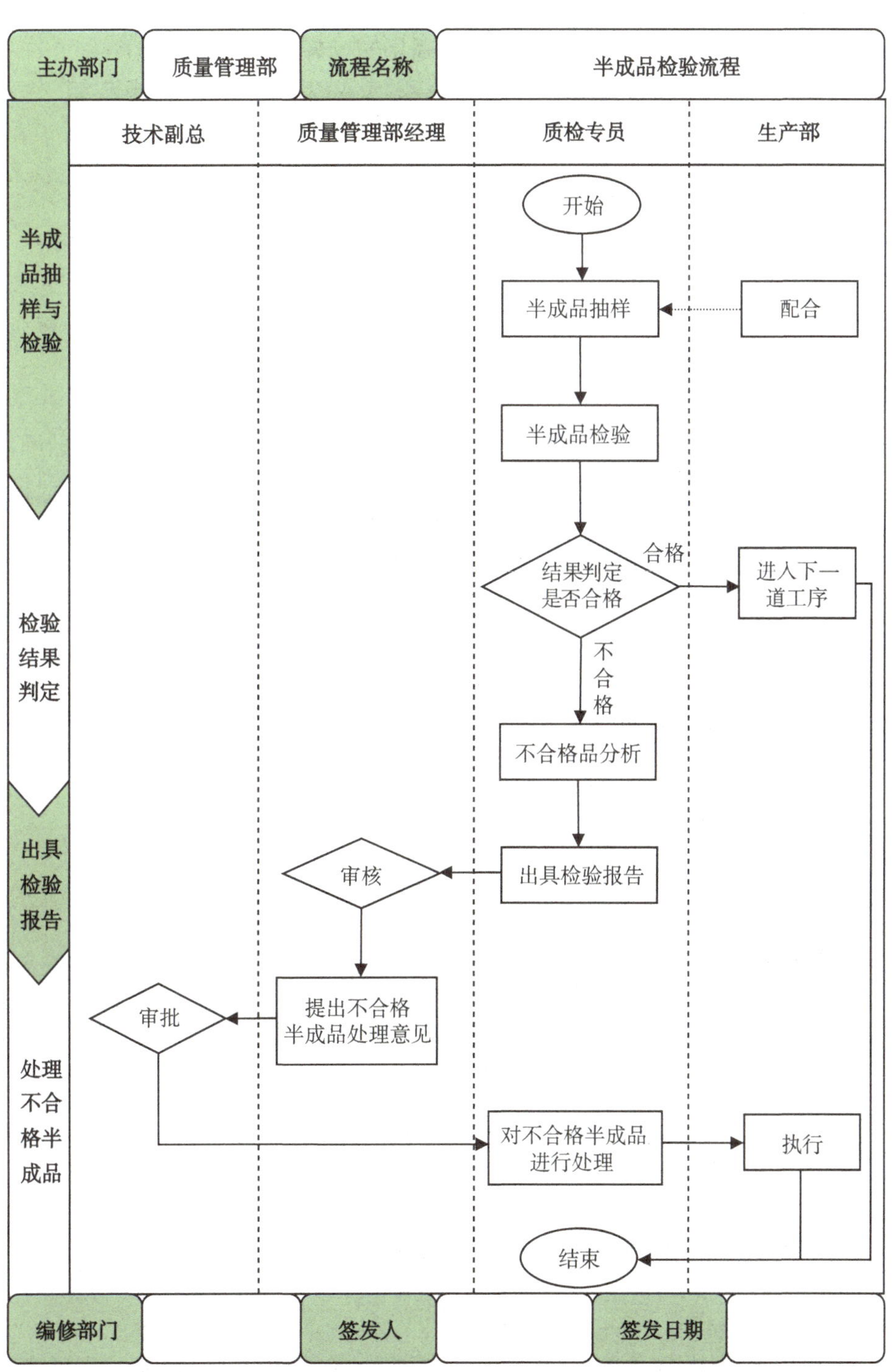

7.3.2 半成品检验执行程序、工作标准、考核指标、执行规范

任务名称	执行程序、工作标准与考核指标
半成品抽样与检验	**执行程序**
	1. 半成品抽样 ☆质检专员根据半成品批量大小，将该批半成品分成数个检验批次，分批进行检验。 ☆质检专员从每个检验批次中随机抽取一定数量的半成品作为检验样本，同时填写半成品抽样记录，即记录抽取的半成品批次、总量、抽样数量等情况。 ☆生产部配合质量管理部开展质检工作，提供需检半成品的样本。 **2. 半成品检验** ☆质检专员在对半成品进行检验前，应先查阅被检半成品的质量标准和检验操作规程，确定所需要的检验仪器和规定的检验项目。 ☆质检专员对样本进行检验时应严格执行检验操作规程。 ☆在检验过程中，质检专员应及时填写检验记录，包括使用的仪器、检验所得到的数据、被检验样本的状态等。 **工作重点** 掌握半成品检验的项目，具体包括外观、尺寸和用料的品质，工艺结构性，产品在装配阶段不受影响的功能性试装和公差测量等。
	工作标准
	☆参照标准：其他同行业企业的半成品检验操作规程等。 ☆完成标准：质检专员对半成品进行检验并填写检验记录。
	考核指标
	☆抽样方法的合理性：根据半成品的数量、特性选择合适的抽样方法，并保证样品的代表性。 ☆半成品质量合格率：目标值为____%，保证进入下一工序的半成品质量合格，具体计算公式如下。 $\text{半成品质量合格率}=\frac{\text{检验合格的半成品数}}{\text{检验的半成品总数}}\times 100\%$
检验结果判定	**执行程序**
	1. 进入下一道工序 ☆质检专员对照质量标准等指标，判断半成品质量是否合格。 ☆若符合质量要求，质检专员则发出半成品质量合格通知，生产部将半成品送入下一道工序。 **2. 不合格品分析** 经检验，若半成品质量不符合质量标准，质检专员则分析原因，并做好记录。 **工作重点** 注意总结半成品不合格的原因，常见的原因包括原材料质量问题、加工工序问题、设计图纸问题等。
	工作标准
	参照标准：其他同行业企业的工序检验程序、标准。
	考核指标
	☆分析方法的科学性：针对半成品的具体情况，应用合理和科学的方法进行原因分析。 ☆分析结果的准确性：依照相关规定对半成品不合格的原因进行排查，以保证分析结果的准确性。

（续）

任务名称	执行程序、工作标准与考核指标
出具检验报告	**执行程序**
	工作重点 严格按照规定格式编写半成品检验报告。报告内容包括检验项目、检验器具、参照标准、检验流程、检验时间、检验人员、检验结论等。
	工作标准
	完成标准：质检专员出具半成品检验报告。
处理不合格半成品	**执行程序**
	1. 提出不合格半成品处理意见 质量管理部经理审核半成品检验报告，根据检验结果提出对不合格品的处理意见，包括返工、降级或者报废等，同时报技术副总审批。 2. 对不合格半成品进行处理 ☆技术副总对不合格半成品处理意见进行审批，审批通过后，质检专员将不合格半成品处理通知发送给生产部。 ☆生产部执行通知。 工作重点 所提出的处理意见要具有较强的可操作性。
	工作标准
	完成标准：生产部按处理意见对半成品进行处理。
	考核指标
	处理意见的合理性：符合质量管理制度的要求和现有的生产情况，能够确保企业的利益。
执行规范	
“半成品质量标准”“半成品检验操作规程”“半成品检验报告”。	

7.4 成品抽样检验流程设计与工作执行

7.4.1 成品抽样检验流程设计

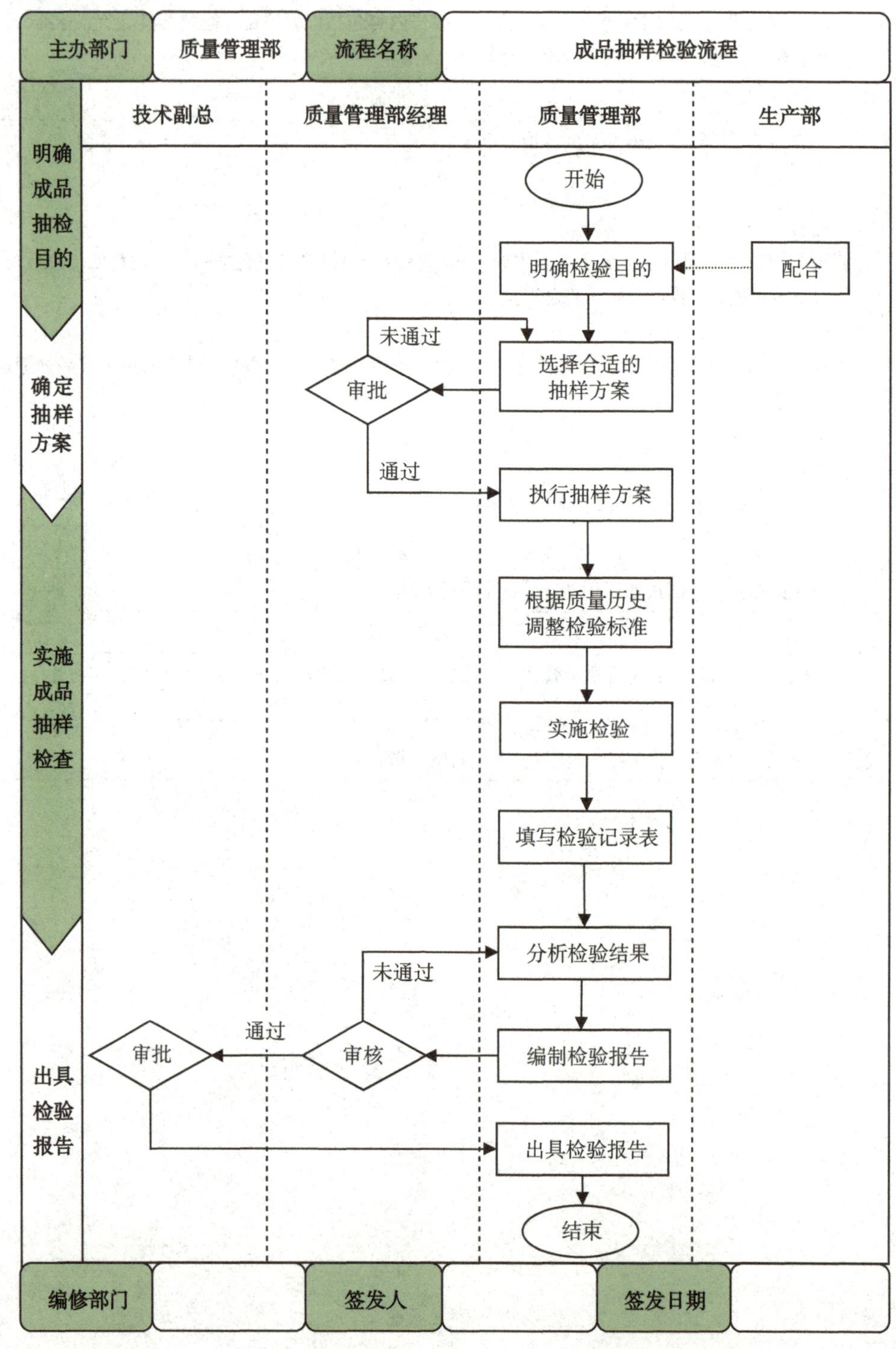

7.4.2 成品抽样检验执行程序工作标准、考核指标、执行规范

<table>
<tr><th>任务名称</th><th>执行程序、工作标准与考核指标</th></tr>
<tr><td rowspan="4">明确成品抽检目的</td><td>执行程序</td></tr>
<tr><td>☆质量管理部要明确成品抽检的目的，以及时发现、消除产品质量隐患，保证成品质量符合企业产品质量标准，并达到客户要求。
☆生产部要配合提供有关客户要求、供应批量等相关资料。
工作重点
了解客户的真实需求。</td></tr>
<tr><td>工作标准</td></tr>
<tr><td>完成标准：成品抽检目的得以明确。</td></tr>
<tr><td rowspan="4">确定抽样方案</td><td>执行程序</td></tr>
<tr><td>☆质量管理部质检专员根据检验的目的和要求选择合适的抽样方案，并规定每批应检验的单位产品数（样本量或系列样本量）。
☆质量管理部质检专员将选定的抽样方案报质量管理部经理审批。
☆质量管理部经理若对抽样方案有异议，可提出修改意见。
☆质量管理部质检专员根据质量管理部经理的意见对抽样方案进行修改，直至抽样方案通过审批。
工作重点
质检专员要根据产品的特性等因素综合确定抽样方案，在上报质量管理部经理时，应对自己选定的方案进行说明。</td></tr>
<tr><td>工作标准</td></tr>
<tr><td>参照标准：其他同行业企业的成品抽样方案资料。</td></tr>
<tr><td rowspan="4">实施成品抽样检查</td><td>执行程序</td></tr>
<tr><td>1. 执行抽样方案
☆抽样方案确定后，质量管理部质检专员依据抽样方案对待检验成品进行抽样。
☆抽取样本时，必须从群体中随机抽样。
2. 根据质量历史调整检验标准
在进行成品的质量检查前，质量管理部质检专员需要根据质量历史与产品要求调整检验标准。
3. 实施检验
☆质量管理部质检专员依据相应的质量标准、程序要求对成品样本进行检验。
☆检验项目包括产品卫生指标、重量或容量指标、外观指标等。
4. 填写检验记录表
☆在成品质量检验过程中或结束后要及时填写成品抽样检验记录表。
☆抽样检验记录表的内容包括产品名称、产品规格、制造批号、抽样数量、检验项目、严重不良数、轻微不良数等。
工作重点
严格按照企业要求进行检验，如果更改原有标准、程序，要及时进行记录、标注。</td></tr>
<tr><td>工作标准</td></tr>
<tr><td>完成标准：对成品实施检验，并填写检验记录表。</td></tr>
</table>

（续）

任务名称	执行程序、工作标准与考核指标
实施成品抽样检查	**考核指标**
	☆抽样方法的合理性：根据成品的数量、产品特性选择抽样方法。 ☆批次产品质量投诉率：力争控制在____%以内，具体计算公式如下。 $批次产品质量投诉率=\frac{有关产品质量投诉次数}{产品出货总批次}\times 100\%$
出具检验报告	**执行程序**
	1. 分析检验结果 质量管理部质检专员对检验结果进行分析，根据成品质量管理规范等相关文件，以及成品检验状态等情况分析不合格成品产生的原因。 **2. 编制检验报告** ☆质量管理部依据相关要求编制成品抽样检验报告，并报质量管理部经理审核。 ☆质量管理部经理若对检验结果提出了修正意见，质检专员应据此对检验报告进行修正。 ☆质量管理部将审核通过的成品抽样检验报告报技术副总审批。 **3. 出具检验报告** 质量管理部出具通过审批的成品抽样检验报告。 **工作重点** 了解检验报告的关键内容，主要包括产品名称、规格、制造批号、目标产量、生产日程、检验项目、检验过程、检验器具、检验人员、检验结果等。
	工作标准
	完成标准：出具检验报告，并发送至相关部门。
	考核指标
	报告内容的规范性：严格按照企业的要求编写，确保内容全面、结构清晰、无重大纰漏。
执行规范	
“成品抽样方案”“抽样方案补充意见书”“成品抽样检验报告”。	

7.5 样品检验流程设计与工作执行

7.5.1 样品检验流程设计

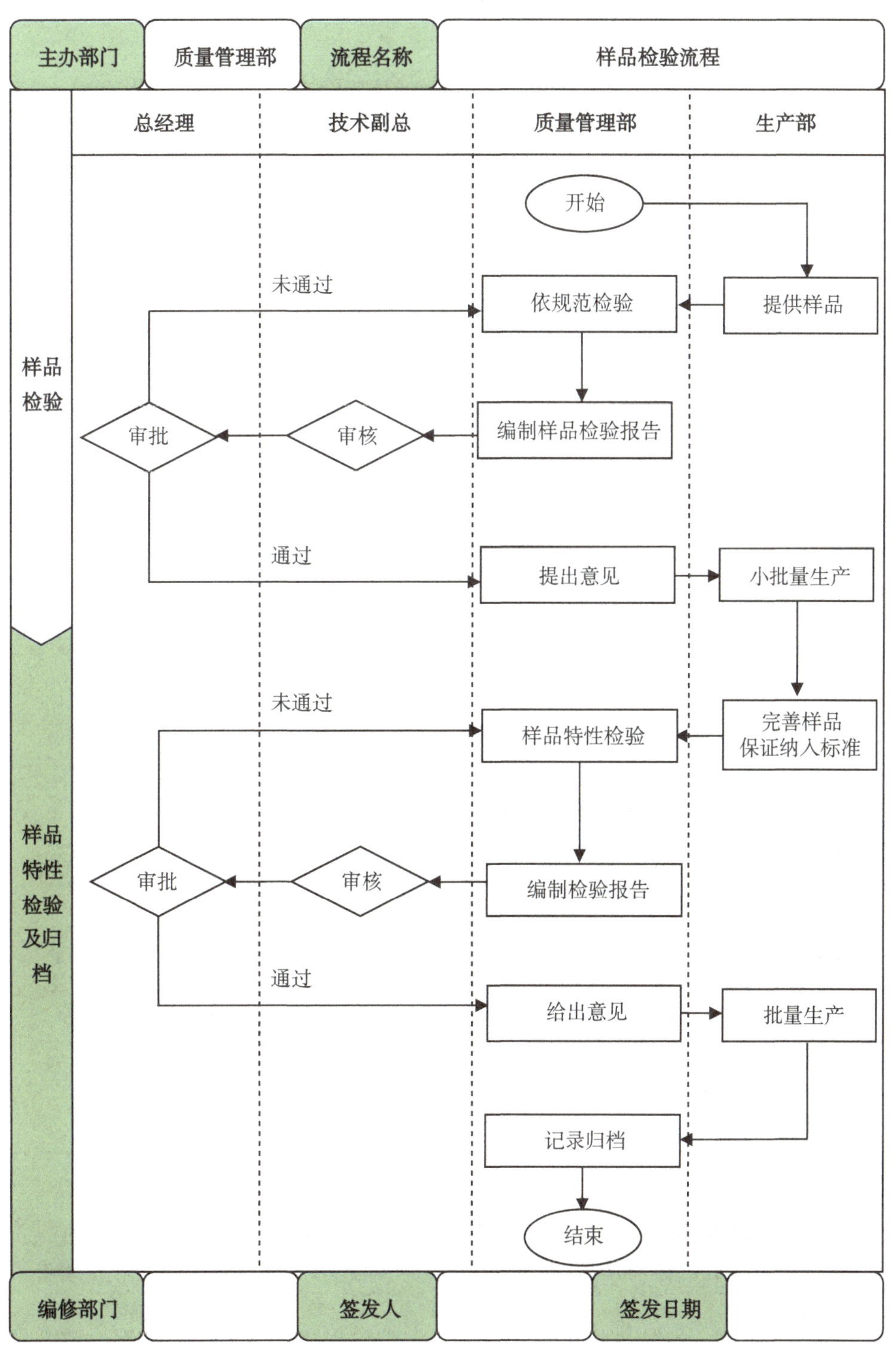

7.5.2 样品检验执行程序、工作标准、考核指标、执行规范

<table>
<tr><th>任务名称</th><th>执行程序、工作标准与考核指标</th></tr>
<tr><td rowspan="6">样品检验</td><td>执行程序</td></tr>
<tr><td>1. 依规范检验
☆生产部将样品提交质量管理部检验。
☆质量管理部依据规定的操作程序、技术标准与质量要求对样品进行检验。
☆检验内容包括样品的工艺结构、性能指标、外观等。
2. 编制样品检验报告
☆检验完毕后，质量管理部编制样品检验报告，并报技术副总审核、总经理审批。
☆报告内容包括样品名称、规格、质量标准、检验时间、检验器具、检验过程、检验人员、检验结论等。
3. 小批量生产
☆技术副总和总经理分别对样品检验报告进行审核和审批，若样品不符合质量要求，则要求生产部返工，重新生产，并再次进行检验。
☆若样品质量合格，质量管理部依据技术、工艺等要求，对样品提出相应建议后，生产部据此进行小批量生产。
工作重点
严格按照企业规范的格式编制样品检验报告。</td></tr>
<tr><td>工作标准</td></tr>
<tr><td>☆参照标准：企业以前的样品检验报告资料。
☆目标标准：样品检验完成，生产部进行小批量生产。</td></tr>
<tr><td>考核指标</td></tr>
<tr><td>试产完成准时率：目标值为____%，具体计算公式如下。
$$试产完成准时率=\frac{实际试产周期}{计划试产周期}\times 100\%$$</td></tr>
<tr><td rowspan="2">样品特性检验及归档</td><td>执行程序</td></tr>
<tr><td>1. 样品特性检验
☆生产部在质量管理部的建议下进行小批量生产，并在生产的过程中不断完善样品质量，保证完全符合质量标准。
☆生产部将小批量生产的产品抽样送检，质量管理部质检专员对样品的特性等进行检验。
2. 编制检验报告
☆质检专员检验完样品后，填写样品检验记录表，同时编制检验报告。
☆质量管理部将检验报告上报技术副总审核、总经理审批。
3. 批量生产
☆若样品有问题，生产部则根据产品存在的问题改进生产工艺，以提高产品质量。
☆若样品符合质量要求，生产部则大批量投入生产。
☆生产部在批量生产产品的过程中，应随时将生产中发现的有关产品质量问题反馈给质量管理部。</td></tr>
</table>

（续）

任务名称	执行程序、工作标准与考核指标
样品特性检验及归档	4. 记录归档 ☆质量管理部要定期对产品进行质量检验，并填写产品检验记录表。 ☆质量管理部要定期汇总产品检验记录表，并将其存档，以备查或研究之用。 工作重点 特性检验与之前的样品检验要有所区别，应将检验重点放在产品的独特品性上。
	工作标准
	目标标准：特性检验合格，生产部进行批量生产且在后续生产中不断反馈质量问题。
	考核指标
	文书档案归档率：目标值为____%，具体计算公式如下。 $文书档案归档率=\frac{文书档案归档数}{文书档案总数}\times 100\%$
执行规范	
“样品检验操作细则”“样品检验报告”“产品特性检验操作细则”“批量生产中质量问题反馈处理方案”。	

7.6 工厂出货检验流程设计与工作执行

7.6.1 工厂出货检验流程设计

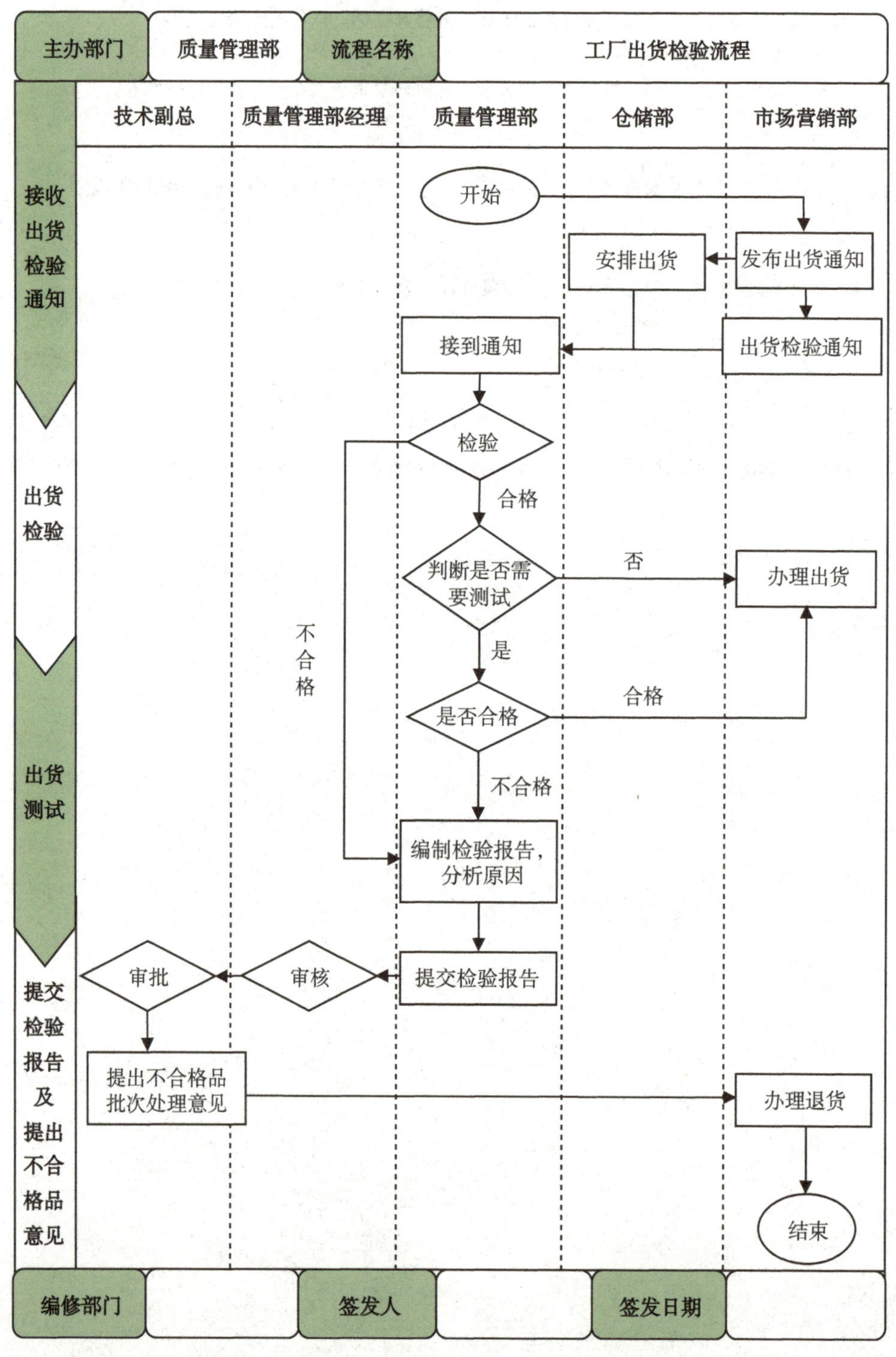

7.6.2 工厂出货检验执行程序、工作标准、考核指标、执行规范

<table>
<tr><th>任务名称</th><th>执行程序、工作标准与考核指标</th></tr>
<tr><td rowspan="4">接收出货检验通知</td><td>执行程序</td></tr>
<tr><td>1. 发布出货通知
☆仓储部接到市场营销部发布的通知后，应及时备货，并安排出货。
☆市场营销部根据相关质量规定，向质量管理部发出出货检验通知，说明需检验项目、检验标准、出货时间等事项。
2. 收到通知
☆质量管理部收到出货检验通知后，及时安排质检专员做好产品出货检验准备。
☆检验准备包括检查器具是否齐全、运行是否正常，以及检验时间安排是否相冲突等。
工作重点
货品的名称、类型、规格、数量、出货的预定时间等都要在出货通知中描述清楚。</td></tr>
<tr><td>工作标准</td></tr>
<tr><td>☆参照标准：其他企业的出货检验通知。
☆完成标准：质量管理部收到通知并做好检验准备。</td></tr>
<tr><td rowspan="6">出货检验</td><td>执行程序</td></tr>
<tr><td>1. 检验
☆质检专员依据质量标准、操作流程对指定的出货批次进行随机抽样和检验。
☆对于检验不合格的货品，质检专员应填写出货检验记录表，列明不合格项目，同时对不合格品进行分析，并编制出货检验报告。
2. 判断是否需要测试
☆对于检验合格的货品，质检专员根据成品管理规定及产品的类型、性能要求等判断货品是否需要进行测试。
☆若不需要测试，质检专员应填写出货检验记录表，并通知市场营销部办理出货。
工作重点
出货检验报告的内容包括货品的名称、规格、数量、检验标准、检验过程、检验结果等。</td></tr>
<tr><td>工作标准</td></tr>
<tr><td>完成标准：货品经检验确定合格，可办理出货或进行测试。</td></tr>
<tr><td>考核指标</td></tr>
<tr><td>未及时检验被投诉的次数：应控制在____次，确保收到检验通知后，尽快安排出货检验，以免耽误产品出货流程的进行。</td></tr>
<tr><td rowspan="2">出货测试</td><td>执行程序</td></tr>
<tr><td>1. 测试
☆对于需要测试的出货批次，质检专员根据企业规定标准和程序进行测试。
☆对于测试合格的货品，质检专员填写出货产品测试记录表，并通知市场营销部办理出货。
2. 编制检验报告，分析原因
对于测试不合格的货品批次，质检专员填写出货产品测试记录表，分析不合格原因，并编制出货检验报告。
工作重点
检验报告要重点突出对不合格品原因的分析。</td></tr>
</table>

（续）

<table>
<tr><th>任务名称</th><th>执行程序、工作标准与考核指标</th></tr>
<tr><td rowspan="4">出货测试</td><td>工作标准</td></tr>
<tr><td>完成标准：编制检验报告并对不合格品进行分析。</td></tr>
<tr><td>考核指标</td></tr>
<tr><td>☆产品质量合格率：目标值为____%，具体计算公式如下。
$$产品质量合格率 = \frac{合格的产品数量}{产品总数量} \times 100\%$$
☆分析方法的科学性：采用合适的方法对不合格品产生的原因进行分析。
☆分析结果准确率：目标值为____%，具体计算公式如下。
$$分析结果准确率 = \frac{准确的产品分析结果数}{产品分析结果总数} \times 100\%$$</td></tr>
<tr><td rowspan="6">提交检验报告及提出不合格品意见</td><td>执行程序</td></tr>
<tr><td>1. 提交检验报告
☆质检专员根据出货检验结果编制出货检验报告，并报质量管理部经理审核。
☆质量管理部经理对出货检验报告进行审核后，再将其上报技术副总审批。
☆若重要出货批次出现不合格品，技术副总应会同市场营销部、质量管理部、仓储部等相关部门商讨对责任人的处罚方案。
2. 提出不合格品批次处理意见
☆经商讨，技术副总根据企业的相关规定，提出对不合格品批次的处理意见及相应责任人的处罚意见。
☆市场营销部根据处理意见，与客户沟通，办理退货，并与相关部门一起处理不合格品。
工作重点
质量管理部经理要重视对出货检验报告的审核。</td></tr>
<tr><td>工作标准</td></tr>
<tr><td>完成标准：技术副总提出不合格品处理意见，相关部门应遵照执行。</td></tr>
<tr><td>考核指标</td></tr>
<tr><td>处理意见的合理性：符合本企业质量管理、生产的相关要求，对质量问题责任人也有相应的处罚措施。</td></tr>
<tr><td colspan="2">执行规范</td></tr>
<tr><td colspan="2">“出货检验制度”“出货检验报告”“不合格品批次处理意见”。</td></tr>
</table>

7.7 不合格品管理流程设计与工作执行

7.7.1 不合格品管理流程设计

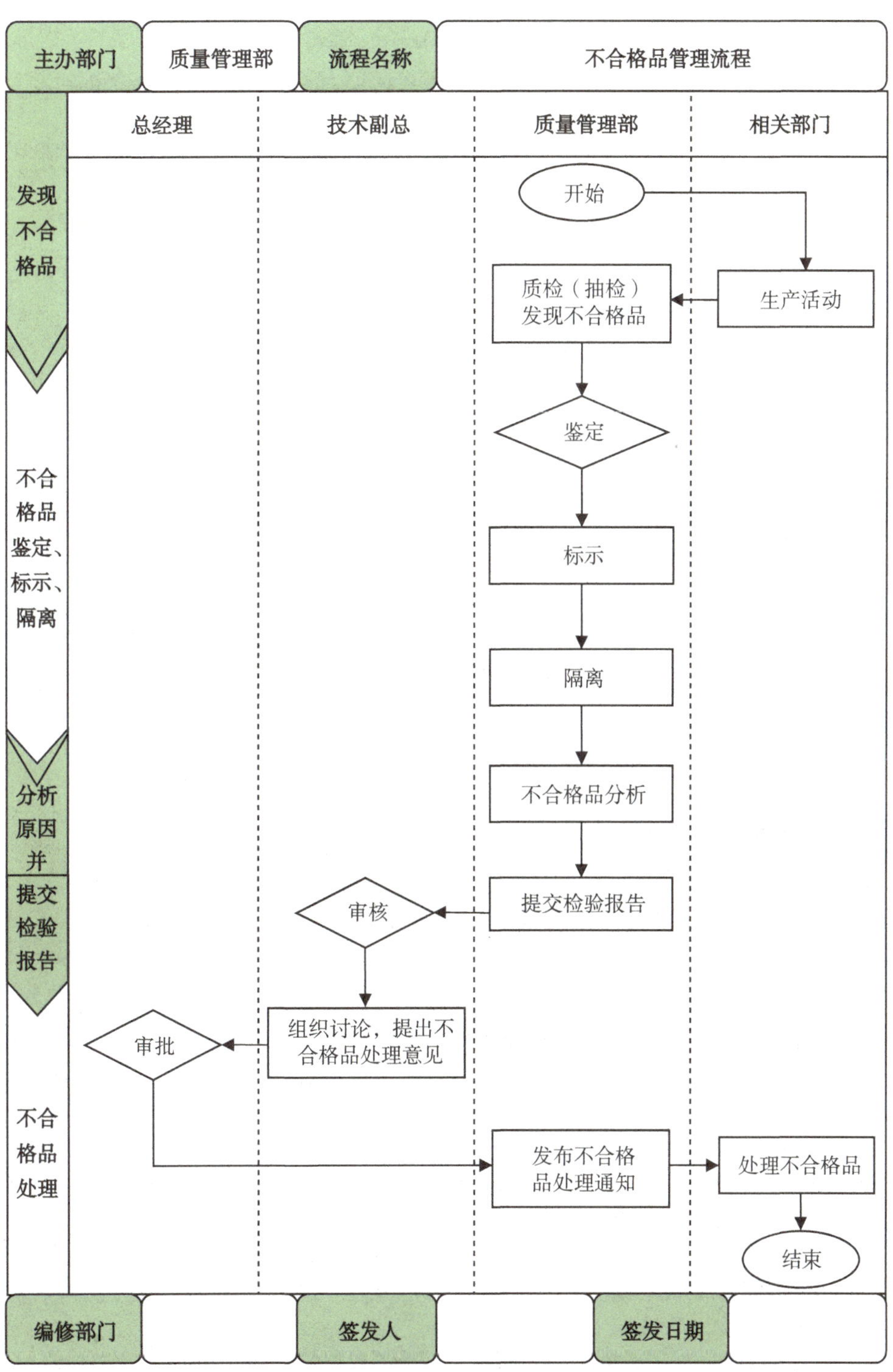

7.7.2 不合格品管理执行程序、工作标准、考核指标、执行规范

<table>
<tr><th>任务名称</th><th>执行程序、工作标准与考核指标</th></tr>
<tr><td rowspan="4">发现不合格品</td><td>执行程序</td></tr>
<tr><td>☆质量管理部根据检验规程、质量标准规定等文件对进货产品、过程产品、成品等进行抽样检验，并对库存品进行定期检验，同时填写产品质量检验记录表。
☆在检验过程中，对比质量、工艺标准，质量管理部若发现不合格品，应填写不合格品记录表。
工作重点
除了要进行定期检验，还要进行不定期检验，只有将两者结合起来才能收到良好的质检效果。</td></tr>
<tr><td>工作标准</td></tr>
<tr><td>完成标准：质量管理部在检验过程中发现不合格品，并对其做好记录。</td></tr>
<tr><td rowspan="6">不合格品鉴定、标示、隔离</td><td>执行程序</td></tr>
<tr><td>1. 鉴定
☆质量管理部根据企业产品要求的质量标准，对不合格程度进行判定，一般分为轻度、一般、重度和严重不合格四个等级。
☆质检专员应将不合格程度记录在不合格品记录表中。
2. 标示
☆在检验过程中，对于确定为不合格的产品，质量管理部要做好标识，避免不合格品混用和违规出厂。
☆标识的形式包括核准的印章、标签、产品加工工艺卡、色标等标识牌。
3. 隔离
☆对于不合格品要按划定的区域进行隔离，防止不合格品在未经处理的情况下被使用。
☆相关部门应配合不合格品隔离工作的进行。
工作重点
质量管理部判断不合格品时，最好让实战经验丰富的人员参与。</td></tr>
<tr><td>工作标准</td></tr>
<tr><td>完成标准：对不合格品进行标识、隔离。</td></tr>
<tr><td>考核指标</td></tr>
<tr><td>隔离区域设置的合理性：符合质量管理制度的规定、企业的实际情况。</td></tr>
<tr><td rowspan="2">分析原因并提交检验报告</td><td>执行程序</td></tr>
<tr><td>1. 不合格品分析
☆质量管理部检验完毕后，对出现的不合格品的原因进行分析。
☆出现不合格品的原因可能包括产品开发与设计问题、机器与设备管理问题、材料与配件控制问题、生产作业控制问题等。
2. 提交检验报告
☆质量管理部根据检验结果及对不合格品分析的结果，编制产品质量检验报告，经质量管理部内部修订后报技术副总审核。
☆技术副总根据不合格的程度，组织相关负责人进行讨论，提出不合格品处理意见，并按照企业规定的权限范围给予处理。
工作重点
分析工作结束后，质量管理部须针对专门的问题形成质量问题专题分析报告。</td></tr>
</table>

（续）

任务名称	执行程序、工作标准与考核指标
提交检验报告	工作标准
	完成标准：质检专员提交检验报告，技术副总做出初步处理。
	考核指标
	☆报告内容的规范性：符合成品检验报告的编写要求，确保内容全面、无重大纰漏。 ☆报告内容的准确率：报告中相关数据的准确率达到100%，且能真实反映检验过程及结果。
不合格品处理	执行程序
	1. 组织讨论，提出不合格品处理意见 技术副总将不合格品处理意见报总经理审批。总经理召开办公会组织相关人员讨论，并提出不合格品处理意见。 2. 发布不合格品处理通知 ☆质量管理部发布不合格品处理通知后，与相关部门一起对不合格品进行处理，处理措施一般包括返工、返修、拒收或报废、让步接收或降级改作他用等。 ☆质量管理部对不合格品的处理方式、处理过程、处理结果等要做好记录并存档。 工作重点 所提出的不合格品处理意见要有很强的可操作性。
	工作标准
	完成标准：对不合格品进行处理并做好记录、存档工作。
	考核指标
	处理意见的合理性：符合本企业质量管理、生产的要求。
执行规范	
“质量问题专题分析报告”“产品质量检验报告”“不合格品处理意见”“不合格品处理通知”“不合格品处理记录”。	

7.8 委托外部检验流程设计与工作执行

7.8.1 委托外部检验流程设计

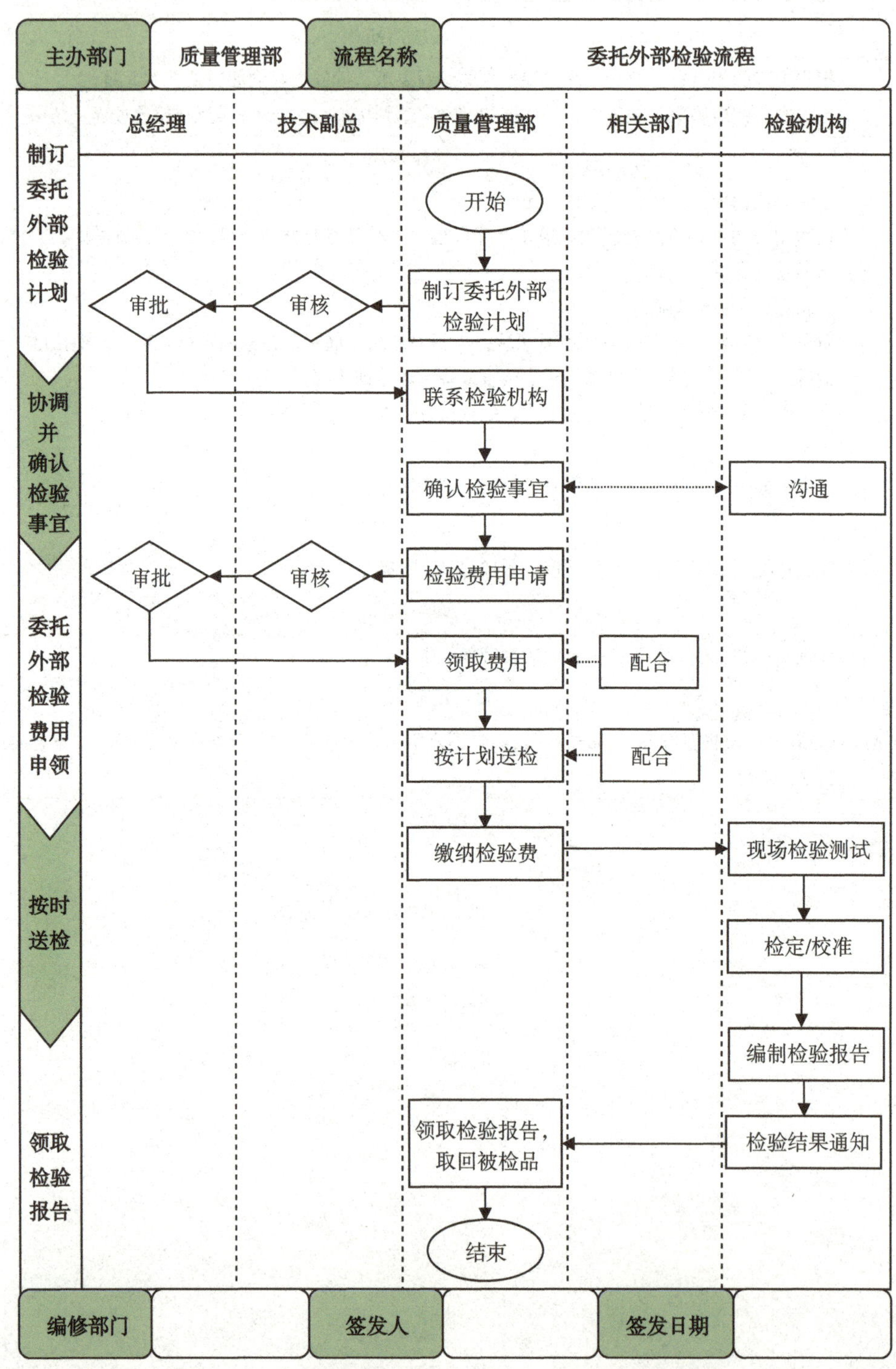

7.8.2 委托外部检验执行程序、工作标准、考核指标、执行规范

<table>
<tr><th>任务名称</th><th>执行程序、工作标准与考核指标</th></tr>
<tr><td rowspan="4">制订委托外部检验计划</td><td>执行程序</td></tr>
<tr><td>☆质量管理部根据企业经营需要及各类检测仪器设备的检定周期，制订委托外部检验计划。
☆委托外部检验计划应明确检验目的的范围、检验内容、检验件和检验方法、检验数据分析与处理等。
☆质量管理部将委托外部检验计划报技术副总审核、总经理审批。
☆质量管理部根据技术副总、总经理的意见对委托外部检验计划进行修正。
工作重点
检验计划一定要准备周密，要事先将各类检验要求罗列清楚。</td></tr>
<tr><td>工作标准</td></tr>
<tr><td>☆参照标准：其他同行业企业的委托外部检验计划。
☆完成标准：确定委托外部检验计划。</td></tr>
<tr><td rowspan="6">协调并确认检验事宜</td><td>执行程序</td></tr>
<tr><td>1. 联系检验机构
☆委托外部检验计划经总经理审批通过后，质量管理部按照计划要求联系相关检验机构，并与之协调检验事宜，包括检验时间、收费情况等。
☆相关检验机构应经国家主管部门审批，并具备相应资格的试验室。
2. 确认检验事宜
质量管理部就合作事宜、细节与检验机构沟通，以便顺利进行检验工作，包括检验件和检验方法、检验数据分析与处理等要求。
工作重点
一些特殊的检验要求、细节要提前与检验机构确定。</td></tr>
<tr><td>工作标准</td></tr>
<tr><td>完成标准：质量管理部确认检验事宜。</td></tr>
<tr><td>考核指标</td></tr>
<tr><td>机构联系的有效性：以委托外部检验合同的成功签订来评判。</td></tr>
<tr><td rowspan="4">委托外部检验费用申领</td><td>执行程序</td></tr>
<tr><td>1. 检验费用申请
☆根据与检验机构确定的费用额度，质量管理部填写借款单，然后报技术副总审核、总经理审批。
☆技术副总按照质量管理的相关规定及成本预算审核该借款单，审核通过后报总经理审批。
2. 领取费用
费用审批通过后，质量管理部到财务部领取支票（现金）。
3. 按计划送检
质量管理部按照与检验机构约定的时间及时将待检验测试的仪器设备、样品等送至检验机构。
工作重点
掌握委托外部检验费用申领流程。</td></tr>
<tr><td>工作标准</td></tr>
<tr><td>完成标准：领取费用，按计划将待检物品送至检验机构。</td></tr>
</table>

（续）

任务名称	执行程序、工作标准与考核指标
按时送检	**执行程序** **1. 缴纳检验费** ☆按照检验机构的规定，质量管理部相关人员办理各项手续，缴纳各项费用。 ☆检验机构按照检验标准、操作程序等的规定进行现场检验测试。 **2. 检定 / 校准** 检验机构对各项检验结果进行校核，检查其数据是否有遗漏，操作过程是否严谨等。 **工作重点** 检验结果如果与预期相差过大，检验机构要及时查找原因。 **工作标准** 完成标准：检验机构通过检验，得到初步检验结果。
领取检验报告	**执行程序** **1. 编制检验报告** ☆检验机构根据检验结果编制检验报告。 ☆检验报告内容包括检验项目、检验标准、检验方法、检验时间、检验地点、检验器具、检验过程记录、检验结果、问题分析、改进建议等。 **2. 领取检验报告，取回被检品** ☆检验机构通知质量管理部领取检验报告。 ☆质量管理部接到检验机构领取检验报告的通知后，及时领取检验报告及样品等。 ☆质量管理部对检验报告进行存档，以备进行检测仪器设备的维护保养及企业宣传等。 **工作重点** 检验报告要符合企业规范，质量管理部最好制定统一的模板。 **工作标准** 完成标准：质量管理部领取检验报告并取回被检品。 **考核指标** 领取的及时性：相关人员应按照约定时间领取报告。
执行规范	
"委外测试检验计划""送检物品清单""检验报告"。	

第8章 产品售后服务过程质量管控

8.1 售后服务质量管理流程设计

8.1.1 流程设计的目的

任何产品的销售都离不开售后服务，尤其是价格昂贵的产品。售后服务关系到客户的满意度及品牌的声誉，所以做好产品售后服务工作、提升售后服务质量对企业的经营发展至关重要。企业设计售后服务质量管理流程的目的如下。

（1）规范售后服务程序，提高售后服务质量水平，确保客户在使用产品的过程中若发生异常情况，能得到及时的处理和解决，从而提高客户满意度。

（2）明确投诉分类和投诉处理途径，找出问题的根本原因，确保客户投诉的问题能够得到妥善的解决，改善客户关系。

（3）完善售后服务失败和错误的补救措施，形成一套可行的补救方法，以改善客户对企业及其产品的满意度。

（4）有效监督售后服务质量，促进“以客户满意度为导向”这一服务方针的落实，确保服务质量达到标准。

8.1.2 流程结构设计

售后服务质量管理主要包括客户质量投诉处理、售后服务质量监督，以及售后服务失败补救。因此，售后服务质量管理流程结构设计如图 8-1 所示。

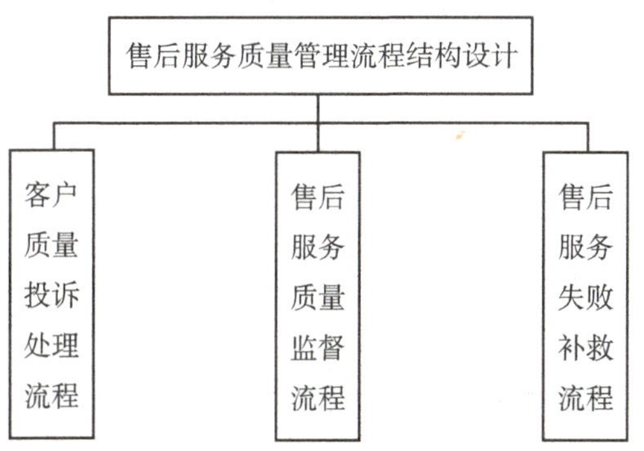

图 8-1 售后服务质量管理流程结构设计

8.2 客户质量投诉处理流程设计与工作执行

8.2.1 客户质量投诉处理流程设计

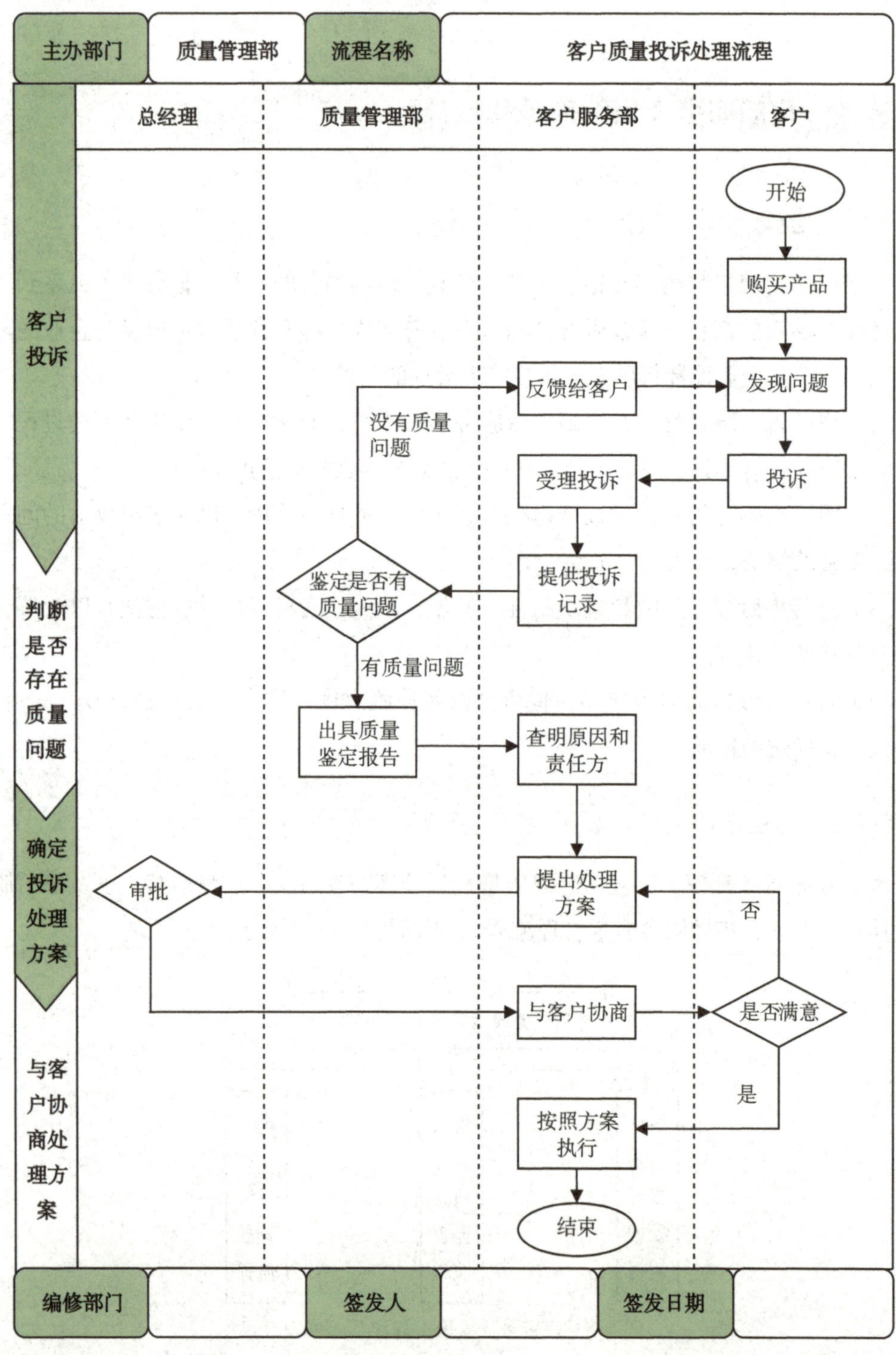

8.2.2 客户质量投诉处理执行程序、工作标准、考核指标、执行规范

<table>
<tr><th>任务名称</th><th>执行程序、工作标准与考核指标</th></tr>
<tr><td rowspan="6">客户投诉</td><td>执行程序</td></tr>
<tr><td>1. 购买产品
客户通过各种渠道购买本企业的产品。
2. 客户发现问题
客户发现购买的产品有质量问题。
3. 受理投诉
☆客户就问题向客户服务部投诉。
☆客户服务部通过售后服务热线、信箱或其他方式接受客户和消费者的投诉。
☆对于每一次的来电、来信、来访，售后服务部均应详细记录在案，并填写有关登记表，同时按规程和分工转送有关部门与人员受理，对于紧急事件，应及时上报上级领导。
工作重点
对一些简单且经常出现的问题，客户服务部可以将标准答复发给相关人员，以减轻他们的工作量。</td></tr>
<tr><td>工作标准</td></tr>
<tr><td>参照标准：其他同行业企业的客户投诉处理情况。</td></tr>
<tr><td>考核指标</td></tr>
<tr><td>☆投诉内容记录准确率：目标值为____%。
☆投诉受理及时率：目标值为____%。客户服务部要尽快将投诉转到相关部门处理，具体计算公式如下。
$$投诉受理及时率=\frac{及时受理的投诉次数}{投诉总数}\times 100\%$$</td></tr>
<tr><td rowspan="4">判断是否存在质量问题</td><td>执行程序</td></tr>
<tr><td>1. 提供投诉记录
☆客户服务部将客户投诉登记表副本转交给质量管理部。
☆质量管理部对客户投诉的产品进行鉴定，确定是否有质量问题。
☆若客户投诉的产品没有质量问题，质量管理部则将鉴定结果通知客户服务部，由客户服务部婉转答复客户。
2. 查明原因和责任方
☆若客户投诉的产品确实存在质量问题，质量管理部应出具鉴定报告，并指明是何种质量问题。
☆质量管理部将质量问题鉴定报告送交客户服务部，由客户服务部查明原因和责任方。
工作重点
对质量问题做好分类，常见分类有设计问题、生产过程问题、运输问题、服务态度问题、中间商问题等。</td></tr>
<tr><td>工作标准</td></tr>
<tr><td>参照标准：其他同行业企业的质量问题分类规定。</td></tr>
</table>

（续）

任务名称	执行程序、工作标准与考核指标
确定投诉处理方案	**执行程序**
	☆客户服务部提出投诉处理方案，如退换货处理方案、维修服务处理方案等。 ☆客户服务部将投诉处理方案报总经理审批。 **工作重点** 制定处理方案时，客户服务部要考虑对企业日后经营的影响。
	工作标准
	参考标准：其他同行业企业的客户投诉处理方案。
与客户协商处理方案	**执行程序**
	1. 与客户协商 ☆客户服务部根据确定的客户质量投诉处理方案与客户沟通。 ☆若客户不接受此方案，可进行多次沟通，以确定最终的解决方案。 **2. 按照方案执行** 若客户接受此方案，可按照此方案执行。 **工作重点** 制定处理方案时，要做到既能提高客户的满意度，又尽量不损害企业利益，同时还要考虑对企业未来发展的影响。
	工作标准
	完成标准：客户投诉的问题得到处理。
	考核指标
	投诉及时解决率：目标值为____%。
执行规范	
“质量问题鉴定报告”“退换货处理方案”“维修服务处理方案”“客户质量投诉处理方案”。	

8.3 售后服务质量监督流程设计与工作执行

8.3.1 售后服务质量监督流程设计

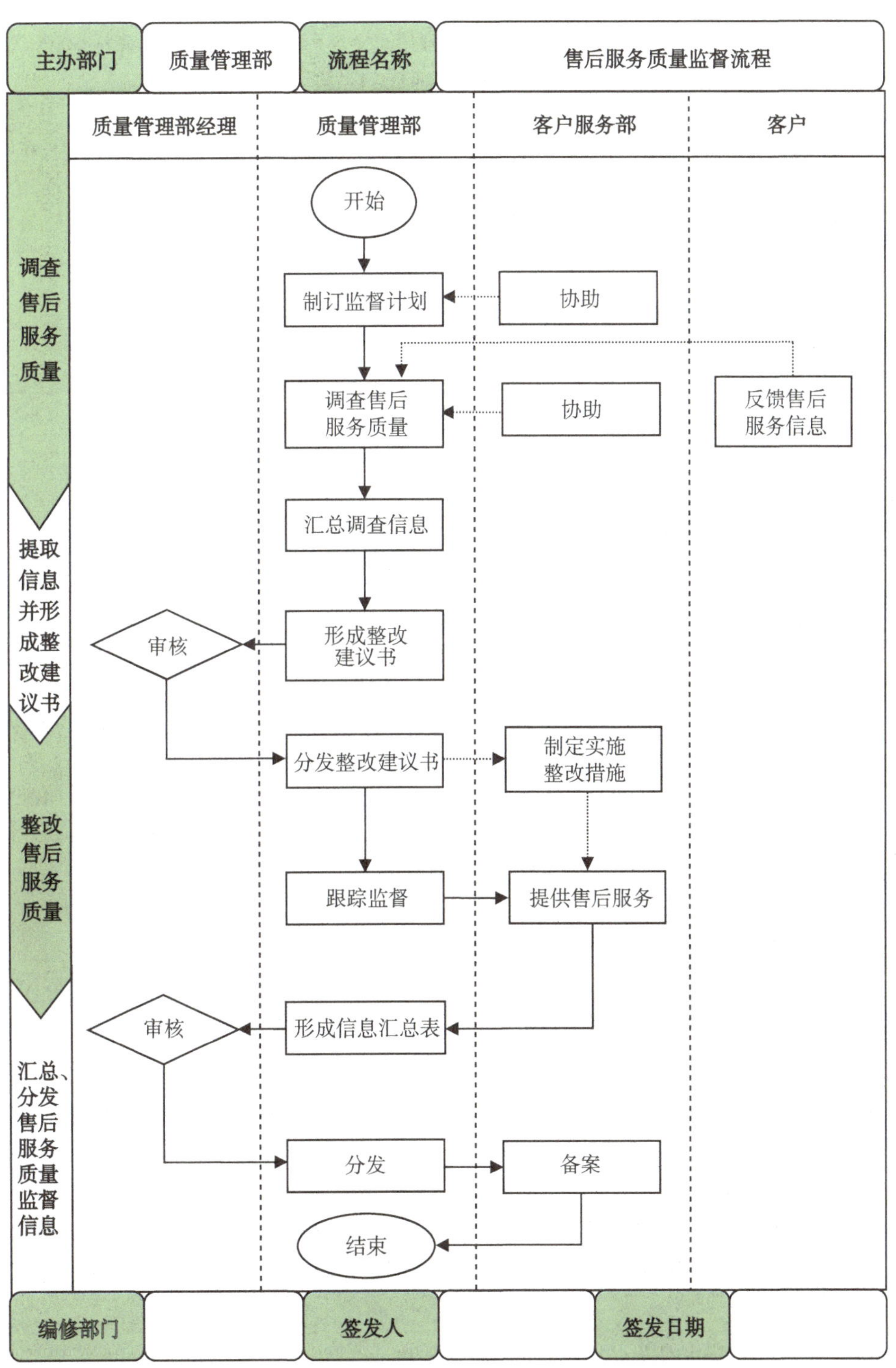

8.3.2 售后服务质量监督执行程序、工作标准、考核指标、执行规范

<table>
<tr><th>任务名称</th><th>执行程序、工作标准与考核指标</th></tr>
<tr><td rowspan="6">调查售后服务质量</td><td>执行程序</td></tr>
<tr><td>1. 制订监督计划
☆质量管理部制订售后服务质量监督计划，计划内容主要包括监督的事项、方式和步骤等。
☆客户服务部从客户服务的角度协助质量管理部制订售后服务质量监督计划。
2. 调查售后服务质量
☆质量管理部根据制订的售后服务质量监督计划，采取客户访谈或随机抽样的方式进行客户服务质量的调查工作，并详细记录调查信息。
☆客户服务部协助质量管理部开展调查活动，主要是提供客户信息支持。
☆客户从服务终端的角度对客户服务质量提出建议，并对质量管理部的调查工作提供支持。
工作重点
监督的事项要集中在问题解决水平和态度等主要因素上。</td></tr>
<tr><td>工作标准</td></tr>
<tr><td>完成标准：完成售后服务质量调查，获得相关资料。</td></tr>
<tr><td>考核指标</td></tr>
<tr><td>☆售后服务监督计划的可操作性：计划内容要切实可行。
☆调查样本量的合理性：随机抽取合适数量的客户进行回访。</td></tr>
<tr><td rowspan="6">提取信息并形成整改建议书</td><td>执行程序</td></tr>
<tr><td>1. 汇总调查信息
质量管理部相关人员对于调查所获取的数据信息进行汇总，从中提取有价值的信息。
2. 形成整改建议书
☆质量管理部相关人员根据汇总的信息制作整改建议书，并报质量管理部经理审核。整改建议书主要包括存在的问题、原因及整改要求等内容。
☆质量管理部经理对整改建议书从质量管理的角度进行审核，若认为整改建议书存在问题，则返还给相关人员进行完善；若认为整改建议书没有问题，则将其转发给客户服务部，以开展下一步工作。
工作重点
整改建议书要符合企业规范。</td></tr>
<tr><td>工作标准</td></tr>
<tr><td>参照标准：企业以前年度的整改建议书，其他同行业企业的整改建议书资料等。</td></tr>
<tr><td>考核指标</td></tr>
<tr><td>整改建议的合理性：针对客服存在的问题提出妥善解决的办法，且办法具有可操作性。</td></tr>
<tr><td rowspan="2">整改售后服务质量</td><td>执行程序</td></tr>
<tr><td>1. 分发整改建议书
☆质量管理部相关人员根据质量管理部经理的审核意见，将整改建议书分发给客户服务部。
☆客户服务部根据整改建议书对售后服务质量问题进行分析，找出问题原因，如服务态度、服务效率等方面的原因。</td></tr>
</table>

（续）

<table>
<tr><th>任务名称</th><th>执行程序、工作标准与考核指标</th></tr>
<tr><td rowspan="3">整改售后服务质量</td><td>☆根据问题原因，客户服务部制定改进客户服务质量的措施。
2. 跟踪监督
☆在客户服务的具体实践中，客户服务部要认真执行客户服务质量改进措施。
☆质量管理部相关人员可以通过对客户服务部客服人员实际售后服务工作的跟踪进行质量监督，观察其服务质量是否满足整改要求。
工作重点
质量改进措施要具有可操作性。</td></tr>
<tr><td>工作标准</td></tr>
<tr><td>完成标准：客户服务部认真整改售后服务质量，质量管理部跟踪监督。</td></tr>
<tr><td rowspan="4">汇总、分发售后服务质量监督信息</td><td>执行程序</td></tr>
<tr><td>1. 形成信息汇总表
☆质量管理部相关人员对在一个监督周期内收集的各种监督信息和形成的所有文件进行分类、汇总，并形成信息汇总表，报质量管理部经理审核。
☆质量管理部经理认为汇总表存在问题的，则要求相关人员进行修改；若认为没有问题，则交给质量管理部相关人员开展下一步的工作。
2. 分发
☆质量管理部相关人员将审核通过的信息汇总成表，然后分发给客户服务部。
☆客户服务部收到质量管理部分发的客户服务质量监督信息表后，从中提取有价值的信息，并进行备案。
工作重点
质量管理部经理要对信息的规范性和有效性进行把关。</td></tr>
<tr><td>工作标准</td></tr>
<tr><td>目标标准：客户服务部通过信息汇总表提取有价值的信息，进一步提升售后服务质量。</td></tr>
<tr><td colspan="2">执行规范</td></tr>
<tr><td colspan="2">“客户满意度调查问卷”“售后服务质量监督计划”“售后服务整改建议书”。</td></tr>
</table>

8.4 售后服务失败补救流程设计与工作执行

8.4.1 售后服务失败补救流程设计

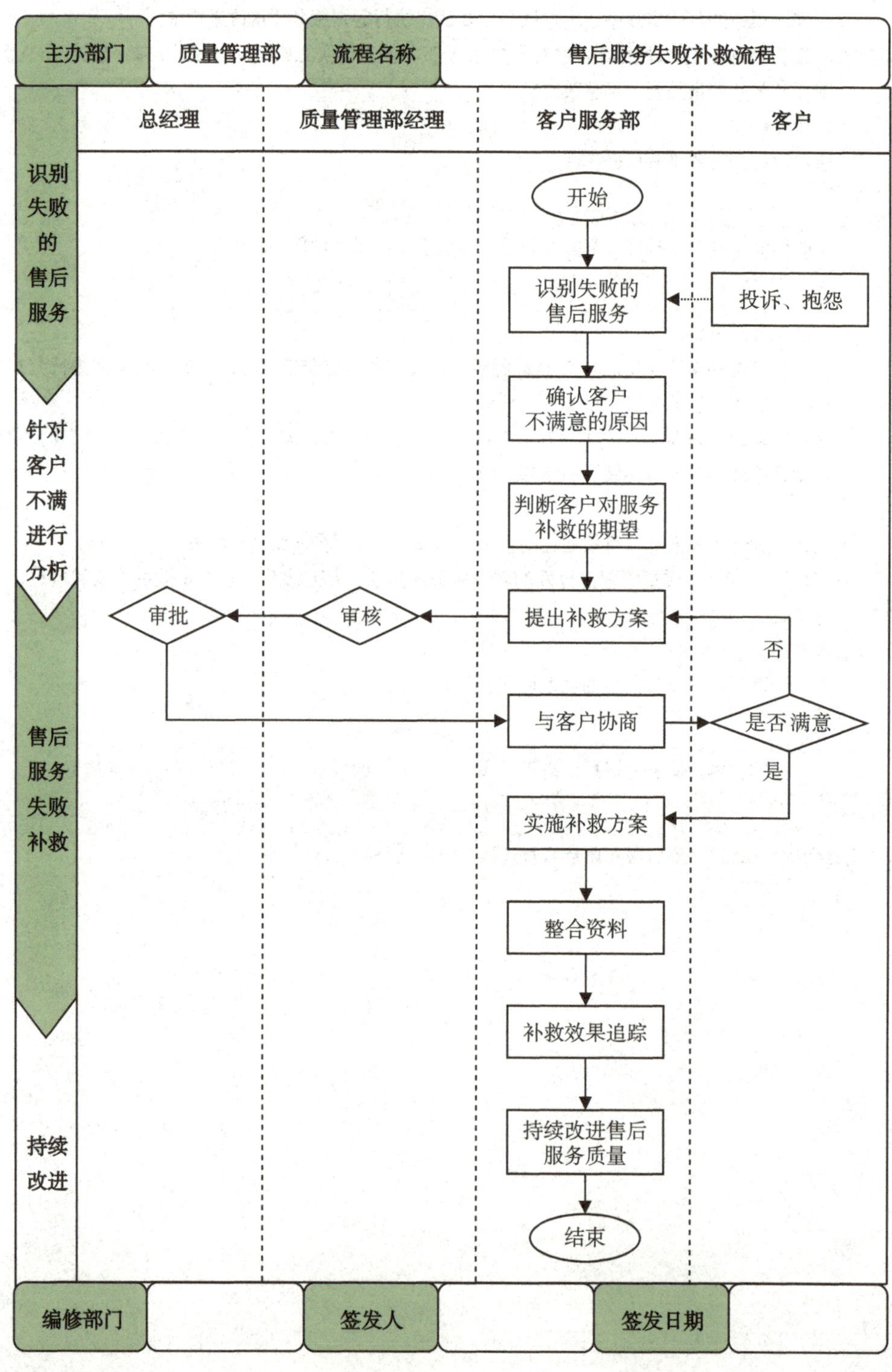

8.4.2 售后服务失败补救执行程序、工作标准、考核指标、执行规范

<table>
<tr><th>任务名称</th><th>执行程序、工作标准与考核指标</th></tr>
<tr><td rowspan="4">识别失败的售后服务</td><td>执行程序</td></tr>
<tr><td>客户服务部通过识别服务失败的情况，建立一套有效的识别系统，以对售后服务失败的案例进行补救，据此提高客户满意度和对企业产品或品牌的忠诚度。
工作重点
掌握识别系统的内容，具体包括检测客户抱怨、进行客户研究、检测服务过程等。</td></tr>
<tr><td>工作标准</td></tr>
<tr><td>参照标准：本企业及其他同行业企业服务失败后的补救案例。</td></tr>
<tr><td rowspan="4">针对客户不满进行分析</td><td>执行程序</td></tr>
<tr><td>1. 确认客户不满意的原因
☆客户服务部通过分析客户的口头或书面投诉，以及对售后服务过程的了解，确定客户不满意的原因。
☆客户对售后服务不满意的原因可能有服务质量规范与服务传递中的差距，客户期望的服务与感知的服务之间的差距。
2. 判断客户对服务补救的期望
☆客户服务部与客户进行沟通时，应站在客户的角度，理解客户，向客户致歉，以体现企业解决问题的诚意。
☆客户服务部通过与客户沟通，判断客户对售后服务失败后补救措施的期望水平，为提出解决方案做好准备。
工作重点
客户服务部应做好客户不满意原因的分类。</td></tr>
<tr><td>工作标准</td></tr>
<tr><td>参照标准：其他同行业企业的失败服务补救措施。</td></tr>
<tr><td rowspan="2">售后服务失败补救</td><td>执行程序</td></tr>
<tr><td>1. 提出补救方案
☆客户服务部根据调查分析结果，与责任部门一起商议并拟定补救方案。
☆补救方案要符合客户对补救的期望，且必须符合企业售后服务管理的相关规定。
☆客户服务部将补救方案报质量管理部经理审核。
☆补救方案经质量管理部经理审核通过后，客户服务部再将其报总经理审批。
2. 与客户协商
☆补救方案经总经理审批通过后，客户服务部应与客户协商售后服务失败的补救措施，并对补救措施做出详尽的阐述。
☆在协商过程中，如果客户不满意企业提出的补救措施，那么客户服务部与责任部门应根据客户的反馈重新拟定补救方案，若客户满意企业提供的补救措施，则组织实施。
3. 实施补救方案
客户服务部组织实施售后服务失败后的补救方案，并注意收集客户的反馈信息。</td></tr>
</table>

（续）

任务名称	执行程序、工作标准与考核指标
售后服务失败补救	**4. 整合资料** 补救方案实施完成后，客户服务部要整理相关资料，分析售后服务失败的深层次原因，并对这些原因进行分类。同时，还要将整理好的资料分发至相关部门，以防类似事件再次发生。 **工作重点** 掌握补救方案的内容，通常包括补救措施针对的问题，补救的流程，所需的人、财、物，以及补救时间安排等。
	工作标准
	完成标准：实施补救方案并找出导致售后服务失败的深层次原因，防止类似事件再次发生。
持续改进	**执行程序**
	1. 补救效果追踪 补救措施实施完成后，客户服务部要定期或不定期对补救效果进行追踪，进一步体现出对客户的关心，提升服务补救的长期效果。在追踪过程中要注意及时填写补救效果追踪单。 **2. 持续改进售后服务质量** 根据售后服务失败问题原因的分析结果、补救效果的反馈意见，客户服务部对售后服务质量进行持续的改进。 **工作重点** 掌握售后服务质量改进的内容，主要包括建立并完善服务问题识别系统、加强对售后服务监督管理的力度、改进售后服务的流程、建立售后服务问题预防系统等。
	工作标准
	目标标准：通过追踪和持续改进，企业的售后服务质量不断提升。
	考核指标
	投诉客户回访率：目标值为____%，具体计算公式如下。 $投诉客户回访率=\frac{回访的投诉客户数}{投诉客户总数}\times 100\%$
执行规范	
“客户投诉书”“客户研究报告”“售后服务管理规定”“售后服务失败补救方案”。	

第9章 生产设备与检测仪器质量管控

9.1 生产设备质量管理流程设计

9.1.1 流程设计的目的

生产设备是企业从事生产经营的重要工具和手段。企业要想生产出符合质量标准的产品，就必须做好生产设备质量管理流程设计工作。企业设计生产设备质量管理流程的目的如下。

（1）做好生产设备的采购、安装、调试等工作，为设备的后期使用和管理创造良好的条件。

（2）建立健全设备状态监管办法，对重要设备进行控制，对设备状态进行评估，准确掌握设备状况。

（3）加强设备的点检工作，确保利用科学、简单的检查检测手段和技术，对设备进行检查，预防安全事故的发生，确保点检工作及时、到位。

（4）完善设备故障分析处理流程，保证及时分析设备故障原因，并采取相应措施进行处理，以消除隐患。

9.1.2 流程结构设计

生产设备质量管理主要是对生产设备生命周期的整个过程进行质量控制，即从前期的设备采购、安装、调试，到后期的设备技术状态监控、设备点检、设备故障分析处理进行全过程质量控制。生产设备质量管理流程结构设计如图 9-1 所示。

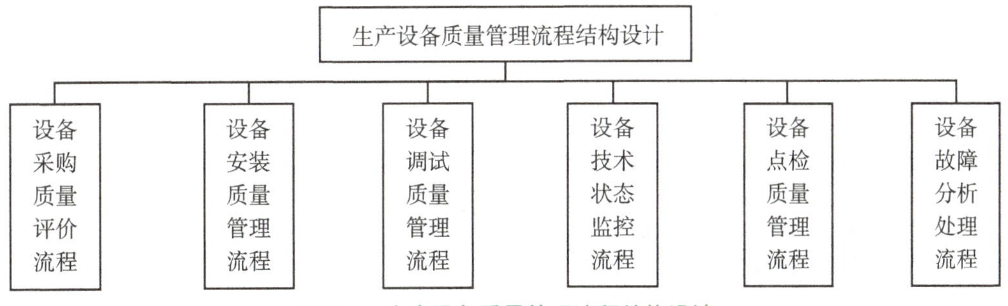

图 9-1　生产设备质量管理流程结构设计

9.2 检测仪器设备管理流程设计

9.2.1 流程设计的目的

检测仪器设备是企业实施质量检测的重要技术手段，是产品质量的重要保证。企业设计检测仪器设备管理流程的目的如下。

（1）规范检测仪器设备的购买、安装验收、立卷建档、检定校准等工作，更好地发挥仪器设备的效能。

（2）加强新购置计量器具的管理，确保计量器具的精准度，并延长计量器具的使用寿命。

（3）加强检测仪器设备的管理，确保符合规定要求的检验、测量和试验设备始终处于受控状态，保证设备的测量能力满足日常使用要求。

（4）规范计量仪器的周期检定工作，确保检验结果的准确性，为保障产品质量提供依据。

9.2.2 流程结构设计

检测仪器设备管理主要包括新购置计量器具管理、计量仪器周期检定，以及检测设备管理，具体结构设计如图 9-2 所示。

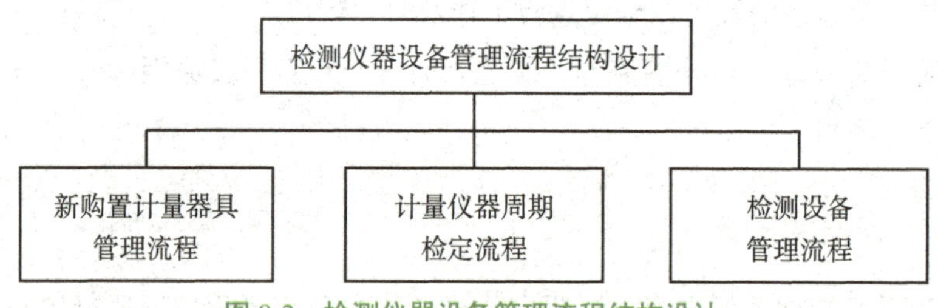

图 9-2　检测仪器设备管理流程结构设计

9.3 设备采购质量评价流程设计与工作执行

9.3.1 设备采购质量评价流程设计

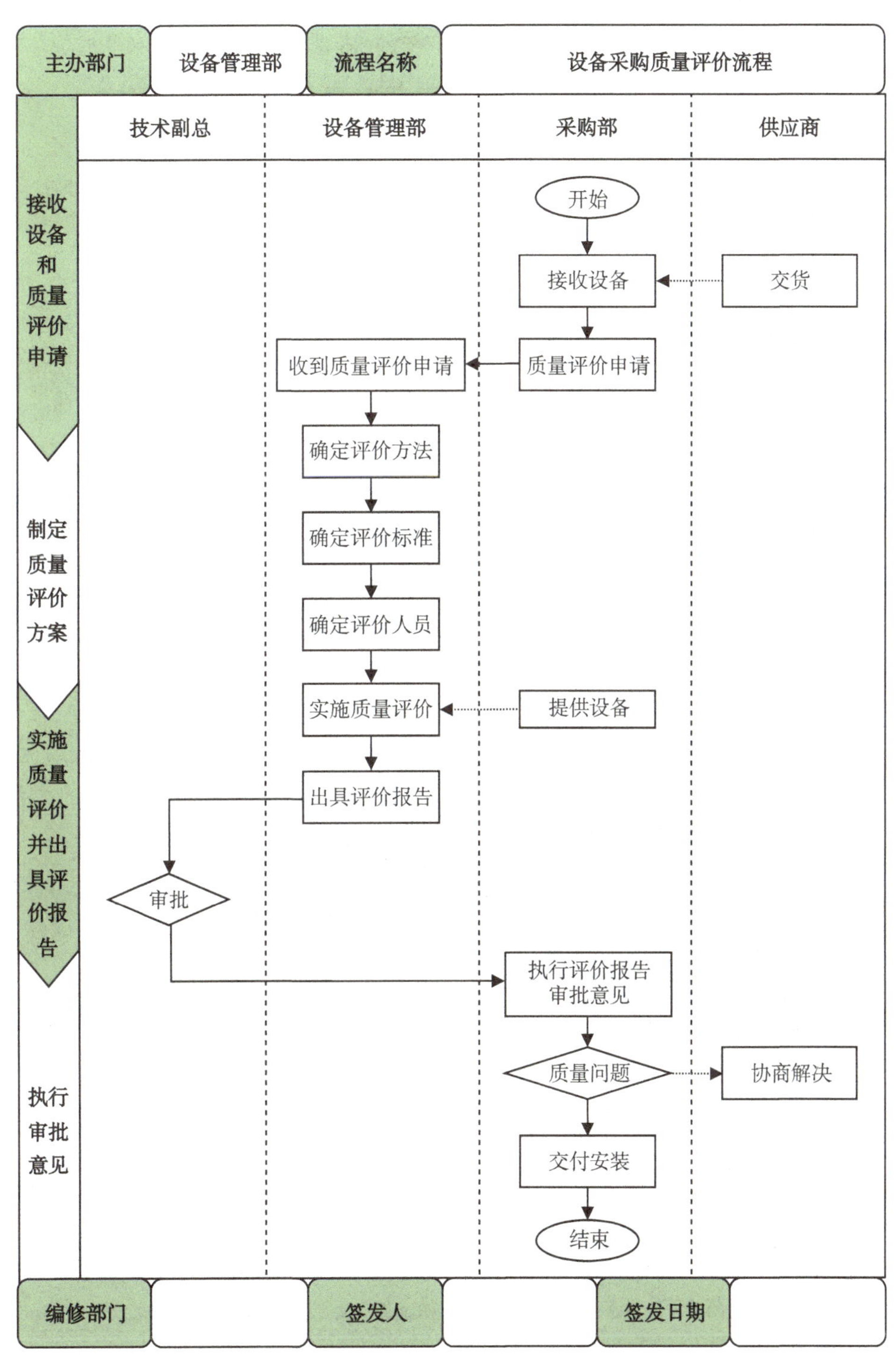

9.3.2 设备采购质量评价执行程序、工作标准、考核指标、执行规范

任务名称	执行程序、工作标准与考核指标
接收设备和质量评价申请	**执行程序**
	1. 采购部接收设备 ☆供应商按照约定的设备型号、规格、数量、交货时间将设备运送至企业指定的位置。 ☆采购部接收供应商的设备，将其放置在相应的管理区域，并派专人保管。 **2. 收到质量评价申请** ☆采购部向设备管理部提交正式的采购质量评价申请书。 ☆设备管理部收到采购部的质量评价申请后，及时做好设备采购质量评价工作的安排部署。 **工作重点** 设备管理部收到质量评价申请后，要对相关工作进行安排部署。
	工作标准
	参照标准：企业的设备采购质量评价案例等。
制定质量评价方案	**执行程序**
	1. 确定评价方法 设备管理部根据设备的型号、性能、质量要求等基本信息选择设备的质量评价方法。 **2. 确定评价标准** 设备管理部根据设备性能要求、设备使用说明书等确定设备采购质量评价标准，具体包括设备的规格、功能、精度、效率方面的指标。 **3. 确定评价人员** 设备管理部根据现有人员情况、设备采购评价的要求等因素确定评价人员，并协调其工作任务和工作时间。 **工作重点** 所确定的质量评价方法要具有较强的针对性和可操作性。
	工作标准
	完成标准：设备管理部确定评价方法、标准和人员。
	考核指标
	设备采购质量评价标准的合理性：确保评价标准所包含的数据准确。
实施质量评价并出具评价报告	**执行程序**
	1. 实施质量评价 ☆评价人员按设备质量评价标准及规范对设备进行质量评价。 ☆评价内容包括产品质量、产品价格、售后服务、设备的规格等。 **2. 出具评价报告** ☆评价人员根据评价结果出具设备的采购质量评价报告。 ☆报告内容包括设备的能源消耗情况、产品质量、产品价格、售后服务、设备规格、功能、精度、效率等。 ☆设备管理部将设备采购质量评价报告报技术副总审批。 **工作重点** 要特别注意测试评价设备的几个核心要素，如设备精度、效率、能源消耗情况等。

（续）

<table>
<tr><th>任务名称</th><th>执行程序、工作标准与考核指标</th></tr>
<tr><td rowspan="4">实施质量评价并出具评价报告</td><td>工作标准</td></tr>
<tr><td>完成标准：设备管理部实施质量评价后要出具报告。</td></tr>
<tr><td>考核指标</td></tr>
<tr><td>☆报告编制的规范性：严格按照报告编写的内容、结构等要求编写，保证无重大纰漏。
☆报告提交及时率：目标值为____%，具体计算公式如下。
$$报告提交及时率=\frac{及时提交的报告数}{提交的报告总数}\times 100\%$$</td></tr>
<tr><td rowspan="6">执行审批意见</td><td>执行程序</td></tr>
<tr><td>1. 执行评价报告审批意见
采购部收到质量评价报告后执行审批意见。
2. 协商解决质量问题
若报告显示设备质量有问题，采购部应与供应商协商制定解决办法。
3. 交付安装
若报告显示设备质量没有问题，采购部应填写采购设备入库通知单并将设备交付安装。
工作重点
对于最新的工艺设备，要严格按照安装方法和程序进行安装。</td></tr>
<tr><td>工作标准</td></tr>
<tr><td>完成标准：完成设备安装。</td></tr>
<tr><td>考核指标</td></tr>
<tr><td>☆设备处理相关客户满意度：以满意度调查的评分来考核，目标值为____分。
☆设备交付安装及时性：目标值为不超过____个工作日。</td></tr>
<tr><td colspan="2">执行规范</td></tr>
<tr><td colspan="2">“设备使用说明书”“设备采购质量评价标准”“设备采购质量评价方法”“设备采购质量评价报告”。</td></tr>
</table>

9.4 设备安装质量管理流程设计与工作执行

9.4.1 设备安装质量管理流程设计

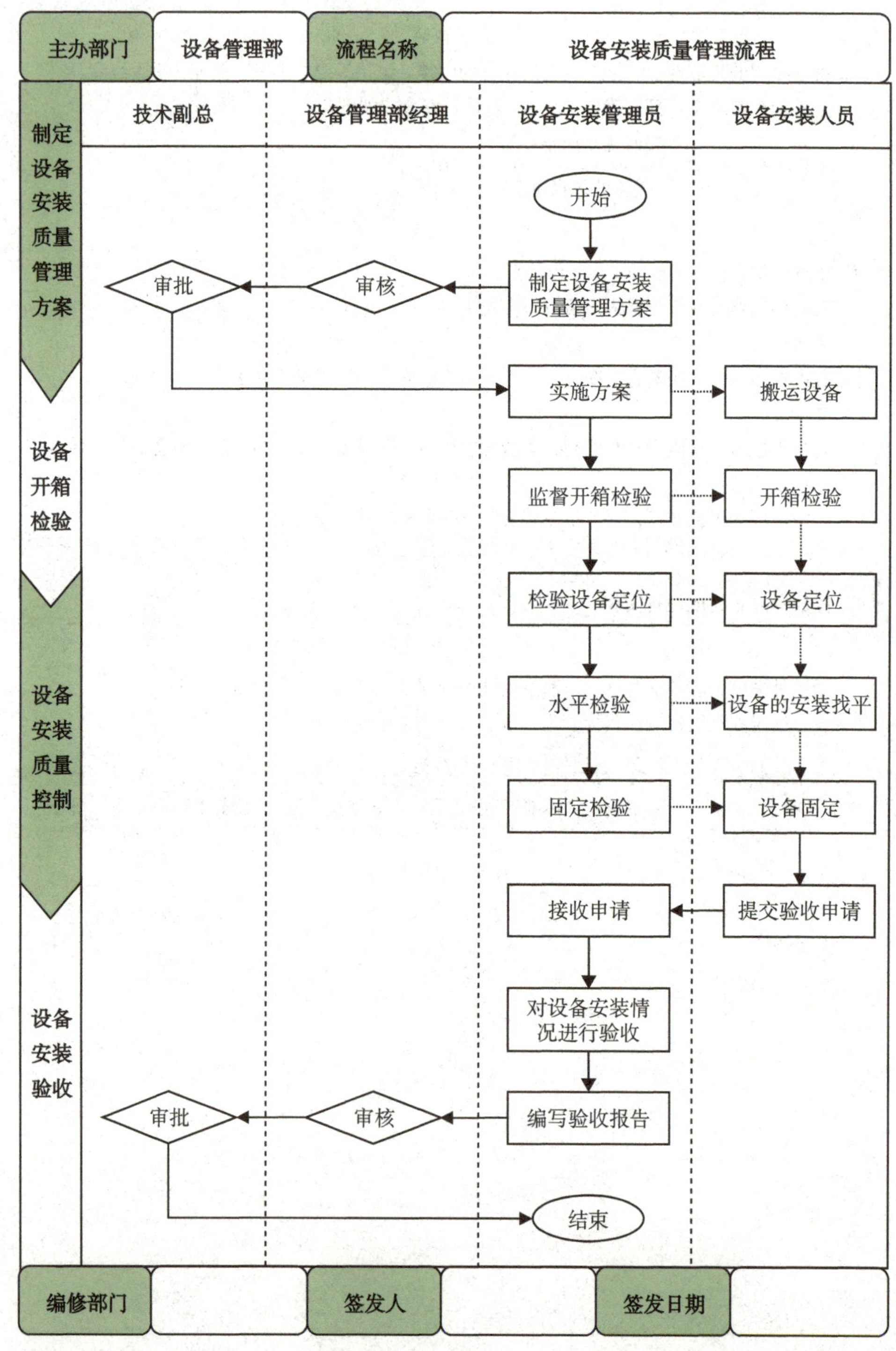

9.4.2 设备安装质量管理执行程序、工作标准、考核指标、执行规范

<table>
<tr><th>任务名称</th><th>执行程序、工作标准与考核指标</th></tr>
<tr><td rowspan="4">制定设备安装质量管理方案</td><td>执行程序</td></tr>
<tr><td>☆设备安装管理员负责设备安装管理工作。
☆设备安装管理员收集设备安装的相关资料，如设备的型号、性能、设备结构图纸、安装人员的安装经验、安装所需的材料清单等。
☆设备安装管理员根据收集的资料以及本企业的实际情况制定设备安装质量管理方案。
工作重点
掌握设备安装质量管理方案的具体内容，通常包括设备安装流程、安装检验标准、工作时间安排等。</td></tr>
<tr><td>工作标准</td></tr>
<tr><td>☆参照标准：其他同行业企业的设备安装管理方案。
☆完成标准：完成设备安装管理方案的编制。</td></tr>
<tr><td rowspan="6">设备开箱检验</td><td>执行程序</td></tr>
<tr><td>1. 实施方案
☆设备安装管理员组织实施方案。
☆设备安装管理员依据基础验收要求对设备的尺寸、位置偏差等进行全面检查。
2. 监督开箱检验
☆设备安装管理员对设备进行开箱检查，检查完毕后详细记录检查结果，并填写设备开箱检查验收单。
☆设备安装管理员对开箱检查进行监督。开箱检查项目包括设备外包装是否完好、设备配件是否齐全、设备在运输过程中有无锈蚀、设备基础图和电气线路图与设备实际情况是否相符等。
工作重点
设备安装管理员在搬运设备的过程中要注意保护好设备及其外包装。</td></tr>
<tr><td>工作标准</td></tr>
<tr><td>完成标准：设备安装管理员完成开箱检验工作并进行记录。</td></tr>
<tr><td>考核指标</td></tr>
<tr><td>检验项目漏检率：力争控制在____%以内，保证安装零部件完整齐全、设备状态良好，具体计算公式如下。
$$检验项目漏检率=\frac{漏检的项目数}{检验项目总数}\times 100\%$$</td></tr>
<tr><td rowspan="2">设备安装质量控制</td><td>执行程序</td></tr>
<tr><td>1. 检验设备定位
☆设备安装管理员完成开箱检查并确认合格后，开始进行设备安装定位。
☆设备安装管理员要对设备的安装定位进行监督，审查设备安装的位置是否满足生产工艺的需要及维护、检修、技术安全、工序连接等方面的要求；设备安装的排列、标高以及立体、平面间相互距离等是否符合设备平面布置图及安装施工图的规定。</td></tr>
</table>

（续）

任务名称	执行程序、工作标准与考核指标
设备安装质量控制	**2. 水平检验** ☆设备定位完成后，接下来要进行设备的安装找平工作。设备安装管理员要做好设备的水平检验工作。 ☆设备安装时的基准面一般以支撑滑动部件的导向面或部件装配面等为找平基准面。 ☆安装的垫铁、地脚螺钉、螺帽和垫圈的规格均应符合设备使用说明书和有关设计与设备技术文件的规定。 **3. 固定检验** ☆设备安装管理员在完成设备的定位、找平工作后进行设备的固定。 ☆设备安装管理员要监督设备是否牢固地固定在设备基础上，尤其是重型、高速、振动大的生产设备。 **工作重点** 确保设备运行的稳定性，水平检验需保证设备运行过程中的振幅在标准范围内。
	工作标准
	参考标准：其他同类型设备安装的质量控制文件。
	考核指标
	设备位置的生产适应性：符合厂房的跨度、起重设备的高度等要求，满足产品工艺流程及加工条件的需要。
设备安装验收	**执行程序**
	1. 接收申请 ☆设备安装完毕后，设备安装管理员要进行自检，自检合格后提请设备管理部进行设备安装的验收。 ☆设备管理部接收安装验收的申请，指派专门的设备安装管理员负责设备安装的具体验收。 **2. 对设备安装情况进行验收** 设备安装管理员按照设备安装规范标准和设备安装的技术要求对设备进行检查验收。 **3. 编写验收报告** 设备安装验收完毕后，设备安装管理员根据验收情况，编写设备安装验收报告，并报设备管理部经理审核、技术副总审批。 **工作重点** 掌握设备安装验收报告的内容，通常包括设备安装标准、设备安装的实际执行过程、安装验收结果等。
	工作标准
	完成标准：设备安装验收完成，设备安装管理员编写验收报告。
执行规范	
“设备安装质量管理方案”“设备安装规范标准”“设备安装验收报告”。	

9.5 设备调试质量管理流程设计与工作执行

9.5.1 设备调试质量管理流程设计

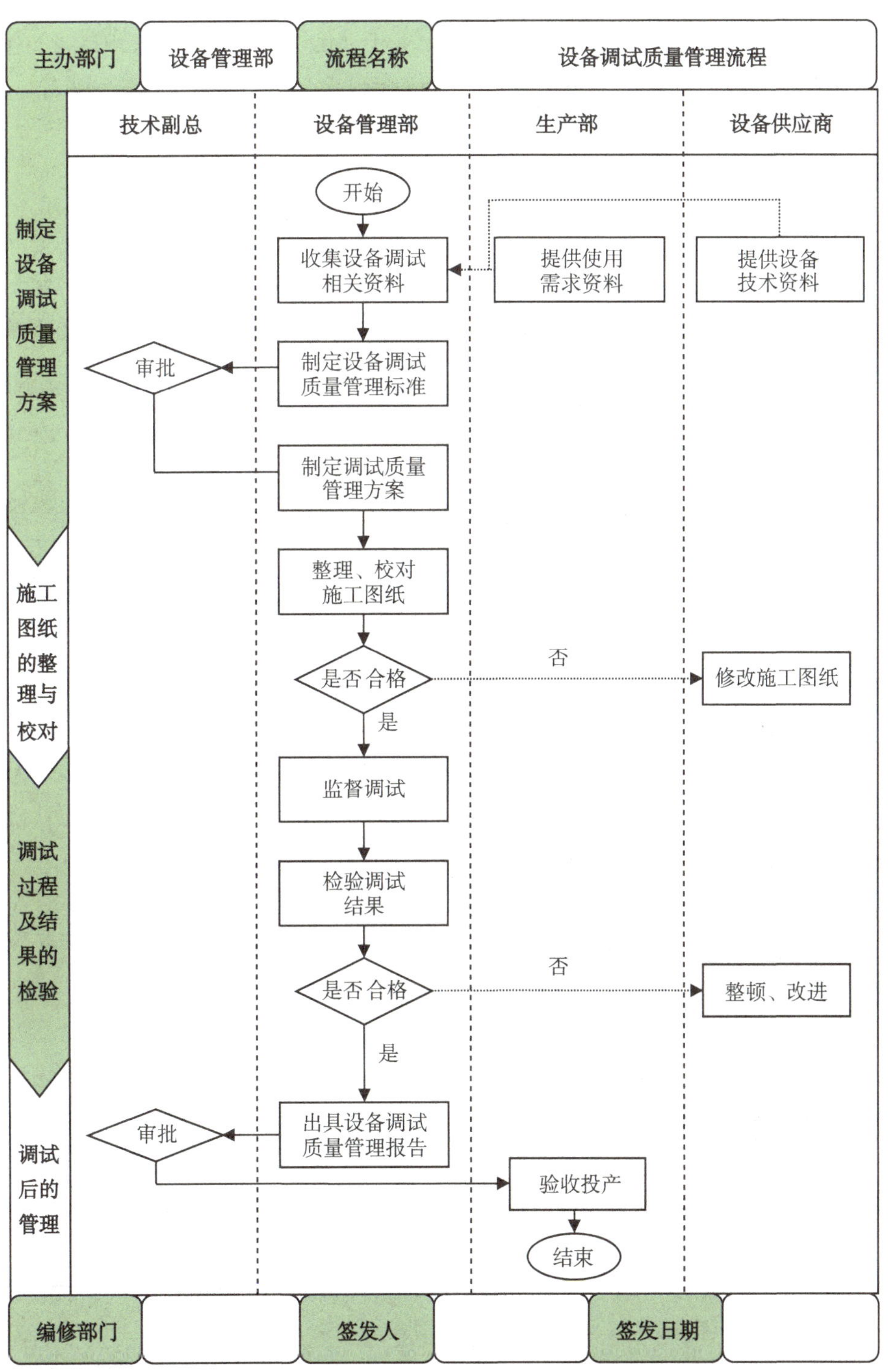

9.5.2 设备调试质量管理执行程序、工作标准、考核指标、执行规范

<table>
<tr><th>任务名称</th><th>执行程序、工作标准与考核指标</th></tr>
<tr><td rowspan="6">制定设备调试质量管理方案</td><td>执行程序</td></tr>
<tr><td>1. 收集设备调试相关资料
☆设备管理部负责收集与设备调试有关的各类资料，如设备调试的操作规范、设备使用说明书、设备安装操作规范等。
☆设备供应商负责向设备管理部提供设备技术资料。
☆生产部负责向设备管理部提供使用需求资料。
2. 制定设备调试质量管理标准
设备管理员通过分析收集的资料，制定设备调试质量管理标准，并报技术副总审批。
3. 制定调试质量管理方案
设备管理部根据调试管理工作的实际情况以及本部门人力情况制定调试质量管理方案。方案内容包括调试管理的人员及分工、调试时间计划、调试实施办法、调试所需材料、仪表仪器等。
工作重点
掌握设备调试质量管理标准的分类。例如，可按设备的组成部分及具体用途将设备调试质量管理标准分为控制系统安全调试、安全防护装置调试、尘毒防范装置调试、噪声和振动防治等。</td></tr>
<tr><td>工作标准</td></tr>
<tr><td>☆参照标准：其他同行业企业的设备调试相关资料。
☆完成标准：设备管理部制定调试质量管理方案。</td></tr>
<tr><td>考核指标</td></tr>
<tr><td>方案的可操作性：方案的内容全面，且符合企业实际情况。</td></tr>
<tr><td rowspan="4">施工图纸的整理与校对</td><td>执行程序</td></tr>
<tr><td>☆设备管理部负责整理、校对设备调试的施工图纸。
☆需要校对的内容包括安装工艺是否合理，零部件安装示意图是否正确，控制元件接线图是否正确等。
工作重点
在整理、校对过程中，要严格按照相关流程操作，不能跳序、漏序。</td></tr>
<tr><td>工作标准</td></tr>
<tr><td>目标标准：施工图纸内容全面、结构清晰、无纰漏。</td></tr>
<tr><td rowspan="2">调试过程及结果的检验</td><td>执行程序</td></tr>
<tr><td>1. 监督调试
☆设备空运转试验的监督，即进行设备安装精度保持性的调试监督，主要检查设备的转动、操纵、控制等系统状态是否正常。
☆设备负荷试验的监督，即检验设备在一定负荷下的工作能力，以及各组成系统的运转是否安全、稳定、可靠。
☆设备精度试验的监督，即对专门规定的检查项目进行检查。</td></tr>
</table>

（续）

任务名称	执行程序、工作标准与考核指标
调试过程及结果的检验	2. 检验调试结果 ☆对调试结果进行监督，审查设备的技术性能、安全要求、运行状况是否满足设计或生产工艺要求。 ☆若调试结果为不合格，则组织设备供应商对设备调试工作进行整顿和改进。 **工作重点** 要严格按照设备调试规定的程序、操作标准执行，监督人员一定要到设备调试现场。
	工作标准
	完成标准：设备调试检验后有明确的结果。
	考核指标
	设备实际使用负荷率：力争达到____%，具体计算公式如下。 $\text{设备实际使用负荷率}=\frac{\text{设备实际生产能力}}{\text{设备标准（设计）生产能力}}\times 100\%$
调试后的管理	**执行程序**
	1. 出具设备调试质量管理报告 ☆如果设备调试合格，设备管理部根据调试记录编写设备调试质量管理报告，报告内容包括调试设备的型号、调试标准、调试情况详述、存在的问题及解决办法等。 ☆设备管理部将设备调试质量管理报告报技术副总审批。 2. 验收投产 生产部填写确认意见。 **工作重点** 编制的设备调试质量管理报告要符合企业规范。
	工作标准
	完成标准：设备验收投产。
执行规范	
“设备调试操作规范”“设备使用说明书”“设备安装操作规范”“设备调试质量管理标准”“设备调试质量管理方案”。	

9.6 设备技术状态监控流程设计与工作执行

9.6.1 设备技术状态监控流程设计

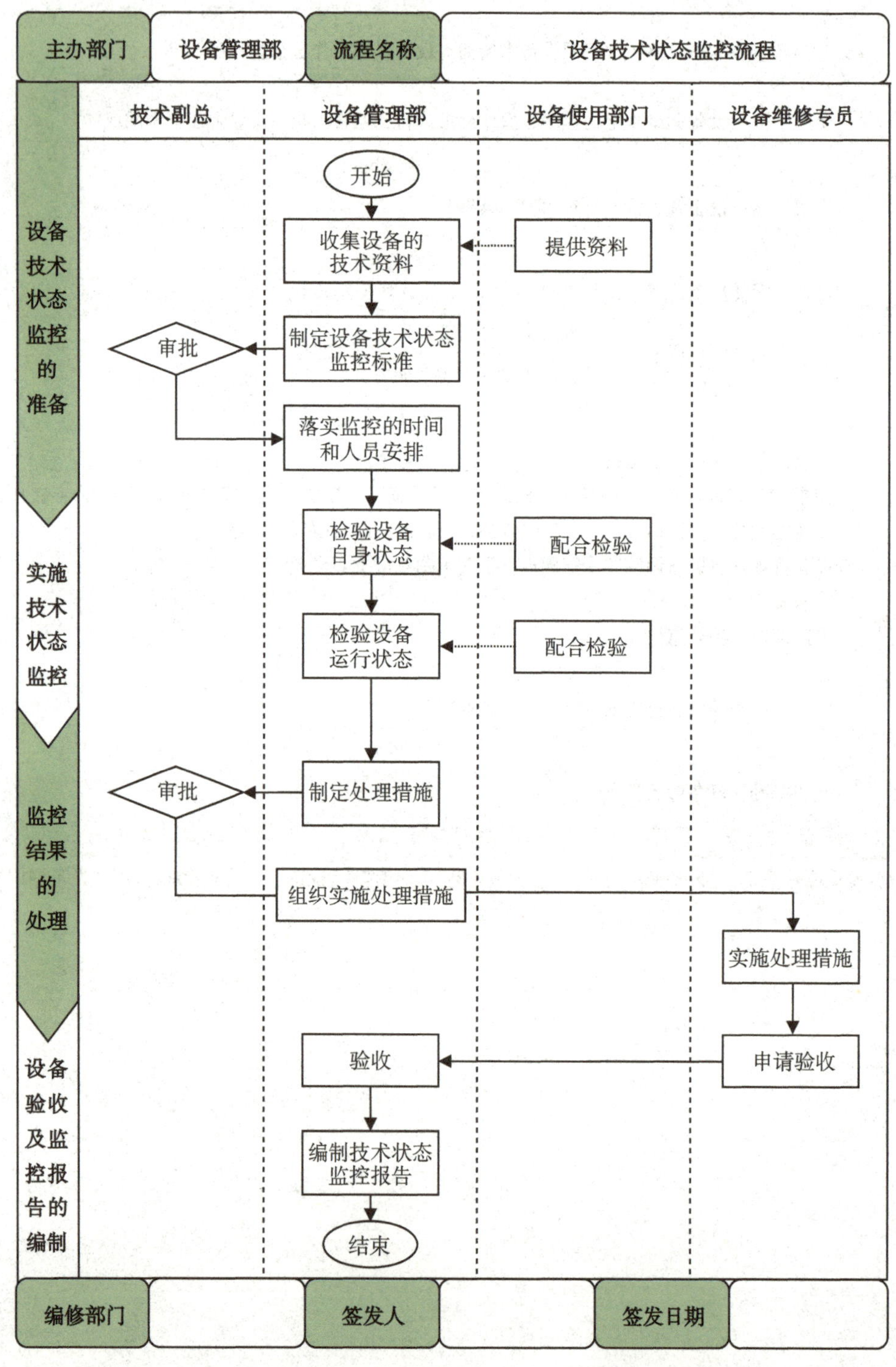

9.6.2 设备技术状态监控执行程序、工作标准、考核指标、执行规范

任务名称	执行程序、工作标准与考核指标
设备技术状态监控的准备	**执行程序** 1. 收集设备的技术资料 设备管理部负责收集设备的技术资料，包括设备的使用说明书、结构示意图、维护维修说明等。 2. 制定设备技术状态监控标准 ☆设备管理部根据收集的资料以及本企业的质量管理水平要求，制定设备技术状态监控标准。 ☆设备技术状态监控标准的内容包括技术状态监控项目名称、监控周期、监控检查位置、监控检查所需器具、用以评判是否合格的技术指标等。 ☆设备管理部将设备技术状态监控标准报技术副总审批，审批通过后正式生效，并下发至相关部门执行。 3. 落实监控的时间和人员安排 ☆设备管理部根据监控方案的时间要求和监控标准的技术要求，落实设备监控的时间和人员安排。 ☆这里要注意时间和人员安排不能与工厂的正常生产计划相冲突。 工作重点 技术监控标准要根据设备的技术设计要求、质量水平要求制定，且具有一定的科学性。
	工作标准 目标标准：各项准备细节（如资料收集、设备技术状态监控标准的制定等）落实到位。
实施技术状态监控	**执行程序** 1. 检验设备自身状态 ☆设备管理部按照设备技术状态监控标准的要求对设备自身的技术状态进行检验，并及时做好记录。 ☆设备自身状态检验内容包括设备整体的整洁程度，润滑部位是否存在跑、漏现象，防腐、防火、防冻、保温设施是否完善等。 ☆设备使用部门应配合检验工作的进行。 2. 检验设备运行状态 ☆设备管理部按照设备技术状态监控标准的要求对设备运行状态进行检验，并及时做好检验记录。 ☆检验项目包括设备运转的稳定性、设备的生产效率、设备的故障发生频率、设备故障的发生点、操作的便利性、产品质量水平等。 ☆设备使用部门应配合设备管理部开展检验工作。 工作重点 监控信息反馈要及时。
	工作标准 参考标准：其他同行业企业的技术状态监控情况。
	考核指标 工作目标按计划完成率：目标值为____%，具体计算公式如下。 $\text{工作目标按计划完成率}=\dfrac{\text{实际完成的工作目标量}}{\text{计划完成的工作目标量}}\times 100\%$

（续）

任务名称	执行程序、工作标准与考核指标
监控结果的处理	**执行程序** **1. 制定处理措施** ☆设备管理部根据技术状态监控的结果制定处理措施，如调整设备维护维修计划及标准、调整设备点检标准、加强设备润滑管理等。 ☆在制定措施的过程中要注意结果处理的成本应控制在预算范围内，并充分利用企业现有资源。 **2. 组织实施处理措施** ☆设备管理部限定整改日期，组织实施处理措施，并定期或不定期地监督其实施过程。 ☆设备维修专员按照处理措施的要求及规定进行设备技术状态调整处理，并及时填写执行状态反馈表。 **工作重点** 所制定的处理措施要具有可操作性。 **工作标准** 目标标准：实施处理措施，使设备保持良好的运行状态。 **考核指标** ☆生产设备完好率：目标值为____%，具体计算公式如下。 $\text{生产设备完好率}=\dfrac{\text{正常使用的设备数}}{\text{设备总数}}\times 100\%$ ☆设备有效利用率：目标值为____%，具体计算公式如下。 $\text{设备有效利用率}=\dfrac{\text{设备有效利用时间}}{\text{设备有效利用时间}+\text{故障维修停机时间}}\times 100\%$
设备验收及监控报告的编制	**执行程序** **1. 验收** ☆设备技术状态调整措施实施结束后，设备维修专员要及时向设备管理部提请验收。 ☆设备管理部对调整后的设备技术状态进行验收。 **2. 编制技术状态监控报告** 验收合格后，设备管理部编制设备技术状态监控报告，报告内容包括设备技术状态的监控标准、监控方法、监控流程、监控结果及结果处理等。 **工作重点** 设备管理部要严格按照企业的要求和规范编制技术状态监控报告，确保内容全面、结构清晰、无重大纰漏。 **工作标准** 完成标准：验收完成，设备管理部编制报告。
执行规范	
“设备管理制度”“设备技术状态监控标准”“设备技术状态监控处理措施”“设备技术状态监控报告”。	

9.7 设备点检质量管理流程设计与工作执行

9.7.1 设备点检质量管理流程设计

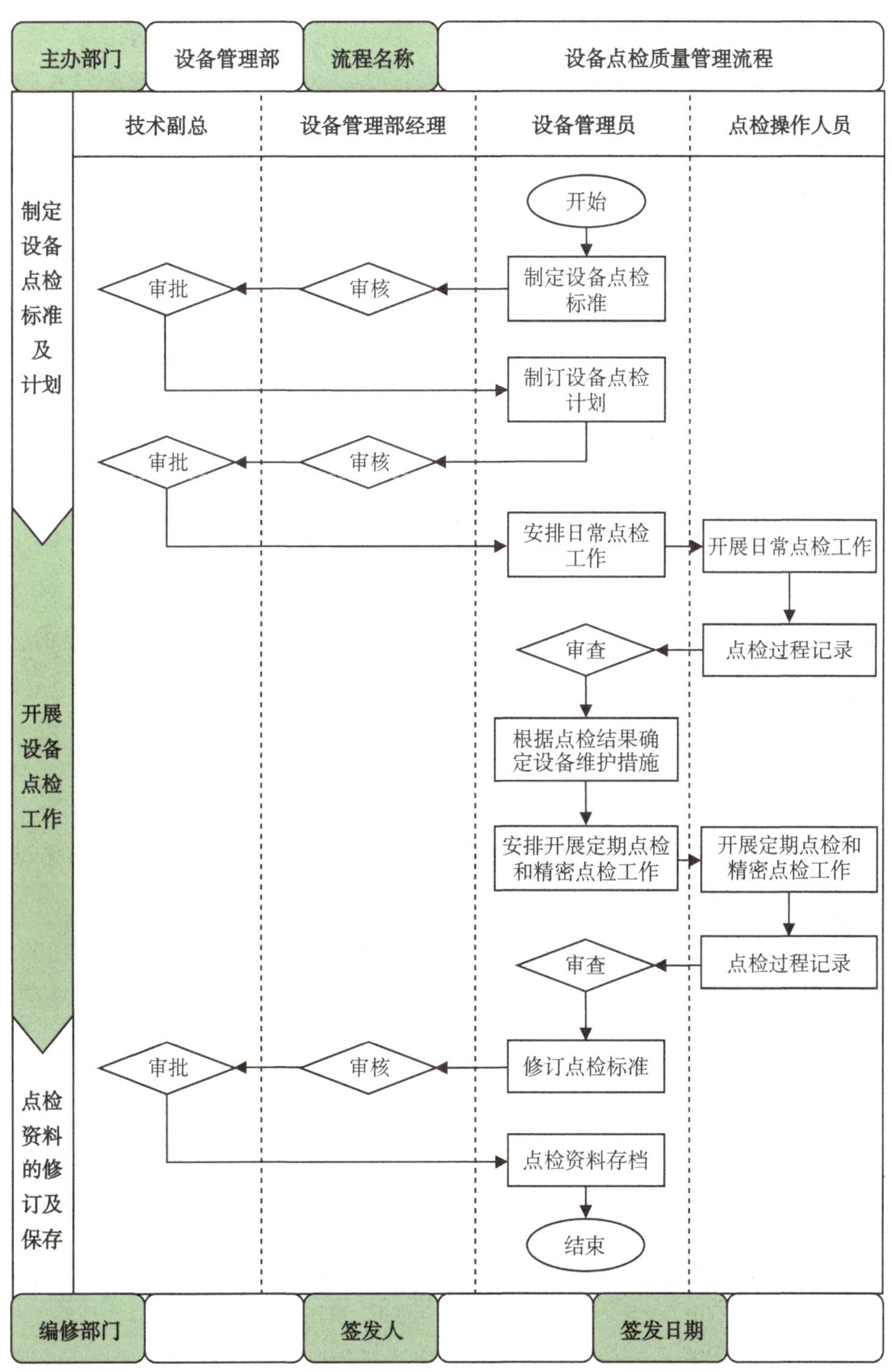

9.7.2 设备点检质量管理执行程序、工作标准、考核指标、执行规范

任务名称	执行程序、工作标准与考核指标
制定设备点检标准及计划	**执行程序** **1. 制定设备点检标准** ☆设备管理员根据生产环境、设备使用时间、设备实际状态等条件制定设备点检标准。 ☆设备点检标准的内容包括设备列入点检管理的部位、项目、内容，点检时设备正常数值的判定标准，设备点检周期、点检方法及点检作业工具，日常点检与定期点检、精密点检的人员分工。 ☆设备管理员将设备点检标准报设备管理部经理审核、技术副总审批。 **2. 制订设备点检计划** ☆设备点检标准经技术副总审批通过后生效，设备管理员据此制订设备点检计划。 ☆设备点检计划分为日常点检计划、定期点检计划与精密点检计划。设备点检计划的内容主要包括需点检的设备名称、点检部位及点检内容；需点检设备的点检标准与点检日期；需点检设备的点检人及点检方法等。 ☆设备管理员将制订好的设备点检计划报设备管理部经理审核、技术副总审批。 **工作重点** 所编制的设备点检计划内容要全面，安排要合理。 **工作标准** 参照标准：其他同行业企业的设备点检标准及计划。
开展设备点检工作	**执行程序** **1. 安排日常点检工作** ☆设备管理员安排点检操作员（即设备操作者）按照设备的点检要求、点检计划及点检标准开展设备的日常点检工作。 ☆点检操作员应全面掌握工艺知识与操作技能，熟悉设备并能排除设备的简单故障。 ☆点检操作员按要求开展日常点检工作，点检内容包括修理、调整、清扫、给油、排水等，并及时做好记录。 **2. 审查** 设备管理员应在每周末及每月末收集设备点检记录并分析其中的问题原因，对存在安全隐患的设备进行重点检查，防止出现故障影响生产进度。 **3. 根据点检结果确定设备维护措施** ☆设备管理员根据设备点检结果确定设备维护的措施。 ☆设备维护的措施包括零部件的紧固、定位的调整、漏油处理方案、设备维护周期的调整、项目的调整等。 **4. 安排开展定期点检和精密点检工作** ☆设备管理员安排点检操作人员开展定期点检工作和精密点检工作。 ☆点检操作人员负责定期点检工作，点检内容包括掌握设备费用、分析与处理故障、改善设备故障的方案制定等；精密点检工作一般由技术人员负责，其利用专业点检工具，进行测量与检验，保证设备达到规定的性能和精度。 **5. 审查** 在进行周期点检的过程中，设备管理员应及时记录各类数据，填写设备周期点检记录；在进行精密点检的过程中，设备管理员应及时记录各类数据，填写设备精密点检记录。

（续）

<table>
<tr><th>任务名称</th><th>执行程序、工作标准与考核指标</th></tr>
<tr><td rowspan="5">开展设备点检工作</td><td>工作重点
设备维护措施要具有较强的可操作性。</td></tr>
<tr><td>工作标准</td></tr>
<tr><td>完成标准：设备管理员按照要求开展点检工作。</td></tr>
<tr><td>考核指标</td></tr>
<tr><td>☆设备故障停机率：应控制在____%以内，具体计算公式如下。
$$设备故障停机率=\frac{设备故障停机台时}{设备开动总台时}\times100\%$$
☆设备开动率：应达到____%以上，具体计算公式如下。
$$设备开动率=\frac{合计作业时间-设备停机时间}{合计作业时间}\times100\%$$</td></tr>
<tr><td rowspan="6">点检资料的修订及保存</td><td>执行程序</td></tr>
<tr><td>1. 修订点检标准
设备管理员定期整理并分析各类点检记录，根据点检的实际情况、点检时发现的问题判断是否有修改点检标准的必要，若有必要，则针对具体问题及隐患，修改点检标准，并报设备管理部经理审核、技术副总审批。
2. 点检资料存档
点检标准经技术副总审批通过后，设备管理员将所有相关的点检资料妥善保存。
工作重点
及时修改点检标准，并将其纳入员工绩效考核中。</td></tr>
<tr><td>工作标准</td></tr>
<tr><td>目标标准：点检标准经过及时修订，企业设备管理质量持续提升。</td></tr>
<tr><td>考核指标</td></tr>
<tr><td>点检资料归档率：目标值为____%，具体计算公式如下。
$$点检资料归档率=\frac{及时归档的点检资料数}{点检资料总数}\times100\%$$</td></tr>
<tr><th colspan="2">执行规范</th></tr>
<tr><td colspan="2">“设备点检标准”“设备点检计划”“设备维修维护方案”。</td></tr>
</table>

9.8 设备故障分析处理流程设计与工作执行

9.8.1 设备故障分析处理流程设计

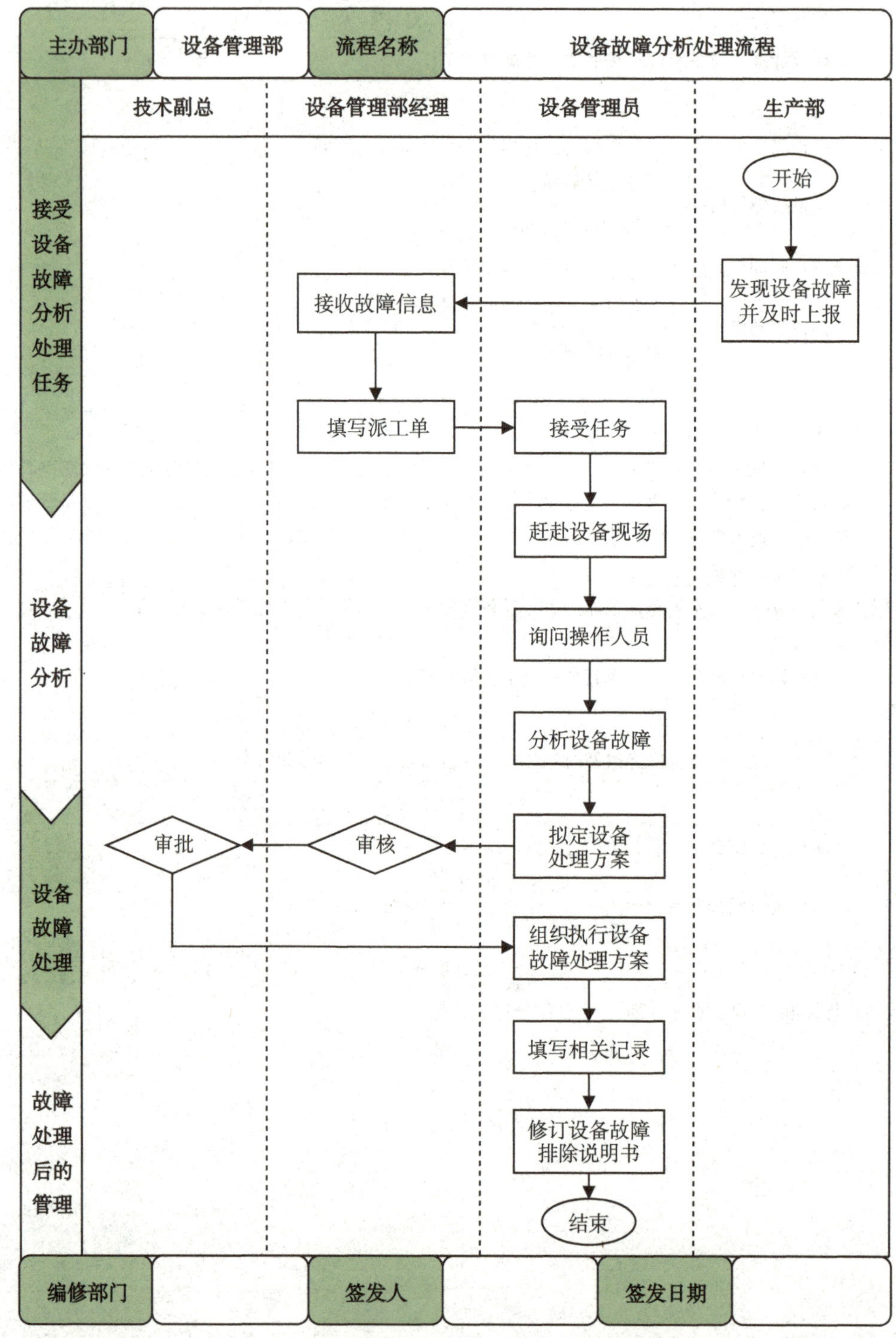

9.8.2 设备故障分析处理执行程序、工作标准、考核指标、执行规范

任务名称	执行程序、工作标准与考核指标
接受设备故障分析处理任务	**执行程序** **1. 发现设备故障并及时上报** 生产部在使用设备的过程中或在检测过程中若发现异常情况，应及时上报并记录相关问题。 **2. 接收故障信息** ☆生产部向设备管理部经理汇报设备的质量问题，并对问题发生点、生产阶段及具体内容进行详细的描述。 ☆设备管理部收到相关设备管理人员汇报的设备故障信息后，及时进行初步的定性分析。 **3. 填写派工单** ☆设备管理部经理根据设备故障的初步定性分析结果安排相应人员维修故障，并填写派工单。 ☆设备管理员收到设备故障分析处理的任务后，及时做好工作时间安排。 **工作重点** 故障信息上报时要遵循一定的规范，设备管理部最好制定规范的汇报模板。
	工作标准 目标标准：企业设备故障处理及时。
设备故障分析	**执行程序** **1. 赶赴设备现场** ☆设备管理员赶赴设备故障现场，进一步定位设备故障发生点，并对现场环境的温度、湿度、设备装配情况、电路连接情况等做好记录。 ☆设备管理对设备的相关记录做好调查工作，如设备故障修理记录、设备运行记录、设备点检记录、设备说明书、出厂检验数据等。 **2. 询问操作人员** 设备管理员应找到故障发生时操作该台设备的员工，向其详细询问设备故障发生时的情况，如操作程序、操作状态、设备近期运行情况、设备质检情况、设备使用年限等。 **3. 分析设备故障** ☆设备管理员根据设备故障现场所采集的资料以及操作人员的反馈，分析设备故障发生的原因，可采用的分析方法有目视检查法、无损检验法、破坏检验法、模拟实验法等。 ☆设备发生故障的原因包括设计问题、制造问题、安装问题、操作保养不良、使用不合理、润滑不良、自然磨损劣化、修理质量问题等。 **工作重点** 设备管理员针对设备故障的具体表现、程度等选择恰当的分析方法。
	工作标准 目标标准：通过现场询问、观察，找到设备发生故障的原因。
	考核指标 分析结果准确率：目标值为____%，设备故障的原因分析准确，为故障的准确处理奠定基础，具体计算公式如下。 $分析结果准确率=\frac{故障分析结果准确的次数}{故障分析结果总数}\times 100\%$

（续）

任务名称	执行程序、工作标准与考核指标
设备故障处理	**执行程序** **1. 拟定设备处理方案** ☆设备管理员根据设备故障的原因、影响范围等因素制定故障处理方案。 ☆故障处理方案内容应包括原因分析、拟采取措施、效果、维修持续时间及费用预算等。 ☆设备管理员将处理方案报设备管理部经理审核、技术副总审批。 **2. 组织执行设备故障处理方案** ☆设备管理员组织生产部执行设备故障处理方案，并协调好工作时间，做好人员安排。 ☆在执行设备故障处理方案的过程中，设备管理员需对相关人员进行指导和监督。 **工作重点** 设备处理方案要具有较强的可操作性，且尽量不要超出预算。 **工作标准** 目标标准：设备故障处理方案顺利执行，排除故障。
故障处理后的管理	**执行程序** **1. 填写相关记录** ☆设备管理员对设备故障处理的情况进行记录。 ☆设备管理部经理应指派专人进行设备故障记录的管理工作。该员工应及时收集与设备故障有关的设备检修、维修信息。 **2. 修订设备故障排除说明书** 设备管理员在处理完设备故障后，应根据设备的种类及故障原因的分类将此次故障及时编入设备故障排除说明书中，并对其不断完善。 **工作重点** 设备管理员要将设备故障排除说明书的修订工作当成一次技能提升培训来对待。 **工作标准** 目标标准：填写相关记录，企业的设备故障排除能力不断提升。
执行规范	
“设备故障处理方案”“设备故障排除说明书”。	

9.9 新购置计量器具管理流程设计与工作执行

9.9.1 新购置计量器具管理流程设计

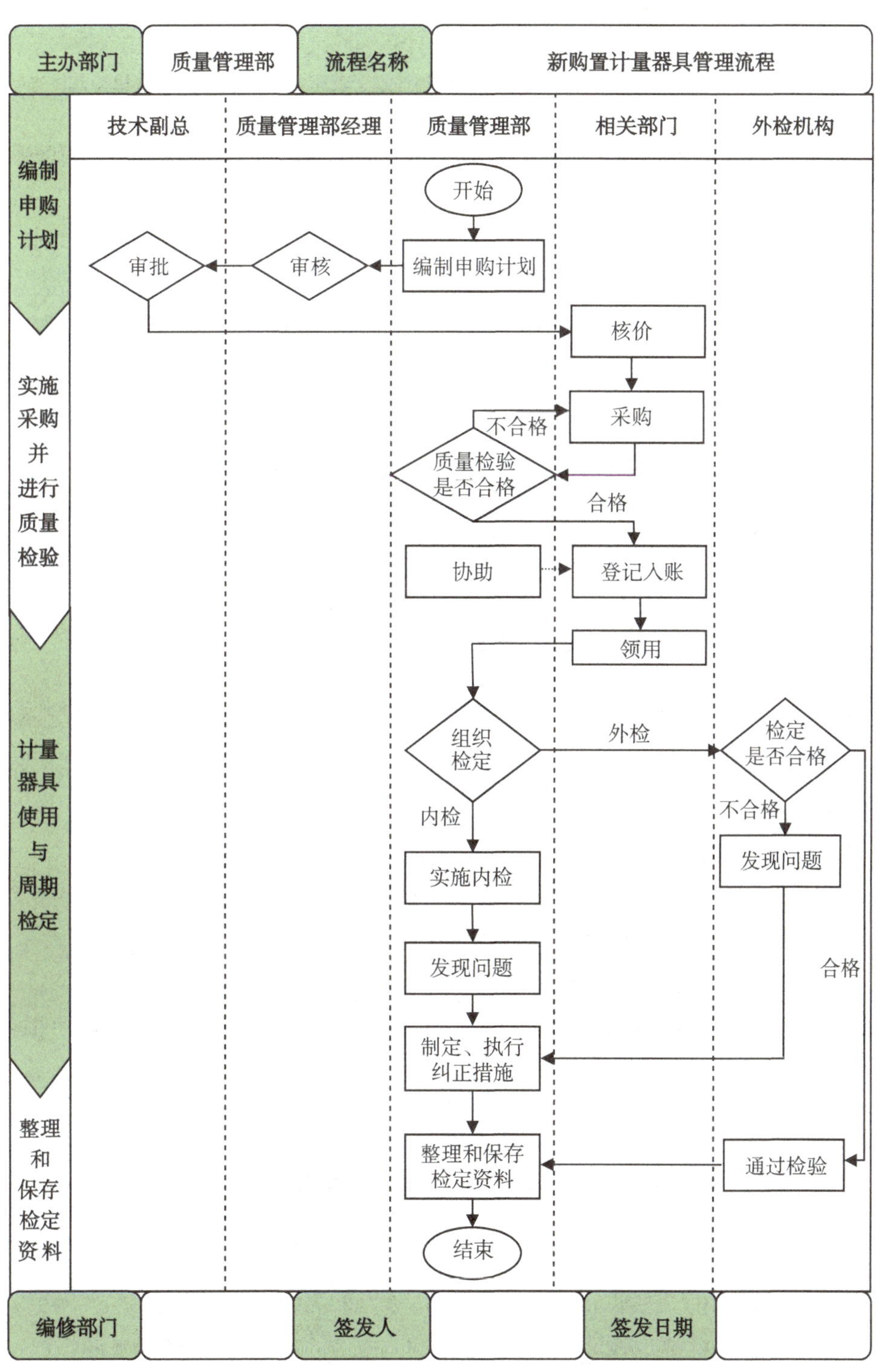

9.9.2 新购置计量器具管理执行程序、工作标准、考核指标、执行规范

任务名称	执行程序、工作标准与考核指标
编制申购计划	**执行程序** ☆质量管理部根据检测要求，编制新购置计量器具申购计划，并报质量管理部经理审核；在申购计划中，要注明申购计量器具的理由、生产厂家及规格型号等。 ☆质量管理部经理根据质量管理要求审核申购计划，若审核未通过，则返给相关人员进行修改；若审核通过，则报技术副总审批。 ☆技术副总从本企业总体管理的角度审批申购计划，若审批未通过，则返给质量管理部进行修改；若审批通过，则将申购计划送交财务部开展下一步工作。 **工作重点** 申购计划编写人员要重点写明申购的必要性和迫切性。 **工作标准** 参照标准：企业以往的申购计划书资料。
实施采购并进行质量检验	**执行程序** **1. 核价** 财务部从财务控制的角度对申购计划进行核价，并计算所需的费用。 **2. 采购** 采购部根据申购计划中所列出的具体采购要求实施采购，采购成本应控制在预算范围内。 **3. 质量检验是否合格** ☆质量管理部对采购部购置的计量器具进行质量检验，重点检查其是否具有合格质量标识。 ☆对于不合格的计量器具，质量管理部会将其退给采购部进行处理。 **4. 登记入账** ☆对于质量合格的计量器具，质量管理部相关人员将其登记入账，登记内容包括计量器具的购置时间、质量检验人及质量检验方法、工具等。 ☆仓储部负责登记入账工作，质量管理部协助进行。 **工作重点** 质量管理部要加强与财务部、采购部的沟通。 **工作标准** 完成标准：企业购买到合格且合适的器具并及时登记入账。 **考核指标** ☆申购项目预算费用控制率：目标值为____%，申购项目的总价尽量控制在预算范围内，具体计算公式如下。 $\text{申购项目预算费用控制率}=\frac{\text{申购项目实际花费额}}{\text{申购项目预算额}}\times 100\%$ ☆质检工作的规范性、严谨性：确保质检工作流程、操作步骤、检验标准按照规定执行。
计量器具使用与周期检定	**执行程序** **1. 领用** ☆质量管理部相关人员按照新购计量器具管理规定，到仓储部领用计量器具，并进行登记。 ☆仓储部对计量器具的使用提供指导，包括清洁方法、储存方法、使用方法等。

（续）

任务名称	执行程序、工作标准与考核指标
计量器具使用与周期检定	2. 组织检定 ☆质量管理部相关人员根据所购器具的具体检定要求制订周期检定计划，并确定周期检定实施的具体步骤。 ☆质量管理部相关人员根据国家计量器具检定规程开展外检或内检活动，准备相关检定资料。 3. 外检机构进行检定 ☆国家相关部门或第三方检测机构对计量器具进行检定，即外检。 ☆对于外检不合格的计量器具，由质量管理部进行维修或实施报废处理；对于外检合格的计量器具，则为其张贴检定合格标识。 4. 实施内检 质量管理部组织相关计量科室和人员实施内检，内检要遵循国家相关文件规定，同时也要遵循企业制定的内部检定标准。 5. 发现问题 若设备内检结果不合格，质量管理部应及时将问题记录下来，以形成设备质量内检报告。 6. 制定、执行纠正措施 ☆质量管理部根据企业质量管理的相关规定及质量问题的实际情况，制定相应的纠正措施。 ☆相关部门执行质量管理部制定的纠正措施。 工作重点 质量管理部制定的纠正措施要具有较强的可操作性。
	工作标准
	完成标准：计量器具经内检、外检检定合格。
	考核指标
	周期检定工作按时完成率：目标值为____%，确保检验周期或频率符合国家相关规定。
整理和保存检定资料	执行程序
	☆质量管理部相关人员及时、广泛搜集内检和外检过程中所产生的各种信息。 ☆质量管理部对各种文件、资料和信息进行分类、汇总，并依据获取时间进行归档，以备日后参考。 工作重点 保存资料是为了方便日后使用，所以要做好资料和信息的分类与归档。
	工作标准
	完成标准：相关文件资料、信息及时整理、归档。
执行规范	
“新计量器具申购计划”“新购计量器具管理规定”“周期检定计划”《中华人民共和国计量器具检定规程》“质量内检报告”。	

9.10 检测设备管理流程设计与工作执行

9.10.1 检测设备管理流程设计

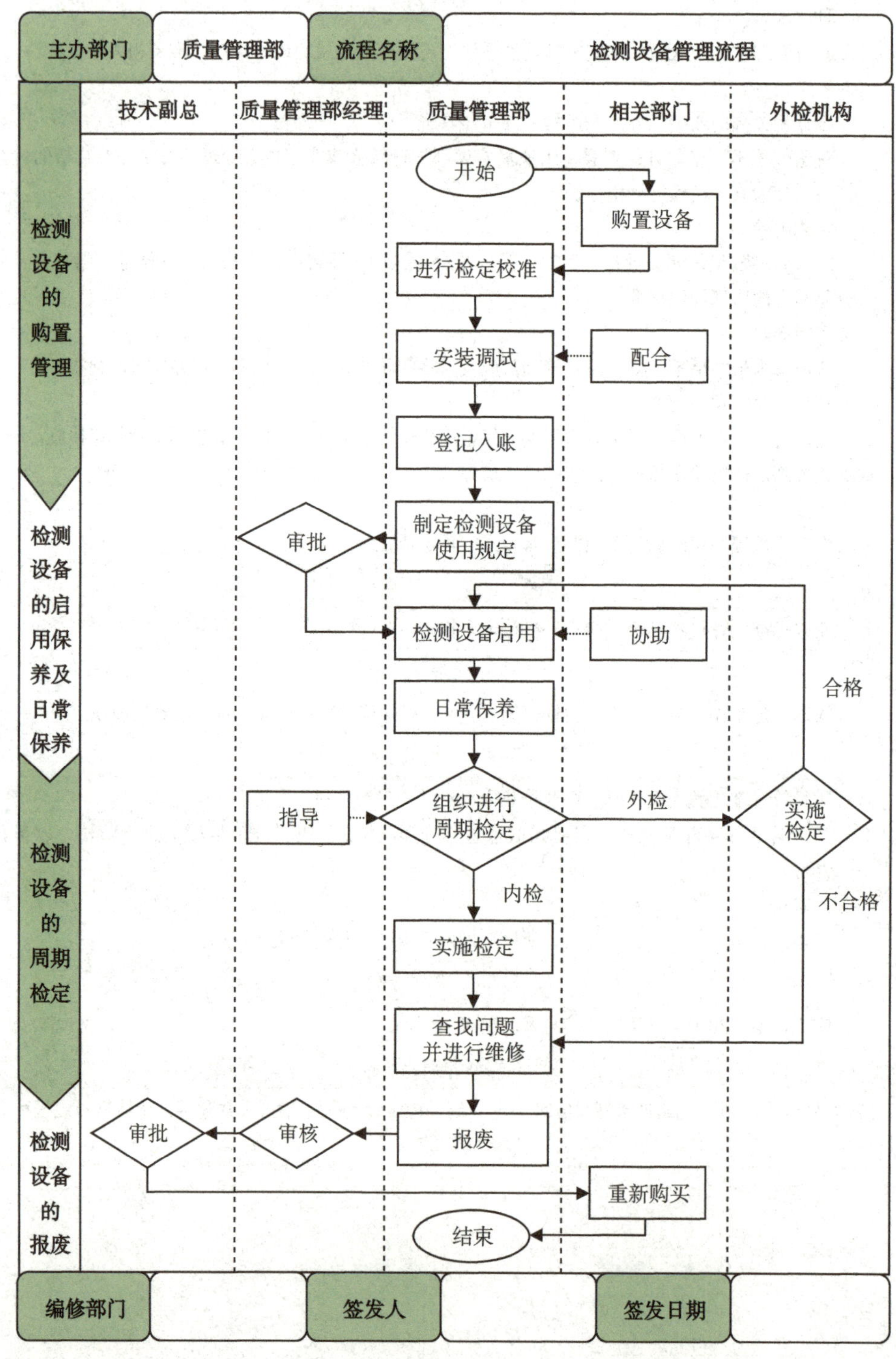

9.10.2 检测设备管理执行程序、工作标准、考核指标、执行规范

<table>
<tr><th>任务名称</th><th>执行程序、工作标准与考核指标</th></tr>
<tr><td rowspan="4">检测设备的购置管理</td><td>执行程序</td></tr>
<tr><td>1. 进行检定校准
☆采购部根据年度采购计划和实际生产检测要求，购置检测设备。检测设备的购置要严格按照采购计划和财务控制的要求进行。
☆质量管理部对采购部送来的检测设备进行检定、校准。检定和校准工作要严格依照国家相关规定和企业的内部标准进行。
2. 安装调试
☆经检定、校准合格的检测设备由质量管理部相关人员进行安装调试，以检验设备性能。
☆采购部配合质量管理部相关人员进行检测设备的安装调试工作。
3. 登记入账
质量管理部相关人员对安装调试合格的检测设备进行登记入账，登记内容包括设备名称、型号、使用部门等。
工作重点
检定、校准过程要严格按照相关检验流程进行，不能跳序、漏序。</td></tr>
<tr><td>工作标准</td></tr>
<tr><td>法规标准：国家、地方与行业关于产品检定、校准方面的相关规定。</td></tr>
<tr><td rowspan="6">检测设备的启用保养及日常保养</td><td>执行程序</td></tr>
<tr><td>1. 制定检测设备使用规定
☆质量管理部相关人员根据设备使用要求，制定设备使用规定，并报质量管理部经理审批。
☆质量管理部经理从质量管理的角度审批设备使用规定。
2. 检测设备启用
根据生产检测要求，质量管理部相关人员在采购部和生产车间的协助下启用检测设备，启用时要注意按要求操作设备。
3. 日常保养
检测设备启用后，质量管理部要注意对其进行日常保养，如清洁、保养磨损部位等。另外，当设备不使用时要按照规定对其进行及时封存。
工作重点
设备使用规定要科学，且符合企业质量管理水平、产品定位以及资源配备的要求。</td></tr>
<tr><td>工作标准</td></tr>
<tr><td>目标标准：质量管理部制定设备使用规定，设备保养得当，故障率较低。</td></tr>
<tr><td>考核指标</td></tr>
<tr><td>故障停机率：力争控制在____%以内，用以判断设备维护、保养的水平。</td></tr>
<tr><td rowspan="2">检测设备的周期检定</td><td>执行程序</td></tr>
<tr><td>1. 组织进行周期检定
在质量管理部经理的指导下，质量管理部相关人员根据周期检定计划，做好周期检定准备工作，主要包括准备相关文字资料，并根据国家相关规定将检测设备进行分类，即分为外检设备和内检设备。</td></tr>
</table>

（续）

任务名称	执行程序、工作标准与考核指标
检测设备的周期检定	**2. 外检机构实施检定** 在同外检机构协商一致的基础上，将需要外检的设备送至外检机构进行检定，若外检合格，则出具合格证明，并继续使用该设备；若不合格，则返给质量管理部查找原因。 **3. 质量管理部实施检定** 根据企业内检标准，具有资格证书的相关人员实施设备的内检工作。 **4. 查找问题并进行维修** 对内检过程中发现的问题进行处理，若经处理仍无法解决问题，则要对检测设备进行报废处理。 **工作重点** 对设备要进行有效利用，视情况及时对其检定而不必等周期检定。
	工作标准
	参照标准：检验周期或频率的相关规定等。
	考核指标
	设备维修及时率：目标值为____%，具体计算公式如下。 $设备维修及时率=\frac{及时维修的设备数}{需要维修的设备总数}\times 100\%$
检测设备的报废	**执行程序**
	1. 报废 ☆对于未通过外检或内检的检测设备，经维修仍无法恢复其工作性能的，相关人员应编制报废建议书，并报质量管理部经理审核。 ☆质量管理部经理从设备管理的角度审核报废建议书，若认为符合报废条件且同意报废，则报技术副总审批；若认为尚未达到报废条件，则由质量管理部相关人员重新分析，做出判断。 **2. 重新购买** 技术副总从总体战略的角度对报废建议书进行最终审核，若认为符合报废要求，则由采购部重新购买检测设备；若认为不符合报废要求，则返给质量管理部进行重新分析。 **工作重点** 报废建议书要详细阐述设备的报废理由。
	工作标准
	目标标准：设备的报废和重新购买按规定执行，企业设备整体性能保持在良好水平上。
执行规范	
“检测设备检定标准”“设备安装调试规程”“检测设备使用规定”“设备报废建议书”。	

9.11 计量仪器周期检定流程设计与工作执行

9.11.1 计量仪器周期检定流程设计

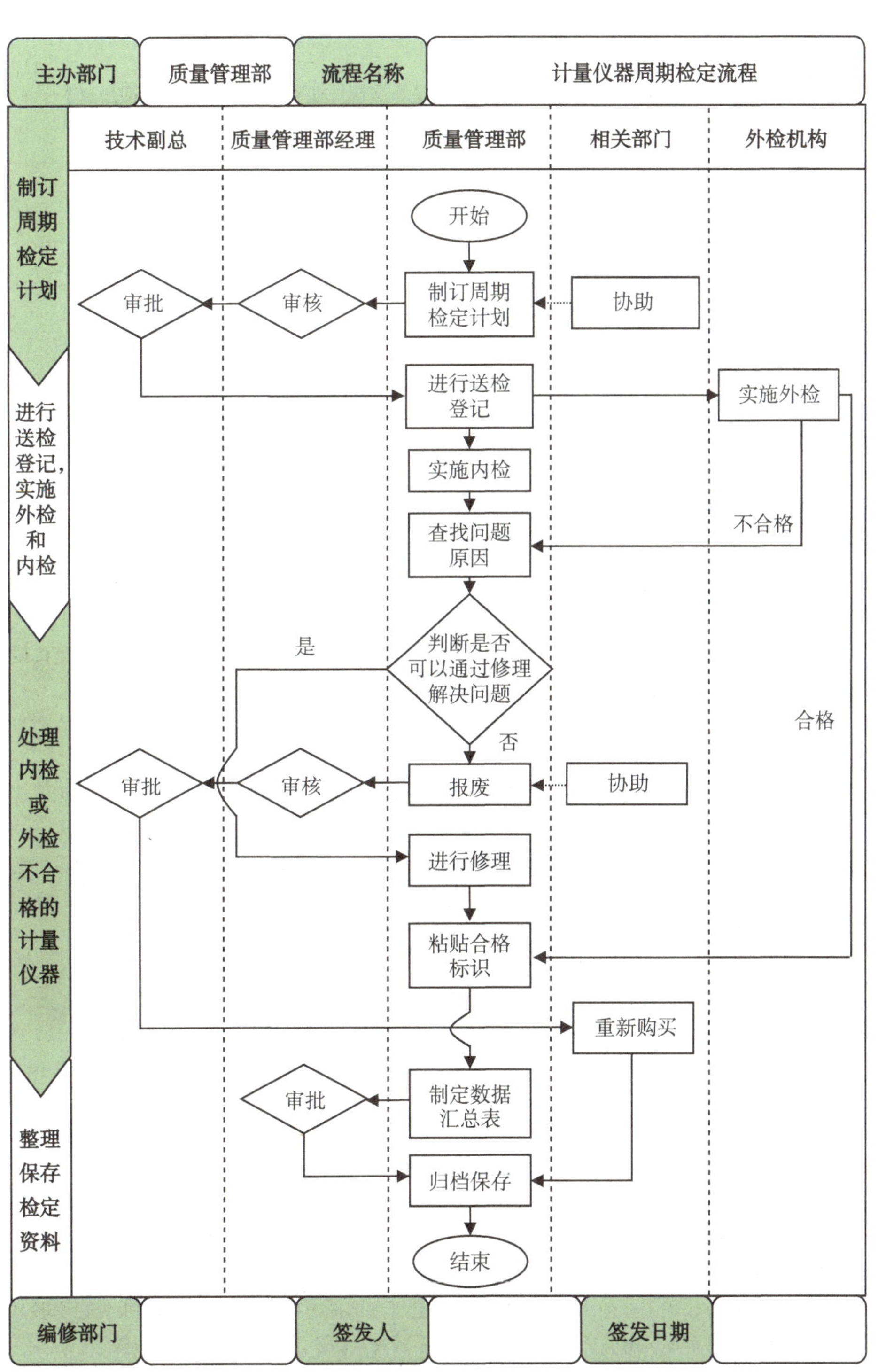

9.11.2 计量仪器周期检定执行程序、工作标准、考核指标、执行规范

任务名称	执行程序、工作标准与考核指标
制订周期检定计划	**执行程序**
	☆质量管理部根据生产检验情况及国家检定规程确定检定周期、制订周期检定计划，并报质量管理部经理审核。 ☆质量管理部经理从产品质量控制的角度审核周期检定计划，若审核通过，则报技术副总审批。 ☆仓储部、采购部对周期检定计划的制订提供信息支持。 **工作重点** 所制订的计划要周密，要将各类情况都考虑进去，且要切实可行。
	工作标准
	完成标准：制订周密的周期检定计划并报质量管理部经理审核、技术副总审批。
	考核指标
	周期检定计划的可操作性。
进行送检登记，实施外检和内检	**执行程序**
	1. 进行送检登记 ☆对于临近检定周期的计量仪器，质量管理部依照周期检定计划，及时准备相关检定资料。 ☆质量管理部对所有待检计量仪器进行登记，主要登记内容包括是否外检、检定周期等。 **2. 实施外检** ☆质量管理部将需要外检的计量仪器在规定的时间内送至外检机构。外检机构既可以是国家相关计量部门，也可以是符合国家规定设立的第三方检定机构。 ☆外检机构根据国家相关检定要求对送检的计量仪器进行检定，检定内容涉及计量仪器的精确度、性能、磨损度等指标。 ☆对于外检不合格的计量器具，外检机构需出具检定结果通知书，注明不合格项目，质量管理部据此查找原因。 ☆对于外检合格的计量器具，外检机构需出具合格证书，质量管理部为其粘贴合格标识。 **3. 实施内检** ☆对于不必进行外检的计量仪器，根据企业的内检标准，由质量管理部计量人员实施内检。 ☆对于内检合格的计量仪器，质量管理部为其粘贴标识，并做好相关记录。 **4. 查找问题原因** 对于内检过程中存在的问题，质量管理部要及时查找原因并给予解决。 **工作重点** 不管是内检还是外检，检定工作都要规范、严谨。
	工作标准
	目标标准：通过内检和外检的实施，计量仪器符合企业规范且保持良好的工作状态。
处理内检或外检不合格的计量仪器	**执行程序**
	1. 判断是否可以通过修理解决问题 质量管理部分析并确定计量仪器不合格的原因，判断是否可以通过维修而使其通过检定。 **2. 报废** ☆对于经过维修仍不能使用的计量仪器，质量管理部提出报废建议，并制作报废建议书，报质量管理部经理审核。财务部要从报废成本和采购成本的角度提供信息支持。

（续）

<table>
<tr><th>任务名称</th><th>执行程序、工作标准与考核指标</th></tr>
<tr><td rowspan="5">处理内检或外检不合格的计量仪器</td><td>☆质量管理部经理对报废建议进行分析，若同意予以报废，则报技术副总审批；若对报废建议有异议，则返给质量管理部相关人员重新分析。
☆技术副总对报批的报废建议进行审批，若认为可以报废则批准报废，并要求采购部重新购买新的计量仪器。
3. 进行修理
对经维修还可使用的计量仪器，质量管理部组织相关人员对计量仪器进行维修。
4. 粘贴合格标识
计量仪器经维修后再次进行检定，若检定合格，则为其粘贴合格标识。
工作重点
为方便管理，企业最好制定统一的仪器报废标准。</td></tr>
<tr><td>工作标准</td></tr>
<tr><td>完成标准：不合格计量仪器得到处理，或报废，或经维修达到合格水平。</td></tr>
<tr><td>考核指标</td></tr>
<tr><td>设备故障维修及时率：目标值为____%，具体计算公式如下。
$$设备故障维修及时率 = \frac{按时完成设备维修次数}{设备故障发生的总次数} \times 100\%$$</td></tr>
<tr><td rowspan="4">整理保存检定资料</td><td>执行程序</td></tr>
<tr><td>☆质量管理部相关人员整理检定过程中形成的数据，并编制数据汇总表，报质量管理部经理审批。
☆质量管理部经理须对数据的规范性和科学性进行审批。
工作重点
质量管理部相关人员要按一定的规范对数据进行汇总。</td></tr>
<tr><td>工作标准</td></tr>
<tr><td>目标标准：通过对检定数据汇总表的分析，企业整体质量管理水平得到进一步提升。</td></tr>
<tr><th colspan="2">执行规范</th></tr>
<tr><td colspan="2">“周期检定计划”“报废建议书”“计量仪器维修计划”。</td></tr>
</table>

第10章 质量信息处理与反馈过程管控

10.1 质量信息处理流程设计

10.1.1 流程设计的目的

质量信息是产品质量的载体，是员工在工作中发现问题、查找问题原因的途径，也是质量管理的依据和基础。企业设计质量信息处理流程的目的如下。

（1）提高质量信息统计的科学性和合理性，确保通过各种途径收集、汇总的质量信息全面、真实、可靠。

（2）建立健全信息的传递渠道，确保质量信息传递顺畅，加强各环节间关于质量情况的沟通，促进经营质量不断提高。

（3）加强市场质量信息、生产质量信息的反馈，促进企业内部和客户的质量信息的顺利传递，实现产品质量的持续改进。

（4）有效利用企业资源。企业在发展过程中对自身资源的有效利用是提升竞争力的一种手段，同时借助于对质量信息的统计、分析，企业可以更加科学、有效地调配资源，以提升产品价值和客户满意度。

（5）规避质量隐患，防止出现经营危机。通过对质量信息的收集、统计、分析，企业可以规避质量隐患，防止质量隐患持续增长而造成经营危机。

（6）更好地把握企业发展动态。产品质量信息是企业竞争力的一个重要体现，质量数据的变动必将引起企业竞争力的变动，因此通过对质量信息的分析可以把握企业的发展动态。

10.1.2 流程结构设计

质量信息处理主要包括企业各经营环节的质量信息的数据统计、处理、传递和反馈处理等。质量信息处理流程结构设计如图 10-1 所示。

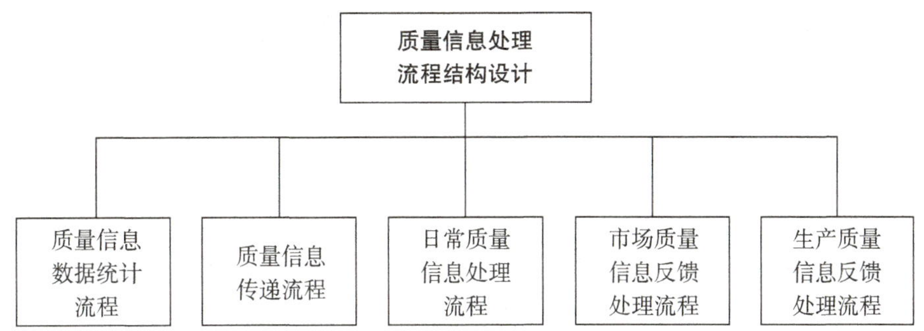

图 10-1　质量信息处理流程结构设计

10.2 质量信息数据统计流程设计与工作执行

10.2.1 质量信息数据统计流程设计

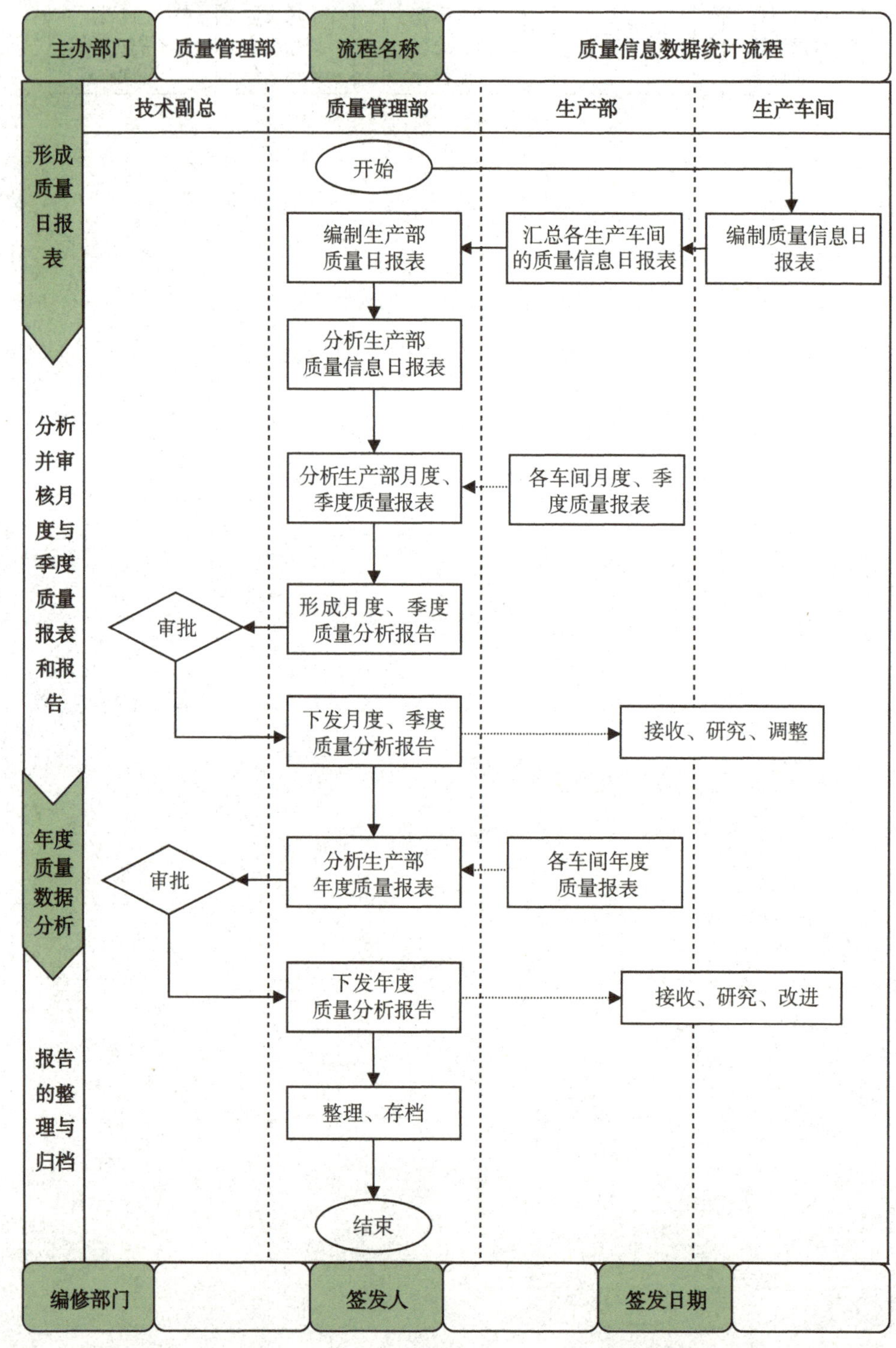

10.2.2 质量信息数据统计执行程序、工作标准、考核指标、执行规范

任务名称	执行程序、工作标准与考核指标
形成质量日报表	**执行程序** ☆各生产车间记录当日车间生产过程中的质量数据并编制质量信息日报表，主要记录的质量信息数据种类包括计量值数据、计数值数据、顺序值数据、点数数据、优劣数据。 ☆生产部安排专人将各生产车间上报的质量信息日报表进行整理、汇总。 ☆生产部将整理、汇总后的质量信息日报表提交给质量管理部，质量管理部质检专员据此编制生产部质量日报表，并对报表进行编号。 **工作重点** 要注意报表编制的规范性，即严格按照企业的要求进行编制，确保内容全面、结构清晰、无重大纰漏。 **工作标准** 完成标准：按照企业的要求编制质量信息日报表。
分析并审核月度与季度质量报表和报告	**执行程序** **1. 分析生产部质量信息日报表** 质量管理部对生产部质量信息日报表进行分析，根据质量反映情况，做出总结，并对生产班组提出意见和建议。 **2. 分析生产部月度、季度质量报表** ☆生产部按月度、季度向质量管理部上报质量报表，内容包括月度原材料检验情况、零部件检验情况、制程检验情况、成品检验情况等。 ☆质量管理部通过分析月度、季度质量报表，总结月度质量表现良好的方面及需要改进的方面，并提出改进建议及意见。 **3. 形成月度、季度质量分析报告** ☆编制月度、季度质量分析报告，报告内容包括对质量成本的分析、质量数据的分析等，从而为进行质量控制、改进质量提供依据。 ☆质量管理部经理将月度、季度质量分析报告报技术副总审批。 **4. 下发月度、季度质量分析报告** ☆月度、季度质量分析报告经技术副总审批通过后，质量管理部将其下发至生产部及各生产车间。 ☆生产部组织各生产车间学习月度、季度报告，并据此对现有工作进行调整。 **工作重点** 根据相关规定编制月度、季度质量报告，确保其具有可操作性。 **工作标准** 参考标准：近几年的企业月度、季度质量报表和质量分析报告。 **考核指标** 月度、季度质量报告的指导性：对本月度、季度出现的质量问题做好相关的数据分析，对需改进的方面提出改进措施。

（续）

任务名称	执行程序、工作标准与考核指标
年度质量数据分析	**执行程序**
	☆生产部总结各生产车间的质量报表，并上报质量管理部进行最终年度分析。 ☆质量管理部将各生产车间年度质量报表进行整理、汇总，除了阐述汇总月度、季度质量分析报告中说明的问题，还要对工序质量、零部件过程质量以及产成品质量进行分析研究，总结针对本年质量数据所得出的质量指标评价分析结果，编制年度质量分析报告，提出下一年度相关的工作建议。年度质量分析报告内容应包括月度及季度质量报表、质量分析报告、质量趋势图、质量成本分析报告等相关文件。 ☆质量管理部将编制好的年度质量分析报告提交技术副总审批。 **工作重点** 年度质量分析报告的编制要符合企业规范。
	工作标准
	完成标准：对年度质量数据进行分析并形成完整报告。
	考核指标
	年度质量分析报告数据准确率：力争达到100%，以确保相关质量问题的统计数据全面、准确、客观、有效。
报告的整理与归档	**执行程序**
	1. 下发年度质量分析报告 ☆质量管理部将审批通过的年度质量分析报告下发给生产部执行。 ☆生产部组织各生产车间人员讨论年度质量分析报告中存在的问题，并提出工作建议。 **2. 整理、存档** 质量管理部将本年度所有质量报表、质量分析报告等资料进行整理、分类、编号、存档。 **工作重点** 质量管理部按照相关规定对报告进行整理和存档，以便于查找和利用。
	工作标准
	完成标准：质量改进完成，相关资料存档。
	考核指标
	文件、技术资料及时归档率：目标值为____%，具体计算公式如下。 $\text{文件、技术资料及时归档率}=\frac{\text{及时归档的文件、技术资料数量}}{\text{文件、技术资料总数量}}\times 100\%$
执行规范	
“月度质量分析报告”“季度质量分析报告”“年度质量分析报告”“质量趋势图”“质量成本分析报告”。	

10.3 质量信息传递流程设计与工作执行

10.3.1 质量信息传递流程设计

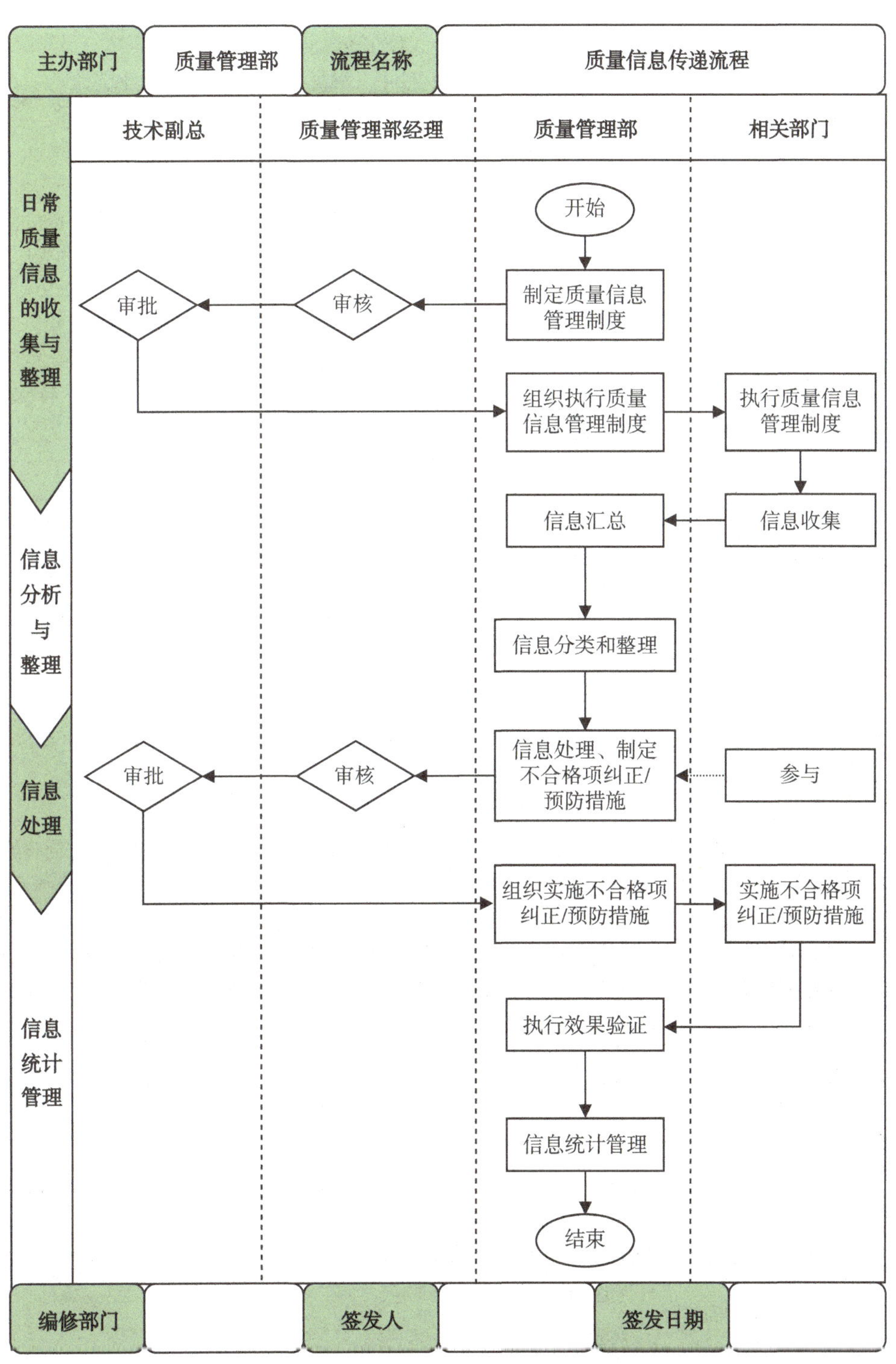

10.3.2 质量信息传递执行程序、工作标准、考核指标、执行规范

任务名称	执行程序、工作标准与考核指标
日常质量信息的收集与整理	**执行程序** **1. 制定质量信息管理制度** ☆质量管理部收集质量管理的相关信息，包括信息的种类、处理方式等内容。 ☆质量管理部将收集的质量管理信息进行整理和分析，并据此编制质量信息管理制度。 ☆质量管理部将质量信息管理制度报质量管理部经理审核、技术副总审批。 **2. 组织执行质量信息管理制度** ☆质量管理部将审批通过的质量信息管理制度下发给相关部门执行。 ☆相关部门接收并认真学习质量信息管理制度，严格按照制度的要求开展工作，并制订信息管理工作计划，派专人进行信息管理。 **工作重点** 质量管理部按企业规范编写质量信息管理制度，该制度的内容通常包括企业质量信息管理的目标、质量信息的种类和内容、信息处理的规程细则以及处罚规定等。 **工作标准** 参照标准：其他同行业企业的质量信息管理制度。 **考核指标** 质量信息管理制度的完备性、严谨性：确保经过调研分析制定的制度内容全面、严谨，对信息管理工作的关键环节做出细致的规定，保证制度的指导性。
信息分析与整理	**执行程序** **1. 信息汇总** ☆相关部门根据质量信息管理工作计划的安排，负责责任范围内质量信息的收集、整理、分析、传递及处理工作。 ☆相关部门将收集、整理的质量信息提交给质量管理部，质量管理部对这些信息进行汇总。 **2. 信息分类和整理** 根据汇总的数据和信息，采取一定的方法，如可以采取排列图法（即通过抓关键的少数的方式，取得多数成效的一种图表法）、因果图法（即将问题产生的结果和可能发生的原因两者之间用箭头连接，并将要因加以细分，寻找导致结果的原因的一种图表法）等，完成对信息的分类和整理工作。 **工作重点** 掌握质量信息的内容，主要包括行业的法律、法规，新产品、新技术的发展方向与技术标准，市场调研报告，客户调查分析报告，产品销售报表，产品质量统计结果，客户投诉，质量管理体系内 / 外审报告及管理评审报告等。 **工作标准** 完成标准：分析和整理汇总后的信息。 **考核指标** ☆信息分析方法的科学性：针对所处理信息的种类、目标选择相应的科学方法，并严格按照分析方法的要求进行分析。 ☆分析结果准确率：目标值为____%，具体计算公式如下。 $分析结果准确率=\frac{分析结果准确次数}{分析总次数}\times 100\%$

（续）

<table>
<tr><th>任务名称</th><th>执行程序、工作标准与考核指标</th></tr>
<tr><td rowspan="6">信息处理</td><td>执行程序</td></tr>
<tr><td>☆质量管理部根据信息分析的结果，针对其中现有的或潜在的不合格项，制定不合格项纠正 / 预防措施。
☆质量管理部将制定的不合格项纠正 / 预防措施报质量管理部经理审核、技术副总审批。
工作重点
所制定的不合格项纠正 / 预防措施要具有可操作性。</td></tr>
<tr><td>工作标准</td></tr>
<tr><td>目标标准：制定的纠正 / 预防措施及时、有效，且具有较强的可操作性 。</td></tr>
<tr><td>考核指标</td></tr>
<tr><td>纠正 / 预防措施的有效性：确保制定的措施能有效改进存在的质量问题 。</td></tr>
<tr><td rowspan="4">信息统计管理</td><td>执行程序</td></tr>
<tr><td>1. 组织实施不合格项纠正 / 预防措施
☆质量管理部相关人员下发经审批通过的不合格项纠正 / 预防措施，并根据技术副总的审批意见组织不合格项纠正 / 预防措施的实施与执行。
☆相关部门组织学习不合格项纠正 / 预防措施，并严格按照文件的要求进行信息管理工作。
2. 执行效果验证
质量管理部相关人员对纠正措施的执行效果进行验证，审查其是否达到预定目标，并填写纠正 / 预防措施实施验证表。
3. 信息统计管理
质量管理部根据信息的重要程度实行分级管理。
工作重点
实施效果验证评估要规范，要严格按照效果验证的规程进行，不能出现跳序、漏序的现象。</td></tr>
<tr><td>工作标准</td></tr>
<tr><td>完成标准：组织实施不合格项纠正 / 预防措施，并对信息进行分级管理。</td></tr>
<tr><td colspan="2">执行规范</td></tr>
<tr><td colspan="2">“质量信息管理制度”“质量信息管理工作计划”。</td></tr>
</table>

10.4 日常质量信息处理流程设计与工作执行

10.4.1 日常质量信息处理流程设计

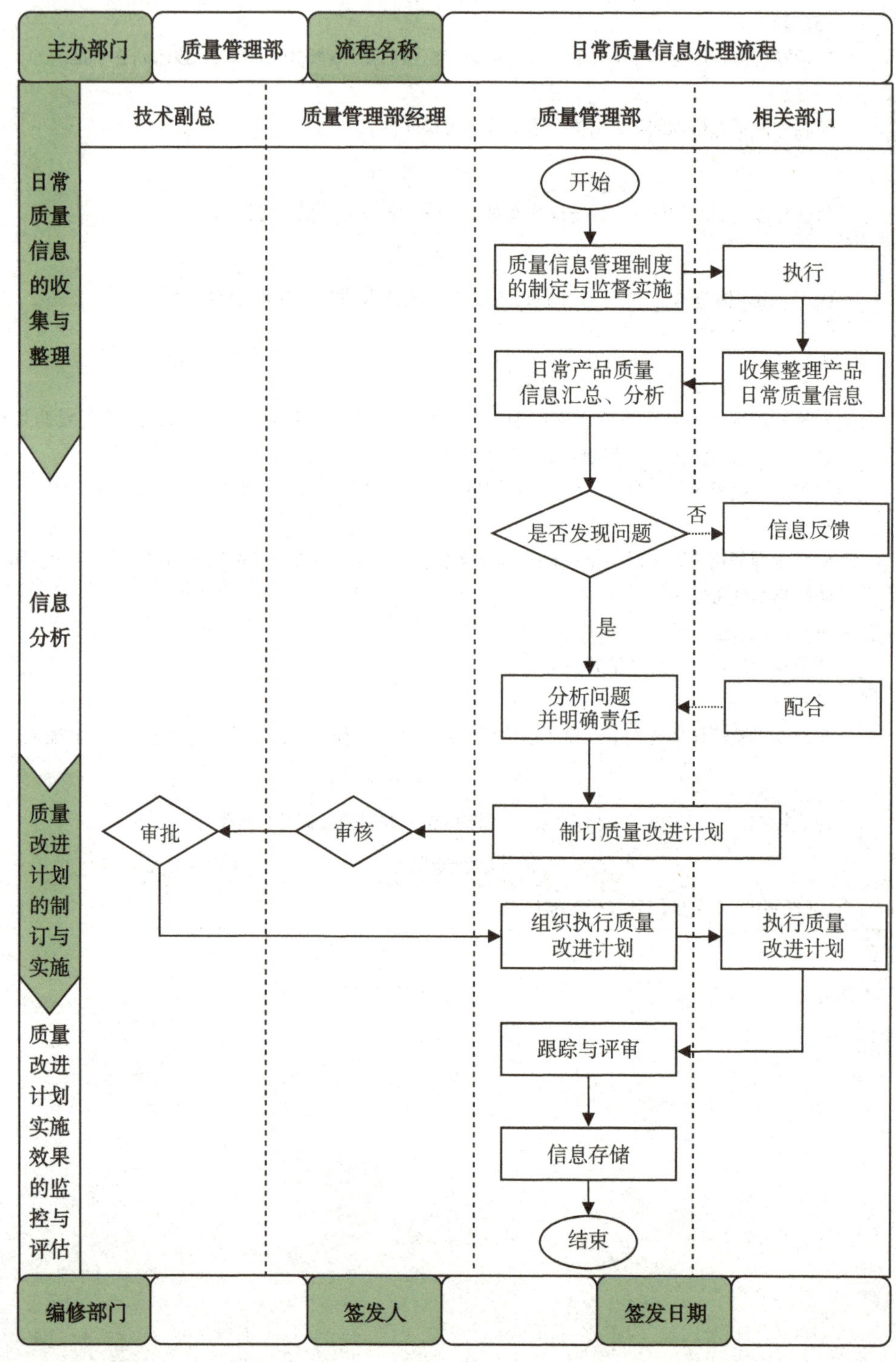

10.4.2 日常质量信息处理执行程序、工作标准、考核指标、执行规范

<table>
<tr><th>任务名称</th><th>执行程序、工作标准与考核指标</th></tr>
<tr><td rowspan="6">日常质量信息的收集与整理</td><td>执行程序</td></tr>
<tr><td>1. 质量信息管理制度的制定与监督实施
☆质量管理部制定质量信息管理制度。
☆质量管理部组织并监督相关部门按规定的要求开展工作。
2. 日常产品质量信息汇总、分析
☆企业相关部门根据质量信息管理制度的规定，进行产品日常质量信息的收集与整理，并将其提交给质量管理部。
☆需要收集的信息包括物资采购信息、质量检验信息、生产信息、质量管理体系信息、行业技术标准和有关法律法规信息等。
☆质量管理部对相关部门收集的信息进行分析和整理。
工作重点
质量信息管理制度应包括质量信息管理的目标、质量信息管理的内容、质量信息管理的总负责人与具体责任人、质量信息管理的事项及其执行细则、质量信息管理的考核办法、质量信息管理的各项标准等方面的内容。</td></tr>
<tr><td>工作标准</td></tr>
<tr><td>参照标准：其他同行业企业的质量信息管理制度。</td></tr>
<tr><td>考核指标</td></tr>
<tr><td>质量信息的完备性：所收集的质量信息应全面、完整、准确。</td></tr>
<tr><td rowspan="6">信息分析</td><td>执行程序</td></tr>
<tr><td>1. 是否发现问题
☆质量管理部在对日常质量信息的分析和整理过程中若没有发现质量问题，则可将分析整理意见反馈给相关部门。
☆质量管理部在对日常质量信息的分析和整理过程中若发现有质量问题，则需要对其进行进一步的讨论和研究。
2. 分析问题并明确责任
☆发现质量问题后先要分析问题发生的原因，如原材料质量、生产设备问题、人工操作问题、产品设计问题等。
☆根据分析结果，在经过多方面反复确认后，明确导致质量问题发生的责任部门及责任人；根据相关法律法规及责任的大小对责任部门及责任人实施相应的处罚，并开具质量处罚通知单。
工作重点
质量管理部要客观判断问题责任，并根据事实判定责任人及相应的责任处罚措施，做到公正、公平。</td></tr>
<tr><td>工作标准</td></tr>
<tr><td>完成标准：质量管理部对质量问题进行分析并明确责任。</td></tr>
<tr><td>考核指标</td></tr>
<tr><td>处罚措施的合理性：按照本企业的相关规定和问题的严重程度合理制定处罚措施。</td></tr>
</table>

（续）

<table>
<tr><th>任务名称</th><th>执行程序、工作标准与考核指标</th></tr>
<tr><td rowspan="6">质量改进计划的制订与实施</td><td>执行程序</td></tr>
<tr><td>1. 制订质量改进计划
☆根据信息分析的结果，质量管理部组织相关部门人员针对需要改进的地方制订改进计划。
☆改进计划内容包括需改进的项目、详细的改进方案、执行负责人、改进考核措施、改进实施周期、质检标准等。
2. 组织执行质量改进计划
☆相关部门按要求执行质量改进计划。
☆在执行改进计划的过程中，相关人员要做好记录。
工作重点
质量改进计划要具有较强的可操作性。</td></tr>
<tr><td>工作标准</td></tr>
<tr><td>完成标准：制订并组织实施质量改进计划。</td></tr>
<tr><td>考核指标</td></tr>
<tr><td>工作目标按计划完成率：目标值为____%，具体计算公式如下。
$$工作目标按计划完成率=\frac{实际完成的工作目标数}{计划完成的工作目标数}\times 100\%$$</td></tr>
<tr><td rowspan="6">质量改进计划实施效果的监控与评估</td><td>执行程序</td></tr>
<tr><td>1. 跟踪与评审
☆质量管理部对相关部门质量改进计划的实施情况进行监督。
☆质量管理部对质量改进计划的实施效果进行评估，若实施效果未达到要求，则责令相关责任部门实施改进，并发出二次改进通知。
2. 信息存储
质量管理部应根据企业规定对相关信息进行整理和存储。
工作重点
持续跟进改进计划，严格按规定执行计划。</td></tr>
<tr><td>工作标准</td></tr>
<tr><td>目标标准：通过持续跟踪评审，使企业保持高水平的质量管理状态。</td></tr>
<tr><td>考核指标</td></tr>
<tr><td>评审的严谨性：评审的标准、评审的过程都要根据计划进行，不得随意更改或出现跳序、漏序的现象。</td></tr>
<tr><td colspan="2">执行规范</td></tr>
<tr><td colspan="2">“质量信息管理制度”“质量问题改进计划”“质量改进实施报告”。</td></tr>
</table>

10.5 市场质量信息反馈处理流程设计与工作执行

10.5.1 市场质量信息反馈处理流程设计

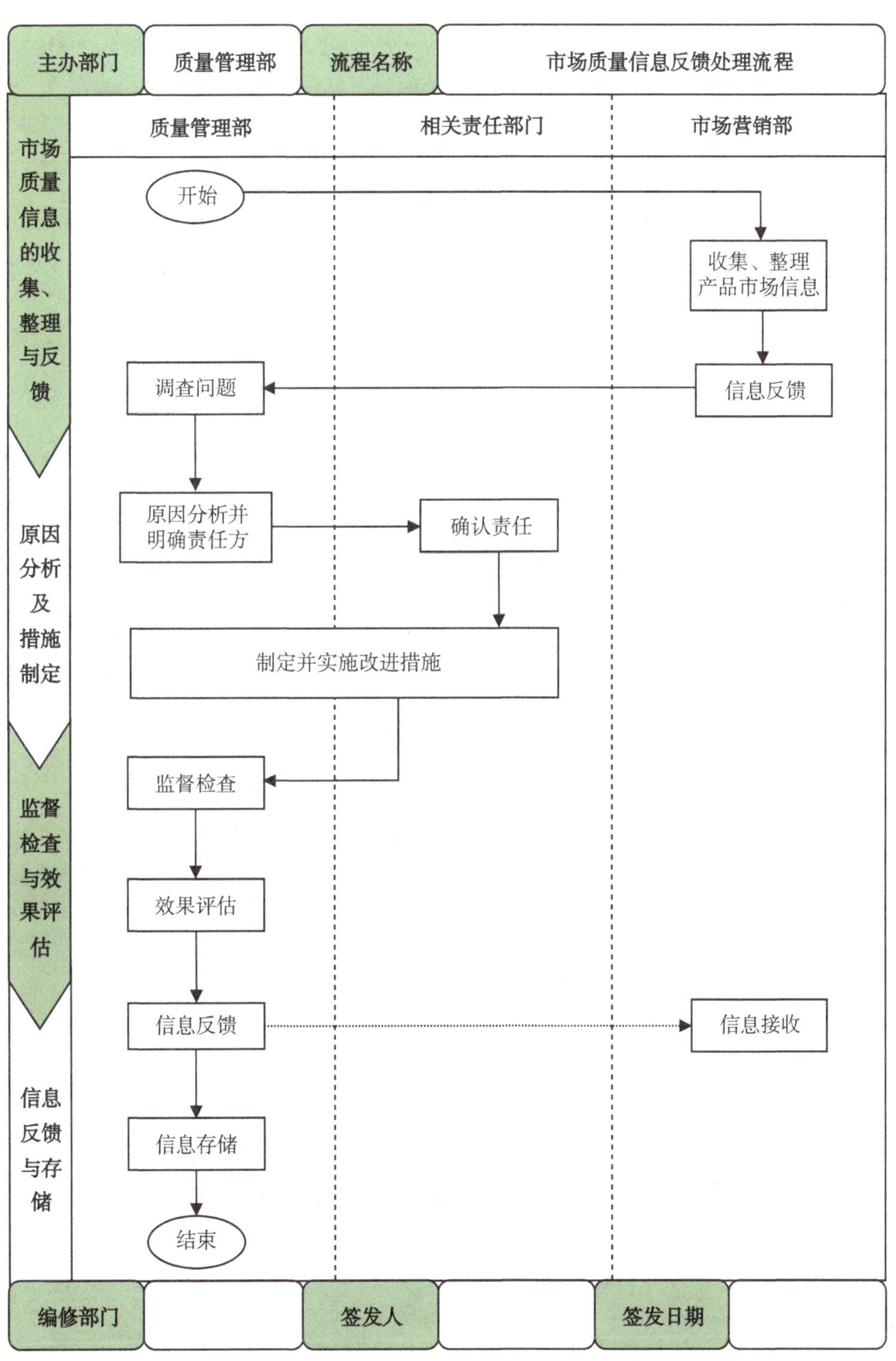

10.5.2 市场质量信息反馈处理执行程序、工作标准、考核指标、执行规范

任务名称	执行程序、工作标准与考核指标
市场质量信息的收集、整理与反馈	**执行程序** **1. 收集、整理产品市场信息** ☆市场营销部及相关责任部门对产品质量状况、客户意见与投诉等信息进行收集、分析与整理，并填写市场信息反馈统计表。 ☆市场营销部将客户投诉高发的产品信息进行整理和分析，以发现规律，如问题集中的某一批次、某一类型、某一特性；受欢迎的产品的销售地点、销售季节等。 **2. 信息反馈** ☆市场营销部将产品信息反馈给质量管理部。 ☆质量管理部对相关部门反馈的信息进行分析，并进行问题诊断，查明问题的产生原因，如是物料质量问题、产品生产过程中的问题、产品设计的问题还是其他问题，并及时编制问题产品原因分析表。 **工作重点** 市场营销部与质量管理部、生产部之间的信息传递越来越重要，并逐渐成为企业竞争力的一个重要来源。因此，市场营销部要做好与质量管理部和生产部的沟通工作。
	工作标准
	完成标准：质量管理部对市场营销部提供的信息进行分析，并形成问题产品原因分析表。
	考核指标
	☆市场信息的完备性：确保信息种类全面、完整、准确。 ☆调研结果的可信度：目标值为____%，以发现其中错误的次数来计算，具体计算公式如下。 $调研结果的可信度=\frac{调研结果中有错误、有漏洞的次数}{调研总次数}\times 100\%$
原因分析及措施制定	**执行程序** **1. 原因分析并明确责任方** ☆根据原因分析的结果，在经过多方面反复确认后，明确导致质量问题发生的责任部门及责任人；根据法律法规及责任的大小对责任部门及责任人制定相应的处罚措施，并开具质量处罚通知单。 ☆责任部门与质量管理部进行责任确认。 **2. 制定并实施改进措施** ☆根据信息分析的结果，质量管理部及相关部门人员对需要改进的方面制定改进措施。 ☆改进措施的内容包括需改进的项目、详细的改进方案、执行负责人、改进考核措施、改进实施周期、质检标准等。 **工作重点** 改进措施要具有较强的可操作性。
	工作标准
	目标标准：通过实施改善措施，市场营销部所反映的质量问题得到解决。

（续）

<table>
<tr><th>任务名称</th><th>执行程序、工作标准与考核指标</th></tr>
<tr><td rowspan="2">原因分析及措施制定</td><td>考核指标</td></tr>
<tr><td>质量改进达标率：目标值为____%，针对质量问题的原因采取相应的措施，以完成质量的改进目标，具体计算公式如下。
$$质量改进达标率=\frac{质量改进达标次数}{质量改进的总次数}\times 100\%$$</td></tr>
<tr><td rowspan="4">监督检查与效果评估</td><td>执行程序</td></tr>
<tr><td>1. 监督检查
☆质量管理部对相关部门改进措施的实施情况进行定期或不定期的监督、检查，并将检查情况进行及时登记。
☆检查内容包括改进措施是否按要求标准和时间进行，以及操作有无错误、实施效果与预期是否相符等。
☆相关责任部门要配合质量管理部的监督和检查。
2. 效果评估
质量管理部对改进措施的实施效果进行评估，评估完成后填写效果评估表。
工作重点
检查的标准、过程都要按计划进行，不得随意更改或出现跳序、漏序的现象。</td></tr>
<tr><td>工作标准</td></tr>
<tr><td>目标标准：通过监督、检查质量改进措施的实施情况，提升企业产品或服务的质量。</td></tr>
<tr><td rowspan="4">信息反馈与存储</td><td>执行程序</td></tr>
<tr><td>1. 信息反馈
☆质量管理部将实施效果评估表下发给实施部门执行，对于实施效果未达到要求的部门，责令其再次实施改进。
☆相关责任部门要仔细阅读效果评估表中的相关信息，并向市场营销部做出反馈，同时领取回执。
2. 信息存储
质量管理部应根据质量管理规定对相关信息进行整理、存储。
工作重点
质量管理部要及时向相关责任部门反馈实施效果信息。</td></tr>
<tr><td>工作标准</td></tr>
<tr><td>完成标准：完成信息反馈，将相关资料存档。</td></tr>
<tr><td colspan="2">执行规范</td></tr>
<tr><td colspan="2">“质量信息管理制度”“质量问题改善方案”。</td></tr>
</table>

10.6 生产质量信息反馈处理流程设计与工作执行

10.6.1 生产质量信息反馈处理流程设计

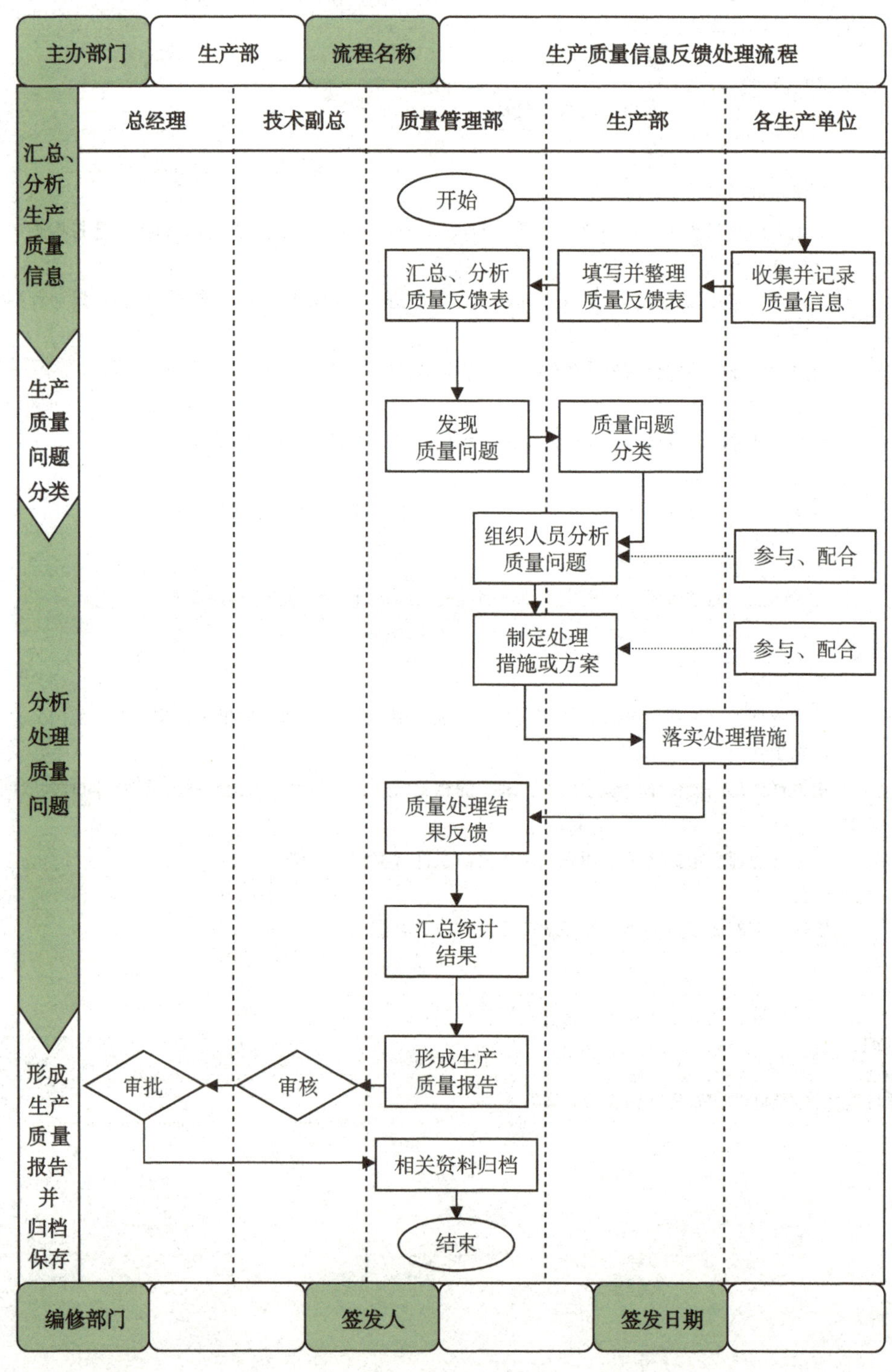

10.6.2 生产质量信息反馈处理执行程序、工作标准、考核指标、执行规范

任务名称	执行程序、工作标准与考核指标
汇总、分析生产质量信息	**执行程序** ☆各生产单位对本单位在生产过程中出现的生产质量信息进行收集与记录，形成生产质量信息表。 ☆各生产单位定期向生产部汇报本单位的生产质量情况，生产部据此填写质量反馈单。 ☆质量管理部对生产部填写的质量反馈单进行汇总，并结合内外部生产质量信息进行分析。 **工作重点** 生产质量的信息来源要规范，通常来源于工序质量测试、出厂成品检验的质量数据资料、生产现场的动态和影响质量主要因素变化的情况等。 **工作标准** 完成标准：将各生产单位的质量信息汇总。 **考核指标** 质量信息的完整性：确保信息种类全面、完整和准确。
生产质量问题分类	**执行程序** ☆质量管理部对生产部提供的相关信息进行分析。 ☆质量管理部根据分析结果，将发现的生产质量问题反馈给生产部，生产部据此对问题进行分类。 **工作重点** 质量问题分类是解决质量问题的第一步，相关人员要认真对待。 **工作标准** 参考标准：生产部近几年的质量问题分类情况。
分析处理质量问题	**执行程序** 1. 组织人员分析质量问题 ☆质量管理部相关负责人组织相关人员用科学的方法对质量问题进行分析。 ☆查明产生问题的原因，如是物料质量问题、产品生产过程中的问题、产品设计的问题还是其他问题，并据此编制问题产品原因分析表。 ☆各生产单位要积极配合并提供相关信息支持。 2. 制定处理措施或方案 ☆质量管理部与生产部进行讨论沟通，就生产质量问题制定处理措施或方案。 ☆处理方案内容包括需改进的项目、详细的改进步骤、执行负责人、改进考核措施、改进实施周期、质检标准等。 3. 落实处理措施 生产部严格按照提出的处理措施或方案实施改进，并及时做好记录。 4. 质量处理结果反馈 ☆各生产单位定期将质量处理结果反馈给质量管理部。 ☆质量管理部审查质量处理结果的真实性。 5. 汇总统计结果 质量管理部将生产质量反馈处理结果进行汇总、统计。 **工作重点** 运用科学、严谨的分析方法对质量问题进行分析。

（续）

任务名称	执行程序、工作标准与考核指标
分析处理质量问题	**工作标准** 完成标准：对质量问题进行科学的分析，生产单位及时反馈质量处理结果。 **考核指标** ☆分析结果的可信度：目标值为____%，具体计算公式如下。 $\text{分析结果的可信度}=\frac{\text{分析结果中有错误或出现漏洞的次数}}{\text{分析总次数}}\times 100\%$ ☆质量信息管理出错率：目标值控制在____%以内，具体计算公式如下。 $\text{质量信息管理出错率}=\frac{\text{有误的质量信息数量}}{\text{质量信息总数}}\times 100\%$ ☆报告提交及时率：目标值为____%，具体计算公式如下。 $\text{报告提交及时率}=\frac{\text{按时提交的质量报告数}}{\text{应提交的报告总数}}\times 100\%$
形成生产质量报告并归档保存	**执行程序** **1. 形成生产质量报告** ☆质量管理部根据质量信息反馈处理结果，编制生产质量报告。报告应包含各生产单位生产质量信息表、质量反馈单、外部生产质量信息、生产质量反馈处理结论，以及部分改进建议等相关信息文件。 ☆质量管理部将生产质量报告报技术副总审核、总经理审批。 **2. 相关资料归档** 生产质量报告通过审批后，质量管理部则对其进行整理、编号、归档。 **工作重点** 质量管理部要严格按照企业的要求编制生产质量报告，确保内容全面、结构清晰、无重大纰漏。 **工作标准** 目标标准：质量管理部通过编制生产质量报告，对企业的质量管理情况进行总结。
执行规范	
"生产质量问题反馈书""生产质量问题处理方案""生产质量报告"。	

第11章 质量改进改善过程管控

11.1 质量改进改善流程设计

11.1.1 流程设计的目的

质量改进改善是指为了给组织和客户提供增值效益，在整个组织范围内所采取的提高活动和过程的效果与效率的措施。质量改进是一个长期的计划、组织、协调、检查的过程，企业的所有人员都要参与进来。企业设计质量改进改善流程的目的如下。

（1）通过调动企业全局性的资源，解决质量管理方面的系统性问题，使企业质量管理水平在当前基础上迈上新台阶，达到一个新高度、新水平。

（2）改进现有产品的性能，延长产品生命周期，同时促进新产品开发，提升企业创新能力。

（3）改进企业现有的产品设计和生产工艺，提高产品的整体的制造质量，降低生产不合格品的概率，达到增产提质的目的。

（4）持续的质量改进，可以有效提升产品的适应性，从而提高产品的整体市场竞争力，进而提升企业的投资收益率。

11.1.2 流程结构设计

质量改进改善管理是一个系统性的工程，主要涉及质量改进、质量纠正 / 预防、质量改善提案等方面的内容。质量改进改善流程结构设计如图 11-1 所示。

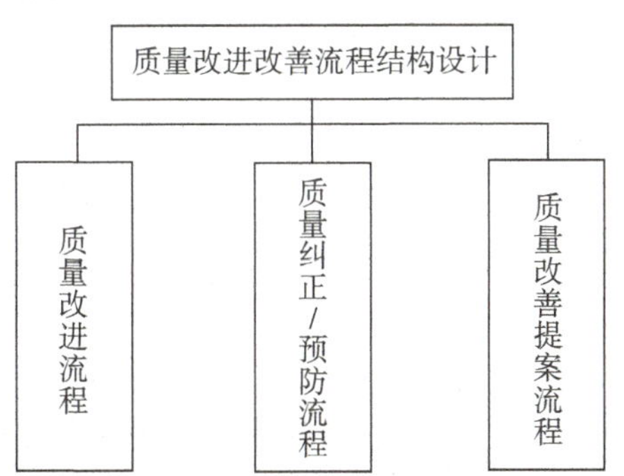

图 11-1 质量改进改善流程结构设计

11.2 质量改进流程设计与工作执行

11.2.1 质量改进流程设计

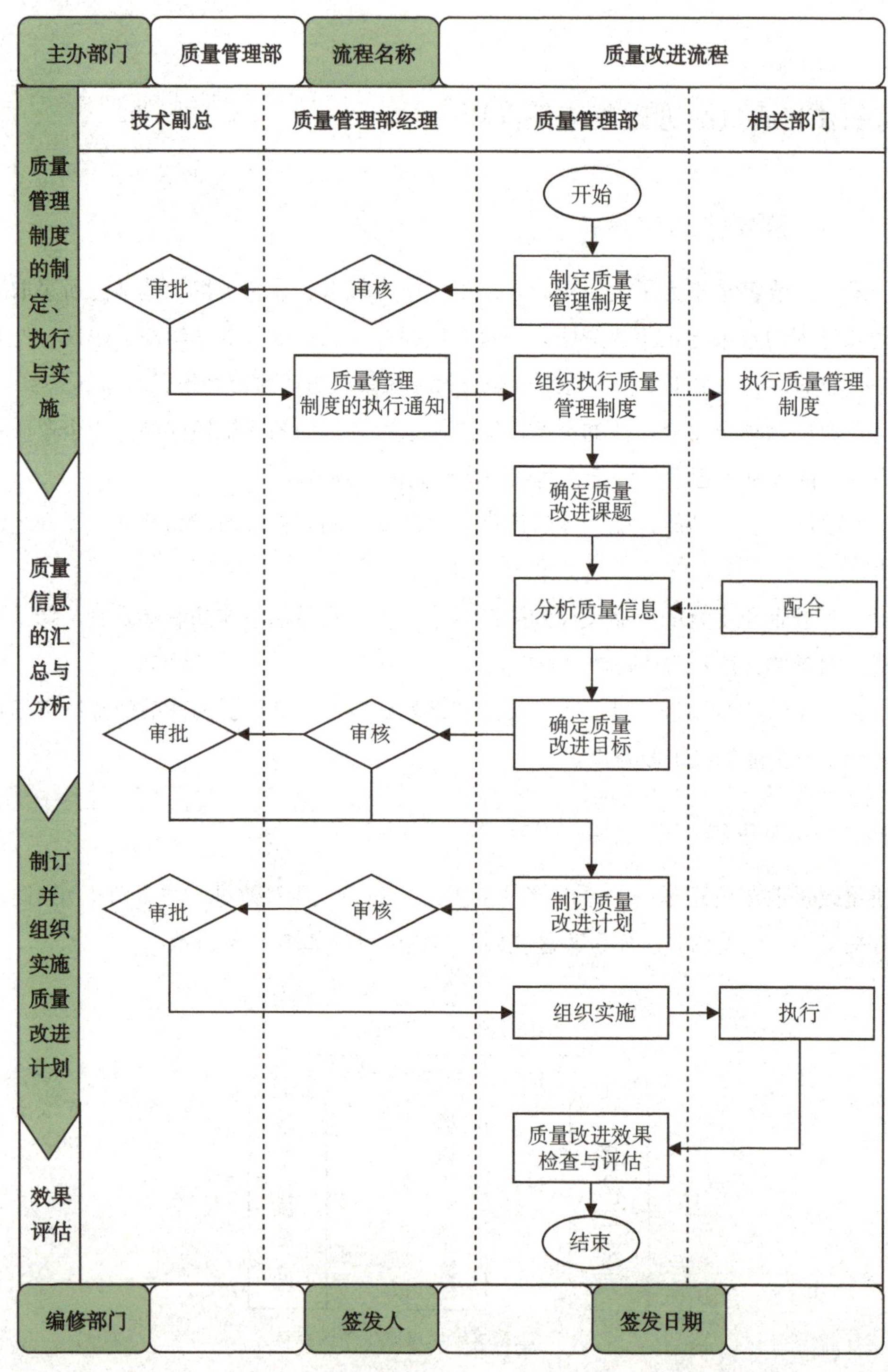

11.2.2 质量改进执行程序、工作标准、考核指标、执行规范

任务名称	执行程序、工作标准与考核指标
质量管理制度的制定、执行与实施	执行程序
	1. 制定质量管理制度 ☆质量管理部根据国家、地方及行业有关标准和规定，并结合企业实际情况，制定质量管理制度。 ☆质量管理部将质量管理制度报质量管理部经理审核、技术副总审批。 2. 组织执行质量管理制度 ☆质量管理部经理发布质量管理制度的执行通知，质量管理部组织相关部门执行质量管理制度。 ☆企业相关部门认真执行企业的质量管理制度，并按要求做好记录。 工作重点 所编制的质量管理制度要符合本企业规范及本企业的实际情况。
	工作标准
	参照标准：本行业其他企业的质量管理制度。
质量信息的汇总与分析	执行程序
	1. 确定质量改进课题 ☆相关部门应定期或不定期地将执行过程中遇到的问题及改进建议向质量管理部汇报。 ☆根据质量管理制度的执行情况，质量管理部确定企业质量管理需改进的课题，如成本管理、环境管理、细节管理、质量指标管理、操作人员管理等。 2. 分析质量信息 ☆质量管理部对需改进的课题所涉及的质量问题进行分析，了解和掌握质量问题产生的原因。 ☆通过对质量数据及其他相关信息的收集与分析，质量管理部对数据的波动进行总结，以发现其规律性。 3. 确定质量改进目标 ☆质量改进目标要与企业总体经营目标紧密结合，并突出过程质量与客户满意度的提高效果和效率。 ☆质量管理部将质量改进目标报质量管理部经理审核、技术副总审批。 工作重点 采用科学的方法进行课题选择，并全面考虑课题内容对于成本控制、营销、质量总体水平的影响。
	工作标准
	☆参照标准：同行业优秀企业的质量改进情况。 ☆完成标准：对质量信息进行分析后确定企业质量改进目标。
	考核指标
	☆目标的完备性：目标的内容应包含产品的性能、生产成本、工作流程的要求等，从而保证质量改进带来的效益最大化。 ☆目标的明确性：对目标的描述要清晰明了，且无歧义。

（续）

任务名称	执行程序、工作标准与考核指标
制订并组织实施质量改进计划	**执行程序** **1. 制订质量改进计划** ☆质量管理部根据已经审批通过的质量目标，结合企业的实际情况，制订质量改进计划。 ☆质量改进计划内容包括需改进的项目、详细的改进方案、执行负责人、改进考核措施、改进实施周期、质检标准等。 **2. 组织实施** 质量改进计划的实施需要企业全体员工的积极参与，员工要严格按照质量改进方案的要求开展工作，相关负责人要做好记录。 **工作重点** 所制订的质量改进计划要具有较强的可操作性，同时要确保质量改进流程设计、人员安排、成本预算等的合理性。 **工作标准** ☆参照标准：企业近几年的质量改进计划。 ☆目标标准：通过实施质量改进计划，质量问题得到有效解决。 **考核指标** 安全隐患整改率：力争达到____%，具体计算公式如下。 $安全隐患整改率=\frac{整改完成的安全隐患处数}{应该整改的安全隐患处数}\times 100\%$
效果评估	**执行程序** ☆实施质量改进后，质量管理部要对质量改进的效果进行评估与确认，并形成质量改进效果评估报告，报质量管理部经理审核、技术副总审批。 ☆质量改进评价的方法一般包括客户评价法、专家评价法、产品性能评价法等。 **工作重点** 质量改进是一项长期而艰巨的工作，其过程不是一蹴而就的，技术副总和质量管理部经理要做好改进效果检查与评估。 **工作标准** 目标标准：通过对改进效果进行检查与评估，更好地总结经验教训，以进一步提升企业产品质量。
执行规范	
“质量管理制度”“质量改进计划”“质量改进效果评估报告”。	

11.3 质量纠正 / 预防流程设计与工作执行

11.3.1 质量纠正 / 预防流程设计

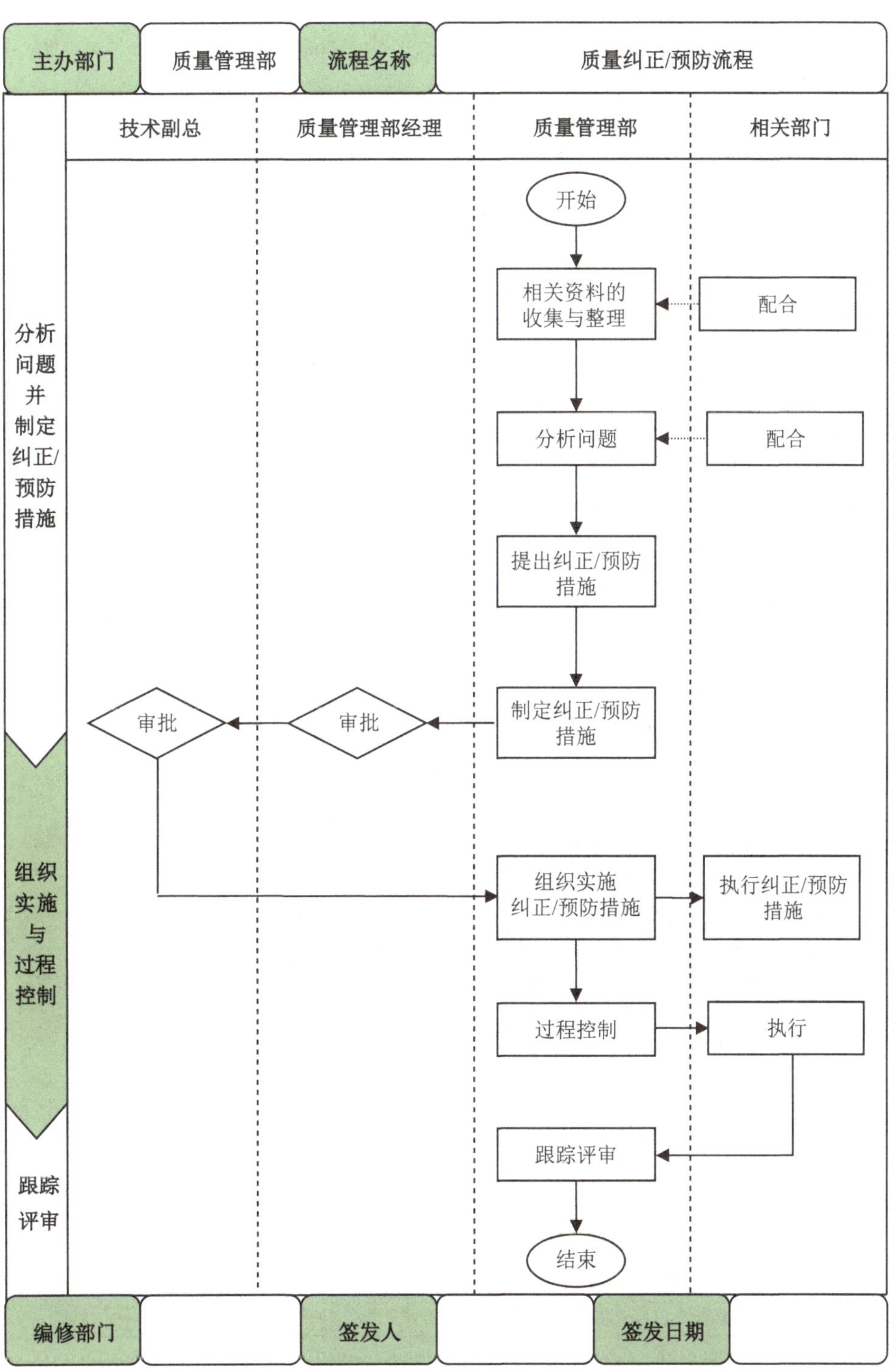

第11章 质量改进改善过程管控

11.3.2 质量纠正 / 预防执行程序、工作标准、考核指标、执行规范

任务名称	执行程序、工作标准与考核指标
	执行程序
分析问题并制定纠正 / 预防措施	**1. 相关资料的收集与整理** 质量管理部收集各部门有关质量管理的资料，如供应商供货质量统计、产品质量统计、市场分析、顾客满意度及环境质量统计等。 **2. 分析问题** ☆质量管理部根据收集的资料识别潜在不合格项目，以便及时了解质量体系运行的有效性。 ☆质量管理部调查分析已查明的质量问题发生的原因（包括各种潜在原因）。 ☆质量管理部根据质量问题，分析加工成本、质量成本、性能、可信度、安全性和顾客满意度等对产品质量的影响。 **3. 提出纠正 / 预防措施** ☆当发现潜在的不合格项目时，质量管理部应召集相关部门讨论问题原因，提出纠正 / 预防措施，并确定责任部门。 ☆质量管理部组织相关部门提出并讨论已发生质量问题的纠正 / 预防措施，同时考虑企业宗旨、市场形象、信誉、成本、经济效益等因素，处理好风险、利益和成本之间的关系。 **4. 制定纠正 / 预防措施** ☆讨论结果达成一致后，质量管理部正式制定纠正 / 预防措施。 ☆质量管理部将纠正 / 预防措施报质量管理部经理、技术副总逐一审批。 **工作重点** 分析问题时，需要仔细分析产品的规范以及所有相关过程、操作、质量记录、服务报告和客户意见，并列出不合格项目。
	工作标准
	目标标准：通过对问题进行分析，识别潜在的各种隐患并制定相应的纠正 / 预防措施。
	考核指标
	☆分析方法的科学性：应多方面考虑相关因素的影响，选择合理而严谨的方法进行分析。 ☆质量问题原因判定出错率：力争控制在____% 以内，具体计算公式如下。 $$质量问题原因判定出错率=\frac{质量问题原因判定出错次数}{质量问题原因判定总次数}\times 100\%$$ ☆措施内容的可执行性：纠正 / 预防措施的内容无逻辑错误，且具备所需的人力、物力条件。
	执行程序
组织实施与过程控制	**1. 组织实施纠正 / 预防措施** ☆质量管理部组织相关部门实施纠正 / 预防措施。 ☆相关部门将纠正 / 预防措施的实施情况及时填入纠正 / 预防措施表。 **2. 过程控制** 为避免问题再次发生，质量管理部应对有关过程和程序进行必要的控制。在实施纠正 / 预防措施时，质量管理部应监视其效果，以保证达到预期目标。 **工作重点** 过程控制非常重要，质量管理部最好派专人与相关部门对接，以推进纠正 / 预防措施的实施。

（续）

<table>
<tr><th>任务名称</th><th>执行程序、工作标准与考核指标</th></tr>
<tr><td rowspan="4">组织实施与过程控制</td><td>工作标准</td></tr>
<tr><td>目标标准：通过实施纠正 / 预防措施，质量问题得到解决。</td></tr>
<tr><td>考核指标</td></tr>
<tr><td>☆客户投诉改善率：目标值为____%，具体计算公式如下。
$$客户投诉改善率=\frac{客户投诉及时改善的件数}{客户投诉总件数}\times 100\%$$
☆产品质量合格率：力争达到____%，具体计算公式如下。
$$产品质量合格率=\frac{合格的产品数量}{产品总数量}\times 100\%$$</td></tr>
<tr><td rowspan="4">跟踪评审</td><td>执行程序</td></tr>
<tr><td>☆在纠正 / 预防措施实施结束后，质量管理部、相关部门主管应对实施效果进行跟踪，并记录纠正 / 预防措施实施结果，评审所采取措施的有效性。
☆对于逾期未完成的责任部门，质量管理部应将相关情况报告给企业相关领导，并组织责任部门进行原因分析。
☆对于达到预期目标的部门，质量管理部应对其成果进行巩固，并纳入相关质量管理体系文件中。
工作重点
评审指标设定要合理，即符合企业质量管理水平、产品定位的要求。</td></tr>
<tr><td>工作标准</td></tr>
<tr><td>目标标准：通过跟踪评审进一步巩固质量改进成果。</td></tr>
<tr><td colspan="2">执行规范</td></tr>
<tr><td colspan="2">“产品质量统计”“环境质量统计”“市场分析报告”“顾客满意度报告”“纠正 / 预防措施处理单”“纠正 / 预防措施跟踪评审报告”。</td></tr>
</table>

11.4 质量改善提案管理流程设计与工作执行

11.4.1 质量改善提案管理流程设计

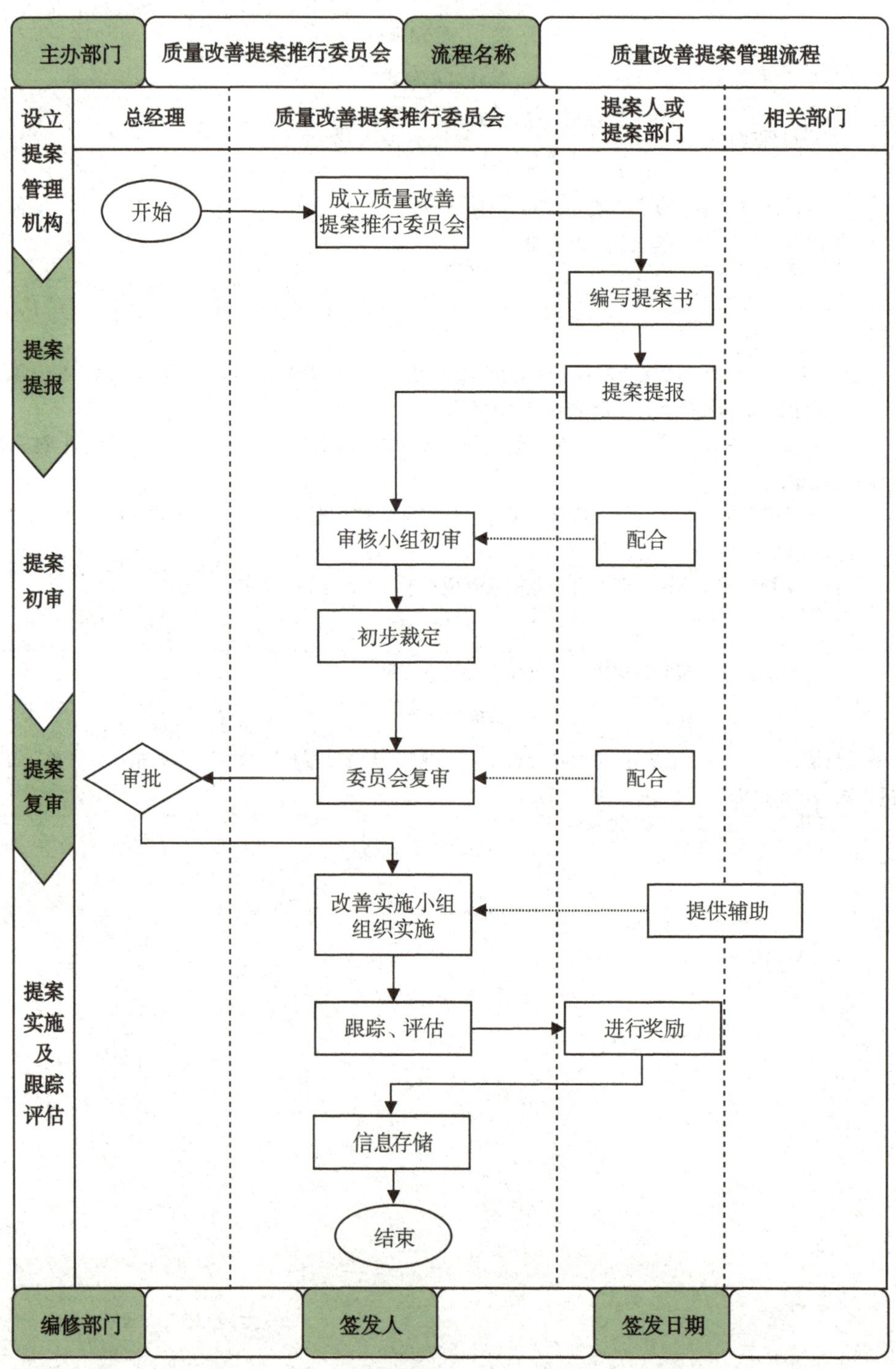

11.4.2 质量改善提案管理执行程序、工作标准、考核指标、执行规范

<table>
<tr><th>任务名称</th><th>执行程序、工作标准与考核指标</th></tr>
<tr><td rowspan="4">设立提案管理机构</td><td>执行程序</td></tr>
<tr><td>☆在企业总经理的推动下，成立质量改善提案推行委员会，委员会下设审核小组和改善实施小组。
☆审核小组成员为各部门经理，主要负责提案的初审、提案履行成果的检查与确认。
☆改善实施小组由质量管理部门、工艺技术部门、生产部门人员组成，主要负责提案实施的策划与督导。
工作重点
委员会要制定企业质量改善提案管理方面的制度规定，以规范质量改善提案管理工作。</td></tr>
<tr><td>工作标准</td></tr>
<tr><td>参照标准：其他同行业企业的质量改善提案管理规定。</td></tr>
<tr><td rowspan="6">提案提报</td><td>执行程序</td></tr>
<tr><td>1. 编写提案书
提案人或提案部门按相关规定填写提案书，必要时可附书面文字或图表说明。
2. 提案提报
提案书可以交审核小组，也可以投入企业“改善提案信箱”中。
工作重点
☆编制提案书时要遵循企业规范，按照规定的内容框架、格式要求编写，突出重点。审核小组可以编制相应的模板供提案人使用。
☆要明确非提案范畴，如攻击团体和个人的提案，要求改善待遇的提案，以及已被采用过或已有他人先提出的提案。</td></tr>
<tr><td>工作标准</td></tr>
<tr><td>完成标准：提案书符合规范，且顺利提报。</td></tr>
<tr><td>考核指标</td></tr>
<tr><td>提案书编制的规范性：严格按照企业的规定进行编制，确保内容全面、结构清晰、无重大纰漏。</td></tr>
<tr><td rowspan="6">提案初审</td><td>执行程序</td></tr>
<tr><td>1. 审核小组初审
☆审核小组对提案进行编号和登记。
☆审核小组初审提案，必要时应与提案人联络，以了解提案内容。
2. 初步裁定
审核小组初审提案后做出初步裁定，裁定结果分为可行、参考或不可行三种。
工作重点
对于一些复杂、重要的提案，要请提案人到现场做出说明，审核小组负责记录。</td></tr>
<tr><td>工作标准</td></tr>
<tr><td>完成标准：提案经初审后形成较为明确的意见。</td></tr>
<tr><td>考核指标</td></tr>
<tr><td>意见形成过程的科学性：意见形成的依据具有较强的可靠性。</td></tr>
</table>

（续）

<table>
<tr><th>任务名称</th><th>执行程序、工作标准与考核指标</th></tr>
<tr><td rowspan="6">提案复审</td><td>执行程序</td></tr>
<tr><td>☆将初审结果为可行的提案交至提案推行委员会，由委员会做出最终的裁定。
☆必要时改善提案推行委员会可与提案人联络，以了解提案内容，最终裁定提案采用、保留或不采用。
☆将采用提案报总经理审批，将不采用或保留提案退给审核小组，由审核小组进行备份。
工作重点
改善提案推行委员会必须对所有提案给出公正的评定，评定时间不得超过____天。</td></tr>
<tr><td>工作标准</td></tr>
<tr><td>完成标准：提案复审完成并报总经理审批。</td></tr>
<tr><td>考核指标</td></tr>
<tr><td>提案的可操作性：要确保提案内容切实可行。</td></tr>
<tr><td rowspan="4">提案实施及跟踪评估</td><td>执行程序</td></tr>
<tr><td>1. 改善实施小组组织实施
提案内容所涉及的责任部门负责提案的实施工作，相关部门和提案人应尽力协助责任部门实施提案。
2. 跟踪 / 评估
☆改善实施小组应全力支持、配合提案的实施，并跟踪、评估提案的实施情况。
☆质量改善提案推行委员会对提案的实施与追踪负最终责任。
☆跟踪、评估后，如果提案确实能够发挥积极作用，要对提案人进行奖励。
工作重点
在提案实施的过程中，提案人要注意提供一些提案的指导、修正和其他辅助工作。</td></tr>
<tr><td>工作标准</td></tr>
<tr><td>目标标准：提案在实施中发挥预期作用，形成提案人、企业和客户多赢的局面。</td></tr>
<tr><td colspan="2">执行规范</td></tr>
<tr><td colspan="2">“质量改善提案管理制度”“质量改善提案实施成果报告”。</td></tr>
</table>

第12章 质量控制小组与质量管控

12.1 质量控制小组管理流程设计

12.1.1 流程设计的目的

质量控制小组，简称QC小组，是指围绕企业的经营战略、方针、目标和现场存在的问题，以改进质量、降低消耗、提高员工的素质和经济效益为目的，运用质量管理理论和方法开展活动的组织。企业设计QC小组管理流程的目的如下。

（1）改进企业现有的管理结构，充分挖掘组织的潜力，从而更加有效、合理地利用资源，为提升产品质量提供强有力的保障。

（2）提高员工素质，发挥员工在质量管理方面的积极性和创造性，从而改进产品质量，降低消耗，提高经济效益。

（3）提升企业质量管理的科学性。QC小组在活动中要遵循科学的工作程序，先收集资料，再分析、解决问题；坚持用数据说明事实，而不是“想当然”或“凭经验”。

12.1.2 流程结构设计

QC小组管理流程结构设计如图12-1所示。

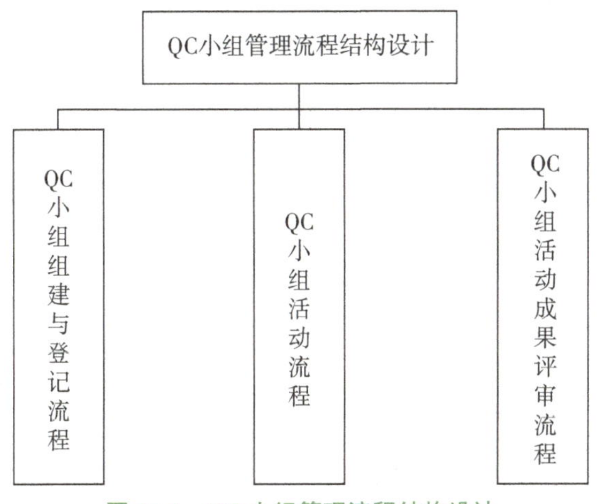

图12-1 QC小组管理流程结构设计

12.2 QC小组组建与登记流程设计与工作执行

12.2.1 QC小组组建与登记流程设计

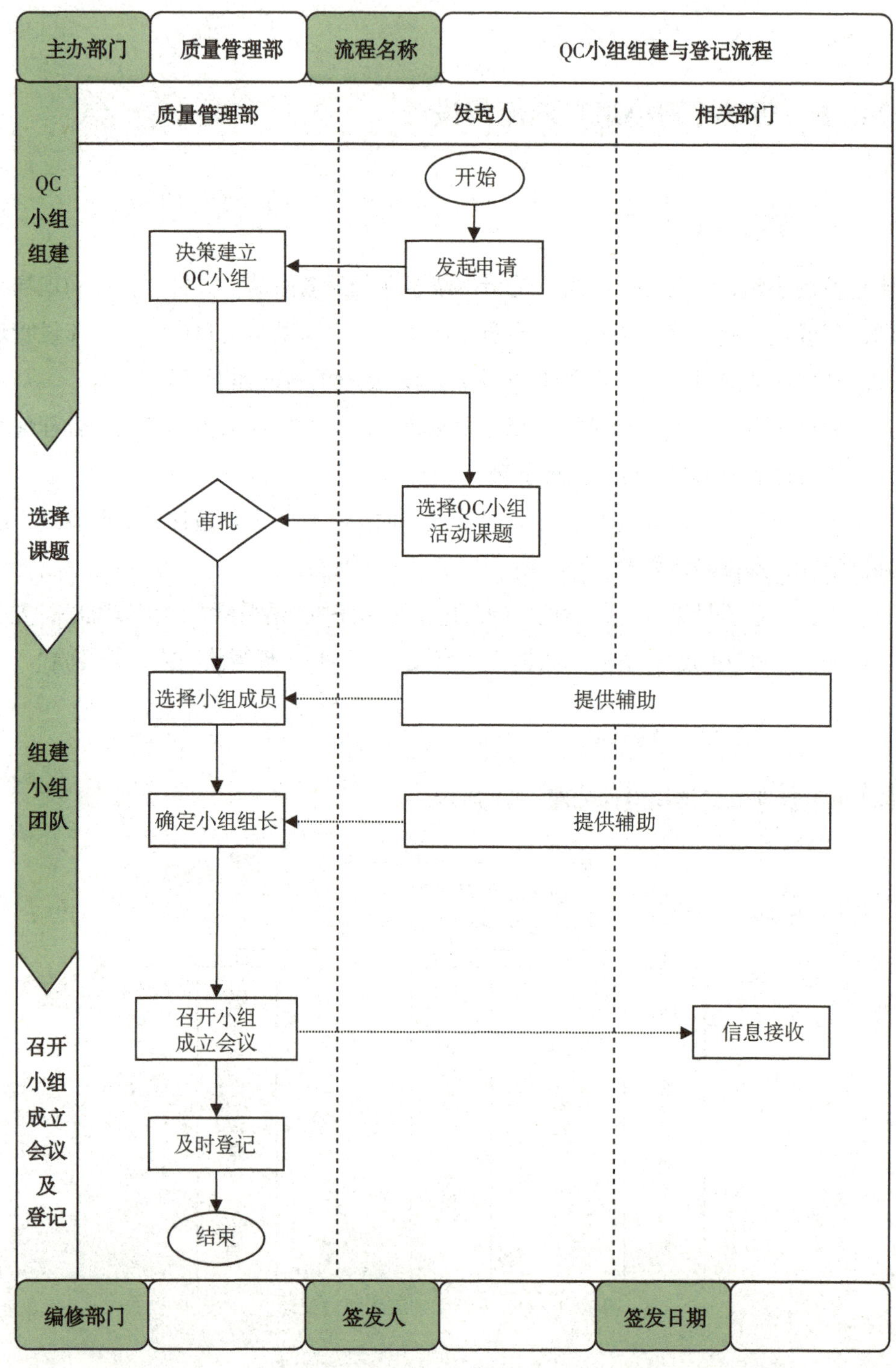

12.2.2 QC 小组组建与登记执行程序、工作标准、考核指标、执行规范

<table>
<tr><th>任务名称</th><th>执行程序、工作标准与考核指标</th></tr>
<tr><td rowspan="6">QC 小组组建</td><td>执行程序</td></tr>
<tr><td>1. 发起申请
发起人在工作实践中认为有必要成立 QC 小组，其可向质量管理部提交申请书。
2. 决策建立 QC 小组
质量管理部通过审查，同意申请，决策建立 QC 小组。
工作重点
QC 小组的发起其实很灵活，可由质量管理部直接下达建立指令。</td></tr>
<tr><td>工作标准</td></tr>
<tr><td>参照标准：其他同行业企业质量管理中的最新动态。</td></tr>
<tr><td>考核指标</td></tr>
<tr><td>申请书的规范性：按照申请书规定的内容框架、格式要求编写，突出重点，将建立 QC 小组的必要性表述清楚。</td></tr>
<tr><td rowspan="4">选择课题</td><td>执行程序</td></tr>
<tr><td>☆质量管理部一旦决策建立 QC 小组，发起人就要根据实际工作情况选择合适的 QC 小组活动课题。
☆发起人将 QC 小组活动课题报质量管理部审批。
工作重点
QC 小组发挥作用的基础在于员工的积极性，所以最好选择那些对质量管理有兴趣、意愿很强的人加入小组。</td></tr>
<tr><td>工作标准</td></tr>
<tr><td>完成标准：发起人选择 QC 小组活动课题并报质量管理部审批。</td></tr>
<tr><td rowspan="4">组建小组团队</td><td>执行程序</td></tr>
<tr><td>1. 选择小组成员
质量管理部可以通过发起人推荐、部门推荐、员工自荐等方式选择合适的小组成员。
2. 确定小组组长
通过领导任命或民主选举的方式确定 QC 小组组长，其能力应达到企业相关要求。
工作重点
QC 小组组长要具有较高的素质。</td></tr>
<tr><td>工作标准</td></tr>
<tr><td>目标标准：QC 小组成员团队分工明确，组员及组长素质达标。</td></tr>
</table>

<table>
<tr><th>任务名称</th><th>执行程序、工作标准与考核指标</th></tr>
<tr><td rowspan="4">召开小组成立会议及登记</td><td>执行程序</td></tr>
<tr><td>1. 召开小组成立会议
质量管理部、QC 小组成员及相关部门召开 QC 小组成立会议，确定小组的职能、发展方向和课题。
2. 及时登记
质量管理部及时登记质量问题。
工作重点
QC 小组成立的过程要符合企业规范。</td></tr>
<tr><td>工作标准</td></tr>
<tr><td>完成标准：质量管理部对质量问题进行及时登记。</td></tr>
<tr><td colspan="2">执行规范</td></tr>
<tr><td colspan="2">“QC 小组管理制度”“QC 小组活动课题选择分析报告”“QC 小组会议报告方法”。</td></tr>
</table>

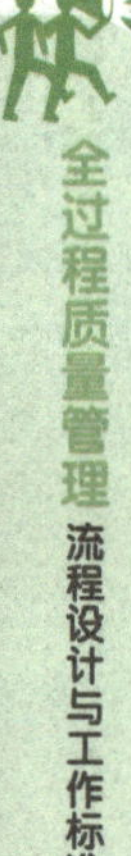

12.3 QC 小组活动流程设计与工作执行

12.3.1 QC 小组活动流程设计

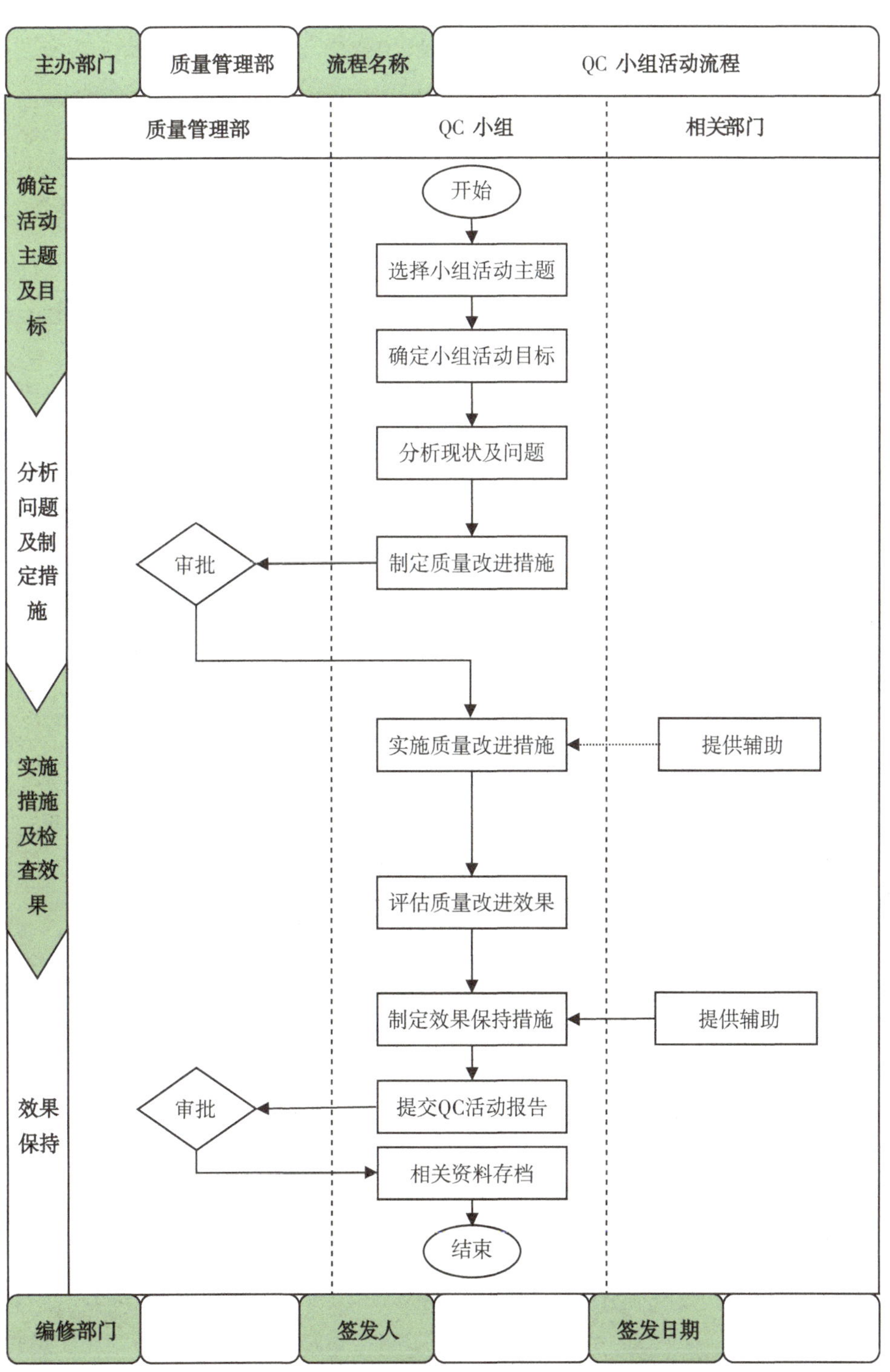

12.3.2 QC 小组活动执行程序、工作标准、考核指标、执行规范

任务名称	执行程序、工作标准与考核指标
确定活动主题及目标	**执行程序**
	1. 选择小组活动主题 QC 小组根据企业质量管理的现状以及小组的责任范围，选择小组近期具体的活动主题。 **2. 确定小组活动目标** QC 小组组织召集小组成员，就课题展开讨论，确定小组活动目标。 **工作重点** 要结合企业的质量战略和产品质量现状确定小组近期具体的活动主题。
	工作标准
	参照标准：企业 QC 小组过去的一些活动主题及目标。
分析问题及制定措施	**执行程序**
	1. 分析现状及问题 QC 小组对企业质量管理的现状进行调查，收集并整理信息，分析当前存在的问题。 **2. 制定质量改进措施** 在问题分析的基础上，QC 小组展开讨论，制定解决问题方案和质量改进措施，并报质量管理部审批。 **工作重点** QC 小组每开展一项专题分析、研究活动，都应严格遵循 PDCA（计划、实施、检查、处理）循环的科学程序，并注重数据和信息的搜集、整理。
	工作标准
	完成标准：QC 小组制定问题解决方案和质量改进措施，并报质量管理部审批。
实施措施及检查效果	**执行程序**
	1. 实施质量改进措施 质量改进措施经质量管理部审批通过后，QC 小组组织相关部门实施质量改进措施，并做好记录。 **2. 评估质量改进效果** QC 小组监督质量改进措施的实施情况，并对质量改进效果进行及时评估。 **工作重点** QC 小组在推进质量改进措施的实施过程中，必然涉及众多部门之间的沟通，这时小组成员要掌握一些沟通技巧，避免出现误解。
	工作标准
	完成标准：质量改进措施得到贯彻执行，QC 小组对质量改进效果进行评估。
	考核指标
	质量改进效果满意度评分：QC 小组可以根据以往案例等情况对相关部门的质量改进效果打分，只有分数达到____分，才有可能成为成功案例。

<table>
<tr><th>任务名称</th><th>执行程序、工作标准与考核指标</th></tr>
<tr><td rowspan="6">效果保持</td><td>执行程序</td></tr>
<tr><td>1. 制定效果保持措施
QC 小组在对改进措施及执行效果进行分析和总结的基础上，制定质量效果保持措施，以预防同类问题再次发生。
2. 提交 QC 活动报告
QC 小组组织内部讨论，总结活动成果，并编制活动报告，然后将其报质量管理部审批。
3. 相关资料存档
QC 小组及时对活动资料进行归档。
工作重点
不管是制定效果保持措施还是编制活动报告，QC 小组都要广泛征求小组成员的意见，并建立小组活动标准化的工作制度，确保活动秩序正常，从而提高工作效率。</td></tr>
<tr><td>工作标准</td></tr>
<tr><td>完成标准：制定质量效果保持措施，提交活动报告，并将相关资料存档。</td></tr>
<tr><td>考核指标</td></tr>
<tr><td>质量问题报告编制的规范性：严格按照企业的要求编制，确保内容全面、结构清晰、无重大纰漏。</td></tr>
<tr><td colspan="2">执行规范</td></tr>
<tr><td colspan="2">“QC 小组管理制度”“QC 小组活动计划”“质量管理 ×× 主题调查方案”“QC 小组质量改进措施方案”“QC 小组质量改进标准化方案”“QC 小组活动报告”。</td></tr>
</table>

12.4 QC 小组活动成果评审流程设计与工作执行

12.4.1 QC 小组活动成果评审流程设计

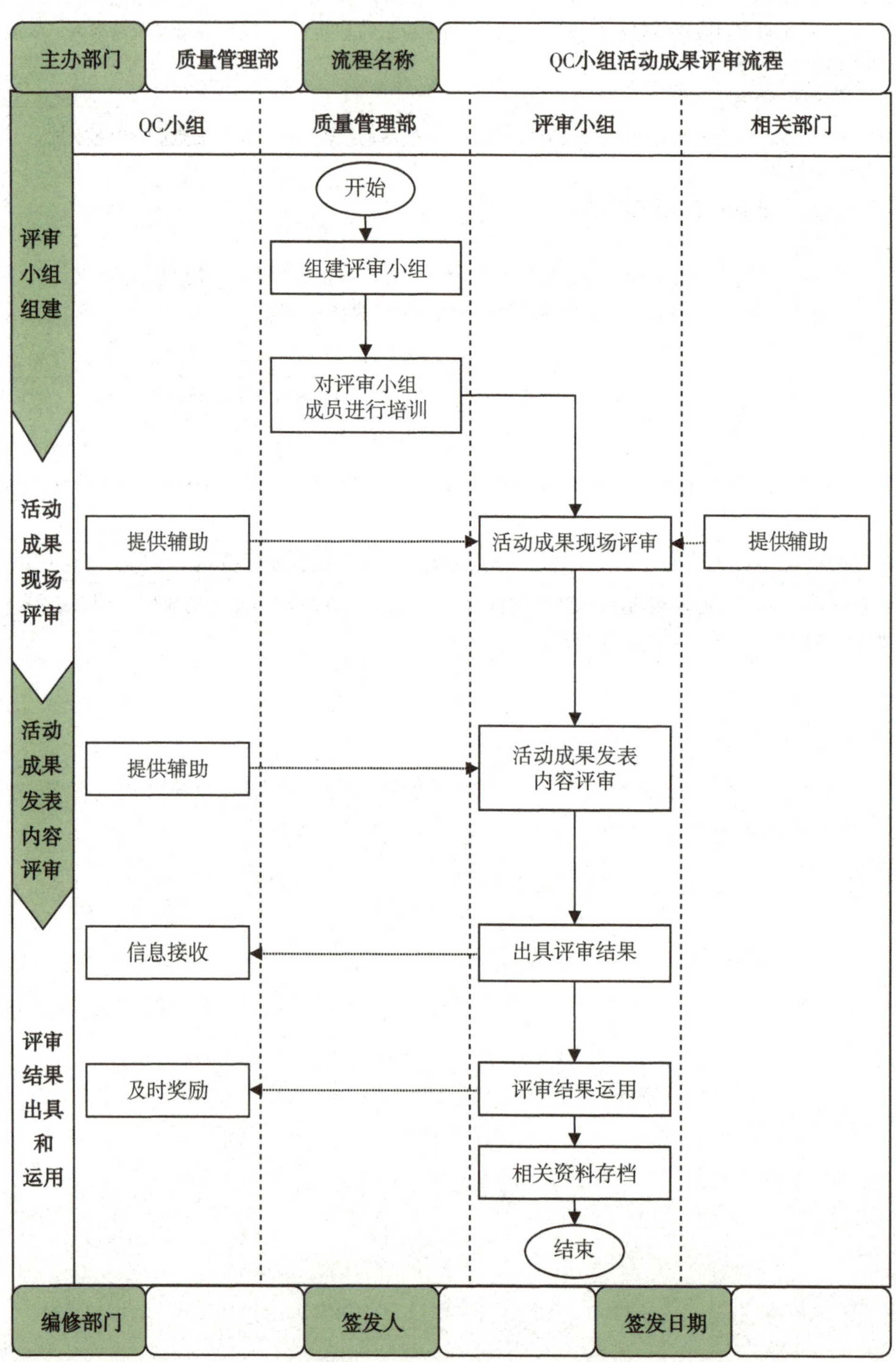

12.4.2 QC 小组活动成果评审执行程序、工作标准、考核指标、执行规范

任务名称	执行程序、工作标准与考核指标
评审小组组建	**执行程序**
	1. 组建评审小组 质量管理部根据 QC 小组活动评审细则等规定组建评审小组。 2. 对评审小组成员进行培训 评审小组组建之后，质量管理部要对小组成员进行培训，培训内容包括评审原则、评审工具的应用等。 工作重点 所选择的评审小组的成员要有足够的代表性。
	工作标准
	参照标准：企业 QC 小组过去的一些活动主题及目标。
活动成果现场评审	**执行程序**
	评审小组根据活动成果现场评审表对 QC 小组活动进行评审。 工作重点 掌握活动成果现场评审的 13 个评审维度：QC 小组的组成；QC 小组集体活动及记录；QC 小组组长的能力及积极性；QC 小组成员对活动的参与程度；充分收集并应用资料的情况；实施改进对策的努力程度以及有效性；效果的维持和巩固；充分发挥 QC 小组成员的才智；QC 小组成员对质量控制手法的熟练程度；QC 小组成员对 QC 小组活动知识的了解程度；QC 小组活动经历及持续性；QC 小组的活动环境；QC 小组活动对本部门的影响。
	工作标准
	参照标准：其他同行业企业的活动成果现场评审标准等资料。
活动成果发表内容评审	**执行程序**
	评审小组查阅 QC 小组活动成果发表内容，对照标准和程序进行评审。 工作重点 掌握成果发表内容评审的六个评审维度，即选题评审、原因分析评审、对策与实施评审、效果评审、成果发表评审、成果特色评审。
	工作标准
	完成标准：评审小组按照标准和程序完成发表内容评审。
评审结果出具和运用	**执行程序**
	1. 出具评审结果 ☆在之前评审的基础上，评审小组出具评审结果。 ☆评审小组将评审结果及时反馈给 QC 小组。 2. 评审结果运用 评审小组根据评审结果，按照一定比例设立名次，并对获得名次的 QC 小组颁发奖金和奖品，具体奖项设置和颁发办法由质量管理部及相关部门共同协商确立。 3. 相关资料存档 评审小组将相关活动资料及时存档。

（续）

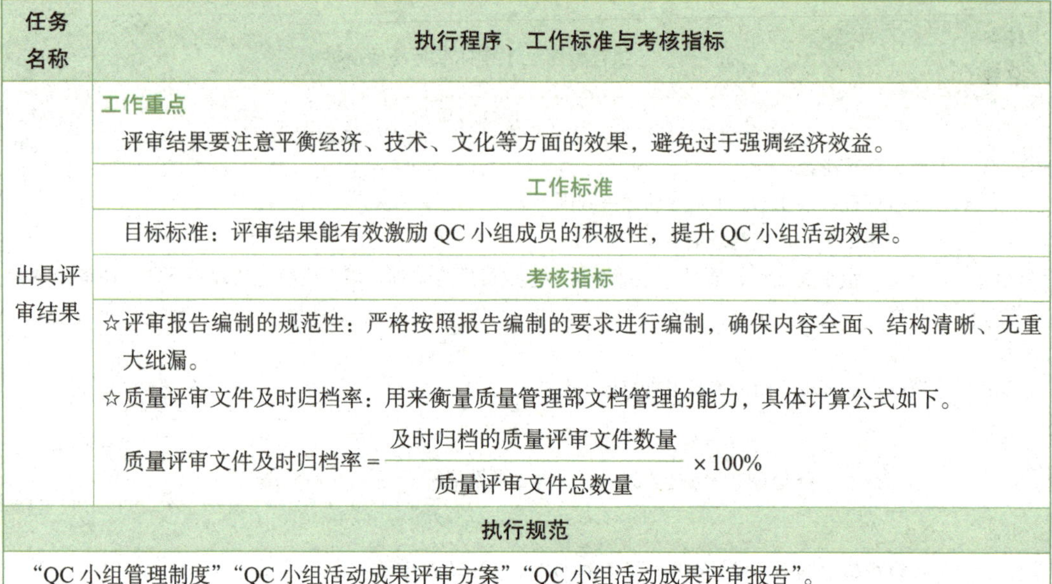

任务名称	执行程序、工作标准与考核指标
出具评审结果	**工作重点** 评审结果要注意平衡经济、技术、文化等方面的效果，避免过于强调经济效益。
	工作标准
	目标标准：评审结果能有效激励 QC 小组成员的积极性，提升 QC 小组活动效果。
	考核指标
	☆评审报告编制的规范性：严格按照报告编制的要求进行编制，确保内容全面、结构清晰、无重大纰漏。 ☆质量评审文件及时归档率：用来衡量质量管理部文档管理的能力，具体计算公式如下。 $$质量评审文件及时归档率=\frac{及时归档的质量评审文件数量}{质量评审文件总数量}\times 100\%$$
执行规范	
“QC 小组管理制度”“QC 小组活动成果评审方案”“QC 小组活动成果评审报告”。	

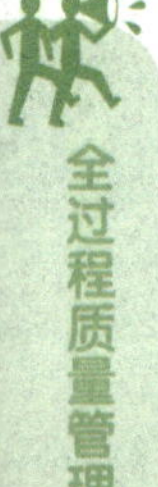